개정판

정보사회와 법

Information Society and *Law*

개정판

정보사회와 법

Information Society and *Law*

함 인 선

Ham, In Seon

전남대학교출판부

개정판 머리말

『정보사회와 법』은 작년에 처음 출판되어, 올해 개정판을 내게 되었다. 정보사회의 법현상을 다루는 본서는 정보화가 매우 빠르게 변화하는 특성을 가졌다는 점과 필자의 이에 관한 연구성과가 다소 축적되었다는 점에 기인하여 짧은 시간내에 개정판을 내게 되었다.

개정판에서는 EU개인정보호법제에 관한 연구의 진전이 있었기에 이를 추가하였으며, '잊혀질 권리'에 관한 부분도 상당히 수정하였다. 그밖의 부분에 대해서도 최신 법령과 자료에 근거하여 업데이트하였다.

본서의 출간에는 전남대학교 법학전문대학원의 교원 연구활동 지원사업에 힘입은 바 크다는 점을 밝히며, 또한 어려운 출판사정에도 불구하고 개정판의 출판을 결정한 전남대출판부와 초판에 이어 개정판의 편집을 위해 수고해 주신 윤화정 선생님께도 감사의 뜻을 전한다.

계사년 초입에 운림동 우거에서

함 인 선

머리말

정보의 디지털화와 초고속 유·무선 통신망의 광범위한 보급으로 인해 정보사회가 급속히 진전되고 있다. 최근 스마트폰·스마트패드·스마트TV 등의 보급과 모바일통신의 발달로 인해 이러한 현상은 더욱 심화되고 있는 양상이다. 이로 인하여, 정보의 생성, 전송, 재생, 결합, 저장 등이 거의 실시간으로 글로벌차원에서 활발히 이루어지고 있다. 정치, 경제, 사회, 문화 등 각 영역에서뿐만 아니라 개인의 삶에도 정보화의 영향은 막대하다. 이들 각 영역에서 정보화로 인한 이슈가 꼬리에 꼬리를 물고 발생하고 있는 것이 작금의 상황이다. 그런데, 정보화시대의 거의 모든 이슈에는 법적 문제가 얽혀 있다고 해도 과언이 아니다. 법학의 보다 충실한 역할이 한층 더 요구되는 이유이다. 또한 오늘날 정보사회와 법이 일반의 관심을 받고 있는 이유이기도 하다.

본서는 저자가 정보화현상에 관심을 가지면서 이런 저런 기회에 발표한 글들을 중심으로 하여 구성되었다. 시간의 경과에 따라서 관심분야가 바뀌고, 문제인식의 폭과 깊이가 달라짐을 느끼게 된다. 이들 글을 크게 4부(제1부 개인정보의 보호와 이용, 제2부 방송통신법제, 제3부 행정 정보화, 제4부 온라인상의 법정보 검색), 11개장으로 나누어서 엮었다. 물론, 최신법령과 그동안 축적된 연구성과 등을 반영하여 적지 아니한 수정·가필이 이루어졌다. 앞으로 연구가 진척됨에 따라서 관심분야가 늘어나고, 연구성과가 축적됨에 따라서 본서의 내용도 보다 충실해질 것으로 기대한다.

본서의 출간에는 전남대학교 학술도서출판의 지원을 얻었다. 또한 2010년 7월부터 1년간 한국연구재단의 대학교수해외연구지원사업에 의한 지원을 받았다. 이러한 지원에 힘입어 본서의 출간이 가능하였음을 밝힌다. 그리고, 일본 히토츠바시대학(一橋大學)에서 연구를 하는 동안 여러 가지 편의를 세심하게 배려하여준 동 대학의 야마다 히로시(山田 洋) 교수님과, 공동연구에 의한 논문의 발표는 물론, 일본 방송법연구회에서의 발표 등을 배려하여 준 이나바 카즈마사(稻葉一將) 나고야대학 교수님에게 깊은 감사의 말씀을 드린다. 또한, 일일이 이름을 밝힐 수 없지만, 이런 저런 발표의 자리에서 유익한 토론을 하여준 분들에게도 감사의 말씀을 드린다. 그 외에도, 본서는 이 분야의 많은 국내외의 선행하는 연구성과에 힘입은 바가 크다는 것을 밝히지 않을 수 없다. 만약 본서가 약간이라도 이 분야에 기여한 공이 있다면 그 상당 부분은 이들에게 돌려져야 할 것이다. 그러나, 본서에 원하지 아니한 과가 있다면, 그것은 전적으로 저자의 몫임은 물론이다.

막내 유향이 초등학교 입학시 휴대폰을 하나 만들어 주었을 때, 공짜폰 말고 스마트폰을 사줄 것을 강력히 요구받고서 3학년이 되면 아이폰을 사주겠다고 해서 우선 넘겼다. 그 뒤로 아이는 가끔씩 약속을 상기시키며 다짐을 받곤 한다. 벌써 1년 앞으로 다가와 그 부담을 생각하면 마음이 가볍지만은 않지만, 한편으론 내 곁에서 정보화의 든든한 알림이 역할을 해줄 것을 생각하면 그 날이 기다려지기도 한다.

2012년 입춘을 보내며

함 인 선

목차

제1부 개인정보의 보호와 이용

제2부 방송통신법제

제3부 행정 정보화

제4부 온라인상의 법정보 검색

부록

제1부

개인정보의 보호와 이용

제1장 | 개인정보 보호법과 위치정보법

Ⅰ. 문제의 제기

(1) 무선인터넷이나 이동통신기술의 발달과 더불어 스마트폰이나 태블릿PC와 같은 모바일 기기의 급속한 보급과 트위터 · 페이스북 · 카카오톡 등의 SNS(Social Network Service)의 폭넓은 이용은 현대정보사회의 핵심요소인 '정보'로 하여금 더욱 더 중요한 위치를 차지하게 하였다. 구체적으로 보면, 공공부문에서는 행정서비스의 전자화 또는 전자정부의 추진으로, 민간부문에서는 상거래나 고객관리 등과 관련한 업무처리의 전자화와 SNS 등의 활성화로 인하여 정보의 수집 · 이용 · 제공 등이 활발히 이루어지고 있다. 또한, 정보의 수집 · 이용 · 제공 등의 활성화에 수반하여, 최근 개인정보의 유출, 오 · 남용 등 개인정보의 침해 문제가 사회적으로 큰 이슈가 되고 있다[1]. 이처럼 현

---

1) 최근 들어서만 보아도, 게임 · 음악 · 영화 등의 콘텐츠를 제공해온 소니의 네트

대정보사회에서의 개인정보 보호의 중요성이 널리 인식되고, 이에 대한 법적 규제의 필요성이 제기되었다.

그런데, 우리나라에서는 개인정보 보호와 관련한 법적 규제는 크게 공공부문과 민간부문으로 나누어 이루어져 왔다. 즉, 전자에 대해서는 「공공기관의 개인정보 보호에 관한 법률」(이하 '공공개인정보법'이라 한다.)을 1994년 1월에 제정하여 1995년 1월부터 시행하여 왔고, 후자와 관련하여서는 각 영역별로 여러 개별 법률들이 제정되어 시행되고 있으나, 그 중에서도 정보통신과 관련하여서 중심적인 역할을 하는 것으로서 「정보통신망 이용촉진 및 정보보호 등에 관한 법률」(이하 '정보통신망법'이라 한다.)이 2001년 전부개정되어[2] 동년 7월부터 시행되고 있다. 개인정보 보호에 대한 이러한 이원적 법시스템은 개인정보의 보호 등에 다수의 공백지역을 낳게 하였다. 이로 인하여, 공공부문과 민간부문을 통합한 통합형 개인정보 보호법의 제정이 학계나 시민단체 등을 중심으로 주장되어 왔다[3]. 이러한 주장들이 수용되어, 개인정보 보호법 정부안이 2008년 11월 28일 국회에 제출되었다. 국회 행정안전위원회는 2010년 9월 30일에 위 정부안과 국회의원들이 제출한 관련법안[4]을 조정·통합한 후에 「개인정보 보호법(안)」을 의결하였다[5]. 그 후, 국회법사위와 본회의 의결을 거쳐,

---

워크 서비스가 해킹을 당해, 국내를 포함하여 전 세계 가입자들 7,500만명 가량의 개인정보가 유출됐을 가능성이 있다고 한다. 전자신문 2011.4.28.

2) 정보통신망법은 1985년에 제정된 '전산망보급확장과 이용촉진에 관한 법률'이 그 모태이다. 그 후, 1998년에 이 법률을 대체하여, '정보통신망 이용촉진 등에 관한 법률'로 개정되었다가, 2001년에 전면개정 되었다.

3) 시민단체에 의한 예로서, '프라이버시법 제정을 위한 연석회의'(문화연대, 민주사회를위한변호사모임, 지문날인반대연대, 진보네트워크센터, 참여연대, 한국노동네트워크협의회, 함께하는시민행동)는 2004년 5월 27일에 「개인정보보호법 인권시민단체(안)」을 마련하여 공청회를 개최한 바 있다.

4) 2008년 8월 8일 이혜훈의원이 대표발의한 「개인정보보호법(안)」, 2008년 10월 27일 변재일의원이 대표발의한 「개인정보보호법(안)」등을 말한다.

2011년 3월 29일에 「개인정보 보호법」이 제정・공포되었고, 동년 9월 30일부터 시행되고 있다.

그런데, 개인정보 보호법의 시행과 더불어 공공개인정보법은 폐지되었으나, 정보통신망법상의 개인정보 관련규정은 계속하여 존속된다. 또한, 현행법상으로 개인정보와 관련하여 각 개별법에서 규정을 두고 있다. 예컨대, 위치정보(「위치정보의 보호 및 이용 등에 관한 법률」), 신용정보(「신용정보의 이용 및 보호에 관한 법률」), 디엔에이신원확인정보(「디엔에이신원확인정보의 이용 및 보호에 관한 법률」) 등을 들 수 있다.

(2) 한편, 스마트폰이나 태블릿PC와 같은 모바일기기의 보급과 트위터・페이스북・카카오톡 등의 SNS의 폭넓은 이용은 위치정보의 가치를 증대시키고 있다. 이동성이 있는 물건 또는 개인이 특정한 시간에 존재하거나 존재하였던 장소에 관한 정보인 위치정보는 오늘날 공공부문에서나 민간부문에서 모두 그 활용도가 폭발적으로 증가하고 있으며, 이를 기반으로 하는 서비스산업의 활성화를 가져왔다[6]. 이러한 위치정보를 기초로 해서 위치정보관련 서비스를 제공하는 것이 위치기반서비스(LBS : Location Based Service)이며, 근래 위치기반서비스 산업은 모바일통신시장의 급속한 성장과 더불어 모바일통신부문에서의 이른바 킬러 애플리케이션(killer application)으로서 등장하고 있다.

그러나, 위치정보 중 특히 개인위치정보는 개인정보의 일종이지만 그 특수성으로 인하여 공공・민간부문에서의 폭넓은 활용가능성과 함

5) 이들 법안들에 대한 보다 상세한 고찰에 대해서는, 김일환, "개인정보보호법제정비에 대한 비판적 고찰 - 새로운 개인정보보호법안을 중심으로 -", 토지공법연구 제52집, 2011.2, 278쪽 이하.

6) Timothy Stapleton, *THE ELECTRONIC COMMUNICATIONS PRIVACY ACT AND CELL LOCATION DATA*, 73 Brook. L. Rev. 383, 2007, pp 383-384.

께 위치정보의 유출, 오·남용으로 인한 개인정보 침해의 우려도 최근에 발생한 사건들에서 잘 드러나고 있다[7]. 개인위치정보의 유출, 오·남용으로 인한 권리·이익의 침해의 심각성은 일반 개인정보에 비교할 수 없다. 이처럼 개인위치정보를 포함하는 위치정보의 활용가능성과 그 침해로 인한 피해의 심각성은 그에 대한 법적 규제의 필요성을 인식시켰다. 그 결과, 「위치정보의 보호 및 이용 등에 관한 법률」(이하 '위치정보법'이라 약칭한다.)이 2005년 1월 27일에 제정·공포되어, 동년 7월 28일부터 시행되고 있다.

(3) 위에서 살펴본 바와 같이, 이른바 통합 개인정보 보호법을 제정하여 시행하고 있는 시점에서, 개인정보 보호법과 각 개별법(또는 특별법)과의 법적용관계를 보다 명확히 하는 것이 필요하다고 할 것이다. 이는 개인정보 보호법의 시행에 즈음하여 무엇보다 우선하여 요청되는 중요한 과제라고 할 수 있다. 이와 같은 문제인식에 입각하여 개인정보의 하나인 개인위치정보를 규율하는 개별법인 위치정보법을 그 대표적인 예로 들어 개인정보 보호법의 법적용관계와 그 입법적 과제를 명확히 하고자 한다.

---

7) 애플의 아이폰이 사용자의 위치정보를 'consolidated.db'라는 이름의 숨겨진 파일에 저장한다는 사실이 드러나, 미국 의회가 공개 질의와 청문회 등 조사에 착수했고, 독일과 프랑스, 이탈리아, 대만 정부가 애플사에 진상 규명을 요구하는 등 전 세계적으로 파문이 일고 있으며, 한국에서도 방송통신위원회가 25일 애플 코리아에 질의서를 보내는 등 대응에 나섰다. 연합뉴스 2011.4.28. 또한, 경남 창원의 법무법인 미래로는 2011년 8월 아이폰 사용자 2만8천여명을 대리해 미국의 애플 본사와 애플코리아를 상대로 "소유자의 동의없이 위치정보가 수집된 것은 명백한 법 위반"이라며 원고 1명에 100만원씩의 위자료를 청구하는 소송을 제기하였다. 연합뉴스 2012.7.19.

Ⅱ. 개인정보 관련법제의 현황

1. 개인정보 보호법제의 현황

가. 개인정보 보호법제의 유형

개인정보 보호법제는 크게 공공부문과 민간부문을 통합하여 단일법으로 규율하는 경우(이하 '일원주의' 또는 '유럽형'이라고 한다.)와 양자를 별개의 입법으로 규율하는 경우(이하 '이원주의' 또는 '미국형'이라고 한다.)로 나눌 수 있다[8]. 전자는 공공부문과 민간부문을 아우르는 개인정보 보호법을 제정하여 시행하는 경우로서 주로 유럽의 여러 국가(영국, 프랑스, 독일, 이탈리아, 스페인 등)와 한국 · 일본 등의 아시아국가와 아르헨티나 등의 남미국가가 여기에 속한다고 할 수 있다. 유럽형은 1995년에 채택된 유럽연합의 「개인정보의 처리와 보호에 관한 지침」(Directive 95/46/EC)이 유럽 각국의 입법에 중요한 역할을 한 것으로 평가된다[9]. 후자는 공공부문과 민간부문을 별개의 입법으로 규율하는 경우로서 미국이 대표한다고 할 수 있다. 현재 개인정보 보호법제의 주류는 일원주의 또는 유럽형이라고 할 수 있다.

그러나, 같은 일원주의 또는 유럽형이라 할지라도 보다 구체적으로 살펴보면, 여러 가지 유형으로 세분되는 것을 알 수 있다. 즉, 통합

---

8) 성낙인 외, 개인정보보호법제에 관한 입법평가, 한국법제연구원, 2008, 359쪽 이하 ; 이인호, "個人情報保護에 대한 國際的動向分析- 3가지 執行모델과 그 統合論을 中心으로 -", 인터넷법률 제18호, 2003. 7, 10쪽 이하 ; 김일환, 개인정보보호법제의 정비방안에 관한 연구, 한국법제연구원, 1997, 19쪽 이하.

9) 동 지침에 의하여 모든 회원 국가는 국내에서 개인정보의 처리에 관한 법률을 제정하고, 이 법률의 준수를 감독할 독립적인 공적 기구를 구성하여야 하도록 되었다.

된 개인정보 보호법으로 규율하고 있는 경우에도 개인정보 보호법에는 개인정보 일반에 대한 규정만을 두고, 개별적인 개인정보—예컨대, 신용정보, 의료정보, 유전정보, 교육정보 등—는 필요에 따라 개별법으로 규율하고 있는 경우(대부분의 일원주의가 이에 속한다고 할 수 있다.)와 통합 개인정보 보호법에 이들 개별 개인정보에 관한 것도 함께 규율하는 경우(이탈리아)가 있다. 또한, 개인정보 보호법이 존재하는 경우에도 공공부문에 관한 일반법적 역할을 하는 별개의 입법을 하는 경우[10]도 있다.

또한 이원주의에 속하는 미국의 경우, 일찍이 1974년에 프라이버시법(Privacy Act)을 제정하여 공공기관이 보유하는 개인정보에 대하여 규율하였는데, 동법은 공공부문에서 개인정보자기결정권을 법제화한 선구적 입법례로 인정되고 있다[11]. 그에 반하여 민간부문에 대해서는 기본적으로 시장의 자율규제기능을 중시하고[12], 다만 시장의 실패가 드러난 부문에 대해서만 개별적 입법으로써 규율하는 방식을 취하고 있다[13].

---

10) 일본은 공공부문의 개인정보 보호의 일반법으로서 「행정기관이보유하는개인정보의보호에관한법률」과 「독립행정법인등이보유하는개인정보의보호에관한법률」을, 민간부문의 개인정보 보호의 일반법으로서 「개인정보보호에관한법률」을 시행하고 있으나, 「개인정보보호에관한법률」은 공공과 민간의 양 부문에 공통된 '기본법'적 규정도 두고 있다.

11) 성낙인 외, 앞의 책, 491쪽.

12) Philip J. Weiser, *THE FUTURE OF INTERNET REGULATION*, 43 U.C. Davis L. Rev. 529, 2009, pp.552-558.

13) 이러한 개별입법으로서는, 신용(금융)정보와 관련하여서 「공정신용보고법」(Fair Credit Reporting Act, 1970)과 「금융프라이버시권법」(Right to Financial Privacy Act, 1978)을, 통신정보와 관련하여서는 「전자통신프라이버시법」(Electronic Communications Privacy Act, 1986)과 「전기통신법」(Telecommunications Act, 1996)을, 교육정보와 관련하여서는 「가족의 교육권 및 프라이버시법」(Family Educational Rights and Privacy Act, 1974)을, 의료정보와 관련하여서는 「건강

나. 우리나라 개인정보 보호법제의 현황

2011년 3월 29일에 제정된 「개인정보 보호법」에 의하여 개인정보 보호와 관련한 우리나라의 법제는 이른바 일원주의 또는 유럽형에 속하게 된다. 종래 공공부문과 민간부문으로 나누어 불완전하게 규율한 탓으로 개인정보 보호의 사각지대가 다수 존재하여 개인정보 보호가 충분히 이루지고 있지 못하다는 비판을 수용한 결과라고 할 수 있다. 그러나, 개인정보 보호법의 제정에도 불구하고, 정보통신망법상의 개인정보 관련규정은 여전히 존속하게 되었고, 그 외에도 위치정보, 신용정보, 의료정보, 교육정보, 신상정보, 유전자정보 등 개별 개인정보를 규율하는 법률 또는 법규정이 다수 존재함으로써 개인정보 보호법과 이들 법률 또는 법규정과의 관계가 문제된다.

2. 위치정보법제의 현황

가. 해외 위치정보법제

1) 유럽연합(EU)

EU는 1995년에 제정된 「개인정보 보호지령」에 대하여, 특히 전자통신분야에 있어서의 개인정보 보호를 위하여 1997년에 「전자통신분야에서의 개인데이터의 처리와 프라이버시의 보호에 관한 지침[14]」을

보험책임법」(Health Insurance Portability and Account Ability Act, 1996; HIPPA) 등을 제정하여 규율하고 있다. 법제처, 각국의 개인정보보호관계법(법제자료 제150집), 1989, 33쪽 이하 ; 이인호, "미국의 개인정보보호법제에 대한 분석과 시사점", 법학논문집 29집 1호, 2005, 196쪽 이하.

14) DIRECTIVE 97/66/EC OF THE EUROPEAN PARLIAMENT AND OF THE COUNCIL of 15 December 1997 concerning the processing of personal data and the protection of privacy in the telecommunications sector (OJ L 24,

제정하였다. 동 지침은 전자통신분야에서의 개인정보의 처리와 관련한 사항을 규율하기 위한 것이지만, 위치정보와 관련하여서는 명시적인 입장을 나타내지 않았다. 그러나, 전자통신서비스에서의 시장과 기술의 발전에 대응하기 위하여 「1997년 지침」을 폐지하고, 이에 대체하는 지침[15]을 2002년에 제정하였다[16]. 「2002년 지침」은 위치정보와 관련하여 최초로 명시적인 개념규정을 두었다. 즉, 동 지침에 의하면, '위치정보(Location Data)'란 "공중이용전자통신서비스 이용자의 단말장치의 지리적 위치를 표시하는 전자통신망에서 처리되는 정보"로 정의하고[17], 이에 대한 구체적인 규정은 별개의 조항(Article 9)으로 두었다. 그 주요 내용은 다음과 같다.

즉, 공공통신망이나 공중이용전자통신서비스의 이용자나 가입자의 위치정보를 처리하는 경우에는 그 동의를 얻거나 익명으로 하여서만 처리할 수 있다. 서비스제공자는 그에 대한 사전 동의를 얻기 전에 이용자나 가입자에게 처리되는 위치정보의 유형과 처리의 목적 및 기간, 그리고 부가서비스를 위하여 제3자에게 전송되는지 여부를 고지하여야 한다. 그런데, 이용자나 가입자는 언제든지 위치정보의 처리에 대한 동의를 철회할 수 있다. 나아가서, 이용자나 가입자는 위치정보의

30.1.1998, p. 1.)

15) DIRECTIVE 2002/58/EC OF THE EUROPEAN PARLIAMENT AND OF THE COUNCIL of 12 July 2002 concerning the processing of personal data and the protection of privacy in the electronic communications sector (Directive on privacy and electronic communications) (OJ L 201, 31.7.2002, p. 37.)

16) 동 지침은 「1995년 지침」에 대해서 특별법적 지위를 가짐을 규정하고 있다 (Article 1(2)).

17) Article 2(c) 'location data' means any data processed in an electronic communications network, indicating the geographic position of the terminal equipment of a user of a publicly available electronic communications service;

처리에 대한 동의를 한 경우에도 무료의 간편한 수단을 사용하여 위치정보의 처리를 일시적으로 거부할 수 있다. 이러한 위치정보의 처리는 공공통신망이나 전자통신서비스 제공자 또는 부가서비스를 제공하는 제3자의 권한 하에 활동하는 자만으로 제한된다. 또한 부가서비스의 경우에는 그 제공목적에 필요한 범위로 제한된다.

그 후, 위치정보와 관련한 「2002년 지침」은 2009년 12월에 개념정의에 대한 약간의 개정이 이루어졌다[18]. 즉, '위치정보'란 "공중이용전자통신서비스 이용자의 단말장치의 지리적 위치를 표시하는 전자통신망에서 <u>또는 전자통신서비스로</u> 처리되는 정보[19]"라고 약간의 자구첨가(밑줄친 부분이 추가됨)가 이루어진 이외에는 별다른 개정사항은 없다. 따라서, 위치정보와 관련한 유럽연합(EU)의 주된 입법은 「2002년 지침」이라고 할 수 있다.

한편, 유럽연합(EU)의 각 회원국은 위치정보에 관한 개별 법률을 제정하여 시행하고 있지는 않지만, 「2002년 지침」 등의 내용은 유럽연합(EU) 각 회원국의 개인정보 보호 또는 전자통신분야 관련법에

---

18) DIRECTIVE 2009/136/EC OF THE EUROPEAN PARLIAMENT AND OF THE COUNCIL of 25 November 2009 amending Directive 2002/22/EC on universal service and users' rights relating to electronic communications networks and services, Directive 2002/58/EC concerning the processing of personal data and the protection of privacy in the electronic communications sector and Regulation (EC) No 2006/2004 on cooperation between national authorities responsible for the enforcement of consumer protection laws (OJ L 337, 18.12.2009, p. 11.)

19) Article 2(c) "location data" means any data processed in an electronic communications network or by an electronic communications service, inditing the geo- graphic position of the terminal equipment of a user of a publicly available electronic communications service; (OJ L 337, 18.12.2009, p. 29.)

반영되고 있어서, 위치정보와 관련하여서도 위의 「2002년 지침」 등의 규정내용이 유럽 각국에서의 실질적인 법적 기준이 되고 있다고 할 수 있다[20].

2) 미국

미국은 개인정보에 관한 일반법을 제정하지 않고 필요에 의해 각 개별분야별로 법률을 제정하여 시행하고 있다. 위치정보에 관한 입법도 그에 관한 개별법의 제정은 이루어지지 않고 있다. 물론, 위치정보의 중요성을 감안하여 입법을 위한 시도가 없었던 것은 아니다. 그 대표적인 것이 「2001년 위치프라이버시보호법(안)(Location Privacy Protection Act of 2001)」과 「2003년 무선프라이버시보호법(안)(Wireless Privacy Protection Act of 2003)」이라고 할 수 있다. 그러나, 양 법안은 제정에는 이르지 못하였다.

위치정보에 관한 개별법의 제정에는 이르지 못하였으나, 개별적인 통신서비스 분야에서는 「1934년 통신법(Communications Act of 1934)」을 대폭 개정한 「1996년 전자통신법(The Telecommunications Act of 1996)」이 유·무선 통신서비스 이용자의 프라이버시 보호를 위한 사항을 규정하고 있다. 즉, 고객소유망정보(CPNI : Customer Proprietary Network Information)는 법률의 규정이나 이용자의 동의(approval)가 있는 경우를 제외하고는 오로지 통신서비스 제공목적으로만 이용·제공할 수 있도록 엄격히 규제하였다(Article 222(c)(1)). 따라서 통신사업자는 이용자의 위치정보를 통신서비스 제공을 위한 목적이 아닌 마케팅 등 다른 목적을 위해 제3자와 공유하기 위해서는 서비스 이용자

---

20) 정보통신부, 위치정보의 보호 및 이용 등에 관한 법률 해설서, 2007, 5쪽.

의 동의(approval)를 받아야 하게 된 셈이다[21].

한편, 위치정보가 이용자의 동의 없이는 다른 목적으로 이용 · 제공할 수 없는 고객소유망정보에 해당되면서 긴급구조와 같은 공익 목적을 위한 경우에도 고객 동의를 받아야 하는 문제가 발생하자, 1999년에 「무선통신과 공공안전에 관한 법률(Wireless Communications and Public Safety Act of 1999)」을 제정함으로써 통신법(Communications Act of 1934) 222조를 개정하였다. 즉, 일정한 자에게는 이동통신사업자들로 하여금 이동통신전화의 911 발신자 위치정보를 제공할 수 있도록 개정한 것이다.

이상에서 살펴본 바와 같이 미국은 통합적인 개인정보 보호법을 제정하는 대신에, 필요에 응하여 각 개별분야별로 입법을 하는 방식(이원주의)을 취하고 있다. 위치정보에 관해서도 그에 관한 입법의 시

21) 다만, 법률은 이용자의 동의를 받는 방식이나 시점에 대해서는 명확한 규정을 두고 있지 않기 때문에, '동의'가 사전 동의(opt-in) 또는 명시적 동의를 의미하는 것인지 아니면 사업자가 동의가 있었음을 추정할 수 있는 사후 동의(opt-out) 방식도 포함하는지가 논란이 되었다. 미국 연방통신위원회(FCC)는 이것이 opt-in 또는 명시적인(express) 동의를 의미한다고 해석하였지만, 지역 통신사업자인 U.S. West(당시)는 다른 통신사업자 등과 함께 연방통신위원회의 이러한 지침이 미국 수정헌법에서 보장된 상업적 표현활동의 권리(commercial free speech right)를 침해한 것이라고 주장하며 연방법원에 소를 제기하였다. 이에 대해 법원은 2000년 6월 연방통신위원회가 제시한 opt-in 동의방식이 지나치게 포괄적이어서 사업자의 상업적 표현의 자유와 재산권을 침해할 우려가 있다는 점을 들어 무효라고 판결하였다(U.S. West, Inc. v. FCC, No. 98-9518). 결국 FCC는 2002년 7월 16일, 법원의 U.S. West 사건에 대한 결정에 따라 고객통신망정보를 제3자에게 제공하는 경우에는 opt-in 방식의 동의가 필요하나, 제휴회사간 정보공유에 대해서는 opt-out 방식의 동의를 받아도 무방하다는 의견을 밝혔다. 다만, opt-out 방식의 동의를 받는 경우에도 고지(Notification)가 충분히 이루어져 이용자가 인지한 상태에서의 동의를 받아야만 이용자 프라이버시 보호를 꾀할 수 있다고 하였으며, 주 차원에서는 고객통신망정보에 대하여 보다 강력한 보호방침을 정하거나 연방법에 우선하는 효력을 가질 수 있도록 규정하는 것이 가능하다고 밝혔다. 정보통신부, 앞의 책, 6-7쪽.

도가 있었음에도 이루어지지 못하고, 기존의 통신법(Communications Act of 1934)을 개정하여 위치정보의 보호와 긴급시의 예외에 관한 규정을 두는 방식을 취하고 있다.

3) 일본

일본은 위치정보와 관련하여 개별법으로 규율하지 않고, 총무성고시인 「전기통신사업에서의 개인정보 보호에 관한 가이드라인」에서 하나의 조문을 규정하고 있을 뿐이다[22]. 동 가이드라인 제26조는 '위치정보'라는 조문 타이틀로 제1항에서 "전기통신사업자는 이용자의 동의가 있는 경우, 재판관이 발부한 영장에 따르는 경우 그밖에 위법성조각사유가 있는 경우를 제외하고는 위치정보(이동체 단말을 소지하는 자의 위치를 나타내는 정보로서, 발신자정보가 아닌 것을 말한다. 이하 같음.)를 타인에게 제공하지 않는 것으로 한다.", 제2항에서 "전기통신사업자가 위치정보를 가입자 또는 그가 지시하는 자에게 통지하는 서비스를 제공하거나 제3자에게 제공하게 하는 경우에는 이용자의 권리가 부당하게 침해되는 것을 방지하기 위하여 필요한 조치를 강구하는 것으로 한다.", 제3항에서 "전기통신사업자는 제4조[23]의 규정에 불구하

22) 동 가이드라인은 2004년 8월 31일 총무성고시 제695호로 제정되어, 그 후 수 차례의 개정이 이루어졌다. 가장 최근의 개정은 2011년 11월 2일(총무성고시 제465호)에 이루어졌다.

23) (취득의 제한) 제4조 ① 전기통신사업자는 전기통신서비스를 제공하기 위하여 필요한 경우에 한하여, 개인정보를 취득하는 것으로 한다.
② 전기통신사업자는 다음 각 호에 게시하는 개인정보를 취득하지 않는 것으로 한다. 다만, 자기 또는 제3자의 권리를 보호하기 위하여 필요한 경우 기타 사회적으로 상당하다고 인정되는 경우는 그러하지 아니한다.
1. 사상, 신조 및 종교에 관한 사항
2. 인종, 가문, 신체 · 정신장해, 범죄력, 병력 그밖에 사회적 차별의 원인으로 될 우려가 있는 사항

고, 수사기관으로부터의 요청에 의해 위치정보의 취득이 청구된 경우에, 당해 위치정보가 취득되고 있는 것을 이용자가 알 수 있는 때로서, 재판관이 발부한 영장에 의할 때에 한하여, 당해 위치정보를 취득하는 것으로 한다."라고 규정하고 있다. 여기에서 전기통신사업자가 보유하는 위치정보는 개별 통화와 관계되는 경우는 통신의 구성요소이기 때문에 통신의 비밀로서 보호되는 데 반하여, 통화시 이외에 단말기 소지자가 이동할 때마다 기지국에 보내지는 위치등록정보는 통화를 할 수 있게 하는 전제로서 전기통신사업자에게 기계적으로 보내지는 정보에 불과하기 때문에 이들 정보는 통신의 비밀이 아니라 프라이버시로서 보호되는 사항이라고 해석한다[24]. 또한, 제2항의 '필요한 조치'의 구체적 내용으로서는 ①이용자의 의사에 기하여 위치정보의 제공을 행할 것, ②위치정보의 제공에 대하여 이용자의 인식·예견가능성을 확보할 것, ③위치정보에 대하여 적절한 취급을 행할 것, ④제3자와 제휴에 의해 서비스를 제공하는 경우는 제휴에 관한 계약과 관련한 약관 등의 기재에 의해 이용자의 프라이버시보호에 배려할 것 등이 들어진다[25].

한편, 2007년 5월에 「지리공간정보활용추진기본법」이 제정되어, 동년 8월부터 시행되고 있다. 동법은 전 3장 21개 조문으로 구성된 것으로, '지리공간정보'란 "공간상의 특정한 지점 또는 구역의 위치를 나타내는 정보(당해 정보와 관련된 시점에 관한 정보를 포함한다. 이하 '위치정보'라 한다.) 및 그와 관련된 정보"를 의미한다고 정의하고 있다(동법 2조 1항 1, 2호). 따라서, 동법에서의 지리공간정보도 동법이 약칭으로

---

24) 總務省, 電気通信事業における個人情報保護に関するガイドライン(平成16年総務省告示第695号。最終改正平成23年総務省告示第465号)の解説, 2011, 44쪽.

25) 總務省, 前揭 解説, 44-45쪽.

사용하는 것에서도 알 수 있듯이 위치정보의 하나라고 할 수 있다. 그러나, 우리나라의 위치정보법이 상정하는 것과 달리 "공간상의 특정한 지점 또는 구역의 위치를 나타내는 정보"라는 점에서 오히려 우리나라의 「국가공간정보에 관한 법률」에 유사한 것으로 파악할 수 있을 것이다.

나. 우리나라 위치정보법제의 현황

우리나라에서는 위치정보와 관련하여서는 위치정보법이 규율하고 있다. 동법은 개인위치정보와 함께 이동성이 있는 물건의 위치정보도 그 대상으로 하고 있지만, 개인위치정보가 그 중심이 된다고 할 수 있다. 동법의 구성내용을 간단히 살펴보면, 위치정보사업의 허가 등과 위치기반서비스사업의 신고 등에 대해서 규정하고(제2장), 개인위치정보의 보호와 관련하여 개인위치정보의 수집, 이용, 제공 등의 허용기준 등과 개인위치정보주체의 권리 등을 규정하고 있다(제3장). 또한 긴급구조를 위한 개인위치정보의 이용(제4장)과 위치정보의 이용기반 조성 등(제5장)에 대하여 규정하고 있다.

그런데, 위치정보와 관련하여서는 위치정보법 이외에도 「국가공간정보에 관한 법률」(이하 '공간정보법'이라 한다.)이 2009년 2월 6일에 제정되어, 동년 8월 7일부터 시행되고 있다. 동법은 "중앙부처 및 지방자치단체에서 구축해 온 국가지리정보체계와 국토공간에서 생산된 정보체계를 공공기관과 민간기업이 서로 활용할 수 있도록 표준화하고, 이를 연계·통합하여 국가공간정보 인프라를 구축함으로써 미래의 공간정보환경 변화에 대비하고, 국가와 지방자치단체의 정책 및 행정자료로 활용하며, 관련 산업을 미래 성장동력 산업으로 육성·발전시키기 위한 제도적 기반을 조성"(1조)하고자 하는 목적으로 제정된 것이다.

3. 개인정보와 개인위치정보의 비교

개인정보 보호법과 위치정보법의 법적용관계를 고찰하기 전에 개인정보 보호법이 그 적용대상으로 하는 개인정보와 위치정보법이 그 주된 대상으로 하는 개인위치정보에 대하여 양자의 개념과 특성을 비교함으로써 양 법률의 법적용관계의 검토에서 참고가 되도록 한다[26].

가. 개념

(1) 개인정보 보호법은, '개인정보'란 "살아 있는 개인에 관한 정보로서 성명, 주민등록번호 및 영상 등을 통하여 개인을 알아볼 수 있는 정보(해당 정보만으로는 특정 개인을 알아볼 수 없더라도 다른 정보와 쉽게 결합하여 알아볼 수 있는 것을 포함한다)"(2조 1호)라고 규정하고 있다[27].

---

26) 이하에 대한 보다 상세한 내용은 졸고, "정보사회에서의 개인위치정보의 보호와 이용에 관한 법적 고찰", 인터넷법률 44호, 2008.10, 5-7쪽.

27) 위 개념정의는 일본 「개인정보보호에관한법률」상의 개인정보의 개념("생존하는 개인에 관한 정보로서 당해 정보에 포함된 성명, 생년월일 그밖의 기술 등에 의해 특정한 개인을 식별할 수 있는 것(다른 정보와 용이하게 조회할 수 있고, 그에 의해 특정한 개인을 식별할 수 있는 것을 포함한다.)")(동법 2조 1항)과 대단히 유사함을 알 수 있다. 한편, OECD이사회의 1980년 「프라이버시 보호 및 개인정보의 국가간 유통에 대한 가이드라인에 관한 이사회 권고」에서는 "식별된 또는 식별될 수 있는 개인(데이터 주체)에 관한 모든 정보"라고 정의하고 있으며, 1995년에 제정된 EU의 「개인정보 보호지침」에서는 개인정보를 "자연인을 식별하거나 식별할 수 있는 모든 정보"라고 정의하고 있다.

개인정보 보호법에서 보호하는 '개인정보'는 살아있는 특정 개인에 관한 모든 형태와 내용의 정보를 의미하며, 그러한 정보를 통하여 특정 개인을 '알아볼 수 있는'(식별가능성) 것이어야 한다. 따라서, 법인이나 법인격없는 단체 등이나 사망자에 관한 정보는 그 대상에서 제외되며, 또한 예컨대 성명이나 주민등록번호만에 의해 식별가능성을 가지는 개인정보로부터 그 성명이나 주민등록번호를 삭제하여 식별가능성을 상실시킨 경우에는 개인정보에 해당하지 않게 된다.

(2) 위치정보법은 '개인위치정보'의 개념과 관련하여, "특정 개인의 위치정보(위치정보만으로는 특정 개인의 위치를 알 수 없는 경우에도 다른 정보와 용이하게 결합하여 특정 개인의 위치를 알 수 있는 것을 포함한다)"(2조 2호)라고 규정하고 있다. 동법은, 또한, '위치정보'와 관련하여서는 "이동성이 있는 물건 또는 개인이 특정한 시간에 존재하거나 존재하였던 장소에 관한 정보로서 「전기통신사업법」 제2조제2호 및 제3호에 따른 전기통신설비 및 전기통신회선설비를 이용하여 수집된 것"(2조 1호)이라고 규정하고 있다. 따라서, '개인위치정보'란 '특정 개인이 특정한 시간에 존재하거나 존재하였던 장소에 관한 정보로서 전기통신설비 및 전기통신회선설비를 이용하여 수집된 것(위치정보만으로는 특정 개인의 위치를 알 수 없는 경우에도 다른 정보와 용이하게 결합하여 특정 개인의 위치를 알 수 있는 것을 포함한다)'이라고 정의할 수 있을 것이다.

나. 특성

1) 고유정보와 제작된 정보(produced information)

성명·주민등록번호 등의 일반적인 개인정보는 이용자 고유의 정보인데 대하여, 개인위치정보는 위치정보사업자나 위치기반서비스사업자 등이 설치·보급한 위치인식장치에 의해서 얻어진 일종의 제작된 형태의 정보(produced information)라고 할 수 있다[28]. 이동통신 이용자의 개인위치정보는 통신을 하기 위하여서는 필연적으로 발생되는 정보이며, 이동통신 사업자에 의하여 설치된 교환장치로 부터 직접 수집할 수 있다는 점에서 일반적인 개인정보(성명, 주소, 주민등록번호 등)와 구별된다고 할 수 있다. 이러한 제작된 정보로서의 위치정보는 제작자인 이동통신 사업자 등의 사업목적을 위하여 이용되기 쉬운 성질을 가지게 된다. 그로 인하여, 사업자의 사업목적에의 이용과 이용자의 위치프라이버시권의 보호가 긴장관계에 서게 될 가능성이 크고, 따라서 양자의 조화로운 균형을 위한 제도의 정비가 요구된다고 할 것이다.

2) 정적 정보(static information)와 동적 정보(dynamic information)

일반적인 개인정보는 비교적 장시간에 걸쳐서 유지되는 정적 정보(static information)인 데 비하여, 개인위치정보는 시간의 경과와 함께 계속적으로 변화하는 동적 정보(dynamic information)로서 특정 개인의 위치정보의 변경 여부, 변경의 정도, 변경시간, 이력 등의 동적 정보 그 자체가 중요한 의미를 가진다. 이러한 개인위치정보는 과거와 현재의 것이 그 대상이나, 이러한 과거와 현재의 정보를 통하여 특정 개인의 미래의 위치정보도 어느 정도 예측될 수 있다는 특성을 갖는다. 개인위치정보의 이러한 특성은 무선인터넷이나 모바일통신 등의 발달에 기인하는 바가 크다. 즉, 무선인터넷이나 모바일통신 등의 가장 큰 이점은 이동성이라 할 수 있는바, 이들의 발달은 동적 정보로서의 개인

28) 제정부, "위치정보의 이용 및 보호 현황 및 법제개선방안 - 위치정보의이용및보호등에관한법률(안)을 중심으로 -", 법제개선연구 8권 1호, 2004.12, 8쪽.

위치정보의 활용가능성을 크게 증가시켰다고 할 수 있다. 특히 최근의 스마트폰이나 태블릿PC 등 모바일기기의 급속한 보급과 SNS의 폭넓은 이용은 이러한 위치정보의 활용과 보호라는 양면을 더욱 부각시키는 계기가 되고 있다.

3) 민감정보(sensitive information) 해당 여부

개인위치정보는 유출 등의 경우에 개인의 사생활이나 안전 등에 대해 큰 위험이 발생할 수 있는 '민감정보(sensitive information)'라는 점이 일반 개인정보와 구별된다고 할 수 있다. 개인위치정보의 오·남용 및 유출의 경우에 ①생명·신체나 사생활에 대한 침해가능성, ②침해의 즉시성, ③장래위험의 유발가능성 등에서 여타의 일반적인 개인정보에 비하여 현저히 심각한 결과를 초래할 수 있다. 즉, ①과 관련하여서는 개인에 관한 정적인 정보가 아닌 동적인 정보의 취득이 가능하기 때문에 개인위치정보의 유출은 개인위치정보주체에 대하여 특히 직접적인 물리적 위험(physical danger)의 가능성을 높인다. 예컨대, 스토커 등에 대한 개인위치정보의 유출은 직접적인 물리적 위험으로 직결될 수 있으며, 또한 개인위치정보의 오류·왜곡 등은 개인위치정보주체를 위험지역에 노출시킬 수 있고, 생명·신체에 대한 위험으로도 연결될 수 있다. ②와 관련하여서는 개인위치정보의 수집·제공에 의하여 개인위치정보주체의 현재 위치정보가 리얼타임으로 추적가능하며, 따라서 개인위치정보주체에 대한 침해가 즉시적으로 발생할 수 있다. ③과 관련하여서는 GPS(Global Positioning System)의 발달과 더불어 개인위치정보는 현재의 위치에 한하지 않고, 위도·경도·고도 등 특정한 시간의 위치와 방향성 까지도 포함하기 때문에 개인위치정보주체의 장래의 위치정보까지도 어느 정도 추정할 수 있고, 이로 인하여 그 위험성이 더욱 커지게 된다.

또한 개인위치정보는 유출되는 경우에 일반 개인정보보다 더 심각한 사생활 침해의 결과를 초래하기 쉽다. 성명, 주소, 주민등록번호 등 일반 개인식별정보(PII : Personally Identifiable Information)[29]에 비하여 개인위치정보는 특정한 시간에 특정한 위치에 존재하였다는 것 자체가 사생활의 중요부분을 차지할 수 있고, 그 피해의 정도도 직접적이고 심각하다고 할 수 있다. 이러한 이유로 개인위치정보는 고도의 민감정보라고 할 수 있다[30].

그러나, 민감정보에의 해당 여부는 반드시 명확하다고만은 할 수 없다. 민감정보는 시대와 장소, 그리고 상황에 따라서 변할 수 있는 가변적・유동적・상대적 성질을 가진 것이라고 할 수 있기 때문이다. 실제로, 개인정보 보호법은 "개인정보처리자는 사상・신념, 노동조합・정당의 가입・탈퇴, 정치적 견해, 건강, 성생활 등에 관한 정보, 그 밖에 정보주체의 사생활을 현저히 침해할 우려가 있는 개인정보로서 대통령령으로 정하는 정보(이하 "민감정보"라 한다)를 처리하여서는 아니된다."(23조)고 하여, 민감정보 해당 여부를 대통령령(시행령)으로 규정하도록 하고 있다[31].

---

29) 개인식별정보와 관련하여서는, 황인호, "個人情報保護制度에서의 規制에 관한 硏究-制度의 再構造化를 위한 立法論을 中心으로-", 공법연구 30집 4호, 2002.6, 236-237쪽.

30) Nancy J. King, *DIRECT MARKETING, MOBILE PHONES, AND CONSUMER PRIVACY: ENSURING ADEQUATE DISCLOSURE AND CONSENT MECHANISMS FOR EMERGING MOBILE ADVERTISING PRACTICES*, 60 Fed. Comm. L.J. pp. 229, 2008, 273-274.

31) 「개인정보 보호법 시행령」은 "1.유전자검사 등의 결과로 얻어진 유전정보, 2.「형의 실효 등에 관한 법률」 제2조 제5호에 따른 범죄경력자료에 해당하는 정보"를 민감정보로 규정하고 있다(제18조).

4) 공적 목적 및 상업적 활용가능성의 정도

개인위치정보는 그 특성상 공적 긴급구조와 교통정보 등 위치정보의 활용에 의한 공적 목적의 달성에 활용가치가 대단히 높다. 근래 스마트폰 등 모바일기기의 급속한 보급은 위치정보의 공적 목적 및 상업적 활용가능성을 증대시키고 있다[32]. 또한 개인위치정보는 이를 기반으로 하는 보험, 경호, 관광정보, 교통, 텔레매틱스 등 다양한 분야의 산업 전반에 걸쳐서 활용가능성이 대단히 높은 위치기반서비스(LBS)사업으로 활용될 수 있다. 개인위치정보의 사업적 이용과 관련하여서는 위치정보를 수집하여 위치기반서비스사업자에게 제공하는 것을 사업으로 하는 위치정보사업자[33]와 위치정보사업자로부터 제공받은 위치정보를 이용하여, 고객에게 직접 위치정보를 기반으로 한 서비스를 제공하는 위치기반서비스사업자[34]가 있다. 이들 사업자들에 의하여, 개인위치정보를 활용해 이동통신 이용자의 자녀의 학교나 학원 등교 현황을 파악하고 가족이나 연인의 위치를 파악해 신변을 보호하는 부가서비스를 제공한다든지 이 밖에도 이용자가 있는 위치에서 바로 맛집을 찾거나 건물을 찾아볼 수 있는 애플리케이션의 개발도 활성화되어 개인위치정보의 활용이 크게 늘고 있는 실정이다[35].

---

32) 방송통신위원회에 따르면, 지난 2007년 2억 1,318만여 건이던 이동통신 3사의 위치정보 이용 건수가 2010년 21억 6천여 건으로 급증했다. 디지털타임스 2011. 9.15.

33) 이러한 위치정보사업자의 예로서는 SK텔레콤, KT, LG U+ 등의 이동통신사업자 등을 들 수 있다.

34) 이러한 위치기반서비스사업자의 예로서는, 이동통신사업자로부터 고객 휴대전화 위치정보를 취득하여 경호서비스를 제공하는 경호업체, 위치정보사업자로부터 자사 근처에 소재한 고객의 위치정보를 확인하여 고객에게 모바일 할인권 등을 통신단말기로 발송하는 백화점이나 대형할인마트 등을 들 수 있다.

한편, 일반 개인정보는 정보주체의 권리의 보장과 개인정보의 보호에 중점을 두고 있다고 할 수 있다. 개인정보 보호법도 "이 법은 개인정보의 수집·유출·오용·남용으로부터 사생활의 비밀 등을 보호함으로써 국민의 권리와 이익을 증진하고, 나아가 개인의 존엄과 가치를 구현하기 위하여 개인정보 처리에 관한 사항을 규정함을 목적으로 한다."(1조)고 하여, 개인정보의 보호만을 명시하고 있다.

Ⅲ. 개인정보 보호법과 위치정보법과의 법적용관계

개인정보에 관한 일반법인 개인정보 보호법과 개인위치정보에 관한 위치정보법은 일반법과 특별법(또는 개별법)과의 관계에 있기 때문에, 위치정보법상의 규정이 우선하여 적용되고(상호우열관계), 위치정보법이 규정하고 있지 아니한 경우에 보완적으로 개인정보 보호법이 적용된다고 할 수 있다(상호보완관계). 그러나, 양자가 규정하고 있지 아니한 사항이나 규정하고 있는 경우에도 그 적용관계가 명확하지 아니한 경우에는 양자의 적용이 경합될 수 있다(상호경합관계).

---

35) 위치정보 이용 건수가 가장 많이 늘어난 이동통신 회사는 SK텔레콤으로 2007년 말 1억 2,828만여건이던 위치정보 활용 건수가 2010년 8월 말에 7억 512만여건으로 늘어났다. KT의 위치정보 활용 건수는 3년새 3배가량 늘어 2010년 8월 말 현재 3억 3,399만여건의 위치정보가 활용됐고, LG U+도 8월 말 현재 2억 8,672만여건의 위치정보를 활용하고 있는 것으로 나타났다. 파이낸셜뉴스 2010.10.17 참조.

1. 상호우열관계

위치정보법상의 개인위치정보는 개인정보의 일종이지만 특정 개인이 특정한 시간에 존재하거나 존재하였던 장소에 관하여서는 개인정보 보호법상의 일반 개인정보의 개별·구체적인 것으로서, 법적용에서도 원칙적으로 위치정보법상의 규정이 개인정보 보호법상의 규정에 우선하여 적용된다고 할 것이다. 이것은 개인정보 보호법이 "개인정보 보호에 관하여는 「정보통신망 이용촉진 및 정보보호 등에 관한 법률」, 「신용정보의 이용 및 보호에 관한 법률」 등 다른 법률에 특별한 규정이 있는 경우를 제외하고는 이 법에서 정하는 바에 따른다."(제6조)고 하여, 정보통신망법 등 다른 법률의 규정이 우선하여 적용됨을 규정하고 있는 것으로 부터서도 알 수 있다. 따라서, 개인정보의 보호와 관련하여서는 위치정보법이 개인정보 보호법에 법적용에 있어서 우위에 선다고 할 수 있다[36]. 이하에서 양자의 법적용관계에서 특히 문제가 되는 주요한 내용을 중심으로 하여 살펴보도록 한다.

첫째로, 개인(위치)정보의 수집 등과 관련하여, 개인정보 보호법과 위치정보법은 동의에 의해 수집할 수 있음을 규정한 점은 공통된다. 그러나, 개인정보 보호법은 그 이외에도 법률에 특별한 규정이 있거나

---

36) 같은 견해로서 현대호, "개인정보 보호법과 다른 법률의 개인정보보호 규정과의 정합성 확보", 「한국인터넷법학회 춘계공동학술대회 발표집」, 한국인터넷법학회, 2011.4.15, 40-41쪽. 또한 이러한 다수의 개별법의 존재로 인한 개인정보 보호법의 형해화 가능성을 언급한 것으로는, 김민호, "개인정보보호법 제정에 따른 제도정비방안", 「한국인터넷법학회 춘계공동학술대회 발표집」, 한국인터넷법학회, 2011.4.15, 12쪽.

법령상 의무를 준수하기 위하여 불가피한 경우, 공공기관이 법령 등에서 정하는 소관 업무의 수행을 위하여 불가피한 경우 등(15조 1항) 예외적으로 수집할 수 있는 경우를 폭넓게 규정하고 있다. 이에 대하여, 위치정보법은 ①긴급구조기관의 긴급구조 또는 경보발송 요청이 있는 경우와 ②다른 법률에 특별한 규정이 있는 경우(15조 1항 단서)로 보다 제한적으로 예외규정을 두고 있다. 개인정보의 수집 등의 예외적 허용은 정보주체의 권리 · 이익을 위하여 가능한 한 엄격하게 해석하여야 할 것이다. 따라서, 개인위치정보의 수집에는 개인정보 보호법에 우선하여 위치정보법을 적용하여야 할 것이다.

둘째로, 개인(위치)정보의 이용 · 제공과 관련하여, 개인정보 보호법과 위치정보법은 일정한 사항을 개인(위치)정보주체에게 미리 고지하고 동의에 의해 이용 · 제공할 수 있음과 아울러, 고지한 범위를 넘어 이용 · 제공할 수 없도록 제한하고 있는 점은 거의 유사하다(개인정보 보호법 15조 1 · 2항, 17조 1 · 2항, 18조 1항, 위치정보법 19조 1 · 2항, 21조 참조). 그러나, 이러한 개인(위치)정보의 이용 · 제공의 제한의 예외, 즉 예외적으로 목적 외의 용도나 고지한 범위를 넘어 이용 · 제공할 수 있는 경우에 대하여, 개인정보 보호법은 정보주체로부터 별도의 동의를 받은 경우, 다른 법률에 특별한 규정이 있는 경우 등의 9가지의 예외적 사유를 폭넓게 인정하고 있다(18조 2항). 그에 비하여, 위치정보법은 개인위치정보주체의 동의가 있는 경우, 위치정보 및 위치기반서비스 등의 제공에 따른 요금정산을 위하여 위치정보 수집 · 이용 · 제공사실 확인자료가 필요한 경우, 통계작성, 학술연구 또는 시장조사를 위하여 특정 개인을 알아볼 수 없는 형태로 가공하여 제공하는 경우로 보다 제한적으로 규정하고 있다(21조). 개인(위치)정보주체의 권리 · 이익을 위하여 개인(위치)정보의 이용 · 제공의 예외적 허용은 좁게 해석하여야 한다는 점에 비추어, 개인위치정보의 이용 · 제공의 예외적 허용은 개인정보 보호법의 적용이 배제되고 위치정보법이 우선하여 적용된다고 해석하여야 할 것이다.

셋째로, 민감정보의 처리 제한과 관련하여, 개인정보 보호법은 ① 정보주체에게 일정한 사항을 알리고 다른 개인정보의 처리에 대한 동의와 별도로 동의를 받은 경우와 ②법령에서 민감정보의 처리를 요구하거나 허용하는 경우 이외에는 개인정보처리자는 사상 · 신념, 노동조합 · 정당의 가입 · 탈퇴, 정치적 견해, 건강, 성생활 등에 관한 정보, 그 밖에 정보주체의 사생활을 현저히 침해할 우려가 있는 민감정보의 처리를 제한하고 있는데 반하여(23조), 위치정보법은 이에 대한 규정이 존재하지 않는다. 이는 개인위치정보 자체가 민감정보인 점에 비추어 위치정보법이 개인위치정보의 규정과 관련하여 민감정보에 대한 별도의 규정을 둘 이유가 없음은 당연하다고 할 수 있을 것이다. 따라서, 위치정보법이 우선하여 적용된다고 할 수 있으나, 위치정보법의 개인위치정보의 처리에 관한 규정(15조 1항, 18조 1항, 19조 1항, 20조 1항, 21조 1항 등)이나 개인정보 보호법상의 민감정보의 예외적 처리허용에 관한 규정(23조)을 비교하여 보면, 동의에 의한 경우가 공통적으로 인정되고 있고, 다만 개인정보 보호법상의 위의 ②에 해당하는 것이 위치정보법에는 명문의 규정이 없으나, 법령의 특별한 규정이 있는 경우에는 허용된다고 해석하여야 할 것이므로(4조) 이 점에도 큰 차이는 없다고 할 수 있다.

2. 상호보완관계

위치정보법은 전 6장 43조의 비교적 단순한 형태로 입법되어 있는데 비하여, 개인정보 보호법은 전 9장 75조의 보다 완결적인 형태로 입법되어 있다. 따라서, 개인정보의 보호와 관련하여 위치정보법상의 특별규정이 없는 경우, 그 성질이 허용되는 한 개인정보 보호법상의 규정이 보완적으로 적용됨이 원칙이라 할 것이다. 이하에서 양자의 법 적용관계에 대해서 보다 구체적으로 살펴보도록 한다.

첫째로, 개인정보 보호법은 위치정보법이 규정하고 있지 않는 개인정보 보호원칙을 8개항에 걸쳐서 상세히 규정하고 있다(3조). 이는 OECD의 「개인데이터의 국제유통과 프라이버시 보호에 관한 가이드라인(GUIDELINES ON THE PROTECTION OF PRIVACY AND TRANSBORDER FLOWS OF PERSONAL DATA)」의 8원칙[37]을 참고하여 규정한 것으로, 이러한 개인정보 보호원칙에 관한 규정은 위치정보법에도 원칙적으로 적용된다고 해석하여야 할 것이다.

둘째로, 개인정보 보호법상의 국가 등의 책무에 관한 규정(5조)이 위치정보법에는 존재하지 아니하나, 개인위치정보와 관련하여 원칙적으로 적용된다고 해석하여야 할 것이다. 따라서, 국가와 지방자치단체는 개인위치정보의 목적 외 수집, 오용·남용 및 무분별한 감시·추적

---

37) 이른바 OECD 8원칙이란, ① 수집제한의 원칙(Collection Limitation Principle), ② 정보내용 정확성의 원칙(Data Quality Principle), ③ 목적 명확화의 원칙(Purpose Specification Principle), ④ 이용제한의 원칙(Use Limitation Principle), ⑤ 안전 확보의 원칙(Security Safeguards Principle), ⑥ 공개의 원칙(Openness Principle), ⑦ 개인참가의 원칙(Individual Participation Principle), ⑧ 책임의 원칙(Accountability Principle)을 말한다.

등에 따른 폐해를 방지하여 인간의 존엄과 개인의 사생활 보호를 도모하기 위한 시책을 강구하며(동조 1항), 정보주체의 권리를 보호하기 위하여 법령의 개선 등 필요한 시책을 마련하여야 하고(동조 2항), 개인위치정보의 처리에 관한 법령 또는 조례를 제정하거나 개정하는 경우에는 법의 목적에 부합되도록 하여야 한다(동조 4항).

셋째로, 개인정보 보호법은 정보주체의 권리와 관련하여, ①개인정보의 처리에 관한 정보를 제공받을 권리, ②개인정보의 처리에 관한 동의 여부, 동의 범위 등을 선택하고 결정할 권리, ③개인정보의 처리 여부를 확인하고 개인정보에 대하여 열람을 요구할 권리, ④개인정보의 처리 정지, 정정·삭제 및 파기를 요구할 권리, ⑤개인정보의 처리로 인하여 발생한 피해를 신속하고 공정한 절차에 따라 구제받을 권리를 규정하고 있는바(4조), 이러한 규정은 위치정보법상의 개인위치정보의 경우에도 원칙적으로 적용된다고 하여야 할 것이다.

넷째로, 개인정보 보호법은, 공공기관의 장이 개인정보파일을 운용하는 경우에는 일정한 경우를 제외하고[38], 개인정보파일의 명칭, 개인정보파일의 운영 근거 및 목적, 개인정보파일에 기록되는 개인정보의 항목, 개인정보의 처리방법, 개인정보의 보유기간, 개인정보를 통상적 또는 반복적으로 제공하는 경우에는 그 제공받는 자, 그 밖에 대통령

---

38) 이러한 적용제외의 경우로서는, "1. 국가 안전, 외교상 비밀, 그 밖에 국가의 중대한 이익에 관한 사항을 기록한 개인정보파일, 2. 범죄의 수사, 공소의 제기 및 유지, 형 및 감호의 집행, 교정처분, 보호처분, 보안관찰처분과 출입국관리에 관한 사항을 기록한 개인정보파일, 3. 「조세범처벌법」에 따른 범칙행위 조사 및 「관세법」에 따른 범칙행위 조사에 관한 사항을 기록한 개인정보파일, 4. 공공기관의 내부적 업무처리만을 위하여 사용되는 개인정보파일, 5. 다른 법령에 따라 비밀로 분류된 개인정보파일"(32조 2항)을 규정하고 있다.

령으로 정하는 사항을 행정안전부장관에게 등록하고, 공개하도록 규정하고 있다(32조 1,2,3항). 이러한 개인정보파일의 등록 및 공개에 관한 규정은 위치정보법상의 개인위치정보의 경우에도 원칙적으로 적용된다고 해석하여야 할 것이다.

다섯째로, 개인(위치)정보의 파기와 관련하여 개인정보 보호법과 위치정보법은 각각 규정하고 있다. 그런데, 위치정보법은 "위치정보사업자 등은 개인위치정보의 수집, 이용 또는 제공목적을 달성한 때에는 제16조제2항의 규정에 의하여 기록·보존하여야 하는 위치정보 수집·이용·제공사실 확인자료 외의 개인위치정보는 즉시 파기하여야 한다."(23조)고 하여 비교적 간결하게 규정하고 있는데 비하여, 개인정보 보호법은 4개항에 걸쳐 규정하고 있으며, 또한 파기방법 및 절차 등에 필요한 사항은 대통령령으로 정하도록 하고 있다(21조 4항). 따라서, 위치정보법의 규정취지에 반하지 않는 한 개인정보 보호법상의 규정이 적용된다고 하여야 할 것이다. 즉, 위치정보사업자 등이 개인위치정보를 파기할 때에는 복구 또는 재생되지 아니하도록 조치하여야 하고, 개인위치정보를 파기하지 아니하고 보존하여야 하는 경우에는 해당 개인위치정보 또는 개인위치정보파일을 다른 개인정보와 분리하여서 저장·관리하여야 한다(21조 2, 3항).

여섯째로, 고유식별정보의 처리 제한에 관하여 개인정보 보호법은 규정하고 있으나(24조) 위치정보법은 규정하고 있지 않다. 그러나, 이에 관한 개인정보 보호법상의 규정은 위치정보법상의 입법취지에 반하지 아니하는 한 적용된다고 하여야 할 것이다. 따라서, 위치정보사업자 등은 정보주체가 인터넷 홈페이지를 통하여 회원으로 가입할 경우 주민등록번호를 사용하지 아니하고도 회원으로 가입할 수 있는 방법을 제공하여야 하고, 고유식별정보를 처리하는 경우에는 그 고유식별정보가 분실·도난·유출·변조 또는 훼손되지 아니하도록 암호화 등 안전성 확보에 필요한 조치를 하여야 한다.

일곱째로, 업무위탁에 따른 개인(위치)정보의 처리 제한과 관련하여, 개인정보 보호법(26조)과 달리 위치정보법은 규정하고 있지 않다. 이에 관한 규정을 위치정보사업자 등에 적용하는 것이 위치정보법의 취지에 반한다고 할 수 없기 때문에 위치정보사업자 등에도 적용된다고 할 것이다. 따라서 위치정보사업자 등은 개인위치정보의 처리 업무를 위탁하는 경우에는 일정한 사항이 포함된 문서로 하여야 하며(동조 1항), 수탁자를 정보주체가 언제든지 쉽게 확인할 수 있도록 일정한 방법에 따라 공개하여야 하고(동조 2항), 위탁자가 재화 또는 서비스를 홍보하거나 판매를 권유하는 업무를 위탁하는 경우에는 그 업무의 내용과 수탁자를 정보주체에게 알려야 한다(동조 3항). 위탁자는 업무 위탁으로 인하여 정보주체의 개인정보가 분실·도난·유출·변조 또는 훼손되지 아니하도록 수탁자를 교육하고, 수탁자가 개인정보를 안전하게 처리하는지를 감독하여야 하고(동조 4항), 또한 수탁자는 개인정보처리자로부터 위탁받은 해당 업무 범위를 초과하여 개인정보를 이용하거나 제3자에게 제공하여서는 아니 되며(동조 5항), 수탁자가 위탁받은 업무와 관련하여 개인위치정보를 처리하는 과정에서 법을 위반하여 발생한 손해배상책임에 대하여는 수탁자를 위치정보사업자의 소속 직원으로 본다(동조 6항)고 해석하여야 할 것이다.

여덟째로, 개인정보 보호법은 개인정보 유출 통지에 관한 규정(34조)을 두고 있는데 반해, 위치정보법은 이에 관한 규정이 없다. 그러나, 개인정보처리자는 개인정보가 유출되었음을 알게 되었을 때에는 지체 없이 해당 정보주체에게 유출된 개인정보의 항목 등을 알려야 한다는 개인정보 유출 통지에 관한 규정은 위치정보법상의 개인위치정보의 경우에도 원칙적으로 적용된다고 해석하여야 할 것이다. 따라서, 위의 개인위치정보 유출 통지와 함께, 위치정보사업자 등은 개인위치정보가 유출된 경우 그 피해를 최소화하기 위한 대책을 마련하고 필요한 조치를 하여야 한다(동조 2항).

아홉째로, 개인정보에 관한 분쟁의 조정과 관련하여 개인정보분쟁조정위원회가 종래에는 정보통신망법에 규정되어 있었으나, 2011년 3월의 법개정으로 개인정보 보호법에서 규정하게 되었다(40조부터 50조까지). 따라서, 위치정보법상의 개인위치정보와 관련한 분쟁은 방송통신위원회에 재정을 신청하거나(동법 28조 1항) 개인정보 보호법상의 개인정보분쟁조정위원회에 조정을 신청할 수 있다(동법 28조 2항).

열째로, 개인정보 보호법은 개인정보 단체소송제도를 신설하였다(51조부터 57조까지). 개인정보 단체소송은 개인정보처리자가 개인정보 집단분쟁조정을 거부하거나 집단분쟁조정의 결과를 수락하지 아니한 경우에 법원에 권리침해 행위의 금지·중지를 구하는 소송을 말한다. 위치정보법상의 개인위치정보의 경우에도 집단분쟁조정제도가 적용되므로 개인정보 보호법상의 단체소송제도도 원칙적으로 적용된다고 해석하여야 할 것이다.

3. 상호경합관계

개인정보 보호법과 위치정보법은 일반법과 특별법(또는 개별법)의 관계에 있는 이외에도 행정안전부와 방송통신위원회로 그 소관부처를 달리한다. 이로 인하여, 규정의 흠결이 있는 경우에나 법적용관계가 불명확한 경우에 그 법적용 또는 법해석 · 운용을 둘러싸고 경합(갈등)관계에 설 수 있다. 이하에서 그러한 가능성이 있는 경우를 구체적으로 살펴보도록 한다.

첫째로, 양자의 입법목적의 미묘한 차이는 규정의 흠결이 있는 경우에나 법적용관계가 불명확한 경우에 소관부처의 상이와 맞물려 서로 경합 또는 갈등의 소지를 안고 있다고 할 수 있다. 즉, 개인정보 보호법은 "개인정보의 유출 · 오용 · 남용으로부터 사생활의 비밀 등을 보호함으로써 국민의 권리와 이익을 증진하고, 나아가 개인의 존엄과 가치를 구현하기 위하여 개인정보 처리에 관한 사항을 규정함"(1조)을 그 입법목적으로 하고 있는 데 대하여, 위치정보법은 "위치정보의 유출 · 오용 및 남용으로부터 사생활의 비밀 등을 보호하고 위치정보의 안전한 이용환경을 조성하여 위치정보의 이용을 활성화함으로써 국민생활의 향상과 공공복리의 증진에 이바지함"(1조)을 그 입법목적으로 하고 있다. 이러한 목적규정에서도 엿볼 수 있듯이 개인정보 보호법은 개인정보의 '보호'에 중점을 두고 있는 데 비하여, 위치정보법은 개인위치정보의 '보호'와 더불어 '이용'의 활성화에 대해서도 입법목적의 또 하나의 축으로 설정하고 있다. 또한 법명도 「개인정보 '보호'법」과 「위치정보의 '보호'와 '이용'에 관한 법률」로 미묘한 차이가 있음을 알 수 있다. 이러한 상위점이 원론적으로 말하자면 개인(위치)정보의 이용과 보호를 둘러싸고 양자의 경합(갈등)관계를 낳을 수 있는 가능성을 내재하고 있다고 할 수 있을 것이다.

둘째로, 개인정보 보호법은 개인정보 보호에 관한 사항을 심의 ·

의결하기 위하여 대통령 소속으로 그 권한에 속하는 업무를 독립하여 수행하는 개인정보 보호위원회(이하 "보호위원회"라 한다)를 두도록 규정하고 있다(7, 8조). 이에 대하여 위치정보법은 위치정보의 안전한 이용환경 조성에 관한 사항을 협의하고 공공목적의 위치정보 이용을 활성화하기 위하여 방송통신위원회 소속하에 위치정보심의위원회(이하 "심의위원회"라 한다)를 두도록 하고 있다. 보호위원회가 대통령 소속인 데 비하여, 심의위원회는 방송통신위원회 소속이라는 점 등 때문에 양자의 경합의 우려가 완화될 수 있으나, 보호위원회가 실질적으로 어떠한 조직형태와 기능을 수행할 지는 아직 미지수이다. 따라서, 그 운영형태에 따라서는 양 기관의 기능이 중복될 가능성이 큰 만큼 경합관계에 설 가능성을 전면적으로 부정하기 어렵다.

셋째로, 개인정보 보호법은 "개인정보의 보호와 정보주체의 권익 보장을 위하여 행정안전부장관은 3년마다 개인정보 보호 기본계획을 관계 중앙행정기관의 장과 협의 하에 작성하여 보호위원회에 제출하고, 보호위원회의 심의·의결을 거쳐 시행하여야"(9조 1항)하고, 또한 "중앙행정기관의 장은 기본계획에 따라 매년 개인정보 보호를 위한 시행계획을 작성하여 보호위원회에 제출하고, 보호위원회의 심의·의결을 거쳐 시행하여야 한다."(10조 1항)고 규정하고 있다. 그런데, 위치정보법도 "방송통신위원회는 관계중앙행정기관의 장과 협의를 거쳐 위치정보의 안전한 보호와 건전한 이용 등을 위하여"(3조) 위치정보의 보호 및 이용 등을 위한 시책을 마련하여야 함을 규정하고 있다. 이들 양 법률의 규정들은 각각 일반 개인정보와 위치정보를 그 대상으로 한다는 점에서 일응 구별할 수 있지만, 위치정보도 개인정보에 포함될 수 있다는 점, 양자의 성격이 전혀 별개의 것이 아니라는 점 등 때문에 업무의 중복·비효율뿐만 아니라 서로 다른 소관부처로 인하여 업무의 경합(또는 갈등)이 발생할 우려가 없지 아니하다.

넷째로, 개인정보 보호법은 공공기관의 장이 개인정보파일을 운용하는 경우에는 일정한 사항을 행정안전부장관에게 등록하도록 하고(32조 1항), 일정한 기준에 해당하는 개인정보파일의 운용으로 인하여 정보주체의 개인정보 침해가 우려되는 경우에는 그 위험요인의 분석과 개선 사항 도출을 위한 평가를 하고 그 결과를 행정안전부장관에게 제출하여야 하도록 한 개인정보영향평가제도(33조 1항)를 도입하고 있다. 개인정보 보호법 및 하위법령의 규정에 의하면 이들 개인정보 보호법령의 규정에 해당하는 개인위치정보파일을 운용하는 공공기관의 장(방송통신위원회 위원장 등)은 개인위치정보파일을 행정안전부장관에게 등록하여야 하고(법 32조 1항), 또한 개인정보 보호법 시행령이 규정하는 기준에 해당하는 개인위치정보파일을 운용하는 공공기관의 장은 그로 인하여 정보주체의 개인위치정보의 침해가 우려되는 경우에는 개인위치정보영향평가를 실시하여야 하는 것으로 된다[39](법 33조 1항).

그러나, 개인정보 보호법은 소관부처의 장인 행정안전부장관에게 적지 아니한 권한을 부여하고 있고(이에 대해서는 Ⅳ.2.에서 후술한다.), 위치정보법의 소관부처인 방송통신위원회로서는 개인위치정보에 대해 규율하고 있는 위치정보법이 개인정보 보호법의 특별법임을 내세워 이러한 개인위치정보 영향평가를 사실상 거부 또는 해태할 우려도

39) 실제로 2011년 6월 2일에 실시한 공청회자료에는 개인정보영향평가 계획서 서식에 RFID, 바이오정보, CCTV와 함께 위치정보도 그 대상이 됨을 명시하고 있다. 행정안전부, 『개인정보 보호법 시행령·시행규칙 제정안 공청회 자료집』, 2011. 6. 2, 105쪽.

없지 아니하다. 이러한 경우에도 개인정보 보호법상에 이를 강제할 규정이 없다. 따라서, 개인(위치)정보 영향평가제도의 운용과 관련하여 부처간의 갈등의 우려를 완전히 불식할 수는 없다고 할 것이다.

Ⅳ. 입법적 과제

1. 개인정보 관련법률 상호간의 정합성 확보

개인정보의 보호에 관하여 종래 공공부문과 민간부문으로 나누어 규율한 것을 개인정보 보호법으로 통합한 결과, 개인정보의 보호범위가 종래보다 크게 확장되었다. 개인정보 보호법의 제정으로 공공부문의 일반법적 역할을 하였던 공공개인정보법은 2011년 9월 30일 개인정보 보호법의 시행과 더불어 폐지되었다. 따라서, 개인정보 보호법은 개인정보의 보호와 관련하여 명실상부한 일반법적 지위를 차지하게 되었다. 그러나, 개인정보의 보호와 관련하여서는 정보통신망법상의 개인정보에 관한 규정을 비롯하여, 개인위치정보, 신용정보, 의료정보, 유전자정보, 고용정보 등 개별 개인정보에 대하여 규율하고 있는 법률과의 관계가 문제된다. 이와 관련하여서는 원론적으로 말하자면 그 동안 다수의 개별 법률에 산재되어 있던 개인정보의 보호와 관련한 규정들을 일반법인 개인정보 보호법의 제정 · 시행을 계기로 하여, 일반법과 특별법(또는 개별법)간의 규제의 적절한 분배를 통하여 개인정보의 보호와 관련한 법적 규율의 합리화 · 간명화를 도모하여야 할 것이다. 이러한 점에서, 개인정보 보호법의 제정에도 불구하고 정보통신망법상의 개인정보에 관한 규정을 존치시킬 필요성이 있는지가 문제이다.

개인정보 보호법과 정보통신망법이 규율내용이 유사하고 또한 정보통신서비스제공자를 특별히 규율해야 할 이유를 찾기 어렵다는 점[40], 개인정보의 많은 부분을 차지하는 정보통신망을 통하여 전자적으로 처리되는 정보에 대해서는 정보통신망법을 적용하게 된다면, 앞으로 동법의 규정 여하에 따라서는 개인정보 보호법의 기능이 크게 약화될 수 있다는 점 등을 고려하여 볼 때, 정보통신망법상의 개인정보에 관한 규정은 개인정보 보호법에 맡겨서 법적 규제의 통일성과 간명함을 도모하여야 할 것으로 본다.

또한 개인정보 보호법과 각 개별법과의 규정의 중복 등도 재검토할 필요가 있다. 예컨대, 개인정보 보호법은 정보주체에게 개인정보처리자의 위법행위로 손해를 입으면 개인정보처리자에게 손해배상을 청구할 수 있도록 하고(39조 1항), 이 경우 그 개인정보처리자는 고의 또는 과실이 없음을 입증하지 아니하면 책임을 면할 수 없도록 규정하고 있다(39조 2항). 그런데, 위치정보법도 거의 유사한 규정을 중복하여 규정하고 있는바(27조), 이러한 규정의 중복은 가능한 한 회피하여야 할 것이다. 이로써 개인정보의 보호와 관련한 법적 규율에 대해서 개인정보 보호법으로의 집중력을 제고할 수 있고, 이는 궁극적으로 수범자의 개인정보 보호 관련규범에 대한 친숙도를 제고하는 것으로 연결될 수 있을 것이다.

2. 조직의 재설계와 기능의 재분배

개인정보 보호법의 제정과정에서는 적지 아니한 산고가 있었다. 그

---

40) 같은 견해로서, 김민호, 앞의 논문, 12쪽.

러한 논란 중의 하나가 개인정보 보호 감독기구의 위상을 둘러싼 것이었다. 2008년 11월에 국회에 제출되었던 개인정보 보호법 정부안은 이와 관련하여, 개인정보 보호 기본계획, 법령 및 제도 개선 등 개인정보에 관한 주요 사항을 심의하기 위하여 국무총리 소속으로 개인정보 보호위원회를 두는 것이었다(안 9, 10조). 이에 대하여, 시민단체와 야당의 반대에 의하여, 결국, 개인정보 보호에 관한 사항을 심의・의결하기 위하여 대통령 소속으로 그 권한에 속하는 업무를 독립하여 수행하는 개인정보 보호위원회를 두는 것으로 결착이 난 것이다.

그러나, 개인정보 보호 관련법령의 집행 등과 관련하여, 개인정보 보호위원회의 위상을 어떻게 자리매김할 것인지는 아직 명확하지 않다고 할 수 있다. 이는 관련기관 및 기구 등과의 관계에서 검토할 필요가 있다. 우선, 개인정보 보호의 소관행정청인 행정안전부장관의 권한을 살펴보면, ①개인정보 기본계획의 작성(9조 1항) 및 자료제출 요구 등(11조 1항), ②표준 개인정보 보호지침의 작성(12조 1항), ③개인정보 처리자의 자율적인 개인정보 보호활동의 촉진・지원(13조), ④개인정보 처리방침의 작성지침(30조 4항), ⑤공공기관의 장의 개인정보파일의 등록 및 공개(32조 1항, 4항), ⑥공공기관의 장의 개인정보 영향평가의 제출(33조 1항), ⑦개인정보처리자의 개인정보 유출 통지 및 조치 결과의 신고(34조 3항), ⑧공공기관에 개인정보 열람 요구(35조 2항), ⑨개인정보분쟁조정위원회 위원장 및 위원 임명・위촉(40조 2, 4항), ⑩개인정보 보호에 영향을 미치는 내용이 포함된 법령이나 조례에 대하여 관계기관에 의견제시 및 개인정보처리자에게 개인정보 처리 실태의 개선권고(61조 1, 2항), ⑪개인정보 침해 사실의 신고(62조 1항), ⑫개인정보처리자에게 관계 물품・서류 등 자료제출 요구 및 검사(63조 1, 2항), ⑬개인정보 침해행위의 중지 등의 시정조치명령(64조 1항), ⑭범죄혐의에 대한 고발 및 징계권고(65조 1, 2항), 개선권고, 시정조치 명령, 고발 또는 징계권고 등에 대한 결과의 공표(66조 1항), ⑮과태료의 부과·징수(75조 4항) 등이다.

이러한 행정안전부장관의 권한 행사에서 개인정보 보호위원회의 심의·의결을 요하는 사항이 있다. 즉, ①개인정보의 보호와 정보주체의 권익 보장을 위하여 3년마다 개인정보 보호 기본계획을 관계 중앙행정기관의 장과 협의 하에 작성하여 보호위원회에 제출하고, 보호위원회의 심의·의결을 거쳐 시행하여야 하는 점(9조 1항), ②개인정보 영향평가 결과에 대하여 보호위원회의 심의·의결을 거쳐 의견을 제시할 수 있도록 한 점(33조 3항), ③개인정보 보호에 영향을 미치는 내용이 포함된 법령이나 조례에 대하여 필요하다고 인정하면 보호위원회의 심의·의결을 거쳐 관계 기관에 의견을 제시할 수 있도록 한 점(61조 1항), ④개선권고, 시정조치 명령, 고발 또는 징계권고 및 과태료 부과의 내용 및 결과에 대하여 보호위원회의 심의·의결을 거쳐 공표할 수 있도록 한 점(66조 1항) 등이다.

이상과 같이, 개인정보의 보호와 관련하여 행정안전부장관의 권한과 보호위원회의 기능을 살펴볼 때, 행정안전부장관의 권한이 막강한 점을 알 수 있다. 이들 권한은 집행기관으로서의 행정안전부장관이 행사하는 것이 적합한 것도 있지만, 일부 보호위원회의 기능과 중복되거나 보호위원회의 기능으로 하는 것이 적합한 것으로 판단되는 것도 있다. 예컨대, 개인정보분쟁조정위원회는 행정안전부장관의 소속하에 두고 그 위원장과 위원의 임명·위촉권을 전적으로 행정안전부장관에게 귀속시키고 있으나, 개인정보분쟁의 조정은 가능한 한 독립적·중립적인 기관이 담당하게 하는 것이 공정성과 객관성을 담보할 수 있다는 점에서 보호위원회의 기능으로 이전하는 것이 보다 타당한 것으로 판단된다[41]. 이러한 관점에서 개인정보침해 신고센터의 설치·운영(62조 1, 2항)도 보호위원회에 귀속시키는 것이 이들 업무의 집중과 전문성의 확보라는 측면에서 바람직한 것으로 보인다.

또한, ①개인정보 보호와 관련된 정책, 제도 및 법령의 개선에 관한 사항, ②개인정보의 처리에 관한 공공기관 간의 의견조정에 관한 사항, ③개인정보 보호에 관한 법령의 해석·운용에 관한 사항을 보호위원회의 기능으로 설정하였기 때문에, 행정안전부장관이 개인정보 보호에 영향을 미치는 내용이 포함된 법령이나 조례에 대하여 필요하다고 인정하면 보호위원회의 심의·의결을 거쳐 관계 기관에 의견을 제시할 수 있도록 되어 있는 것(61조 1항)은 보호위원회의 전속적인 권한으로 이전하는 것이 보다 공정성과 객관성을 담보할 수 있다고 본다.

위와 같이 조직과 기능을 재구성하게 될 경우에 보호위원회의 조직은 상당히 본격적인 규모로 될 것으로 보인다. 따라서, 이러한 기능의 재분배문제는 보호위원회의 위상과 밀접한 관련이 있음을 염두에 둘 필요가 있다. 결국 조직의 재설계와 기능의 재분배문제는 상호 밀접불가분의 관계에 있음을 알 수 있다.

3. 개인정보 단체소송과의 관련

개인정보 단체소송은 2008년 11월의 정부안에서는 포함되어 있지 않았던 것이 국회 논의과정에서 도입된 제도로서, 종래 실정법상으로는 소비자기본법상의 소비자단체소송(70조 이하)이 유일한 예라고

41) 같은 견해로서, 김일환, 앞의 논문, 2011, 288쪽.

할 수 있다[42]. 양 제도는 법원의 소송허가를 받아 일정한 법정요건을 갖춘 단체에게 권리침해행위의 금지·중지를 구하는 소송이라는 점에서 공통되나, 개인정보 단체소송의 경우에는 이른바 조정전치주의를 취하고 있는 점에서 다르다.

우선, 개인정보 단체소송과 관련하여서는 이러한 제도의 도입 자체가 적지 아니한 의미가 있는 것으로서, 그 제도 운용의 활성화 여부는 앞으로 지켜볼 필요가 있을 것으로 생각되지만[43], 소비자단체소송에 비하여 특별히 그 소송요건을 강화할 필연성은 발견하기 어렵다 할 것이다[44]. 실제 소비자단체소송과 개인정보 단체소송의 구별이 어려운 경우도 있을 수 있다는 점을 고려할 때 더욱 그러하다[45]. 또한 제소권자와 관련하여 소비자단체소송에서 제기된 문제점[46]은 원칙적으로 개인정보 단체소송에도 타당하다고 할 것이다. 나아가서 권리침해행위의 금지·중지뿐만 아니라 권리침해행위로 인한 결과를 제거하기 위한 조치(손해배상 등)도 청구할 수 있도록 하는 것도 고려할 수 있을 것이다. 이러한 점에서 앞으로의 운용상황을 체크하면서, 그 활성화를 위하여 제도의 개선을 도모할 여지가 있다고 할 것이다.

---

42) 소비자단체소송에 대해서는, 고형석, "소비자기본법의 평가와 과제", 저스티스 120호, 2010.12, 33쪽 이하.

43) 소비자단체소송의 경우에 비추어 볼 때, 개인정보 단체소송의 활성화에 대해서는 결코 낙관할 수 없다고 할 것이다. 소비자단체소송의 경우에, 2010년 8월 현재 1건만이 법원에 의하여 소송허가 되었기 때문이다.

44) 소비자기본법(65, 68조)과 개인정보 보호법(43, 49조) 모두 (집단)분쟁조정제도를 두고 있다.

45) 2008년 7월 경실련, 녹색소비자연대, 소비자시민모임, 한국YMCA 4개 시민단체가 당시의 하나로텔레콤을 상대로 개인정보의 무단제공을 중지하라는 소비자단체소송을 우리나라 최초로 제기한 바 있다.

46) 고형석, 앞의 논문, 35쪽.

4. 사후입법평가시스템의 운영

개인정보 보호법의 제정에는 적지 아니한 시간과 노력이 들었으며, 정부안을 비롯하여 여러 법안들이 존재하였었다. 이러한 논의과정에서 여러 규정들이 삽입된다든지 또는 변경되는 경우가 적지 아니하였다. 그러나, 개인정보의 보호라는 명제에 사로잡힌 나머지, 개인정보의 과잉보호나 개인정보의 이용을 과도하게 제한할 우려가 있음도 부정할 수 없다[47]. 민주사회의 존립에는 개인정보의 보호와 더불어, 또 다른 가치인 정보의 자유로운 유통을 보장하는 표현의 자유가 여전히 중요한 가치인 것이다. 그밖에도 원래 예측했던 것과 달리 상황의 변화나 수요의 변화에 따라 개정을 할 필요가 생긴다던지 또는 규정하였어야 할 사항이 흠결된 경우도 발생할 수 있다. 따라서 개인정보의 보호와 유통(이용)의 조화라는 관점에서 개인정보 보호법이 원래의 입법취지에 적합하게 운용되고 있는지를 점검하는 사후입법평가가 필요하게 된다[48].

개인정보 보호법은 사후입법평가에 관한 근거규정을 명문화하고 있지 아니하지만, 보호위원회의 기능에는 개인정보 보호와 관련된 정책, 제도 및 법령의 개선에 관한 사항이 포함되어 있는 점을 고려하여 볼 때, 보호위원회가 이러한 사후입법평가를 실시하여 법개정을 위한 참고자료를 제공할 수 있어야 할 것이다.

---

47) 각종 동의 변경시 통지 및 동의, 업무위탁시 통지의무, 안전조치의무, 개인정보 보호책임자 지정 등 개인정보처리자의 부담 가중을 우려하는 견해로서는, 이규정, "「개인정보 보호법」제정에 따른 개인정보보호정책의 방향과 과제", 한국인터넷법학회 춘계공동 학술대회 발표집, 한국인터넷법학회, 2011.4.15, 토론의견.

48) 이러한 사후입법평가는 ① 법률의 목표달성 여부 파악, ② 법규정의 부수적 효과(역효과·반작용)와 그 밖에 발생한 효과의 인식, ③ 현재 규정의 개정 필요성과 개정의 범위 확정에 기여할 수 있다. Carl Böhret/Götz Konzendorf(박영도·장병일 역), 입법평가 입문 - 법률, 법규명령, 행정규칙, 한국법제연구원, 2007, 293쪽.

제2장 | 개인위치정보의 보호와 이용

Ⅰ. 처음에

IT산업의 발달과 더불어 도래한 현대 정보사회에서 그 핵심요소인 정보는 제4의 자원으로서 정치 · 경제 · 사회 · 문화 등 모든 면에 걸쳐 대단히 중요한 위상을 차지하게 되었다. 공공부문에서는 행정서비스의 전자화 또는 전자정부의 추진으로, 민간부문에서는 상거래나 고객관리 등과 관련한 업무처리의 전자화로 인하여 개인정보의 수집 · 이용이 활발히 이루어지고 있다. 개인정보의 수집 · 이용의 활성화에 수반하여, 최근 개인정보의 누출, 오 · 남용 등 개인정보의 침해 문제가 사회적으로 큰 이슈가 되고 있기도 한다.

특히 무선인터넷의 발달로 인한 이동성의 증가는 위치정보의 가치를 증대시키고 있다. 이동성이 있는 물건 또는 개인이 특정한 시간에 존재하거나 존재하였던 장소에 관한 정보인 위치정보는 오늘날 공공부문에서나 민간부문에서 모두 그 활용도가 폭발적으로 증가하고 있다. 이동통신산업의 발달과 모바일기기의 폭넓은 보급은 이를 매개로 하는 개인위치정보의 가치를 크게 증가시켰으며, 이를 기반으로 하는 서비스산업의 활성화를 가져왔다. 즉, 이러한 위치정보를 기초로 해서 위치정보관련 서비스를 제공하는 것이 위치기반서비스(Location Based Service: LBS)이며, 근래 위치기반서비스산업은 모바일통신시장의 급속한 성장과 더불어 모바일통신부문에서의 이른바 킬러 애플리케이션(killer application)으로서 등장하여, 매년 높은 성장률을 보이고 있다.

그러나, 위치정보 중 특히 개인위치정보는 개인정보의 일종이지만 그 특수성으로 인하여 공공·민간부문에서의 폭넓은 활용가능성과 함께 그 침해의 심각성이 근래에 발생한 사건들에서 드러나고 있다[1]. 개인위치정보의 유출, 오·남용으로 인한 정보주체의 권리·이익의 침해의 심각성은 일반 개인정보에 비교할 수 없다. 또한 사회적으로도 일찍이 조지 오엘이 예견했던 텔레스크린을 통하여 24시간 일거수일투족을 감시당하는 오세아니아와 유사한 사회체제, 즉 현대정보사회에서의 빅 브라더 사회의 도래를 예견하기도 한다[2].

이처럼 개인위치정보를 포함하는 위치정보의 활용가능성과 그 침해로 인한 피해의 심각성은 그에 대한 규제의 필요성을 인식시켰다. 그 결과, 「위치정보의 보호 및 이용 등에 관한 법률」(이하 '위치정보법' 또는 '법'이라 약칭한다.)이 2005년 1월 27일에 제정·공포되어, 동년 7월

1) 예컨대, 삼성SDI의 퇴직직원 휴대폰으로 노조추진 직원들의 위치추적 등과 관련하여, 한겨레신문 2004.7.23.

2) Kevin Keener, *Government Surveillance in Context, for E-mails, Location, and Video : PERSONAL PRIVACY IN THE FACE OF GOVERNMENT USE OF GPS*, 3 I/S: J. L. & Pol'y for Info. Soc'y 473, pp. 487-488(2007).

28일부터 시행되고 있다[3].

따라서, 이하에서는 그동안 시행의 결과 드러난 개인위치정보에 관한 위치정보법의 법적 문제와 입법론적 과제를 검토해 보고자 한다.

Ⅱ. 개인위치정보의 개념

(1) 개인위치정보란 간단히 말하면 "특정 개인의 위치정보"(법 2조 2호)이다. 여기에서의 '위치정보'라고 하는 것은 "이동성이 있는 물건 또는 개인이 특정한 시간에 존재하거나 존재하였던 장소에 관한 정보로서 전기통신설비 및 전기통신회선설비를 이용하여 수집된 것"(법 2조 1호)을 말하기 때문에, 결국 개인위치정보는 특정 개인이 특정한 시간에 존재하거나 존재하였던 장소에 관한 정보로서 전기통신설비 등을 이용하여 수집된 것을 의미한다고 할 수 있다.

3) 위치정보법 및 동법 시행령 · 시행규칙의 주된 입법추진경과를 정리하면 다음과 같다.

연 월 일	내 용
2002. 10	「위치정보의이용및보호에관한법률(안)」 작성
2004. 11	국무회의 의결(정부안 확정)
2004. 12. 29	국회 본회의 의결
2005. 1. 27	「위치정보의보호및이용에관한법률」 제정 · 공포
2005. 2	동법 시행령 · 시행규칙(안) 작성
2005. 3. 31-4. 9	동법 시행령 · 시행규칙(안) 관계부처 의견조회
2005. 4. 19-5. 9	동법 시행령 · 시행규칙(안) 입법예고
2005. 7. 28	위치정보법, 동법 시행령 · 시행규칙 시행

(2) 이러한 개인위치정보는 개인정보의 일종이다. 다만 개인정보 중에서 '위치'를 매개로 한 정보라는 점에서 여러 가지 특수성을 가지게 될 뿐인 것이다. 따라서, 개인위치정보에 대해서는 위치정보법이 특별히 규정하는 것 이외에는 「개인정보 보호법」에 관한 규정을 준용하게 된다.

(3) 개인위치정보는 '특정 개인'의 위치정보를 의미하기 때문에 법인이나 법인격없는 단체 등은 개인위치정보의 주체가 될 수 없다. 문제가 되는 것은 '불특정 개인 또는 다수인'에 대해서도 개인위치정보의 주체성을 인정할 것인지이다. 이에 대해서는 개인위치정보와는 달리 위치정보는 개인의 특정성을 요건으로 하지 않음을 이유로 '불특정 다수의 군중'은 개인위치정보가 아니라 (일반)위치정보의 주체로 보아야 한다는 견해가 있다[4]. 그러나, 특정 · 불특정의 구별은 반드시 명확하지 아니한 경우가 있고, 대상이 되는 위치정보만으로는 불특정한 경우에 해당된다고 하더라도 다른 정보와 결합하여 특정할 수 있다면 여기에서의 개인위치정보의 주체가 될 수 있다고 하여야 할 것이다. 위치정보법도 "위치정보만으로는 특정 개인의 위치를 알 수 없는 경우에도 다른 정보와 용이하게 결합하여 특정 개인의 위치를 알 수 있는 것을 포함한다"(법 2조 2호)고 하여, 이를 인정하고 있다.

(4) 또한 개인위치정보는 '공간정보'와는 구별하여야 한다. 공간정보는 "지상 · 지하 · 수상 · 수중 등 공간상에 존재하는 자연적 또는 인공적인 객체에 대한 위치정보 및 이와 관련된 공간적 인지 및 의사결

4) 조용혁, "위치정보업의 계약관계에 관한 고찰", 기업법연구 19권 3호, 511쪽.

정에 필요한 정보[5]”로서, 공간상에 존재하는 자연적 또는 인공적인 객체에 대한 위치정보로서, 위치정보법이 규정하고 있는 개인위치정보에는 해당하지 아니한다. 한편, 위치정보법상의 개인위치정보의 개념정의가 지나치게 광범위하고 포괄적이어서 가령 예컨대 대한민국에 존재하고 있다는 사실 조차도 위치정보의 개념에 포섭된다는 주장도 가능하기 때문에 사회통념에 비추어 사회 · 경제적으로 유의미하게 제한할 필요가 있다고 하는 주장[6]이 있다. 경청할만한 견해이나 위치정보 또는 개인위치정보에서 중요한 요소는 특정한 ‘시간’과 ‘장소’이며, 특히 장소라는 공간의 광협은 상대적인 것이어서 이러한 것을 일의적으로 명확하게 개념정의에 포섭하기에는 어려움이 따를 것이다.

Ⅲ. 개인위치정보의 보호와 관련된 법적 문제

위치정보법은 개인위치정보의 보호와 관련하여 비교적 상세한 규정을 두고 있다. 즉, 누구든지 개인의 동의를 얻지 아니하고 개인위치정보를 수집 · 이용 또는 제공하는 것(제15조 제1항 본문), 타인의 정보통신기기를 복제하거나 정보를 도용하는 등의 방법으로 위치정보사업 등을 속여 타인의 개인위치정보를 제공받는 것을 금지하고 있다(동조 제2항). 또한 위치정보사업자 등은 위치정보의 누출, 변조, 훼손 등을 방지하기 위하여 위치정보의 취급 · 관리 지침을 제정하거나 접근권한자를 지정하는 등의 관리적 조치[7]와 방화벽의 설치나 암호

5) 국가공간정보에 관한 법률 제2조 제1호

6) 조용혁, 앞의 논문, 511쪽.

7) 위치정보의 보호를 위한 관리적 조치의 구체적 내용에 대하여 동법 시행령은,

화 소프트웨어의 활용 등의 기술적 조치[8])를 하여야 할 의무를 부과하고 있고(제16조 제1항), 위치정보사업자 등과 그 종업원이거나 종업원이었던 자는 직무상 알게 된 위치정보를 누설·변조·훼손 또는 공개하는 것을 금지하고 있다(제17조). 개인위치정보의 보호와 관련된 이러한 통칙적 규정을 기초로 하여 보다 구체적인 문제를 살펴보면 다음과 같다.

1. 개인위치정보의 수집 등에 대한 동의주체의 문제

위치정보법은 개인위치정보의 보호를 위하여 ①위치정보사업자가 개인위치정보를 수집하고자 하는 경우[9])(제18조 제1항), ②위치기반서

"1. 위치정보관리책임자의 지정, 2. 위치정보의 수집·이용·제공·파기 등 각 단계별 접근 권한자 지정 및 권한의 제한, 3. 위치정보 취급자의 의무와 책임을 규정한 취급·관리 절차 및 지침 마련, 4. 위치정보 제공사실 등을 기록한 취급대장의 운영·관리, 5. 위치정보 보호조치에 대한 정기적인 자체감사의 실시"(제20조 제1항)를 규정하고 있다.

8) 위치정보의 보호를 위한 기술적 조치의 구체적 내용에 대하여 동법 시행령은, "1. 위치정보 및 위치정보시스템의 접근권한을 확인할 수 있는 식별 및 인증 실시, 2. 위치정보시스템에의 권한없는 접근을 차단하기 위한 암호화·방화벽 설치 등의 조치, 3. 위치정보시스템에 대한 접근사실의 전자적 자동 기록·보존장치의 운영, 4. 위치정보시스템의 침해사고 방지를 위한 보안프로그램 설치 및 운영"(제20조 제2항)을 규정하고 있다.

9) 위치정보사업자가 개인위치정보를 수집하고자 하는 경우에는 미리 일정한 내용을 이용약관에 명시한 후 개인위치정보주체의 동의를 얻어야 하고, 또한 개인위치정보를 수집하는 경우에도 그 목적을 달성하기 위하여 필요한 최소한의 정보를 수집하여야 한다. 이 때, 개인위치정보주체는 개인위치정보의 수집의 범위 및 이용약관의 내용 중 일부에 대하여 동의를 유보할 수 있다. 이처럼 개인위치정보주체에게 동의를 유보할 수 있도록 한 것은, 위치정보사업자 등이 일방적으로 작성한 이용약관을 변경없이 채택하도록 하는 것은 형식적인 계약체결권만을 인정하는 결과를 초래하기 때문에 이용자에게 실질적인 계약내용결정권을 담보하기 위한 목적으로 마련된 제도적 장치라고 할 수 있다.

비스사업자가 개인위치정보를 이용하여 서비스를 제공하고자 하는 경우(제19조 제1항), ③위치정보사업자 등이 개인위치정보 또는 위치정보 수집·이용·제공사실 확인자료를 제3자에게 제공하는 경우(제21조)에는 개인위치정보주체의 동의를 얻어야 하고, ④14세 미만의 아동의 개인위치정보를 수집·이용 또는 제공하고자 하는 경우(제25조 제1항)에는 법정대리인의 동의를 얻어야 하고, ⑤8세 이하의 아동, 금치산자 등의 생명 또는 신체의 보호를 위하여 개인위치정보의 수집·이용 또는 제공을 하는 경우(제26조 제1항)에는 보호의무자의 동의가 있어야 하도록 규정하고 있다.

위치정보법은 위와 같이 개인위치정보의 수집 등에 개인위치정보주체나 법정대리인 또는 보호의무자의 동의를 얻도록 하여 비교적 명확히 규정하고 있지만, 다음과 같은 경우에는 그 동의주체가 문제된다.

첫째로, GPS칩 등의 위치정보수집장치가 부착된 이동통신단말기(휴대폰 등) 등의 명의인과 실질적인 소유자 또는 사용자가 다른 경우에 개인위치정보의 수집 등에 대한 동의주체가 누구인지가 문제된다. 예컨대, 이동통신단말기의 가입 및 등록은 남편의 명의로 하였으나 그 이용은 사실상 아내가 하고 있는 경우에 위치정보사업자 등은 누구의 동의를 얻어야 개인위치정보를 수집·이용 또는 제공을 할 수 있는지의 문제가 그것이다[10]. 생각건대, 개인위치정보의 보호는 형식적인 것이 아니라 실제의 개인위치정보주체에 대한 것이어야 하므로 위치정보사업자 등이 알고 있는 경우에는 형식상의 명의인인 남편이 아니라 실질적 사용자인 아내의 동의를 얻어야 하지만, 운영 실제에서는

10) 정보통신부, "위치정보의 보호 및 이용 등에 관한 법률 하위법령 제정현황 및 허가·신고절차", 2005.6. 13쪽 ; 정보통신부 보도자료, 2005.7.27, 9-10쪽.

형식적인 명의인과 실질적 사용자의 동일성 여부를 위치정보사업자 등이 파악하기란 용이하지 않을 것이다[11].

둘째로, 이동통신서비스의 가입자가 법인 또는 단체일 경우에 구체적으로 누구의 동의를 얻어야 할 것인지가 문제될 수 있다. 법인 또는 단체는 개인위치정보의 주체가 될 수 없으므로 문제의 소지가 없을 것 같으나, 법인 또는 단체가 이동통신서비스의 형식적 명의인으로 되어 있다고 할지라도 이동통신서비스를 실제로 이용하는 것은 자연인일 것이므로 이러한 경우에는 그 실제 사용자의 동의를 얻어야 한다고 하여야 할 것이다. 이동통신사들이 법인이나 단체 등과의 계약을 체결할 때에는 미리 실사용자를 지정하도록 하는 것이 바람직할 것이다.

2. 개인위치정보의 수집 등에 대한 동의의 범위 및 방법의 문제

개인위치정보주체가 개인위치정보의 수집 등에 대하여 동의를 하는 경우에도 그 동의의 범위와 방법을 어떻게 정할 것인지의 문제가 있다. 개인위치정보주체가 개인위치정보의 수집・이용 및 제공에 대하여 사전에 동의를 하는 경우에도 어느 범위에서 어떠한 방법으로

---

11) 정보통신부, "위치정보의 보호 및 이용 등에 관한 법률 하위법령 제정현황 및 허가・신고절차", 13쪽에서는 "위치정보사업자는 특별한 사정이 없는 한 해당 이동통신단말기를 등록한 자가 정당한 위치정보주체로 볼 수밖에 없으므로 등록자의 동의를 받아야 합니다."고 하거나, 정보통신부 보도자료, 2005.7.27, 9-10쪽에서는 "이동통신서비스 가입은 남편 명의로 하였으나 사실상 아내가 이용하고 있는 경우, 개인위치정보주체는 실사용자인 아내입니다. 따라서 이동통신사는 아내의 동의를 받아야만 개인위치정보를 수집・이용・제공할 수 있습니다. 다만, 이동통신사가 중대한 과실 없이 가입자와 실사용자가 다르다는 사실을 알지 못한 경우에는 실사용자인 아내의 동의를 받지 않았더라도 책임을 지지는 않습니다."고 하였다.

하여야 하는지가 반드시 명확하지만은 않는 경우가 있기 때문이다.

위치정보법은 위치정보사업자가 개인위치정보를 수집하거나 위치기반서비스사업자가 개인위치정보를 이용하여 서비스를 제공하고자 하는 경우에는 일정한 내용을 이용약관에 명시한 후 개인위치정보주체의 동의를 얻도록 규정하고 있기 때문에(제18조 제1항, 제19조 제1항) 암묵적 동의나 추정적 동의가 아니라 개인위치정보주체가 당해 동의의 내용을 이해하고 행하는 명시적 동의여야 한다고 본다[12].

또한 이러한 동의는 개인위치정보주체 등이 개인위치정보의 수집·이용 및 제공의 목적과 내용을 이해하고 그에 부합하는 범위와 방법에 대한 동의여야 하므로 그 동의는 추상적·포괄적인 동의가 아니라 구체적으로 제시된 범위와 방법에 대한 동의여야 한다고 본다[13]. 개인위치정보주체의 이러한 동의의 방법은 서면이나 특정한 기술에 한정될 필요는 없으며 인터넷이나 이동통신 등 유·무선통신을 이용한 전자문서 방식에 의한 동의도 가능하다고 해석하여야 한다[14].

한편, 위치기반서비스사업을 위한 개인위치정보의 수집·이용·제공에 대한 동의를 위치정보사업자를 통하여 할 수 있는지가 문제되나, 이러한 방법에 의한 동의도 가능하다고 본다. 다만, 위치기반서비스사

12) 동의는 일반적으로 '정지조건인 동의(opt-in)'와 '해제조건인 부동의(opt-out)'의 방법으로 정보수집자의 조건을 받아들이거나 거절할 수 있다. 정지조건인 동의(opt-in)는 개인위치정보 이용의 정지조건으로서 정보수집자는 동의가 있기 전까지는 개인위치정보를 원래 제공된 목적 이외에는 사용할 수 없다. 해제조건인 부동의(opt-out)는 개인위치정보 이용의 해제조건으로서 개인이 특정 기간 이내에 이의를 제기하지 않는 한 개인정보를 사용할 수 있다. 위치정보법에서의 동의는 명시적인 opt-in을 의미한다. 황주성·이영대·오태원, 공간정보이용촉진을 위한 법제도 연구, 정보통신정책연구원, 140쪽.

13) 한국정보보호진흥원, 위치정보 관련법제도 개선방안, 2006.11, 36쪽.

14) 조용혁, "개인위치정보의 보호에 관한 법률적 고찰", 정보화정책 12권 2호(2005년 여름), 137쪽.

업자가 위치정보사업자를 통하여 동시에 동의를 얻는 경우에도 수집에 대한 동의와 위치기반서비스의 이용에 대한 동의로 구분하여 동의를 받아야 한다고 본다[15].

그리고, 위치정보사업자가 위치기반서비스사업을 동시에 운영하고 있는 경우에 위치정보사업자는 방송통신위원회의 허가를 받아야 하고, 위치기반서비스사업자는 방송통신위원회에 신고하여야 하는 사업자로 서로 다른 성격과 지위를 가지기 때문에 위치정보사업과 위치기반서비스사업을 겸하는 사업자는 공통적으로 이용약관에 명시하여야 하는 사항과 각각 특유의 사항을 이용약관에 명시한 후 위치정보사업자로서의 개인위치정보 수집과 위치기반서비스사업자로서의 개인위치정보 이용에 대하여 모두 동의를 받아야 한다고 본다.

3. 개인위치정보주체의 권리구제 문제

위치정보법은 개인위치정보주체가 위치정보사업자 등의 위법한 행위로 손해를 입은 경우에 그 위치정보사업자 등에 대하여 손해배상을 청구할 수 있도록 하면서, 이 경우에 그 위치정보사업자 등은 고의 또는 과실이 없음을 입증하지 아니하면 책임을 면할 수 없도록 규정하고 있다(제27조). 개인위치정보주체가 자신의 개인위치정보의 침해에 대한 위법성을 입증하기는 용이하지 않을 것이므로 이처럼 위치정보사업자 등이 입증책임을 부담하도록 규정한 것은 개인위치정보주체의 권리구제를 위하여서는 중요한 의미를 가진다고 할 수 있다.

또한 위치정보사업자 또는 위치기반서비스사업자는 개인위치정보

15) 정보통신부, “위치정보의 보호 및 이용 등에 관한 법률 하위법령 제정현황 및 허가·신고절차”, 16쪽.

와 관련된 분쟁에 대하여 당사자간 협의가 이루어지지 아니하거나 협의를 할 수 없는 경우에 방송통신위원회에 재정을 신청하거나(제28조 제1항), 개인정보분쟁조정위원회에 조정을 신청할 수 있다(제28조 제2항). 이처럼 개인위치정보와 관련된 분쟁도 개인정보에 관한 것을 적용하고 있는데, 전술한 바와 같이 개인위치정보는 일반 개인정보와는 다른 특수성을 가지고 있으므로 이러한 개인위치정보에 특수한 성질을 반영하여 실효적인 권리구제수단을 도모할 필요가 있을 것이다. 특히 개인위치정보에 대한 침해는 즉시성을 가지므로 침해에 대한 즉시적이고 유효한 임시적인 조치를 강구하도록 하는 법제도의 정비가 요청된다.

Ⅳ. 개인위치정보의 이용과 관련된 법적 문제

위치정보법은 개인위치정보의 이용과 관련하여 크게 공적 목적에 의한 이용과 사적 목적에 의한 이용의 경우로 나누어 규정하고 있다. 즉, 전자와 관련하여서는 긴급구조를 위한 개인위치정보의 이용으로써 제29조 내지 제32조에서 규정하고 있고, 후자와 관련하여서는 주로 위치기반서비스사업자가 개인위치정보를 이용하여 서비스를 제공하고자 하는 경우로써 제19조 이하에서 비교적 상세히 규정하고 있다.

개인위치정보의 이용과 관련된 법적 문제는 그 보호의 문제와 동전의 양면과 같은 관계에 있다고 할 수 있다. 따라서, 전술한 개인위치정보의 보호와 관련된 검토가 원칙적으로 이곳에서도 원용가능하며, 여기에서는 이들을 생략한 여타의 법적 문제를 중심으로 하여 검토하기로 한다.

1. 개인위치정보의 사업적 활용 문제

위치정보법은 개인위치정보의 이용과 관련하여 사업적 이용에 대해서는 개인위치정보의 보호에서 규정하고 있고, 개인위치정보의 이용에서는 '긴급구조를 위한' 경우에 한하여 규정하고 있다. 이러한 위치정보법의 입법적 태도는 개인위치정보의 이용이라는 측면에서는 침해의 즉시성 등 개인위치정보의 특수성으로 인하여 사업적 활용에 아직 소극적임을 나타내 주는 것이라고 할 수 있다. 물론 이러한 위치정보법의 입법적 태도는 개인위치정보의 중대성에 비추어 충분히 수긍할 수 있다. 그러나, 개인위치정보를 기반으로 하는 위치기반서비스사업은 앞으로 응용기술의 발달과 더불어 그 활용이 무궁무진한 점을 감안하여 볼 때, 개인위치정보의 사업적 활용의 관점에서 개인위치정보의 이용이라는 측면으로부터도 규정할 필요가 있다. 현행 위치정보법은 프라이버시 보호와 위치정보사업에 대한 행정적 규제를 중심으로 하고 있고 사법적 법률관계에 관한 규정이 없기 때문에 개인위치정보 이용을 위한 당사자간의 계약관계에 관해서는 입법의 흠결을 지적할 수 있을 것이다[16].

2. 긴급구조기관 문제

긴급구조기관[17]은 급박한 위험으로부터 생명·신체를 보호하기 위

16) 조용혁, "위치정보업의 계약관계에 관한 고찰", 508쪽.

17) 여기에서의 "긴급구조기관"이란 소방방재청·소방본부 및 소방서를 말하고, 다

하여 개인위치정보주체, 개인위치정보주체의 배우자, 2촌 이내의 친족 또는 「민법」 제928조의 규정에 따른 후견인(이하 "배우자 등"이라 한다)의 긴급구조요청이 있는 경우 긴급구조 상황 여부를 판단하여 위치정보사업자에게 개인위치정보의 제공을 요청할 수 있고(법 제29조 제1항), 경찰관서(경찰청 · 지방경찰청 · 경찰서)도 일정한 경우에 개인위치정보의 제공을 요청할 수 있다(법 제29조 제2항). 이러한 경우에 개인위치정보 제공의 요청을 받은 위치정보사업자는 그 개인위치정보주체의 동의없이 개인위치정보를 수집할 수 있으며, 개인위치정보주체의 동의가 없음을 이유로 긴급구조기관 또는 경찰관서의 요청을 거부할 수 없도록 되어 있다(법 제29조 제5항). 또한 개인위치정보주체 또는 배우자 등의 긴급구조요청은 공공질서의 유지와 공익증진을 위하여 부여된 대통령령이 정하는 특수번호[18] 전화서비스를 통한 호출에 한하며(법 제29조 제4항), 긴급구조기관 및 경찰관서는 위치정보사업자에게 개인위치정보를 요청할 경우 위치정보시스템을 통한 방식으로 요청하여야 하고, 위치정보사업자는 긴급구조기관 및 경찰관서로부터 요청을 받아 개인위치정보를 제공하는 경우 위치정보시스템을 통한 방식으로 제공하여야 하도록 되어 있다(법 제30조 제1항).

그런데, 종래 긴급구조를 위한 개인위치정보의 이용을 「재난 및 안전관리 기본법」상의 긴급구조기관으로 제한하고 있는 점에서 문제가 있었다. 유괴 · 납치 등 범죄행위로 인한 급박한 위험으로부터 긴급구조를 필요로 하는 상황이 충분히 예견될 수 있음에도 이에 대한 입법이 이루어지지 아니한 것이다. 그런데, 2012년 5월 위치정보법의 개

만, 해양에서의 재난의 경우에는 해양경찰청 · 지방해양경찰청 및 해양경찰서를 말한다(재난 및 안전관리 기본법 제3조 제7호).

18) 여기서의 특수번호는 '119 · 122 · 112'를 말한다(동법 시행령 제29조).

정에 의하여 일정한 경우에 경찰관서도 긴급구조를 위하여 개인위치정보를 이용할 수 있도록 함으로써 신속한 구조가 이루어질 수 있도록 되었다[19]. 다만, 경찰관서가 개인위치정보를 범죄자의 추적에 이용할 수 있는지와 관련하여서는 비록 추적중인 범죄자라고 하더라도 확정판결이 있기 전까지는 무죄추정의 원칙이 적용되어 일반인과 같은 신분이라는 점, 범죄자로 추정되는 자의 수사단서를 잡기 위한 전자통신의 녹취, 감청 등에도 법관의 영장을 요하는 등 영장주의가 관철되고 있다는 점을 고려할 때, 이러한 경우의 개인위치정보의 수집・이용에는 법관에 의한 영장이 요구된다고 해석하여야 할 것이다[20].

3. 경보발생의 요건 문제

위치정보법은 경보발생의 요건으로서 "긴급구조기관은 태풍, 호우, 화재, 화생방사고 등 재난 또는 재해의 위험지역 안에 위치한 개인위치정보주체에게 생명 또는 신체의 위험을 경보하기 위하여 대통령령이 정하는 바에 의하여 위치정보사업자에게 경보발송을 요청"(제29조 제7항)할 수 있다고 규정하고 있다. 이에 따르면, 태풍, 호우, 화재,

---

19) 위치정보법은 그러한 개인위치정보로서, "1. 생명・신체를 위협하는 급박한 위험으로부터 자신 또는 다른 사람 등 구조가 필요한 사람(이하 "구조받을 사람"이라 한다)을 보호하기 위하여 구조를 요청한 경우 구조를 요청한 자의 개인위치정보, 2. 구조받을 사람이 다른 사람에게 구조를 요청한 경우 구조받을 사람의 개인위치정보, 3. 「실종아동등의 보호 및 지원에 관한 법률」 제2조제2호에 따른 실종아동등(이하 "실종아동등"이라 한다)의 생명・신체를 보호하기 위하여 같은 법 제2조제3호에 따른 보호자(이하 "보호자"라 한다)가 실종아동등에 대한 긴급구조를 요청한 경우 실종아동등의 개인위치정보"(제29조 제2항)를 규정하고 있다.

20) 이영대・최경규, "위치정보규제와 개인정보보호", 규제연구 13권 2호, 173-174쪽. 한편, 통신비밀보호법은 이에 대해 명문으로 규정하고 있다(동법 제13조).

화생방사고 등 재난 또는 재해의 위험지역 안에 위치한 개인위치정보주체에게 "생명 또는 신체"의 위험을 경보하기 위하여서만 경보발송을 요청할 수 있도록 되어 있다. 그러나, 경보발송의 경우에는 개인위치정보주체에 대한 침해 가능성이 크지 않다고 할 수 있기 때문에, 그 대상을 "생명 · 신체"에 한정할 필요가 없이 "현저한 재산상의 피해의 우려"도 추가하는 것이 바람직하다고 본다.

V. 개인위치정보의 입법론적 과제

1. 규제기관의 문제

개인정보에 대한 소관부처는 개인정보 일반에 대해서는 행정안전부가, 정보통신망을 매개로 한 개인정보에 대해서는 방송통신위원회가 담당하도록 되어 있다. 이에 따라 개인위치정보도 방송통신위원회가 소관하고 있다. 그러나, 이러한 관할구분은 국민의 혼란을 초래하거나 운용의 효율성을 저하시키는 결과가 초래될 것으로 예상된다. 예컨대, 현행 위치정보법은 위치정보사업자 또는 위치기반서비스사업자는 위치정보와 관련된 분쟁에 대하여 당사자간 협의가 이루어지지 아니하거나 협의를 할 수 없는 경우에는 방송통신위원회에 재정을 신청하거나(제28조 제1항), 개인정보분쟁조정위원회에 조정을 신청할 수 있도록 되어 있다(제28조 제2항). 그런데, 개인정보분쟁조정위원회에 규정이 정보통신망법에서 개인정보 보호법으로 이전되어, 그 소관이 행정안전부에 속하게 되었다. 개인위치정보와 관련한 법적 구제가 방송통신위원회와 행정안전부로 나뉘어 있어, 개인위치정보에 관한 신속하고 효율적인 분쟁처리를 곤란하게 할 우려가 있다고 할 수 있다.

2. 법체계상의 문제

개인정보 일반은 행정안전부가, 정보통신망을 매개로 한 개인위치정보는 방송통신위원회가 관할하도록 구분하고 있는 이러한 인위적인 획정은 개인위치정보도 개인정보의 일종이라는 점을 무시하고, 조직권한을 전제로 한 비효율적이고 개인정보주체인 국민들의 이용에도 불편을 초래할 우려가 크다고 할 수 있다. 공공·민간을 아우르는 개인정보보호법의 성립으로 개인정보에 대해서는 원칙적으로 동법에 통합시켜야 할 것으로 생각된다. 특히 정보사회에서 개인정보의 대부분이 디지털화된 전자정보의 형태를 띨 것을 감안하여 볼 때, 개인위치정보도 개인정보 보호법에 통합하여 규율될 것이 요청된다. 행정안전부는 전자정부 추진을 위한 주무부처임을 감안하여 볼 때, 개인위치정보에 관한 부분도 충분히 담당할 능력과 태세를 갖추었다고 할 것이다. 이러한 관점에서 개인위치정보를 둘러싼 분쟁처리기구로서의 개인정보분쟁조정위원회를 개인정보보호법에 규정하고 이를 행정안전부에서 총괄하여 운영하도록 한 것은 바람직한 입법태도라고 평가된다.

3. 내용상의 문제

현행 위치정보법은 위치기반서비스사업자가 개인위치정보를 개인위치정보주체가 지정하는 제3자에게 제공하는 경우에는 '매회' 개인위치정보주체에게 제공받는 자, 제공일시 및 제공목적을 '즉시' 통보하여야 하도록 규정하고 있다(제19조 제3항). 이러한 규정에 대해서는 종래부터 개인위치정보주체가 지정하는 제3자에게 제공하는 사실을 매번 본인에게 통보하는 경우 비용발생으로 인한 사업자부담이 가중되고, 개인위치정보주체의 입장에서도 통보메시지 수령에 따르는 불편도 발생할 수 있어 서비스 이용에 걸림돌로 작용할 가능성이 있다는 주장이 제기되었다. 따라서, 개인위치정보의 오・남용으로부터 개인위치정보를 두텁게 보호함이 요구되나, ①개인위치정보주체가 매회 즉시 통보를 원하지 않는 경우, ②개인위치정보주체가 개인위치정보를 수집한 해당 통신단말장치 이외의 통신수단으로 알릴 것을 미리 요청한 경우, ③개인위치정보를 수집한 해당 통신단말기가 문자, 음성 또는 영상의 수신기능을 갖추지 않은 경우, ④천재지변 기타 불가항력적인 사유로 즉시 알릴 수 없는 경우에는 이에 합당한 절차와 방법이 제시되어야 할 것이 요청된다고 할 수 있다[21].

한편, 일반적인 개인정보와 개인위치정보와의 차이점을 구별하지 아니하고 그다지 실효성이 없는 규정을 두는 경우도 있다. 예컨대, 개인위치정보주체는 위치정보사업자 등에 대하여 ①본인에 대한 위치정보 수집・이용・제공사실 확인자료 및 ②본인의 개인위치정보가 이 법 또는 다른 법률의 규정에 의하여 제3자에게 제공된 이유 및 내용에 오류가 있는 경우에는 그 정정을 요구할 수 있고, 이 경우에 위치정보업사업자 등은 정당한 사유없이 요구를 거절할 수 없도록 규정하고 있다(제24조 3항). 그러나, 개인위치정보의 경우에 그에 대한 정정요구권은 실효성이 극히 적다고 할 수 있다. 왜냐하면, 위치정보법은 위치정

21) 조용혁, "위치정보업의 계약관계에 관한 고찰", 526-527쪽.

보사업자 등이 개인위치정보의 수집, 이용 또는 제공목적을 달성한 때에는 기록·보존하여야 하는 위치정보 수집·이용·제공사실 확인자료 외의 개인위치정보는 즉시 파기하여야 하고(제23조), 설령 서비스의 종류에 따라서 일정기간 보존되는 경우에도 개인위치정보의 오류여부는 사실상 판단·입증이 곤란하기 때문이다.

또한 위치정보법은 위치정보 관련 사업의 규율과 개인위치정보의 보호에 관해서는 상세히 규정하고 있으나, 위치정보계약 등에 따른 권리·의무, 책임 또는 계약의 성립과 종료 등에 대해서는 상대적으로 소홀히 하고 있는 측면이 있다. 위치정보계약의 이용 활성화와 위치정보산업의 발전을 위하여서는 위치정보계약 등에 관한 보다 상세한 규정이 필요하다고 할 것이다.

Ⅵ. 맺으며

개인위치정보를 둘러싼 문제는 개인위치정보의 공공적·사업적 이용가능성과 개인의 사생활이나 재산권에의 침해가능성이라는 양면성을 가지고 있다. 특히, 개인위치정보의 누설이나 오·남용의 경우에 일반적인 개인정보와는 달라서 정보주체에 대한 생명이나 신체에 대한 침해가능성이 직접적이고 즉시적으로 일어날 수 있다. 이러한 점 등이 개인위치정보의 보호가 특히 강조되는 주된 이유인 것이다. 그러나, 현실적으로 공공·민간의 양 부문에 걸쳐서 개인위치정보가 활용되고 있고, 또한 미래의 성장가능성도 크다. 이러한 점을 감안하면, 개인위치정보의 공공적·상업적 활용에 대한 구체적이고 세부적인 기준을 정하여 그 누출, 오·남용에 의한 개인의 사생활이나 재산권 등의 침해가 일어나지 않도록 하는 것이 무엇보다 중요하다. 그리하여, 현대정보사회에서 개인위치정보를 기반으로 하는 산업의 발달과 공공부문에서의 유용한 활용과 함께 개인위치정보 프라이버시의 보호의 조화로운 법제도의 정비와 그 운용이 요청된다 할 것이다.

제3장 | EU개인정보보호법제에 관한 연구

- '2012년 개인정보보호규칙안'을 중심으로 하여 -

Ⅰ. 처음에

(1) 오늘날 유・무선인터넷 및 모바일통신의 발달과 정보의 디지털화로 대변되는 정보사회의 진전은 정보를 둘러싼 환경에서 시간과 공간의 벽을 무너뜨리고 있다. 온라인상에 등장한 각종 개인정보는 망각을 잊은 채 온라인을 떠돌아다니다가 언제 어디서나 호출하여도 그 모습을 나타낸다[1]. 현대 정보통신기술(ICT)의 발달로 인하여 각종 개인정보가 글로벌 차원에서 실시간으로 이용가능하게 된 것이다. 이로

---

1) Anita L. Allen, "DREDGING UP THE PAST : LIFELOGGING, MEMORY, AND SURVEILLANCE", 75 *U. Chi. L. Rev.* 2008, p. 63 ; Viktor Mayer-Schönberger, *Delete : The Virtue of Forgetting in the Digital Age*, Princeton University Press, New Jersey, 2009, 구본권역, 잊혀질 권리, 지식의 날개, 2011, 18쪽.

인하여, 개인정보 보호를 위한 한 국가의 법제도는 그 실효성을 확보하는데 커다란 제약을 가지지 않을 수 없다. 가령 예컨대, 한국에서 수집된 개인정보가 미국에서 저장되어, 프랑스에서 이용되는 경우가 발생할 수 있는 것이다. 이러한 경우에, 한 국가의 개인정보보호입법은 그 실효성을 발휘하는 데 일정한 한계를 가지게 된다.

(2) 그로 인하여, 개인정보 보호와 관련하여서는 국제기구 차원에서 관심을 갖고 그 해법을 제시하고자 노력하여 왔다. 그 최초의 노력이 1980년 9월의 이른바 OECD가이드라인[2]이라고 할 수 있다. 동 가이드라인은 개인정보의 '국경을 넘는 유통'과 '프라이버시 보호'라고 하는 자칫 상충되기 쉬운 두 가지 가치에 대한 가이드라인을 제시한 것이라고 할 수 있다. 국제조직 차원에서 개인정보 보호와 관련한 이러한 노력은 1981년 1월 유럽평의회[3](Council of Europe)의 개인정보보호조약[4](이하 '1981년 조약'이라 한다.)으로 이어진다. 동 조약은 개인정보의 수집 및 처리의 남용에 대해 개인을 보호하고 개인정보의 국경을

2) OECD Guidelines on the Protection of Privacy and Transborder Flows of Personal Data, http://www.oecd.org/document/18/0,2340,en_2649_201185_1815186_1_1_1_1,00.html (최종방문일 2012.11.10. 이하의 사이트 방문은 특별한 표기가 없는 한, 같은 일자를 나타냄.)

3) 유럽평의회(Council of Europe)는 유럽 모든 국가간에 법적 기준, 인권, 민주발전, 법의 지배 및 문화의 협력을 촉진하기 위한 국제조직으로서, 1949년에 설립되었다. 현재 회원국은 47개국으로 유럽연합(EU)과는 전혀 별개의 조직이다. 유럽평의회는 EU와는 달리 구속력있는 입법을 할 수 없다. 그러나, 양자는 국기(flag)나 국가(anthem)를 공유하는 등 긴밀한 관계를 가지고 있다. 한편, 유럽평의회(Council of Europe)는 EU 내 조직의 하나인 EU이사회(Council of the European Union) 및 유럽이사회(the European Council)와도 구별하여야 한다. http://en.wikipedia.org/wiki/Council_of_Europe

4) Convention for the Protection of Individuals with regard to Automatic Processing of Personal Data

넘는 유통을 규제하는 최초의 구속력을 가진 국제조약이라고 할 수 있다[5]. 또한, 1990년 12월에 UN총회(General Assembly)는 개인정보파일의 규제를 위한 가이드라인[6]을 채택하였다. 동 가이드라인은 UN 회원국들이 컴퓨터화한 개인정보파일에 관한 규제와 관련하여 국내입법에서 규정하여야 할 최소한의 보장과 관련된 원칙들을 제시한 것으로서 그 이행에 대해서는 각국의 주도로 이루어진다고 선언하였다.

(3) 한편, 유럽연합(EU)은 1995년 10월에 개인정보지침(95/46/EC)[7](이하 '1995년 지침'이라 한다.)을 입법하였다. 동 지침은 유럽평의회의 1981년 조약을 그 모델로 하여 더욱 발전시킨 것으로서 전 7장 및 최종규정의 전 34조로 되어 있다. 그런데, 이들 규정 가운데 국제관계에서 특히 주목이 되는 것은 '개인정보의 제3국에로의 이전'에 관한 규정이다. 동 규정에 의하면, 회원국은 처리 중이거나 이전 후 처리를 예정하고 있는 개인정보의 제3국에의 이전은 이 지침에 따라서 채택된 회원국법규정과 부합되고, 그 제3국이 적정한 보호수준을 보장하는 경우에만 허용된다는 것을 규정하여야 하도록 되어 있다[8]. 이로 인하여, 유럽연합(EU)과 무역 등 거래관계를 갖고 있는 여러 국가들은 그에 대한 대책이 요청되었다. 미국의 경우에는 EU와 이른바 세이프하버(Safe

---

5) http://conventions.coe.int/Treaty/en/Summaries/Html/108.htm

6) UN General Assembly, Guidelines for the Regulation of Computerized Personal Data Files, 14 December 1990, available at: http://www.unhcr.org/refworld/docid/3ddcafaac.html [accessed 19 August 2012]

7) Directive 95/46/EC of the European Parliament and of the Council of 24 October 1995 on the protection of individuals with regard to the processing of personal data and on the free movement of such data, OJ L 281, 1995. 11. 23, p. 31.

8) Article 25.

Harber) 협상에 의해 해결하였고[9], 그렇지 아니한 국가에서도 그에 대한 대책을 강구하지 않을 수 없게 되었다.

(4) 그런데, EU는 2012년 1월 25일에 현행 1995년 지침을 대체하는 새로운 개인정보보호법안[10](이하 '2012년 규칙안'이라고 한다.)을 공표하였다. 새로 공표된 2012년 규칙안은 법형식에 있어서 '지침'(Directive)이 아니라 '규칙'(Regulation)의 형식을 취하고 있는 점, 새로운 정보기본권으로서 '잊혀질 권리'를 명시적으로 도입하고 있는 점, 위반시에 강력한 제재규정을 두고 있는 점 등에서 그 특징을 찾아 볼 수 있다. 이러한 점에서 2012년 규칙안은 1995년 지침에 비하여 그 내용과 효력이 한층 강화된 것으로 판단된다. 따라서, 2012년 규칙안이 입법화되면, EU 역내의 개인정보의 제3국에로의 이전에 대해서 엄격한 규제를 하고 있는 점에 비추어, EU와 많은 무역거래 등을 하고 있는 다수의 국가들은 2012년 규칙안이 요구하는 수준의 개인정보보호제도를 구비하지 않으면 안된다. 이러한 점에서, EU개인정보보호제도의 강화는 우리나라에게도 2012년 규칙안이 요구하는 개인정보보호법제를 갖출 것이 요구된다는 점에서 주목의 대상이 되지 않을 수 없다.

---

9) 임규철, "각 국의 개인정보보호법제 비교연구 — 미국과 유럽연합의 개인정보보호법제를 중심으로 —", 공법연구 제31집 제5호(2003), 81-82쪽.

10) EUROPEAN COMMISSION, Proposal for a REGULATION OF THE EUROPEAN PARLIAMENT AND OF THE COUNCIL on the protection of individuals with regard to the processing of personal data and on the free movement of such data (General Data Protection Regulation), COM(2012) 11 final, 2012. 1. 25.

Ⅱ. 2012년 EU개인정보보호규칙안의 성립 배경과 경과

1. 성립 배경

1995년 지침은 비록 '지침'(DIRECTIVE)의 형식이기는 하지만, 개인정보 보호와 관련한 EU레벨에서의 최초의 입법이라는 점에서 그 의미가 크다. 당시 인터넷의 발달로 인해 개인정보 또는 프라이버시의 침해에 대한 우려가 커졌고, 이로 인해 개인정보 보호의 필요성이 제기되었다. 또한, 이러한 개인정보 또는 프라이버시의 침해에 대한 우려는 공적 또는 사적 활동에 있어서 요청되는 개인정보의 유통을 저해하는 요인으로 작용할 수 있었다. 이러한 상황을 반영하여 성립한 것이 1995년 지침이라고 할 수 있다.

그러나, 정보통신기술의 급속한 발달로 인하여 정보의 공유와 수집의 형태와 양이 종래와 비교할 수 없을 정도로 극적으로 증가하는 등 개인정보 보호를 둘러싼 환경이 급격히 변화하였다. 이러한 변화는 경제성장에 있어서도 중요한 요인으로 되어, 온라인 환경에서의 신뢰의 구축이 요청되었다. 온라인 환경에서의 신뢰의 결여는 소비자에게 자칫 새로운 서비스의 채택을 주저하게 만들 수 있기 때문에, 개인정보의 보호는 이러한 신뢰의 구축에 있어서 중요한 기능을 한다고 할 수 있다[11]. 그런데, 현행 1995년 지침은 그 목적과 원칙에 관한 한 여

11) 이러한 관점은 이미 2010년 유럽위원회의 「A Digital Agenda for Europe」(COM(2010) 245 final/2, 2010.8.26.)과 「A comprehensive approach on personal data protection in the European Union」(COM(2010) 609 final, 2010.11.4.) 등에서 제시된 바 있다.

전히 유효하지만, 개인정보 보호에 있어서의 EU 전체의 집행이라는 점에 있어서는 단편화와 법적 불확실성이 존재하게 되었다. 따라서, 보다 강력하고 통일적인 EU 개인정보보호제도를 시행할 시기가 되었으며, 이에 의하여 EU 역내시장에서 디지털경제가 발전할 수 있게 되고, 개인들은 자신들의 개인정보를 통제할 수 있으며, 사업자들과 공적 기관들에게는 법적·실무적 확실성을 얻을 수 있게 됨을 들고 있다[12].

2. 성립까지의 경과

유럽이사회(European Council)는 스웨덴이 의장국으로서 주도가 되어 2009년 7월에 마련된 이른바 '스톡홀름프로그램'에서 유럽위원회(European Commission)에 대하여 개인정보 보호에 관한 EU법제 기능의 평가와 필요한 경우의 입법적·비입법적 조치에 관한 보고서를 제출할 것을 요청하였다[13]. 유럽의회(European Parliament)도 2009년 11월에 행한 스톡홀름프로그램에 대한 결의[14]에서 EU에서의 포괄적인 정보보호제도의 도입과 2008년 구조결정(Framework Decision 2008/977/JHA[15]))의 개정을 촉구하였다. 이에 유럽위원회는 스톡홀름프로그램을

12) COM(2012) 11 final, pp. 1-2.

13) The Stockholm Programme – An open and secure Europe serving and protecting citizens, OJ C 115, 2010.5.4, p. 1.

14) European Parliament resolution of 25 November 2009 on the Communication from the Commission to the European Parliament and the Council - An area of freedom, security and justice serving the citizen - Stockholm programme, C 285 E, 2010. 10. 21., p. 12.

15) Council Framework Decision 2008/977/JHA of 27 November 2008 on the protection of personal data processed in the framework of police and

집행하는 행동계획[16](Action Plan)에서 개인정보 보호에 대한 기본적 권리가 모든 EU정책에서 일관되게 적용될 필요가 있음을 강조하였다. 또한, 2010년 11월의 유럽의회, 이사회, 경제사회위원회 및 지역위원회에 대한 커뮤니케이션인 「EU에서의 개인정보 보호에 대한 포괄적인 접근[17]」(A comprehensive approach on personal data protection in the European Union)에서 개인정보 보호의 기본적인 권리에 대한 보다 포괄적이고 일관성 있는 정책이 필요하다고 결론 내렸다. 이에 따라서, 2010년 11월에 EU사법위원장(EU Justice Commissioner)인 비비안 레딩(Viviane Reding)이 정보보호개혁에 관한 '라운드 테이블'을 조직하였다[18].

이러한 논의과정에서 유럽위원회는 2009년 7월부터 12월까지와 2010년 11월부터 2011년 1월까지의 2차례에 걸친 일반의견모집절차(public consultations)를 거쳤다[19]. 이에 따라, 새로운 규정안(초안)을 마

---

judicial cooperation in criminal matters, OJ L 350, 2008.12.30, pp. 60-71.

16) EUROPEAN COMMISSION, COMMUNICATION FROM THE COMMISSION TO THE EUROPEAN PARLIAMENT, THE COUNCIL, THE EUROPEAN ECONOMIC AND SOCIAL COMMITTEE AND THE COMMITTEE OF THE REGIONS, Delivering an area of freedom, security and justice for Europe's citizens ; Action Plan Implementing the Stockholm Programme, COM(2010) 171 final, 2010.4.20, p.2.

17) EUROPEAN COMMISSION, COMMUNICATION FROM THE COMMISSION TO THE EUROPEAN PARLIAMENT, THE COUNCIL, THE ECONOMIC AND SOCIAL COMMITTEE AND THE COMMITTEE OF THE REGIONS ; A comprehensive approach on personal data protection in the European Union, COM(2010) 609 final, 2010. 11. 4, p.4.

18) EUROPEAN COMMISSION, COMMUNICATION FROM THE COMMISSION TO THE EUROPEAN PARLIAMENT, THE COUNCIL, THE EUROPEAN ECONOMIC AND SOCIAL COMMITTEE AND THE COMMITTEE OF THE REGIONS, Safeguarding Privacy in a Connected World - A European Data Protection Framework for the 21st Century, 2012. 1. 25., COM(2012) 9 final, p. 3.

련하여 2011년 11월 29일에 공표하였고[20], 2012년 1월 25일에 최종 입법안으로서 2012년 규칙안을 공표하였다. 동 규칙안은 동년 1월 27일에 유럽의회와 이사회에 제출되었다.

한편, 동 규칙안에 대해서 유럽의회(2012.2.16)와 이사회(2012.3.1)는 EU운영조약(TFEU) 제304조에 근거하여 유럽경제사회위원회(European Economic and Social Committee)의 의견을 구할 것을 결정하였고, 이에 대해 유럽경제사회위원회는 2012년 5월 23일에 그 의견을 채택한 바 있다[21][22].

Ⅲ. 2012년 규칙안의 주요내용

2012년 규칙안은 전 11장 91조의 상당히 방대한 체계로 이루어져 있으며, 1995년 지침에 비하여 그 내용과 효력이 한층 강화된 것으로 판단된다. 이하에서 2012년 규칙안의 주요내용을 살펴보도록 한다.

---

19) http://ec.europa.eu/justice/news/consulting_public/news_consulting_0003_en.htm ; http://ec.europa.eu/justice/news/consulting_public/news_consulting_0006_en.htm

20) EUROPEAN COMMISSION, Proposal for a REGULATION OF THE EUROPEAN PARLIAMENT AND OF THE COUNCIL on the protection of individuals with regard to the processing of personal data and on the free movement of such data (General Data Protection Regulation), Version 56, 2011. 11. 29.

21) OJ C 229, 2012. 7. 31, p. 90.

22) 2012년 규칙안의 진행과정 연표에 대해서는, 윤주연, "EU 정보보호작업반, 개인정보보호 법체계 개선안 의견서 채택", KISA Internet Weekly 10월 3주(2012. 10. 18).

1. 목적과 적용범위

가. 목적

이 규칙안은 개인정보의 처리에 관한 개인의 보호와 관련된 규범과 개인정보의 자유로운 이동과 관련된 규범을 정함을 목적으로 한다(Article 1). 즉, 자연인의 기본적 권리와 자유, 특히 개인정보의 보호에 대한 권리를 보호하지만, 그와 더불어, EU 내에서의 개인정보의 자유로운 이동이 개인정보의 처리에 대한 개인의 보호와 관련되었다는 이유로 제한되거나 금지되어서는 안 됨을 명백히 하고 있다. 따라서, 2012년 규칙안은 개인정보의 보호는 물론, 그 정보의 자유로운 유통도 보장함을 그 목적으로 하고 있다.

나. 적용범위

1) 물적 범위(Material scope)

이 규칙안은 전면적으로 또는 부분적으로 자동화된 수단에 의한 개인정보의 처리와 파일링시스템의 일부를 구성하거나 구성할 의도인 개인정보의 자동화 이외의 수단에 의한 처리에 적용한다(Article 2(1)). 다시 말하면, 컴퓨터 등에 의한 디지털정보의 처리에 대해서뿐만 아니라 수기 등에 의한 정보의 처리에 대해서도 적용된다고 할 수 있다.

이 규칙안은 ①EU법의 범위에 속하지 않는 활동, 특히 국가안전보장에 관한 활동 중의 개인정보의 처리, ②EU의 기관, 기구, 사무소와 정부기관들에 의한 개인정보의 처리, ③EU조약(TEU) 제2장의 범위 내의 활동을 수행하는 경우의 회원국들에 의한 개인정보의 처리, ④전적으로 개인적인 활동이나 가사활동 중에 영리목적 없이 자연인에 의한 개인정보의 처리, ⑤범죄의 예방, 조사, 수사나 소추 또는 형벌의 집행 목적으로 행하는 권한기관에 의한 개인정보의 처리에는 적용되지 않는다(Article 2(2)).

2) 영역적 범위(Territorial scope)

이 규칙안은 EU에서의 관리자나 처리자의 사업체 활동 중의 개인정보의 처리에 적용된다(Article 3). 또한, 처리활동이 EU에서의 재화나 서비스의 정보주체에의 제공이나 그들 활동의 모니터링과 관련된 경우에 EU에 설치되지 않은 관리자에 의한 EU에서 거주하는 정보주체의 개인정보의 처리에 적용된다. 그리고, EU 역내는 아니지만, 회원국의 국내법이 국제공법에 의하여 적용되는 지역에 설립된 관리자에 의한 개인정보의 처리에 적용된다.

2. 개인정보 보호의 원칙

가. 개인정보 처리의 원칙

개인정보는 정보주체와 관련하여 합법적이고 공정하며 투명한 방법으로 처리되어야 하며, 특정되고 명확하며, 합법적인 목적을 위하여 수집되어야 한다. 그리고, 그들 목적과 양립할 수 없는 방식으로 처리되어서는 안된다. 개인정보는 적정하고 타당하며, 처리목적과 관련하여 필요한 최소한도로 제한되어야 하고, 정확하고 최신성을 유지하여야 한다. 부정확한 개인정보는 그 정보의 처리목적을 고려하여 지체없이 삭제나 정정을 보장하기 위한 모든 합리적인 조치를 취하여야 한다(Article 5). 개인정보의 처리는 정보주체의 동의가 있는 경우 등 일정한 요건을 충족하는 경우에만 그리고 그 범위에서 합법적이다(Article 6(1)).

이들 원칙은 1995년 지침에서 규정하고 있는 것[23]에 새로운 요소를 추가한 형태로 이루어져 있다. 새롭게 추가된 것은 투명성원칙과 정보수집최소화원칙을 명확히 한 점 등을 들 수 있다.

나. 동의의 조건

관리자는 구체화된 목적을 위하여 자신이 행한 개인정보의 처리와 관련하여 정보주체의 동의를 입증할 책임을 부담한다. 정보주체의 동의가 다른 사항과 관련되어 문서 형태로 주어진다면, 동의의 요건은 외견상 그 다른 문제와 구별할 수 있어야 한다(Article 7).

정보주체는 언제든지 그 동의를 철회할 수 있는 권리를 가지며, 동의의 철회는 그 철회 전에 동의에 기한 처리의 합법성에 영향을 미치지 않는다. 또한, 동의는 정보주체와 관리자의 지위 간에 현저한 불균형이 있는 경우에는 처리의 법적 근거가 될 수 없다.

다. 아동의 개인정보의 처리

아동에 대한 직접적인 정보서비스의 제공과 관련하여 이 규칙안의 목적을 위하여 13세 이하의 아동의 개인정보의 처리는 그 아동의 부모나 보호자에 의하여 동의가 주어지거나 허용이 된 경우에 그 범위에서 합법적이다. 관리자는 입증가능한 동의를 얻기 위하여 합리적인 노력을 하여야 하고, 이용가능한 기술을 고려하여야 한다. 이러한 원칙은

---

23) 이와 관련한 고찰로서는, 박훤일, "EU의 개인정보보호 요구에 대한 분석과 대응방안", 한국정보보호진흥원 제2회 개인정보보호 워크샵 자료집(2002. 7. 26).

아동 관련 계약의 타당성, 성립이나 효력에 대한 규범과 같은 회원국의 일반적인 계약법에 영향을 미치지 않는다(Article 8(2)).

라. 특별한 범주의 개인정보의 처리

인종이나 민족, 정치적 견해, 종교나 신념, 조합원 자격을 드러내는 개인정보의 처리와 유전정보, 건강, 성생활 또는 형사판결이나 관련 보안조치에 관한 정보의 처리는 금지된다(Article 9(1)). 이러한 원칙에 대해서는 상당히 폭넓게 적용이 제외되는 경우를 규정하고 있다(Article 9(2)).

3. 정보주체의 권리

가. 일반원칙

관리자는 개인정보의 처리와 관련하여, 그리고 정보주체의 권리의 행사를 위하여 투명하고 접근하기 쉬운 정책을 가져야 한다. 관리자는 정보주체에게 알기 쉬운 형태로 투명하고 평이한 언어로 그 정보주체에 적합하게, 특히 아동에 대한 정보에 대하여는 그 정보의 처리와 관련한 통지와 커뮤니케이션을 제공하여야 한다. 관리자의 이들 의무는 2009년 11월에 채택된 개인정보 및 프라이버시의 보호에 대한 국제기준에 관한 마드리드결의(Madrid Resolution[24])의 내용을 반영한 것으로 평가된다.

---

24) Adopted by the International Conference of Data Protection and Privacy Commissioners on 5 November 2009.

나. 정보주체의 권리 행사의 절차

관리자는 일정한 정보의 제공과 법정된 정보주체의 권리 행사에 관한 절차를 강구하여야 한다. 관리자는 특히 일정한 조치의 요청을 촉진할 수 있는 제도를 시행해야 한다. 개인정보가 자동화 수단에 의해 처리되는 경우, 관리자는 일정한 조치의 요청도 전자적 방법으로 이루어질 수 있는 수단을 제공해야 한다(Article 12).

관리자는 요청이 접수되면 지체 없이 늦어도 1개월 이내에 그 조치 여부를 정보주체에게 통지하고, 요청된 정보를 제공하여야 한다[25]. 이 통지는 서면으로 이루어져야 하지만, 정보주체가 전자적 방법으로 요청한 경우, 그 통지 또한 전자적 방법으로 이루어져야 한다.

관리자는 정보주체의 요청에 따른 조치를 거부하는 경우, 정보주체에게 거부의 이유와 감독기관에의 이의 제기 및 사법기관에의 권리구제 청구를 할 수 있음을 알려야 한다. 이러한 요청에 따른 통지와 조치는 무상으로 이루어져야 하며, 다만 요청이 명백히 과도한 경우, 특히 반복된 경우에, 관리자는 통지 또는 요청에 따른 조치에 대해 수수료를 부과하거나 요청에 따른 조치를 하지 아니 할 수 있다. 이때 요청이 명백히 과도하다는 사유에 대한 입증책임은 관리자가 부담한다.

다. 정보주체에 대한 통지와 정보에의 접근권

정보주체와 관련된 개인정보가 수집되면, 관리자는 자기의 신원

25) 다만, 여러 정보주체가 권리를 행사하고, 관리자의 불필요하고도 과도한 업무부담을 회피하기 위하여 여러 정보주체의 협조가 합리적인 범위에서 필요한 경우, 이 기간은 1개월 연장될 수 있다.

및 연락처 등 일정한 사항을 그 정보주체에게 통지하여야 한다(Article 14(1)).

개인정보가 정보주체로부터 수집된 경우, 관리자는 정보주체에게 위에서 규정된 사항 외에 개인정보 제공의 강제성 여부와 개인정보를 제공하지 않는 경우에 가능한 결과(영향)에 대해 알려야 한다. 개인정보가 정보주체로부터 수집되지 않은 경우, 관리자는 정보주체에게 그 개인정보의 출처를 알려야 한다.

라. 정정권

정보주체는 관리자로부터 자신에 관한 부정확한 개인정보의 정정을 요구할 권리를 가진다. 정보주체는 정정문(corrective statement)으로 보완하는 것을 포함하여, 불완전한 개인정보의 완성을 요구할 권리를 갖는다(Article 16).

마. 잊혀질 권리(Right to be forgotten)와 삭제권

①수집 또는 처리 목적과 관련하여 그 정보가 더 이상 필요하지 아니한 경우, ②정보주체가 처리에 대한 동의를 철회하거나 동의한 보유기간이 도과한 경우, ③정보주체가 개인정보의 처리를 거부한 경우, ④개인정보의 처리가 다른 이유로 이 규칙안과 부합하지 아니한 경우에 정보주체는 관리자로부터 자신에 관한 개인정보를 삭제하고 더 이상의 배포를 금지할 권리를 갖는다(Article 17(1)).

관리자가 정보를 공개한 경우, 그 관리자는 공개한 정보와 관련하여 기술적 조치를 포함하여 그 정보를 처리하는 제3자에게 정보주체가 그 개인정보에의 링크나 복사 또는 복제를 삭제할 것을 요청한다는 사실을 통지하기 위한 모든 합리적인 조치를 취하여야 한다.

관리자는 ①표현의 자유를 행사하기 위한 경우, ②공중보건의 영역에서 공익을 위한 경우, ③역사적, 통계적, 과학적 연구 목적을 위한 경우, ④관리자가 준수해야 하는 EU법이나 회원국법에 의해 정보를 보유할 법적 의무를 준수하기 위한 경우[26]를 제외하고 지체없이 삭제하여야 한다.

한편, ①관리자가 개인정보의 정확성을 입증할 수 있는 기간 동안에 정보주체에 의하여 그 정보의 정확성이 다투어지는 경우, ②관리자가 임무의 완수를 위하여 더 이상 개인정보를 필요로 하지 않으나 입증목적으로 보존하여야 하는 경우, ③그 처리가 불법적이며 정보주체가 그 정보의 삭제를 반대하고, 대신에 그 사용의 제한을 요구하는 경우, ④정보주체가 개인정보를 다른 자동화처리시스템으로 전송할 것을 요구하는 경우에는 관리자는 개인정보를 삭제하는 대신에 그 처리를 제한하여야 한다. 이러한 개인정보는 저장의 경우를 제외하고, ①입증목적, ②정보주체의 동의, ③다른 자연인이나 법인의 권리 보호, ④공익목적을 위하여 처리될 수 있을 뿐이다.

바. 정보 이동권(Right to data portability)

개인정보가 전자적 수단과 구조화되고 공통적으로 사용되는 포맷으로 처리되는 경우에, 정보주체는 공통적으로 사용되고 정보주체에 의한 사용이 허용되는 그러한 정보를 복사할 수 있는 권리를 갖는다 (Article 18).

---

26) 회원국법은 공익목적을 충족하고, 개인정보의 보호에 대한 권리의 주요내용을 존중하여야 하고, 추구하는 합법적 목적에 비례적이어야 한다. Article 17(3)(d).

정보주체가 개인정보를 제공하였고 그 처리가 동의나 계약에 근거하는 경우, 정보주체는 그 개인정보와 자기에 의해 제공되고 자동화처리시스템에 의해 보유된 다른 정보를 개인정보가 이전되는 곳의 관리자로부터 방해 받지 않고 공통적으로 사용되는 전자적 형태로 다른 곳으로 전송할 권리를 갖는다.

사. 거부권

정보주체는 언제든지 자기의 특별한 상황에 관한 이유로 개인정보의 처리를 거부할 권리를 가진다. 다만 관리자가 정보주체의 이익 또는 기본적 권리와 자유에 우선하는 처리를 위하여 우월적인 합법적 근거를 제시하는 경우에는 그렇지 않다(Article 19).

개인정보가 다이렉트마케팅을 위하여 처리되는 경우, 정보주체는 마케팅을 위한 개인정보의 처리를 비용부담 없이 거부할 권리를 가진다. 이러한 권리는 이해할 수 있는 방식으로 정보주체에게 명시적으로 부여되어야 하고, 다른 정보와 명백히 구별될 수 있어야 한다.

처리에 대한 거부가 있으면, 관리자는 관련된 개인정보를 더 이상 이용하거나 달리 처리하여서는 안된다.

아. 정보주체의 권리에 대한 제한

EU법이나 회원국법은 입법적 조치에 의하여 정보주체의 권리와 관리자의 의무의 적용범위를 제한할 수 있다. 다만 그러한 제한은 ① 공공의 안전, ②범죄의 예방, 조사, 수사 및 소추, ③EU나 회원국의 그 밖의 공공의 이익, 특히 통화, 예산, 조세, 시장의 안정성과 완전성의 보호를 포함하여 EU나 회원국의 중요한 경제상 또는 재정상의 이익,

④피규제 전문직 종사자의 윤리 위반행위의 예방, 조사, 수사 및 소추, ⑤이상의 권한의 행사를 위한 감시, 감찰, 규제, ⑥정보주체 또는 타인의 권리 및 자유의 보호를 위한 것으로서 민주사회에서의 필요적이며 비례적인 조치에 해당할 것을 요한다(Article 21(1)).

4. 정보보호 영향평가(DATA PROTECTION IMPACT ASSESSMENT)

처리작용이 그 성질, 적용범위나 목적에 의하여 정보주체의 권리 및 자유에 대한 구체적 위험을 제기하는 경우에, 관리자나 처리자는 개인정보의 보호와 관련한 예상된 처리작용의 영향평가를 수행하여야 한다. 다음의 처리작용은 특히 '구체적 위험'(specific risks)을 제기한다(Article 33(2)).

① 자연인과 관련되거나 특히 자연인의 경제적 상황, 위치, 건강, 개인적 기호, 신뢰성이나 행동을 분석하거나 예측할 목적으로 하는 개인적 사항의 체계적이고 광범위한 평가. 다만, 그 평가는 자동화된 처리에 근거하고, 그 개인에 대하여 법적 효과를 낳거나 그 개인에게 중대한 영향을 미치는 조치에 근거하여야 한다.

② 그 정보가 대규모로 특정한 개인에 관한 조치나 결정을 취하기 위하여 처리되는 경우에, 성생활, 건강, 인종 및 민족, 또는 건강케어의 제공, 역학연구, 또는 정신적이나 전염적인 질병에 관한 정보

③ 특히 광전자적 장치(비디오감시)를 대규모로 사용할 때, 공중 접근가능지역의 감시

④ 대규모 파일링시스템에 의한 아동에 관한 개인정보, 유전정보나 생체정보

⑤ 감독기관의 조회(consultation)가 요구되는 다른 처리작용

5. 정보의 제3국이나 국제기구에로의 이전

처리중이거나 또는 제3국이나 국제기구로의 이전 후에 처리될 것이 의도된 개인정보의 이전은 관리자나 처리자가 이 규칙안에서 규정한 조건을 준수하는 경우에만 가능하다(Article 40). 위원회가 제3국이나 국제기구가 적정한 보호수준을 보장한다고 결정한 경우에는 이전이 가능하며, 그러한 이전에는 더 이상의 허가를 요구하여서는 안된다. 위원회는 보호수준의 적정성을 평가할 때 ①법의 지배, 시행중인 일반 및 개별 분야의 관련입법[27], ②정보보호법규와의 적합성을 보장하고, 그 권리를 행사함에 있어서 정보주체를 지원하고 자문하며, EU 및 회원국의 감독기관과의 협력에 대해 책임이 있는 제3국이나 국제기구에서의 독립적인 감독기관의 존재와 실효적인 기능, ③관계 제3국이나 국제기구가 참여하고 있는 국제규약을 고려하여야 한다(Article 41(2)).

위원회는 제3국이나 국제기구가 적정한 보호수준을 보장하는지 여부를 결정할 수 있다. 특히 제3국이나 국제기구에서 시행중인 일반 및 개별분야의 관련입법이 정보주체, 특히 그 개인정보가 이전 중인 EU내에서 거주하고 있는 정보주체에 대하여 실효적인 행정 및 사법적 구제를 포함하는 효율적이며 집행가능한 권리를 보장하지 않는 경우에 그러하다. 위원회가 이를 결정한 경우에, 제3국이나 국제기구에로의 개인정보의 이전은 금지되어야 한다. 위원회는 적정한 보호수준이 보장되고 있는 또는 보장되고 있지 않는 제3국과 국제기구의 리스트를 EU공보(Official Journal of the European Union)에 공표하여야 한다.

---

27) 여기에는 공공의 안전, 국가방위, 국가안전보장 및 형사법, 그 나라 또는 그 국제기구에서 적용되는 직업규범 및 보안조치와 함께, 정보주체, 특히 그 개인정보가 이전 중인 EU내에서 거주하는 정보주체에 대하여 행정적 및 사법적 구제를 포함하는 효율적이며 집행가능한 권리에 관한 것을 포함한다.

6. 개인정보 감독기관[28)]

가. 감독기관 및 그 구성원의 독립성

각 회원국은 하나 또는 그 이상의 공적 기관이 이 규칙의 적용을 감시하고, 개인정보의 처리와 관련한 자연인의 기본적인 권리와 자유를 보호하고, EU 내에서의 개인정보의 자유로운 유통을 촉진하기 위하여 EU에서 상시적으로 적용할 책임을 부담하는 감독기관에 대하여 규정하여야 한다(Article 46). 감독기관은 그 임무와 부여된 권한을 행사함에 있어서 완전히 독립적으로 활동하며, 감독기관의 구성원들은 그들의 임무를 수행함에 있어서 다른 사람으로부터 지시를 구하거나 받아서는 안되며, 회원국의 의회나 정부에 의해 임명되도록 규정하여야 한다(Article 48(1)). 구성원들은 독립성에 의심이 없고, 경험과 지식이 개인정보보호 영역에서 우수하게 그 업무를 수행할 수 있음이 입증된 사람들 중에서 선발되어야 하며, 자신들의 임무와 양립할 수 없는 행위를 삼가야 하며, 재임 중에 양립할 수 없는 영리 또는 비영리 직업에 종사하여서는 안된다. 구성원의 임무는 임기 만료, 사임 또는 강제퇴임으로 종료된다.

회원국은 감독기관의 독립성에 영향을 주지 않는 재정통제를 하여야 하며, 감독기관에 별도의 예산을 갖도록 보장해야 하고, 그 내용은 공개되어야 한다.

---

28) 개인정보보호 감독기관 일반에 대한 비교법적 고찰로서는, 이인호, "個人情報監督機構의 位相과 役割에 대한 比較法的 分析과 立法方向", 中央法學 제7집 제1호(2005. 2), 7쪽 이하.

나. 감독기관의 임무와 권한

감독기관은 ①이 규칙의 적용을 감시하고 보장하는 것, ②정보주체 또는 정보주체를 대표하는 단체가 제기하는 이의를 청취하고, 적절한 범위 내에서 그 문제를 조사하고, 특히 다른 감독기관과의 추가조사나 조정이 필요한 경우 합리적인 기간 내에 정보주체나 단체에게 그 이의의 과정과 결과를 통지하는 것, ③자체적으로 또는 이의에 기초하여 다른 감독기관의 요청에 의해 조사를 행하며, 만약 정보주체가 감독기관에게 이의를 제기한 경우 합리적인 기간 내에 조사의 결과를 관련 정보주체에게 통지하는 것, ④개인정보 보호에 영향을 미치는 경우, 특히 정보통신기술(ICT)과 상업적 실무의 발달에 대해서 관련 발달을 모니터링하는 것 등의 임무를 수행한다(Article 49).

또한 감독기관은 ①관리자나 처리자에게 개인정보의 처리를 규율하는 조항의 위반에 대해 통지하고, 그 위반의 시정명령, ②관리자나 처리자에게 이 규칙에 의해 규정된 권리를 행사하기 위한 정보주체의 요청에 대한 이행명령, ③관리자 및 처리자와 그 대리인에게 의무의 이행을 위한 관련정보의 제공명령, ④관리자나 처리자에 대한 경고 또는 지도, ⑤이 규칙안의 규정에 위반하여 처리된 경우 그 정보의 정정, 삭제 또는 파기와 그 정보가 개시된 제3자에 대해 이들 처분의 통지에 대한 명령 등의 권한을 행사할 수 있다(Article 53(1)).

7. 권리구제

가. 이의제기권

다른 행정적 또는 사법적 구제에 대한 침해없이, 자기와 관련된 개인정보의 처리가 이 규칙을 따르지 않는다고 판단한다면 정보주체는 회원국의 감독기관에 이의를 제기할 권리를 갖는다(Article 73).

개인정보 처리의 결과 이 규칙에서 규정하는 정보주체의 권리가 침해받았다고 판단되면, 개인정보 보호에 관한 정보주체의 권리와 이익을 보호할 목적을 가지고, 회원국법에 따라서 적정하게 구성된 단체, 조직이나 협회는 정보주체를 위하여 회원국의 감독기관에 이의를 제기할 권리를 갖는다. 개인정보의 침해가 발생하였다고 판단한다면 정보주체의 이의와 독립하여, 이들 단체, 조직이나 협회는 회원국내의 감독기관에 이의를 제기할 권리를 갖는다.

이처럼 2012년 규칙안은 정보주체 이외의 이른바 개인정보보호관련 공익단체에 대해서도 쟁송제기권을 인정하고 있는 점이 특징의 하나라고 할 수 있다.

나. 사법적 구제권

1) 감독기관에 대한 사법적 구제권

자연인 또는 법인은 자기에 관한 감독기관의 결정에 대하여 사법적 구제를 청구할 권리를 갖는다(Article 74). 정보주체는 감독기관이 정보주체의 권리를 보호하는데 필요한 결정을 하지 않거나 또는 감독기관이 3개월 이내에 이의제기의 진행과정이나 결과를 자기에게 통지하지 아니한 경우에 감독기관에게 이의제기에 따른 행위를 하도록 의무를 부과하게 하는 사법적 구제권을 갖는다[29]. 감독기관에 대한 소송은 감독기관이 설치된 회원국의 법원에 제기되어야 한다. 정보주체

29) 이러한 의미의 사법적 구제권은 주로 의무이행소송의 형태를 띨 것으로 생각된다.

는 자신이 상시적으로 거주하는 곳과 다른 회원국의 감독기관의 결정에 대하여 자신이 상시적으로 거주하는 회원국의 감독기관에게 다른 회원국의 감독기관에 대해 자신을 위한 소송을 제기할 것을 요구할 수 있다.

2) 관리자 또는 처리자에 대한 사법적 구제권

감독기관에 이의를 제기할 권리를 포함하여 이용가능한 행정적 구제를 보장하면서, 정보주체는 이 규칙안에 따르지 않은 개인정보의 처리의 결과 이 규칙안에서 보장한 자기의 권리가 침해된 경우에 사법적 구제권을 갖는다(Article 75).

관리자나 처리자에 대한 소송은 그것이 설치된 회원국의 법원에 제기되어야 한다. 그에 대신하여, 관리자가 공권력을 행사하는 공적기관이 아닌 경우에는 정보주체가 상시적으로 거주하는 회원국의 법원에 제기할 수 있다.

복수의 소송이 동일한 조치, 결정이나 실무와 관련하여 계속중인 경우에, 법원은 정보주체의 권리 보호를 위하여 긴급한 경우를 제외하고 일관성제도와 관련한 소송의 결과를 기다리기 위해 그 소송을 정지할 수 있다.

다. 손해배상을 받을 권리

위법한 처리작용이나 이 규칙안과 양립할 수 없는 행위의 결과 손해를 입은 자는 그 손해에 대해 관리자나 처리자로부터 배상을 받을 권리를 갖는다(Article 77).

하나 이상의 관리자나 처리자가 그 처리와 관련된 경우에, 각 관리자나 처리자는 그 손해배상액의 전부에 대하여 공동으로 그리고 개별적으로 책임이 있다. 그러나, 관리자나 처리자는 자신이 그 손해를 야기한 사건에 대해 책임 없음을 입증한 경우 전면적으로 또는 부분적으로 책임을 면한다.

8. 실효성 확보수단

가. 벌칙(Penalties)

회원국은 이 규칙의 위반에 적용할 수 있는 벌칙에 관한 법규를 제정하고, 그 법규의 집행을 보장하는 모든 조치를 강구하여야 한다. 규정된 벌칙은 실효적이고, 비례적이며, 억제적이어야 한다(Article 78). 관리자가 대리인을 둔 경우에 그 대리인에 대해서도 적용된다.

나. 행정적 제재(Administrative sanctions)

감독기관은 행정적 제재를 부과할 권한이 부여된다(Article 79(1)). 행정적 제재는 각 개별 사건별로 실효적이고, 비례적이며, 억제적이어야 한다. 행정적 과태료는 위반의 성질, 정도 및 기간, 침해의 고의 또는 과실, 자연인 또는 법인의 책임의 정도, 이전 위반의 책임의 정도, 기술적·조직적 조치 및 절차와 위반을 시정하기 위하여 감독기관과의 협력의 정도를 적정하게 고려하여 결정되어야 한다.

최초이며 비고의적으로 이 규칙을 준수하지 아니한 때, ①자연인이 상업적 이익없이 개인정보를 처리하고 있는 경우 또는 ②250인 이하를 고용하는 기업이나 단체가 그 주된 활동에 부수하여 개인정보를 처리하는 경우에, 문서에 의한 경고를 발하고 제재를 부과하지 않을 수 있다.

감독기관은 고의 또는 과실로 이 규칙 소정의 행위를 한 자에 대하여 세 단계로 나누어서, 첫째로, 최고 25만유로 또는 기업의 경우에 전세계 연매출액의 0.5%까지, 둘째로, 최고 50만 유로 또는 기업의 경우 전세계 연매출액의 1%까지, 셋째로, 최고 100만 유로 또는 기업의 경우 전세계 연매출액의 2%까지 과태료를 부과하여야 한다(Article 79(4)(5)(6)).

9. 기 타

가. 1995년 지침(95/46/EC)의 폐지

2012년 규칙안이 제정되면 1995년 지침은 폐지된다(Article 88(1)). 1995년 지침에 대한 관련규정은 이 규칙에 대한 것으로 해석되고, 1995년 지침 제29조에 의해 설치된 개인정보처리와 관련한 개인의 보호에 대한 작업반(the Working Party on the Protection of Individuals with regard to the Processing of Personal Data)에 대한 관련규정은 이 규칙에 의해 설치되는 유럽정보보호위원회(the European Data Protection Board)로 해석된다.

나. 2002년 전자통신분야지침(2002/58/EC)과의 관계 및 그 개정

이 규칙안은 동일한 목적으로 2002년 전자통신분야지침[30](2002/

30) Directive 2002/58/EC of the European Parliament and of the Council of 12 July 2002 concerning the processing of personal data and the protection of privacy in the electronic communications sector)(Directive on privacy and electronic communications), OJ L 201, 2002. 7. 31., p. 37.

58/EC)에서 규정된 특정한 의무에 복종하는 사항들과 관련하여 EU내의 공중통신망에서의 공중이용전자통신서비스의 규정과 관련된 개인정보의 처리에 관하여 자연인이나 법인에 대해 추가적인 의무를 부과하여서는 안된다(Article 89(1)). 지침 2002/58/EC 제1조 제2항[31]은 폐지된다. 따라서, 2012년 규칙안은 개인정보 보호와 관련한 명실상부한 일반법으로서 기능할 것이 예상된다.

다. 입법평가

위원회는 이 규칙안의 평가 및 심사에 관한 보고서를 유럽의회와 이사회에 정기적으로 제출하여야 하고, 최초의 보고서는 이 규칙안의 시행 후 4년 이내에, 그리고 후속 보고서는 그 후 4년마다 제출되어야 한다. 위원회는 필요한 경우 이 규칙안을 개정하기 위하여 적합한 법안을 제출하고, 다른 법형식, 특히 정보기술의 발달을 고려하고 정보사회에서의 발전상황이라는 관점에서 조정하여야 하며, 이들 보고서는 공개되어야 한다(Article 90).

라. 시행

이 규칙안은 EU공보(the Official Journal of the European Union)에서 공표된 날부터 20일 후에 발효된다(Article 91(1)). [발효된 날로부터 2년 후부터] 적용한다.

---

31) Article 1(2) The provisions of this Directive particularise and complement Directive 95/46/EC for the purposes mentioned in paragraph 1. Moreover, they provide for protection of the legitimate interests of subscribers who are legal persons.

Ⅳ. 우리나라 「개인정보 보호법」과의 비교

위에서 살펴본 2012년 규칙안의 주요내용을 기초로 하여, 우리나라 「개인정보 보호법」과 비교 검토하여 본다. 여기서는 목적, 개인정보 보호의 원칙, 정보주체의 권리, 개인정보 영향평가, 실효성 확보수단과 권리구제를 중심으로 하여 검토하도록 한다.

1. 목 적

우리나라 「개인정보 보호법」은 "개인정보의 수집 · 유출 · 오용 · 남용으로부터 사생활의 비밀 등을 보호함으로써 국민의 권리와 이익을 증진하고, 나아가 개인의 존엄과 가치를 구현하기 위하여 개인정보 처리에 관한 사항을 규정함"(제1조)을 그 목적으로 하고 있다.

그에 대해 2012년 규칙안은 "개인정보의 처리에 관한 개인의 보호와 관련된 규범과 개인정보의 자유로운 이동과 관련된 규범을 정함"(Article 1)을 목적으로 하고 있다. 이처럼, 우리나라 「개인정보 보호법」이 개인정보의 '보호'만을 명시적으로 그 목적으로 하고 있는데 비하여, 2012년 규칙안은 그와 함께 개인정보의 '자유로운 이동'에 관한 것도 그 목적으로 하고 있다. 특히, 2012년 규칙안은 자연인의 기본적 권리와 자유, 특히 개인정보의 보호에 대한 권리를 보호하지만, 그와 함께, EU 내에서의 개인정보의 자유로운 이동이 개인정보의 처리에 대한 개인의 보호와 관련되었다는 이유로 제한되거나 금지되어서는 안된다는 것을 명백히 하고 있다.

2. 개인정보 보호의 원칙

우리나라 「개인정보 보호법」도 '개인정보 보호 원칙'에 관한 규정(제3조)을 두고 있다. 2012년 규칙안도 위에서 살펴본 바와 같이 개인정보 보호와 관련한 원칙을 규정하고 있다(Article 5 이하).

이들 양자를 비교하여 보면, ①개인정보 처리 목적의 특정성, 명확성, 합법성, ②처리 방법의 합법성, 공정성, 투명성, ③개인정보 수집의 최소성, 적법성, 정당성, ④개인정보의 정확성, 완전성, 최신성, ⑤정보주체의 권리 보장, ⑥정보처리자(관리자)의 책임과 의무 등에 대하여 규정하고 있는 점에서 상호 유사함을 알 수 있다. 이러한 점은 1980년의 「OECD가이드라인」에서 규정한 이른바 OECD8원칙[32]이 오늘날에도 개인정보 보호와 관련한 대원칙으로서 여전히 유효함을 시사하고 있다고 할 수 있다.

3. 정보주체의 권리

우리나라 「개인정보 보호법」은 제1장(총칙)에서 정보주체의 권리와 관련하여 총괄적인 규정(제4조)을 두고 있다. 즉, ①개인정보의 처리에 관한 정보를 제공받을 권리, ②개인정보의 처리에 관한 동의 여부, 동의 범위 등을 선택하고 결정할 권리, ③개인정보의 처리 여부를 확인

---

32) ① 수집 제한의 원칙(Collection Limitation Principle), ② 정보 내용의 원칙(Data Quality Principle), ③ 목적 명확화의 원칙(Purpose Specification Principle), ④ 이용 제한의 원칙(Use Limitation Principle), ⑤ 안전 보호의 원칙(Security Safeguards Principle), ⑥ 공개의 원칙(Openness Principle), ⑦ 개인 참가의 원칙(Individual Participation Principle), ⑧ 책임의 원칙(Accountability Principle).

하고 개인정보에 대하여 열람을 요구할 권리, ④개인정보의 처리 정지, 정정·삭제 및 파기를 요구할 권리, ⑤개인정보의 처리로 인하여 발생한 피해를 신속하고 공정한 절차에 따라 구제받을 권리가 그것이다. 그리고, 그에 대한 구체적인 규정은 제5장(정보주체의 권리 보장)에서 제35조(개인정보의 열람), 제36조(개인정보의 정정·삭제), 제37조(개인정보의 처리정지 등), 제38조(권리행사의 방법 및 절차), 제39조(손해배상책임)를 두고 있다.

한편, 2012년 규칙안은 위에서 살펴본 바와 같이 제3장(정보주체의 권리)에서 개인정보 처리와 관련한 원칙(Article 11)과 권리 행사의 절차(Article 12), 정보주체에 대한 통지(Article 14), 정보주체의 접근권(Article 15), 정정권(Article 16), 잊혀질 권리와 삭제권(Article 17), 정보이동권(Article 18), 거부권(Article 19), 권리에 대한 제한(Article 21)을 규정하고 있다. 또한, 권리구제 등과 관련하여서는 별개의 장(CHAPTER VIII)에서 이의제기권(Article 73), 소송 등의 사법적 구제권(Article 74), 손해배상(Article 77) 등을 규정하고 있다.

이들 양자를 비교하여 보면, 정보주체의 권리 등과 관련하여 상호 유사한 점이 다수 있음을 확인할 수 있다. 그러나, 2012년 규칙안에서 정보주체의 권리와 관련하여, 보다 다양한 권리를 보장하고 있음을 알 수 있다. 특히, 잊혀질 권리(Right to be forgotten)의 신설은 현대정보사회에서의 정보주체의 권리 보장과 관련하여, 우리에게 시사하는 바가 크다고 할 수 있으므로 이 권리를 중심으로 하여 검토하기로 한다.

먼저, 2012년 규칙안의 '잊혀질 권리'의 주된 내용은 개인정보의 삭제 또는 배포의 금지이다. 이에 상응하는 우리나라 「개인정보 보호법」상의 개인정보의 처리와 관련한 정보주체의 권리의 내용은 개인정보의 처리 정지, 정정·삭제 및 파기를 요구할 권리(제4조 제4호)라고 할 수 있다. 개인정보의 정정·삭제를 요구할 수 있는 권리는 개인정보처리자가 처리하는 자신의 개인정보를 열람한 정보주체가 개인정보처리자에게 그 개인정보의 정정 또는 삭제를 요구할 수 있는 것을 말한다(제36조 제1항). 개인정보처리자는 정보주체의 요구를 받았을 때에는 개인정보의 정정 또는 삭제에 관하여 다른 법령에 특별한 절차가 규정되어 있는 경우를 제외하고는 지체 없이 그 개인정보를 조사하여 정보주체의 요구에 따라 정정·삭제 등 필요한 조치를 한 후, 그 결과를 정보주체에게 알려야 한다(제36조 제2항). 그런데, 우리나라 「개인정보 보호법」은 정정 또는 삭제요구권의 대상에서 제외되는 경우로서, ①공공기관이 처리하는 개인정보 중 「통계법」에 따라 수집되는 개인정보, ②국가안전보장과 관련된 정보 분석을 목적으로 수집 또는 제공 요청되는 개인정보, ③공중위생 등 공공의 안전과 안녕을 위하여 긴급히 필요한 경우로서 일시적으로 처리되는 개인정보, ④언론, 종교단체, 정당이 각각 취재·보도, 선교, 선거 입후보자 추천 등 고유 목적을 달성하기 위하여 수집·이용하는 개인정보를 들고 있다(제58조 제1항). 이러한 적용제외사유를 2012년 규칙안과 비교하여 볼 때, 표현의 자유나 공중위생 등 상당 부분 서로 겹치는 영역도 있지만, 국가안전보장과 관련한 정보 분석이나 종교단체의 선교나 정당의 선거 입후보자 추천에 대하여 적용제외를 인정한다는 점 등에서 우리나라 「개인정보 보호법」이 2012년 규칙안에 비하여 적용제외사유를 폭넓게 인정하고 있음을 알 수 있다. 또한 2012년 규칙안은 관리자가 개인정보를 공개한 경우에, 기술적 방법을 포함한 모든 합리적인 조치를 취하여, 정보주체가 개인정보에의 링크나 복사 또는 복제를 삭제할 것을 요구한다는 사실을 그 정보를 처리하는 제3자에게 통지하도록 규정하고 있지만, 우리나라 「개인정보 보호법」은 그러한 규정을 두고 있지 않다. 그리고, 「개인정보 보호법」은 개인정보처리자가 보유기간의 경과, 개인정보의 처리 목적 달성 등 그 개인정보가 불필요하게 되었을 때에는 지체 없이 그 개인정보를 파기하여야 하도록 하고 있는 데 비하여(제21조 제1항)[33], 2012년 규칙안은 그러한 규정을 두고 있지 않다.

한편, 우리나라 「개인정보 보호법」상의 개인정보의 처리 정지를 요구할 수 있는 권리는 정보주체가 개인정보처리자에 대하여 자신의 개인정보 처리의 정지를 요구할 수 있는 권리로서, 개인정보처리자는 이러한 요구를 받았을 때에는 지체 없이 정보주체의 요구에 따라 개인정보 처리의 전부 또는 일부를 정지하여야 한다(제37조 제2항). 이것은 2012년 규칙안상의 처리 제한과 유사하다고 할 수 있다. 다만, 2012년 규칙안은 처리 제한을 할 수 있는 경우와 또한 처리 제한된 개인정보가 예외적으로 처리될 수 있는 경우를 열거하고 있는 데 비하여, 우리나라 「개인정보 보호법」은 처리 정지를 포괄적으로 규정하고, 예외적으로 그러한 처리 정지 요구를 거절할 수 있는 경우[34]를 규정하고, 개인정보처리자는 정보주체의 요구에 따라 처리가 정지된 개인정보에

---

33) 다만, 다른 법령에 따라 보존하여야 하는 경우에는 그러하지 아니하며, 개인정보처리자가 개인정보를 파기하지 아니하고 보존하여야 하는 경우에는 해당 개인정보 또는 개인정보파일을 다른 개인정보와 분리하여서 저장 · 관리하여야 한다(제21조 제1항 단서, 동조 제3항).

34) ① 법률에 특별한 규정이 있거나 법령상 의무를 준수하기 위하여 불가피한 경우, ② 다른 사람의 생명 · 신체를 해할 우려가 있거나 다른 사람의 재산과 그 밖의 이익을 부당하게 침해할 우려가 있는 경우, ③ 공공기관이 개인정보를 처리하지 아니하면 다른 법률에서 정하는 소관 업무를 수행할 수 없는 경우, ④ 개인정보를 처리하지 아니하면 정보주체와 약정한 서비스를 제공하지 못하는 등 계약의 이행이 곤란한 경우로서 정보주체가 그 계약의 해지 의사를 명확하게 밝히지 아니한 경우에는 정보주체의 처리정지 요구를 거절할 수 있다(제37조 제2항 단서).

대하여 지체 없이 해당 개인정보의 파기 등 필요한 조치를 하여야 한다고 규정하고 있는 점에서 차이가 있다.

4. 개인정보 영향평가

우리나라 「개인정보 보호법」은 개인정보 영향평가와 관련한 규정(제33조)을 두고 있다. 즉, 공공기관의 장은 대통령령으로 정하는 기준에 해당하는 개인정보파일의 운용으로 인하여 정보주체의 개인정보 침해가 우려되는 경우에 그 위험요인의 분석과 개선사항 도출을 위한 개인정보 영향평가를 하고 그 결과를 행정안전부장관에게 제출하여야 하도록 한다(동조 제1항). 이러한 영향평가에는 처리하는 개인정보의 수, 개인정보의 제3자 제공 여부, 정보주체의 권리를 해할 가능성 및 그 위험 정도, 그 밖에 대통령령으로 정한 사항을 고려하도록 되어 있다(동조 제2항). 그러나, 공공기관 외의 개인정보처리자는 개인정보파일 운용으로 인하여 정보주체의 개인정보 침해가 우려되는 경우에는 영향평가를 하기 위하여 적극 노력하여야 한다고 하여, 노력의무를 규정하는데 그치고 있다.

한편, 2012년 규칙안도 위에서 살펴본 바와 같이 정보보호 영향평가(DATA PROTECTION IMPACT ASSESSMENT)에 대하여 규정하고 있다(Article 33).

이들 양자를 비교할 때 가장 큰 차이점은 영향평가의 주체(의무자)의 경우에 우리나라 「개인정보 보호법」에서는 공공기관의 장은 의무적이고 공공기관 이외의 개인정보처리자는 노력의무에 그치는 데 비하여, 2012년 규칙안에서는 개인정보의 처리작용이 그 성질, 적용범위나 목적에 의하여 정보주체의 권리 및 자유에 대한 구체적 위험

(specific risks)을 제기하는 경우에, 관리자나 처리자는 개인정보의 보호에 관한 예상된 처리작용의 영향평가를 수행하여야 한다는 점을 들 수 있다.

5. 실효성 확보수단

우리나라 「개인정보 보호법」은 개인정보처리자가 정보주체의 삭제 또는 정정 요구를 받았을 때 정정·삭제 등 필요한 조치를 하지 아니한 경우나 처리가 정지된 개인정보에 대하여 파기 등 필요한 조치를 하지 아니한 경우에는 5천만원 이하의 과태료를 부과하고(제75조 제2항 제11, 12호), 개인정보의 정정·삭제 또는 처리 정지와 관련하여 정보주체에게 알려야 할 사항을 알리지 아니한 경우에는 1천만원 이하의 과태료를 부과하도록 규정하고 있다(제75조 제3항 제9호). 한편, 정정·삭제 등 필요한 조치를 하지 아니하고 개인정보를 계속 이용하거나 이를 제3자에게 제공한 경우 또는 개인정보의 처리를 정지하지 아니하고 계속 이용하거나 제3자에게 제공한 경우에는 2년 이하의 징역 또는 1천만원 이하의 벌금이라는 형벌을 과하도록 규정(제73조 제2, 3호)하고 있다.

그에 대해, 2012년 규칙안은 벌칙(Penalties)과 행정적 제재(Administrative sanctions)로 나누어서, 전자에 대해서는 회원국의 입법에 위임하고(Article 78), 후자에 대하여 직접 구체적으로 규정하는 방식을 취하고 있다. 즉, 최초이며 비고의적으로 이 규칙을 준수하지 아니한 일정한 경우에 해당하는 때에는 문서에 의한 경고를 발하고 제재를 부과하지 않을 수 있지만(Article 79(3)), 고의 또는 과실로 이 규칙 소정의 행위를 한 자에 대하여는 세 단계로 나누어서, ①최고 25만 유로 또는 기업의 경우에 전세계 연매출액의 0.5%까지, ②최고 50만 유로 또는 기업의 경우 전세계 연매출액의 1%까지, ③최고 100만 유로 또는 기업의 경우 전세계 연매출액의 2%까지 과태료를 부과하여야 하도록 규정하고 있다.

이들 양자를 비교하여 보면, 우리나라의 경우에는 과태료라는 행정질서벌 뿐만 아니라 벌금, 징역이라는 행정형벌도 실효성 확보수단으로 규정하고 있는 데 비하여, 2012년 규칙안은 벌칙에 대해서는 각 회원국의 입법에 맡기고, 금전적 제재를 중심으로 한 과태료라는 행정적 제재에 대하여 우리나라에 비해 보다 강력한 제재규정을 두고 있음을 지적할 수 있다.

6. 권리구제

가. 행정적 구제

우리나라 「개인정보 보호법」은 개인정보와 관련하여 분쟁이 발생한 경우에 개인정보 분쟁조정위원회(이하 '분쟁조정위원회')의 조정에 의하는 방법을 규정하고 있다. 개인정보와 관련한 분쟁의 조정을 원하는 자는 분쟁조정위원회에 분쟁조정을 신청할 수 있고(제43조 제1항), 분쟁조정위원회는 분쟁조정 신청을 받은 날부터 60일 이내에 이를 심사하여 조정안을 작성하여야 한다(제44조 제1항). 당사자가 조정 내용을 수락한 경우에는 이러한 조정의 내용은 재판상 화해와 동일한 효력을 갖는다(제47조 제5항). 또한 정보주체의 피해 또는 권리침해가 다수의 정보주체에게 같거나 비슷한 유형으로 발생하는 경우로서 대통령령으로 정하는 사건에 대하여는 분쟁조정위원회에 일괄적인 집단분쟁조정을 신청할 수 있다(제49조 제1항). 그러나, 이러한 제도는 간이한 절차에 의하여 신속하게 권리구제가 이루어질 수 있다는 장점이 있으나, 당사자간의 합의를 전제로 한다는 점에서 그 한계가 있다.

2012년 규칙안은 모든 정보주체에게 자신들의 개인정보의 처리가 침해되고 있다고 생각하는 경우에 EU 회원국의 감독기관에 이의(complaint)를 제기할 권리를 갖는다고 규정한다(Article 73(1)). 또한, 정보주체의 권리와 이익의 보호를 목적으로 하고 회원국의 법률에 따라서 정당하게 설립된 기구, 조직 또는 협회는 개인정보의 처리의 결과로 정보주체의 권리가 침해되었다고 판단하는 경우에는 정보주체를 위하여 회원국의 감독기관에 이의를 제기할 권리가 있다(Article 73(2)). 이들 조직들은 정보주체의 이의와는 독립하여, 개인정보 침해가 발생하였다고 판단한 경우에는 회원국 감독기관에 이의를 제기할 권리를 가진다(Article 73(3)). 이처럼 2012년 규칙안은 정보주체의 권리・이익의 보호를 목적으로 하는 단체들의 독자적인 이의제기권을 인정하고 있는 점에서 우리나라 「개인정보 보호법」과는 다른 하나의 특징을 발견할 수 있다.

나. 사법적 구제

우리나라 「개인정보 보호법」은 제7장(제51조 내지 제57조)에서 '개인정보 단체소송'에 관하여 규정하고 있다. 즉, 개인정보 단체소송은 일정한 법정요건을 갖춘 단체가 법원의 소송허가를 받아 개인정보처리자가 집단분쟁조정을 거부하거나 집단분쟁조정의 결과를 수락하지 아니한 경우에 법원에 권리침해 행위의 금지・중지를 구하는 소송이다(제51조).

2012년 규칙안은 사법적 구제와 관련하여, 감독기관을 상대로 하는 경우와 관리자 또는 처리자를 상대로 하는 경우로 나누어 규정하고 있다.

이들 양자를 비교하여 보면, 우리나라의 개인정보 단체소송은 2012년 규칙안이 개인정보보호 단체 등에게 소제기권을 인정한 것과 유사하다고 할 수 있다. 다만, 2012년 규칙안은 단체소송의 구체적 내용에 대해서는 규정하고 있지 않기 때문에 회원국 법률에 맡겨져 있는 셈이다. 그러나, 우리나라 개인정보 단체소송은 일정한 법정요건을 갖춘 단체에게만 원고적격이 인정된다는 점, 집단분쟁조정을 거친 경우에 대해서만 인정된다는 점, 권리침해 행위의 금지・중지만을 인정할 뿐 권리침해 행위로 인한 결과를 제거하기 위한 조치(손해배상 등)를 인정하지 않는다는 점 등에 있어서 그 한계가 지적된다[35].

다. 손해배상청구

우리나라 「개인정보 보호법」은 손해배상책임과 관련하여 별개의 규정을 두고, 정보주체가 개인정보처리자의 위법행위로 인하여 손해를 입으면 개인정보처리자에게 손해배상을 청구할 수 있고, 이 경우 그 개인정보처리자는 고의 또는 과실이 없음을 입증하지 아니하면 책임을 면할 수 없다고 규정하고 있다(제39조 제1항). 또한, 개인정보처리자가 동법에 따른 의무를 준수하고 상당한 주의와 감독을 게을리 하지 아니한 경우에는 손해배상책임을 감경받을 수 있다고 규정하고 있다(동조 제2항).

---

35) 졸고, "개인정보 보호법의 법적용관계와 입법적 과제 - 위치정보법과의 관계를 중심으로 하여 -", 인권과 정의 제419호(2011. 8), 64쪽.

2012년 규칙안과 비교 검토하여 보면, 이들 양자는 위법한 개인정보 처리 등과 관련하여 발생한 손해에 대하여 배상책임을 인정하고 있는 점, 일정한 경우에 관리자(개인정보처리자) 등에게 손해배상책임의 감경을 인정하고 있는 점은 공통된다고 할 수 있다. 그러나, 우리나라의 「개인정보 보호법」은 개인정보처리자에게 "고의 또는 과실이 없음을 입증하지 아니하면 책임을 면할 수 없다"(제39조 제1항)고 하여 입증책임을 가해자에게 부담시키고 있는 점에서 2012년 규칙안에 비하여, 개인정보처리자의 개인정보 침해로 인한 정보주체의 손해배상청구를 한층 실효성있는 것으로 규정하고 있음을 알 수 있다. 다만, 2012년 규칙안은 관리자 또는 처리자가 둘 이상인 경우에는 손해배상액 전액에 대하여 연대책임이 있다고 규정하고 있는 데 반하여, 우리나라 「개인정보 보호법」은 그에 대한 규정이 없다. 그러나, 「개인정보 보호법」에 규정이 없는 경우에는 불법행위에 관하여 일반법적 지위를 가지는 민법의 규정이 적용되고, 우리 민법은 "수인이 공동의 불법행위로 타인에게 손해를 가한 때에는 연대하여 그 손해를 배상할 책임이 있다."(제760조 제1항)고 규정하고 있기 때문에 양자 간에 차이는 없다고 할 것이다.

V. 시사점

1. EU개인정보보호제도의 강화

2012년 규칙안은 현행 1995년 지침에 비하여 훨씬 강화된 내용을 가지고 있는 바, 이하에서 보다 구체적으로 살펴보도록 한다.

첫째로, 법형식의 강화를 들 수 있다. EU 개인정보보호에 관해 2012년 규칙안이 입법되는 경우에 '지침'(Directive)에서 '규칙'(Regulation)으로 법형식이 변경되게 된다. EU법의 법원(존재형식)은 크게 제1차법(primary sources), 제2차법(secondary sources), 판례, 일반법원칙, 관습국제법으로 나눌 수 있다. 이 가운데 가장 우위에 있는 것은 제1차법이며, 여기에는 다시 EU기초조약과 EU가 제3국이나 다른 국제조직 간에 체결한 조약으로 나눌 수 있다[36]. 제2차법은 제1차법으로부터 파생되는 법으로서, 파생법이라고도 하며, 또한 EU의 기관이 채택하는 조치라는 의미에서 EU법행위 또는 EU입법이라고도 한다. 이들 EU입법에는 규칙(Regulation), 지침(Directive), 결정(Decision), 권고(Recommendation) 및 의견(Opinion)이 있는데, 이 가운데에서 전3자(규칙, 지침, 결정)는 구속력이 있고, 후2자(권고, 의견)는 구속력이 없다. '규칙'은 일반적으로 적용되고, 그 모든 부분이 구속력을 가지며, 모든 회원국에서 직접 적용할 수 있다. '지침'은 달성되어야 할 결과에 대하여 상대방 회원국을 구속하지만, 방식 및 수단의 선택은 회원국 기관에 위임된다. '결정'은 그 모든 부분이 구속력을 가지며, 상대방에 대한 특정한 결정은 상대방만을 구속한다. 이들 규칙, 지침과 결정 간의 효력의 우열은 없다[37]. 다만, 규칙은 일반적으로 적용된다는 점에서 보통 수범

---

36) 전자의 예로서는, EU조약(Treaty on European Union ; TEU)과 EU운영조약(Treaty on the Functioning of the European Union ; TFEU) 등이 있으며, 후자의 예로서는, WTO협정과 EFTA, 여러 국가와 체결한 유럽경제영역협정 등이 있다.

37) Ivan Boev, *Droit européen*, Bréal, 2012, pp. 167- ; 中西優美子, EU法, 新世社, 2012, 34쪽 ; 庄司克宏, EU法 基礎編, 岩波書店, 2003, 109쪽 이하 ; 岡村尭, 新ヨーロッパ法, 三省堂, 2010, 48쪽 이하. 다만, 발효되지 못한 채 폐기된 유럽헌법조약에서는 규칙을 법률(legislation)이라고 하였다가 리스본조약에서 다시 규칙으로 환원된 것에서 알 수 있듯이, 제2차법의 일반적 · 중심적인 법형

자가 특정되는 결정과 다르며, 규칙의 모든 부분이 구속력을 갖는다는 점에서 상대방인 회원국만 그리고 결과의 달성만을 구속하는 지침과 다르다. 또한 규칙은 직접 적용할 수 있기 때문에 일단 발효가 되면 자동적으로 모든 회원국의 국내법이 되고 비준과 같은 회원국의 국내조치를 필요로 하지 않는다는 점에서 지침이나 결정과 구별된다고 할 수 있다. 이러한 점에서 EU개인정보보호에 관한 입법이 '지침'이 아니라 '규칙'의 형식을 취하는 것은 EU 역내에서의 개인정보보호정책을 일관되고 통일적으로 실시할 수 있게 되었다는 점을 의미한다. 이것은 가령 예컨대, 2012년 규칙안이 입법되는 경우에 영국에서는 영국의 1998년 정보보호법(Data Protection Act 1998)보다 우위에 선다는 것을 의미한다[38].

둘째로, 개인정보 감독기관의 강화를 들 수 있다. 2012년 규칙안은 1995년 지침에 비하여 각 회원국 국내에서의 개인정보 감독기관에 대한 규정을 대폭 강화하고 있다. 우선, 규정형식상으로도 개인정보 감독기관에 관한 규정이 1995년 지침에서는 1개조(Article 28)에 불과한 것이 2012년 규칙안에서는 1개장(CHAPTER VI) 9개조(Article 46~Article 54)에 이른다. 또한, 그 규정내용에 있어서도 1995년 지침이 감독기관의 권한으로서, 조사권, 실효적인 중재권과 법적 쟁송참가권만을 규정하고 있는데 비하여, 2012년 규칙안은 관리자에 대한 규칙위반 시정명령권 등 다수의 강화되고 폭넓은 감독권한을 부여하고 있다(Article

식은 규칙이라고 할 수 있다.

38) Tony Hadden & Grant Campbell, "Data Protection in Europe : Regime change and why it matters to HR Professionals", http://brodies.web12.hubspot.com/data-protection-in-europe-regime-change-and-why-it-matters-to-hr-professionals/?utm_campaign=Personnel-Today&utm_source=Banner-ad

53(1)). 그리고, 감독기관이 독립성을 유지하기 위하여 감독기관은 그 임무와 부여된 권한을 행사함에 있어서 완전히 독립적으로 활동하여야 할 것과 회원국은 감독기관의 독립성에 영향을 주지 않는 재정통제를 하여야 하고, 감독기관이 별도의 예산을 갖도록 보장해야 하며, 그 내용을 공개하여야 한다.

또한, EU 역내에서의 개인정보보호에 관한 임무를 통일적이고 일관성있게 수행하기 위하여 유럽정보보호위원회(EUROPEAN DATA PROTECTION BOARD)를 설치하고 있다(Article 64~Article 72). 동 위원회는 각 회원국의 감독기관의 장으로 구성되며, EU내에서 이 규칙의 일관성있는 적용을 보장하기 위한 임무를 수행한다.

셋째로, 실효성 확보수단의 강화를 들 수 있다. 2012년 규칙안은 1995년 지침에 비하여 개인정보 보호와 관련하여 정보주체의 권리와 관리자 또는 처리자 등의 의무에 대하여 규정하고 있는 바, 이들 권리를 침해하거나 의무를 위반하는 경우에 대하여 강력한 제재규정을 두고 있다. 즉, 실효성확보를 위하여 회원국들에 대하여 이 규칙안 규정의 위반에 적용할 수 있는 벌칙에 관한 법규의 제정 의무를 부과하고, 또한 규칙 위반의 성질, 정도와 기간, 그 침해의 고의 또는 과실, 자연인 또는 법인의 책임의 정도, 이전 위반의 책임의 정도 등을 고려하여 행정적 제재를 부과하도록 하고 있다. 특히 행정적 제재와 관련하여서는 금전적 제재를 그 내용으로 하는바, 그 위반유형별로 분류하여 과태료를 부과하고 있음을 위에서 살펴보았다. 이러한 과태료의 부과는 개인정보를 취급하는 기업 등에 대해 대단히 강력한 제재로서의 효력을 발휘할 것으로 예상된다. 더구나, 이들 제재규정은 모두 "감독기관은 과태료를 부과하여야 한다(The supervisory authority shall impose a fine....)"고 규정하여(Article 79(4)(5)(6)), 과태료의 부과가 감독기관의 재량사항이 아니라 의무사항으로 규정하고 있는 점을 유의할 필요가 있다.

2. 새로운 정보기본권의 신설

2012년 규칙안의 특징의 하나는 새로운 정보기본권으로서 '잊혀질 권리'와 '정보 이동권'을 신설하였다는 점을 들 수 있다. 특히 '잊혀질 권리'는 정보주체와 관련된 개인정보의 삭제와 처리의 제한을 그 주된 내용으로 한다. 이러한 '잊혀질 권리'는 개인이 자기의 개인정보를 보유하고 있는 기업 등 단체에 대하여 정당한 이유가 없는 한 그들이 보유하고 있는 개인정보를 삭제할 것을 요구할 수 있고, 또한 그들 단체는 그 개인정보를 처리하고 있는 제3자에게 개인이 개인정보를 삭제하기를 원한다는 사실을 통지하도록 하는 것이다. 따라서, 가령 예컨대, Google이나 Yahoo, 또는 네이버나 다음 등의 인터넷 포털과 Facebook 등의 SNS기업들이 처리하는 개인정보에 대해서 그 정보주체가 삭제나 처리의 제한을 요구하는 경우에 정당한 이유가 없는 한 그것을 삭제하거나 처리를 제한하여야 하고, 그 개인정보의 원래 이용자에 대해 정보주체가 삭제 등을 원하고 있음을 통지하여야 하는 의무를 지게 되는 것이다. 그리고, 그러한 의무를 이행하지 아니하거나 위반한 경우에는 벌칙이나 막대한 과태료가 부과됨은 전술한 바와 같다. 이로 인하여, 기업 등은 적지 아니한 부담을 지게 되었으며, 현재 Google이나 Facebook 등을 상대로 하여 개인정보 또는 프라이버시의 침해를 이유로 EU 여러 국가에서 다수의 소송이 진행되고 있음을 감안하여 볼 때, '잊혀질 권리'의 신설은 특히 이들 인터넷관련기업들에게 커다란 영향을 미칠 것은 거의 필지의 사실이라고 할 수 있다.

3. EU레벨에서의 공(公)·사(私) 영역 구별의 포기

EC위원회(당시)의 1990년 지침안[39]은 그 적용범위와 관련하여 공적 영역과 사적 영역으로 나누어 각 영역에서의 개인정보의 처리에 관해 규정하고 있었다[40]. 즉, 동 지침안은 개념 정의에서 '공적 영역'(public sector)이란 "산업이나 상업활동을 수행하는 기구와 조직체, 그리고 공적 기관의 작용에 가담하는 경우에도 사법에 의해 규율되는 기구나 조직체를 제외하고, 공법에 의해 규율되는 회원국의 모든 기관, 기구 및 조직체"(Article 2(g))를 의미하고, '사적 영역'(private sector)이란 "산업 또는 상업활동을 수행하는 한 공적 영역의 기관, 기구 및 조직체를 포함하여 자연인이나 법인 또는 단체"(Article 2(h))를 의미한다고 규정하고 있다. 개념 정의에서도 알 수 있듯이 '공적 영역'과 '사적 영역'의 구별은 결국 '공법'과 '사법'의 구별을 전제로 하고 있다. 이러한 접근법은 대륙법계 국가의 중심을 이루는 것이 프랑스와 독일임을 고려하여 볼 때 당연하다고도 할 수 있을 것이다.

그런데, 1990년 지침안에 대한 유럽의회의 다수의 비판적 의견을 반영하여 성립된 1992년 지침개정안[41]에서는 '공적 영역'과 '사적 영역'의 분류법을 포기하였다. 동 지침개정안의 '해석적 비망록'(EXPLANATORY MEMORANDUM)의 서문에서 유럽의회의 요구에 따른 2가지 주요 개정사항으로서 첫째로, 공적 영역에 적용하는 규범과 사적 영역에

39) Proposal for a Council Directive concerning the protection of individuals in relation to the processing of personal data, OJ C 277, 1990.11.5, p. 3.

40) 1990년 지침안은 제2장(공적 영역에서의 처리의 합법성)과 제3장(사적 영역에서의 처리의 합법성)으로 분류하고 있었다. OJ C 277, 1990.11.5., pp. 6-7.

41) Amended proposal for a COUNCIL DIRECTIVE on the protection of individuals with regard to the processing of personal data and on the free movement of such data, OJ C 311, 1992.11.27, p. 30.

적용하는 규범간의 공식적 구별을 폐지한 점, 둘째로, 감독기관에 대한 통지절차와 행동강령에 관한 규정을 확장한 점을 들고 있다[42]. 1992년 지침개정안의 입장을 반영하여, 현행 1995년 지침도 공적 영역과 사적 영역의 구별을 폐지하고 있다. 또한, 2012년 규칙안도 이러한 기존의 입장을 유지하고 있다. 이와 같이, EU의 개인정보보호입법에서 공적 영역과 사적 영역의 '공식적 구별'(formal distinction)을 폐지한 것[43]은 개인정보보호입법에 있어서의 '일원적 · 포괄적인' 입법모델을 결정짓는 계기로 작용하였다고 할 수 있다. 즉, 개인정보보호입법모델에서 이원적 · 부문별 입법모델인 미국모델과 더불어 대비되는 입법모델[44]을 제시하였으며, 이후 EU의 이러한 입법모델은 우리나라를 비롯한 다수의 국가가 이를 채택하게 됨으로써 그 영향력을 보여주고 있다. 특히 우리나라의 「개인정보 보호법」 제정 이전의 관련입법은 공공부문과 민간부문으로 나뉘어 있었고, 규제가 미치지 못하는 개인정보 보호의 사각지대가 존재하며, 관련입법이 규정하는 개인정보 보호의 수준에도 차이가 발견되는 등 통일적이고 체계적인 개인정보 보호가 이루어지지 않고 있다는 비판이 존재하였다[45]. 이러한 비판을 수용

---

42) COM(92) 422 final, p. 2.

43) 1992년 지침개정안은 다음과 같이 기술하고 있다. "it drops the formal distinction between the rules applying in the public sector and the rules applying in the private sector" COM(92) 422 final, p. 2.

44) 성낙인 외, 개인정보보호법제에 관한 입법평가, 한국법제연구원, 2008, 359쪽 이하.

45) 김일환, "個人情報保護法制의 體系的 整備方案에 관한 考察", 인터넷법률 제27호(2005. 1), 23쪽 이하 ; 박노형, EU 및 영국의 개인정보보호법제 연구, 법제처, 2010, 87-88쪽. 행정안전부는 "개인정보보호법은 약 350만개 모든 공공기관과 사업자를 규율대상으로 확대(약 300만개 기관 · 사업자 제도권 편입)하여, 법적용 사각지대를 해소하는데 큰 의의가 있다."고 평가하였다. 행정안전부, 개인정보보호 2.0 시대의 개막 "개인정보보호법 제정 · 공포"- 모든 공공기관 · 사업자

하여 2011년에 공공부문과 민간부문을 통합한 「개인정보 보호법」이 제정 · 시행되고 있다. 이러한 일원적 · 포괄적인 「개인정보 보호법」의 시행은 결과적으로 유럽모델을 채택한 셈이 되고, EU 개인정보 보호 법제가 제3국에로의 개인정보의 이전에는 EU 개인정보 보호수준에 상응하는 법제도의 정비를 요구하는 조건을 보다 충족하기 용이한 법제를 마련하게 된 것이라고 할 수 있다.

4. 유럽위원회의 집행권한의 강화

유럽위원회(European Commission)는 EU의 집행기관으로서, 입법안 제출, 결정의 집행, EU 제 조약의 준수와 EU의 일상적인 운영을 그 임무로 하고 있다. 2012년 규칙안의 특징의 하나는 이러한 유럽위원회의 권한을 강화하고 있는 점을 들 수 있다. 2012년 규칙안은 현행 1995년 지침과는 달리 개인정보 보호와 관련하여 강화된 규칙안을 집행하기 위한 위임명령을 제정할 권한을 폭넓게 부여하고 있다. 즉, 동 규칙안은 "위임명령을 제정할 권한은 이 조항에서 규정된 조건에 따라서 위원회에 부여된다."(Article 86(1))고 규정하고, 이어서 "제6조 제5항, 제8조 제3항, 제9조 제3항, 제12조 제5항, 제14조 제7항, 제15조 제3항, 제17조 제9항, 제20조 제6항, 제22조 제4항, 제23조 제3항, 제26조 제5항, 제28조 제5항, 제30조 제3항, 제31조 제5항, 제32조 제5항, 제33조 제6항, 제34조 제8항, 제35조 제11항, 제37조 제2항, 제39조 제2항, 제43조 제3항, 제44조 제7항, 제79조 제6항, 제81조 제3항, 제82조 제3항에 규정한 권한의 위임은 이 규칙이 발효되는 날로부터

를 규율대상으로 9월30일 전면시행 -, 2011년 3월 30일 보도자료.

불확정기간 동안 위원회에 부여되어야 한다."(Article 86(2))고 규정하고 있다. 이러한 규정으로부터 알 수 있듯이, 2012년 규칙안은 유럽위원회에 포괄적이고 강력한 집행권한을 부여하고 있다. 다만, 이러한 유럽위원회의 권한은 유럽의회와 이사회에 의하여 언제라도 철회될 수 있으며(Article 86(3)), 유럽위원회는 위와 관련된 위임명령을 제정한 경우에는 동시에 유럽의회와 이사회에 통보하여야 하고(Article 86(4)), 유럽의회와 이사회의 어느 일방이라도 반대하게 되면, 그 위임명령은 효력을 발생하지 못하게 된다(Article 86(5)). 이와 같은 절차상의 규제장치를 설정하고 있지만, 유럽위원회의 권한이 강력해지게 됨은 부정할 수 없다. 이로 인하여, 유럽경제사회위원회(European Economic and Social Committee)는 2012년 규칙안에 대하여 2012년 5월 23일 회의에서 채택한 의견에서 개인정보보호정책과 관련하여 거의 모든 사항에 걸쳐서 유럽위원회에 위임명령이 부여되는 것은 EU운영조약(TFEU) 제290조[46]의 적용범위를 명백히 벗어나는 것으로서 받아들일 수 없음을 분명히 하고 있다[47]. 따라서, 이후 유럽의회와 이사회가 2012년 규칙

46) EU운영조약(TFEU) 제290조 제1항은 다음과 같이 규정하고 있다. "입법의 어떠한 비본질적인 요소를 보충하거나 보완하기 위하여 일반적으로 적용되는 비법규명령을 제정할 권한을 입법으로 위원회에 위임할 수 있다. 권한의 위임의 목적, 내용, 범위와 기간은 입법에서 명시적으로 규정되어야 한다. 어떤 영역의 본질적인 요소는 입법에 유보되어야 하고, 따라서 권한의 위임의 대상이 되어서는 안된다."(1. A legislative act may delegate to the Commission the power to adopt non-legislative acts of general application to supplement or amend certain non-essential elements of the legislative act. The objectives, content, scope and duration of the delegation of power shall be explicitly defined in the legislative acts. The essential elements of an area shall be reserved for the legislative act and accordingly shall not be the subject of a delegation of power.)

47) Opinion of the European Economic and Social Committee on the 'Proposal for a Regulation of the European Parliament and of the Council on the

안에 대하여 어떠한 입장을 취할 것인지가 관심의 대상이 되고 있다.

그런데, 유럽위원회의 권한 강화의 시도는 무엇을 시사하는 것일까? '하나의 유럽'을 지향하는 EU는 그 시도로서 2004년 10월에 유럽헌법조약(Treaty establishing a Constitution for Europe)을 조인하였다. 동 조약은 '조약'이라는 명칭에서 알 수 있듯이 EU 회원국간의 국제조약으로서의 성격을 가지지만, 또한 '헌법'이라는 명칭을 사용한 데에서도 알 수 있듯이 하나의 국가의 형태를 취하는 다수의 규정을 포함하고 있었다[48]. 그러나, 동 조약의 발효에는 모든 EU 회원국의 비준이 요구되었으나 프랑스와 네덜란드 국민투표에서 부결된 결과 발효되지 못하고, 2007년 12월에 조인되어 2009년 12월부터 발효된 리스본조약으로 대체되었다. 이러한 사실로 부터서도 알 수 있듯이, EU에는 하나의 유럽을 지향하는 경향이 강하며, 2012년 규칙안에서 EU의 집행기관 역할을 하는 유럽위원회의 권한을 강화한 것은 EU에서 이러한 경향이 여전히 강하게 존재함을 알 수 있게 해준다. 따라서, 2012년 규칙안이 성립하게 된다면, 개인정보보호정책과 관련하여 유럽위원회의 집행기능은 현행 1995년 지침에서와는 비교할 수 없을 정도로 EU에서 통일적이고 일관성있게 집행될 것으로 예상할 수 있다. 정보주체의 강화된 권리, 개인정보의 제3국에로의 강화된 이전 요건, 엄격한 행정적 제재(특히 과태료) 등이 맞물려, 특히 EU 역내에서 사업활동을 하는 기업체

---

protection of individuals with regard to the processing of personal data and on the free movement of such data (General Data Protection Regulation)', OJ C 229, 2012.7.31., p. 90. "1.6 Furthermore, when it comes to delegated acts, references to which appear almost everywhere, the Committee cannot accept those that do not fall within the express scope of Article 290 TFEU."

48) 예컨대, 국기나 국가 또는 건국기념일을 상징하는 규정을 두고 있다든지, EU법률이라는 용어를 사용하는 것 등에서 그러한 경향을 엿볼 수 있다.

들에 대한 유럽위원회의 통제권은 한층 더 강력하게 작용할 것이 예상된다. 이러한 점은 개인정보 보호가 단지 개인의 인권차원에 머무는 문제가 아니라 무역 등 경제분야와도 밀접한 관련을 가지고 있으며, 강화된 유럽위원회의 집행권은 그를 위한 실효적인 도구로서 기능하게 될 것임을 시사한다.

제4장 | 온라인상에서의 '잊혀질 권리'

Ⅰ. '잊혀질 권리'의 등장과 전개

〈사례①〉 1991년에 스페인의 한 신문은 성형외과의사와 환자 간에 가슴 성형수술과 관련한 의료분쟁을 보도하였다. 이 성형외과의사는 의료과실로 구속기소되었으나, 무죄판결을 받았다. 그런데, 20년이 지난 2011년에 이 성형외과의사는 Google 검색엔진으로 자신의 이름을 검색할 경우에 위의 사실이 첫 페이지에 뜨는 것을 발견하였다. 그것은 구속기소된 사실만 뜨고, 무죄판결을 받은 내용은 뜨지 않았다. 이에, 이 의사는 Google의 검색결과에서 자신에 관한 기사를 삭제해줄 것을 스페인 개인정보보호기관(AEPD)에 청구하였다[1].

---

1) The Wall Street Journal 07 March 2011 (http://on.wsj.com/puVDL5)(검색일 : 2012.5.11 이하의 사이트 검색은 특별한 표기가 없는 한 동일한 일자에 이루어진 것이다.)

〈사례②〉 2006년 봄 스테이시 스나이더는 교사를 지망하는 두 아이를 둔 25살의 미혼모(싱글 맘)였다. 그녀는 대학과정을 마치고 교사가 될 날만 고대하고 있었다. 스나이더는 교사 자격에 필요한 모든 학점을 이수하고 시험을 통과하였으며, 교생실습을 마치고 상도 여러 차례 받은 상태였다. 그런데, 그녀는 대학 당국의 호출을 받은 자리에서 그녀의 행실이 교사가 되기에 부적절하므로 교사 자격증을 취득할 수 없다는 통보를 받았다. 그녀의 '행실'이라는 것은 해적 모자를 쓴 복장을 하고 플라스틱 컵으로 술을 마시는 인터넷 사진 한 장을 말하는 것이었다. 그녀는 이 사진을 그녀의 마이스페이스(Myspace.com) 웹페이지에 올려놓고, 친구들에게 보여주기 위해 '술 취한 해적'이라는 제목을 붙였다. 그런데, 스테이시가 교생실습을 나갔던 학교에 근무하는 교사가 이 인터넷 사진을 발견하고, 이러한 사진은 학생들에게 교사가 술을 마시는 모습을 드러내 직업윤리에 어긋난다고 하여 대학 당국에 신고한 것이었다. 스테이시는 사진을 인터넷에서 내려 보려고 하였으나, 이미 엎질러진 물이었다. 그녀의 마이스페이스 웹페이지는 검색엔진에 의해 이미 인덱싱(indexing)되었고 사진은 웹크롤러가 가져가 보관 중이었다. 스테이시가 잊고 싶던 일을 인터넷은 기억하고 있었다[2].

(1) 정보의 디지털화와 초고속 유·무선 통신네트워크의 폭넓은 보급으로 인해 정보사회가 급속히 진전되면서, 정보의 생성·전송·재생·결합·저장 등이 거의 실시간으로 글로벌차원에서 활발히 이루어지고 있다. 정치, 경제, 사회, 문화 등 각 영역에서뿐만 아니라 개인의 삶에 있어서도 정보화의 영향은 막대하다. 즉, 개인들은 정보의 광범위한 활용으로 종전 보다 많은 자기발전의 기회를 가지게 된 반면,

---

2) Viktor Mayer-Schönberger, *Delete : The Virtue of Forgetting in the Digital Age*, Princeton University Press, New Jersey, 2009, 구본권 역, 잊혀질 권리, 지식의 날개, 2011, 17-18쪽.

개인정보의 오·남용으로 인한 프라이버시 등의 침해는 심각한 상황에 이르고 있다. 특히 IT기술의 발달은 과거를 손쉽고 영구적으로 현재로 만들고 있다(Technologies are making the past easily and eternally present[3].). 디지털 기술과 전지구적 네트워크로 인하여 망각은 예외가 되고 기억이 일반적인 현상으로 되어가고 있다.[4] 위의 사례에서도 알 수 있듯이 본인이 과거에 자발적으로 올렸거나 또는 어떤 사건과 관련하여 본인의 의사와 무관하게 유통되고 있던 인터넷상의 기록들로 인하여, 오랜 시간이 지난 후 예상치 못한 상황에서 피해를 당하거나 곤란한 상황에 처하게 되는 경우가 적지 아니하다(God forgives and forgets but the Web never does![5]).

이처럼 온라인상에서 이루어지고 있는 개인정보의 오·남용 또는 유통으로 인한 개인의 프라이버시 등의 침해에 대응하고자 하는 목적에서 등장하여, 근래 논의가 활발히 이루지고 있는 것이 '잊혀질 권리(the right to be forgotten ; le droit à l'oubli)'이다.

(2) '잊혀질 권리'가 가장 활발하게 논의되고 있는 국가는 프랑스라고 할 수 있다[6]. 프랑스에서는 2009년 11월에 상원에서 '잊혀질 권리'와 관련된 규정을 포함한 「디지털시대에서의 사생활권 보장 관련 법

3) Anita L. Allen, "*DREDGING UP THE PAST: LIFELOGGING, MEMORY, AND SURVEILLANCE*", 75 U. Chi. L. Rev. 2008, p.63.
4) Viktor Mayer-Schönberger(구본권 역), 앞의 책, 18쪽.
5) Viviane Reding, "*Privacy matters - Why the EU needs new personal data protection rules*", The European Data Protection and Privacy Conference, Brussels, 30 November 2010
6) '잊혀질 권리'의 지적 근원을 망각권(le droit à l''oubli)을 인정하고 있는 프랑스법에서 찾고 있는 견해로서, Jeffrey Rosen, "THE RIGHT TO BE FORGOTTEN", 64 STAN. L. REV. ONLINE 88, 2012, p.88.

(안)(De loi visant à mieux garantir le droit à la vie privée à l'heure du numérique, text no 93(2009-2010)」이 발의되었다[7]. 동 법안에 대하여, 2010년 2월 하원이 의견서[8]를 제출하였다. 이러한 입법부의 움직임과 더불어, 집행부도 '잊혀질 권리'에 대한 적극적인 자세를 보인다. 2010년 1월, 주무부장관인 디지털경제부 장관[9]이 개인정보 유통기한의 설정 등을 내용으로 하는 '잊혀질 권리'의 입법화를 위한 캠페인을 전개하였으며, 동년 9월에 디지털경제부는 「웹사이트와 검색엔진에서의 잊혀질 권리 헌장(Charte du Droit à l'oubli numérique dans les sites collaboratifs et moteurs de recherche)」을 공표하였다. 동 헌장은 인터넷 관련기업 13개사[10]가 서명한 것으로서, 인터넷서비스 이용자가 인터넷서비스 제공자가 보유한 자신의 정보를 색인(Index)할 수 있는 권리, 개인정보의 삭제를 요청할 권리, 최신의 정보를 업데이트 할 수 있는 권

---

7) 동 법안의 주요내용을 살펴보면 다음과 같다. ①'잊혀질 권리'(le droit à l'oubli)에 관한 연구, ②사생활 및 개인정보보호와 관련된 학교 교육의 강화, ③인터넷 사용에 따른 사생활 및 개인정보보호관련 쟁점과 권리에 대한 국민의 인식 강화를 위한 캠페인, ④국가정보처리 · 자유위원회(CNIL)의 감시 역할의 강화, ⑤50명 이상의 국립 또는 사립 기관 내에 인터넷상의 권리를 담당하는 개인정보 관리책임자를 두도록 하는 제도의 의무화, ⑥IP 주소가 개인정보임을 명시하는 것 등이다. 한국인터넷진흥원, 인터넷 법제동향 제41호, 2011.2, 31-33쪽.

8) 의견서의 주요내용은 동 법안에 대한 일부 내용의 개정을 요구하고 있는 바, 특히 '잊혀질 권리'에 대한 명확한 정의가 필요하다는 점과 인터넷상의 권리를 담당하는 개인정보 관리책임자의 신분과 역할의 강화가 필요하다는 점을 포함하고 있는 것이 주목된다.

9) 당시 장관은 Nathalie Kosciusko-Morizet였다.

10) 당시 13개사(ACTION INNOCENCE, BENCHMARK GROUP Copains d'avant, Cabinet Alain Bensoussan, CNAFC Confédération nationale des associations familiales catholiques, E-ENFANCE, MICROSOFT FRANCE, PAGESJAUNES, SKYROCK.COM, TROMBI.COM, UNAF Union nationale des associations familiales, VIADEO, AUFEMININ.COM, REZOTOUR) 중에는 미국계 기업(Microsoft France)도 포함되었다. 그러나, Google, Facebook 등은 서명을 거부하였다.

리 등이 명시된 것이었다[11]. 또한 2011년 1월에 사르코지(Nicolas Sarkozy) 대통령(당시)도 동년 5월에 프랑스 도빌(Deauville)에서 개최되는 37차 'G8 정상회의'에서 '잊혀질 권리'를 논의하고 싶다는 의향을 표시한 바 있다.[12]

(3) 한편, 개인정보보호와 관련하여 미국은 공공부문과 민간부문을 분리하여 입법하는 방식을 취하고 있다. 즉, 공공기관의 개인정보처리에 대해서는 일찍부터 엄격한 법적 규율을 통해 프라이버시를 보호하였으나(Privacy Act of 1974), 민간부문의 개인정보처리에 대해서는 기본적으로 시장의 자율규제기능을 중시하고, 다만 시장의 실패가 드러난 부문에 대해 개별입법으로 규율하는 방식이라고 할 수 있다. 이는 정보의 자유로운 유통(free flow of information)을 기반으로 하는 표현(언론)의 자유에 대한 중시를 나타낸다고 할 수 있다.[13] 이처럼, 개인정보 보호의 입법에 있어서 포괄적인 입법이 아닌 부문별 입법을 통한 접근방식은 민간영역에서 이루어지는 개인정보처리에 대해 정부의 개입을 최소화하고자 하는 의도라고 할 수 있다. 그 때문에 미국의 경우 아직

---

11) Charte du droit à l'oubli dans les sites collaboratifs et les moteurs de recherche - Wikisource(http://fr.wikisource.org/wiki/Charte_du_droit_àa_l'oubli_dans_les_sites_collaboratifs_et_les_moteurs_de_recherche) ; 20minutes.fr, 13 octobre 2010(http://www.20minutes.fr/web/facebook/608459-web-une-charte-droit-oubli)

12) European Journalism Centre 2011.1.13 (http://www.ejc.net/media_news/france_wants_to_put_internet_regulation_on_the_g8_agenda/)

13) Franz Werro, "*The Right to Inform v. the Right to Be Forgotten: A Transatlantic Clash*". In Liability in the Third Millennium, 285-300 Baden-Baden, F.R.G.: Nomos 2009, pp.290~292. ; James Q. Whitman, "*The Two Western Cultures of Privacy: Dignity Versus Liberty*", 113 The Yale Law Journal, 2004, p.1153.

온라인상에서의 개인정보 수집과 이용 및 제3자 제공을 규제하는 포괄적인 입법을 가지고 있지 않고, 민간영역의 각 부문별로 존재하는 입법들도 주로 개인정보의 정확성(accuracy)에 초점을 맞추고 있으며, 정보주체에게 열람 및 정정청구권은 일반적으로 인정되고 있지 않다고 할 수 있다[14]. 예컨대, 1998년에 「아동온라인프라이버시보호법」(The Children's Online Privacy Protection Act〈COPPA〉 of 1998)의 제정에서 알 수 있듯이 문제가 된 영역별로 개별 입법에 의한 해결을 도모하고 있다. 그런데, 위의 COPPA가 13년 전의 인터넷시대에 제정되었기 때문에 현재의 SNS시대의 아동의 정보보호에는 충분히 대처할 수 없다는 이유로 2011년 5월에 새로운 법안(Do Not Track Kids Act of 2011(H.R.1895))이 제출되어 심의 중에 있다[15]. 동 법안의 주요내용은, ①온라인회사가 수집하는 개인정보의 유형과, 그 정보의 사용 및 개시, 개인정보의 수집정책 등을 설명하도록 요구하고 있는 점, ②온라인회사의 아동의 개인정보 수집에 대해서는 부모의 동의를 얻도록 요구하고 있는 점, ③온라인회사가 마케팅 목적으로 아동의 개인정보를 사용하는 것을 금지하고 있는 점, ④위치정보를 포함하여 아동의 개인정보의 수집을 제한하고 있는 점, ⑤온라인회사에게 사용자가 공개적으로 입수가능한 개인정보의 삭제를 허용할 것을 요구함으로써 부모와 아동을 위한 '삭제 버튼(Eraser Button)'을 신설하고 있는 점 등을 들 수 있다. 이와 같은 내용의 법안은 나중에 살펴보듯이 '잊혀질 권리'의 주요내용과 상당부분 유사하다는 점에서 주목된다.

---

14) 성낙인 외, 개인정보보호법제에 관한 입법평가, 한국법제연구원, 2008, 364-365쪽.

15) http://www.govtrack.us/congress/bills/112/hr1895

(4) 그런데, 이러한 '잊혀질 권리'가 최근 공표된 EU 법안에 명시적으로 도입되었다. 유럽위원회(European Commission)는 2010년 11월 4일 프라이버시 보호 대책의 강화를 위하여 1995년 제정의 「개인정보의 처리와 보호에 관한 지침(1995 Data Protection Directive 95/46/EC)」을 개정하여, 이용자의 '잊혀질 권리'에 관한 규정을 새롭게 도입할 뜻을 밝혔다[16]. 이에 따라, 새로운 규정안을 마련하여 2011년 1월 15일까지 일반의견을 모집하였고, 동년 11월 29일에 초안(Proposal)을 공표하였으며, 마지막 의견제출절차를 거쳐서 2012년 1월 25일에 최종법안을 공표하고(이하 '2012년 규칙안' 또는 'COM(2012) 11 final'이라 한다.), 동년 1월 27일에 유럽의회와 유럽이사회에 동 법안을 제출하였다[17].

2012년 규칙안의 특징은 ①법형식에 있어서 지침(Directive)이 아니라 규칙(Regulation)의 형식을 취하고 있는 점, ②'잊혀질 권리' 등의 새로운 정보기본권을 명시적으로 도입하고 있는 점, ③단일의 '유럽정보보호위원회'(European Data Protection Board)를 설치하고 있는 점, ④위반시에 강력한 제재규정(최고 1,000,000유로 또는 회사의 연간 전세계 매출액의 2%)를 두고 있는 점, ⑤규정이 11장 91조의 상당히 방대한 체계를 띠고 있는 점 등을 들 수 있다. 이러한 점에서 2012년 규칙안은 1995

---

16) EUROPEAN COMMISSION, COMMUNICATION FROM THE COMMISSION TO THE EUROPEAN PARLIAMENT, THE COUNCIL, THE ECONOMIC AND SOCIAL COMMITTEE AND THE COMMITTEE OF THE REGIONS ; A comprehensive approach on personal data protection in the European Union, Brussels, 4.11.2010 COM(2010) 609 final

17) EUROPEAN COMMISSION, Proposal for a REGULATION OF THE EUROPEAN PARLIAMENT AND OF THE COUNCIL on the protection of individuals with regard to the processing of personal data and on the free movement of such data (General Data Protection Regulation), COM (2012) 11 final (Jan. 25, 2012)[hereinafter COM (2012) 11 final]http://ec.europa.eu/justice/data-protection/document/review2012/com_2012_11_en.pdf

년 지침에 비하여 그 내용과 효력이 한층 강화된 것으로 판단된다.

한편, 공표된 법안의 규정내용에 비추어 볼 때, 그 주된 규제대상으로 Google 등의 인터넷 검색업체나 Facebook 등의 SNS 서비스업체가 포함될 것으로 예상된다. 지금까지 유럽 각국에서 이들 기업을 상대로 하여 개인정보 관련소송이 제기되고 있는 상황에서 '잊혀질 권리'가 EU레벨에서 법적 권리로서 인정되면, 이들 미국계 인터넷서비스 기업들이 매우 불리한 위치에 놓이게 될 것은 쉽게 예상할 수 있다.[18] 이러한 사정으로 인하여, 미국 정부는 EU의 '잊혀질 권리'의 입법화와 관련한 동향에 민감한 반응을 나타내고 있다.[19]

(5) EU의 '잊혀질 권리'의 입법화는 우리나라라고 해서 그 영향의 사정권 밖에 있다고 할 수 없다. EU의 1995년 지침이 개인정보 보호와 관련하여 EU 이외의 국가에 커다란 영향을 미쳤던 것과 마찬가지로, '잊혀질 권리'의 신설을 포함한 2012년 규칙안도 우리나라를 비롯한 많은 국가들에 적지 아니한 영향을 미칠 것으로 예상된다. 이에 따라, 2011년 5월 2일, 방송통신위원회는 국가정보화전략위원회에서 '잊혀질 권리'의 도입을 검토하겠다고 밝혔다. 즉, SNS 이용자가 본인의 게시물이나 컨텐츠에 대해서 원하는 경우 파기 또는 삭제할 수 있도록 보장하는 '잊혀질 권리'(the right to be forgotten)를 도입하여, SNS사업자가 게시물이나 컨텐츠에 대해서 보유기간 설정 및 외부공개 차단기능

---

18) The Telegraph, 26 Nov 2011 (http://www.telegraph.co.uk/technology/facebook/8917836/Facebook-faces-EU-curbs-on-selling-users-interests-to-advertisers.html)

19) Reuters, Mar 17, 2011 Internet privacy and the "right to be forgotten" (http://www.reuters.com/article/2011/03/17/us-eu-internet-privacy-idUSTRE72G48Z20110317)

등을 이용자에게 제공하거나 회원 탈퇴 시에는 이를 지체없이 파기하도록 하는 방안 등을 검토하겠다고 한 것이다.[20]

이상에서 살펴본 바와 같이, EU가 현재 입법을 추진 중인 2012년 규칙안의 핵심내용의 하나인 '잊혀질 권리'에 대한 연구가 요청되고 있으며, 그러한 의미에서 본고는 나름대로의 의미가 있는 것으로 판단된다. 이하에서는 EU 개인정보보호법안(2012년 규칙안)과 우리나라 「개인정보 보호법」의 비교를 중심으로 하여, '잊혀질 권리'의 개념과 법적 근거, 그 내용, 실효성확보 및 권리구제 등을 검토해 보고자 한다.

Ⅱ. '잊혀질 권리'의 개념

1. 개념정의

'잊혀질 권리'(the right to be forgotten)와 관련하여서는 우선 그 개념이 무엇인지도 명확하지 아니할 뿐만 아니라, 그에 관한 용어의 사용에 있어서도 여러 가지가 혼용되고 있다고 할 수 있다. 예를 들면, '잊혀질 권리'(the right to be forgotten) 이외에도 '삭제할 권리[21]'(the right to delete)나 '망각할 권리[22]'(the right to oblivion) 또는 '사라질 권리[23]'(the

---

20) 방송통신위원회, "소셜플랫폼 기반의 소통 · 창의 · 신뢰 네트워크 사회 구현 전략", 2011.5.2, 29쪽. 또한, 2011년 4월 28일의 2011년 제26차 방송통신위원회 서면회의의 회의록 4쪽도 같은 취지의 내용이 들어 있다.

21) Chris Conley, "*The Right to Delete*", AAAI Publications, 2010 AAAI Spring Symposium Series, 2010.3, p.53.

22) Jeremy Warner, "*The Right to Oblivion: Data Retention from Canada to Europe in Three Backward Steps*", 2 UOLTJ, 2005, p.75.

23) The Christian Science Monitor April 6, 2011, When it comes to Facebook,

right to disappear) 등이 함께 사용되고 있는 실정이다.

'잊혀질 권리'(the right to be forgotten)를 규정하고 있는 2012년 규칙안도 명확한 개념정의를 두고 있지 않다. 다만, 유럽위원회가 2010년 11월 4일에 공표한 'EU에서의 개인정보보호에 관한 포괄적 접근(A comprehensive approach on personal data protection in the European Union)'에 대한 「COMMUNICATION」에서 '잊혀질 권리'(the right to be forgotten)의 개념과 관련하여, "개인들의 데이터가 적법한 목적을 위하여 더 이상 필요하지 않게 되었을 때, 그 데이터를 더 이상 처리하지 못하게 하고 삭제하게 할 수 있는 개인들의 권리(the right of individuals to have their data no longer processed and deleted when they are no longer needed for legitimate purposes[24])"라고 정의하고 있는 것이 가장 주목되는 것이라고 할 수 있다. 현재로서는 이러한 개념정의가 '잊혀질 권리'의 내용을 잘 나타내고 있다고 할 수 있다.

2. 개념의 특징

첫째로, '잊혀질 권리'는 '개인'의 권리이다. 여기서의 개인은 '자연인'으로 한정하여야 한다고 본다. 왜냐하면, '잊혀질 권리'는 개인정보자기통제와 개인의 자유를 위한 것으로 평가되기 때문에, 법인을 제외한 '자연인'에 한정하여야 한다[25]. 이러한 취지에서, 2012년 규칙안은

EU defends the 'right to disappear'(http://www.csmonitor.com/layout/set/print/content/view/print/375059)

24) EUROPEAN COMMISSION, COMMUNICATION FROM THE COMMISSION TO THE EUROPEAN PARLIAMENT, THE COUNCIL, THE ECONOMIC AND SOCIAL COMMITTEE AND THE COMMITTEE OF THE REGIONS ; A comprehensive approach on personal data protection in the European Union, Brussels, 4.11.2010 COM(2010) 609 final, p.8.

"자연인의 기본적 권리와 자유를 보호"하는 것이 그 목적임을 명확히 하고 있으며[26], '정보주체'에 대하여 식별된 또는 식별가능한 자연인이라고 명시하고 있다[27]. 또한, 우리나라 개인정보 보호법도 개인정보를 "살아 있는 개인에 관한 정보"(제2조 제1호)임을 명시하고 있다.

다만, '생존하는' 자연인에 한정할 것인지는 문제이다. 우리나라 개인정보 보호법과 달리, 2012년 규칙안은 개인의 '생존'을 그 요건으로 명시하지 않고 있기 때문이다. 생각건대, 개인정보의 보호는 원칙적으로 '생존하는' 자연인을 그 대상으로 한다는 점과, 개인의 프라이버시의 보호와 더불어 정보의 자유로운 유통도 표현의 자유와 관련하여 중요한 가치임을 고려하여 볼 때, '생존하지 않는' 자연인에게까지 인정하는 것은 문제가 있다고 본다.[28] 따라서, '잊혀질 권리'는 '생존하는' 자연인에게 인정됨이 원칙이라고 할 것이다. 다만, '생존하지 않는' 자연인에 관한 사항이 '생존하는' 자연인(예컨대, 직계가족이나 후손 등)의 프라이버시 등을 침해하는 경우에는 '생존하는' 자연인에 대해 권리를 인정할 수 있을 것이다.

둘째로, '잊혀질 권리'는 '개인정보'를 그 대상으로 한다. 여기서의 개인정보는 이른바 식별정보(개인을 식별하거나 식별할 수 있는 정보)가 그 대상이고, 식별할 수 없는 정보는 그 대상에서 제외된다.[29] 그런 의미

---

25) Conley, op. cit., p.55.

26) Article 1(2) This Regulation protects the fundamental rights and freedoms of natural persons, and in particular their right to the protection of personal data.

27) Article 4(1) 'data subject' means an identified natural person or a natural person who can be identified, directly or indirectly(...)

28) 사망한 개인의 개인정보에 대해서도 그 적용대상으로 하여야 한다는 견해로서, 민윤영, "인터넷상에서 잊혀질 권리와 「개인정보보호법」에 대한 비교법적 고찰", 고려법학 제63호, 2011.12, 305-306쪽.

에서 2012년 규칙안도 식별된 또는 식별가능한 것을 그 대상으로 하고 있다. 다만, 식별할 수 없는 정보도 다른 정보와 손쉽게 결합하여 식별가능하게 되는 경우에는 식별정보에 포함되는 경우도 있을 수 있을 것이다. 또한 2012년 규칙안은 '잊혀질 권리'의 대상인 개인정보에 대해서 온라인·오프라인 및 디지털·아날로그의 형식을 구별하지 않고 모두 그 대상으로 하고 있으나, 실제에 있어서는 '잊혀질 권리'의 대상이 되는 개인정보는 일반적으로 '온라인' 및 '디지털' 형식의 것이 그 대상으로 될 것이다.[30)]

셋째로, '잊혀질 권리'의 내용은 정보주체가 정보관리자에 대하여 자신과 관련된 개인정보의 삭제와 처리의 제한을 요구할 수 있는 것이다.[31)] 한편, 우리나라 개인정보 보호법은 개인정보의 처리정지, 정정·삭제 및 파기를 요구할 권리(제4조 제4호, 제21조, 제36조, 제37조)를 규정하고 있다. 이에 대해서는 나중에 보다 자세히 살펴보기로 한다.

---

29) 한편, OECD이사회의 1980년 「프라이버시 보호 및 개인정보의 국가간 유통에 대한 가이드라인에 관한 이사회 권고」에서는 '개인정보'를 "식별된 또는 식별될 수 있는 개인(정보주체)에 관한 모든 정보"라고 정의하고 있으며, 1995년에 제정된 EU의 「개인정보 보호지침」에서는 '개인정보'를 "자연인을 식별하거나 식별할 수 있는 모든 정보"라고 정의하고 있다.

30) 우리나라 헌법재판소도 개인정보자기결정권과 관련하여, "개인정보자기결정권을 헌법상 기본권으로 승인하는 것은 현대의 정보통신기술의 발달에 내재된 위험성으로부터 개인정보를 보호함으로써 궁극적으로는 개인의 결정의 자유를 보호하고, 나아가 자유민주체제의 근간이 총체적으로 훼손될 가능성을 차단하기 위하여 필요한 최소한의 헌법적 보장장치"(헌재 2005.05.26, 99헌마513, 2004헌마190(병합))라고 하고 있다.

31) Article 17(1)(4)

Ⅲ. '잊혀질 권리'의 법적 근거

'잊혀질 권리'가 인정될 수 있다고 한다면, 우리나라의 현행법상 근거를 어디에서 구할 것인지가 문제된다. 이에 대해서는 헌법적 레벨과 법률적 레벨로 나누어 살펴볼 수 있을 것이다.

1. 헌법적 근거

'잊혀질 권리'는 정보주체인 개인의 자신과 관련된 개인정보의 삭제와 처리의 제한을 그 주된 내용으로 한다는 점에서 개인정보자기결정권의 하나로 간주되어야 할 것이다.[32] 이러한 개인정보자기결정권의 헌법적 근거와 관련하여서는 크게 헌법 제10조에서 구하는 견해와 헌법 제17조에서 구하는 견해로 나눌 수 있다.[33]

전자는 다시 우리 헌법이 사생활의 비밀과 자유를 자유권 조항에서 규정하고 있으므로 사생활의 비밀과 자유는 소극적인 권리라고 보고, 정보사회에서 개인의 존엄을 보장하기 위한 정보에 대한 적극적인 자기결정권은 헌법 제10조에서 보장된다고 이해하는 입장[34]과 헌법 제17조는 개인정보자기결정권의 일부 내용을 포섭할 수 있으나 동 권리의 일반적 근거가 될 수 없다고 보고, 일반적인 개인정보자기결정권의 헌법적 근거는 제10조 제1문 후단의 행복추구권에 그 근거가 있는

32) Conley, *op. cit.*, p.54.

33) 이에 관한 상세한 내용에 대해서는 권건보, 개인정보보호와 자기정보통제권, 경인문화사, 2005, 99쪽 이하 ; 정태호, "개인정보자기결정권의 헌법적 근거 및 구조에 관한 고찰", 헌법논총 14집(2003), 417쪽 이하 ; 이상명, "개인정보자기결정권의 헌법적 근거에 관한 고찰", 공법연구 36집 3호(2008), 239쪽 이하.

34) 김철수, 헌법학개론, 박영사, 2000, 519-522쪽.

일반적 인격권에서 찾아야 한다고 보는 입장[35]으로 나눌 수 있다.

그에 대해서, 후자는 사생활에 관한 권리가 전통적으로 개인이 외부의 간섭을 받지 않고 혼자 그대로 있을 수 있는 권리(right to be let alone)를 중심적인 내용으로 하고 있지만, 현대 과학기술의 발달과 함께 도래한 정보사회에서는 개인정보의 수집 · 처리 · 관리의 대량 · 집단화로 인해 개인의 사생활의 비밀과 자유가 침해될 가능성이 현저하게 증대하였고, 이에 따라 개인의 개인정보자기결정권이 중요한 내용으로 추가되었다고 보는 입장[36]이라고 할 수 있다.

생각건대, 개인정보자기결정권으로서의 '잊혀질 권리'는 '사생활의 비밀과 자유'가 문제되는 영역에서 그 기능을 발휘한다고 할 것이며, 따라서 헌법상의 보다 직접적인 근거는 제17조에서 찾아야 할 것으로 본다. 그러나, 제17조가 커버할 수 없는 영역[37]에 대해서는 일반적인 인격권에 관한 제10조 제1문에서 그 헌법적 근거를 구하여야 할 것이다. 이렇게 볼 때, 개인정보자기결정권으로서의 '잊혀질 권리'의 헌법적 근거는 헌법 제17조와 제10조 제1문에서 함께 구하는 것이 타당하다.[38]

---

35) 정태호, 앞의 논문, 423쪽 이하.

36) 권영성, 헌법학원론, 박영사, 2008, 454쪽; 성낙인, 헌법학, 법문사, 2011, 617-618쪽 ; 이인호, "정보사회와 개인정보자결권", 중앙법학 창간호, 중앙대학교, 71쪽 ; 김일환, "정보자기결정권의 헌법상 근거와 보호에 관한 연구", 공법연구 29집 3호, 101-102쪽. 다만, 이러한 견해도 그 구체적 주장에 있어서는 차이가 있다. 이상면, 앞의 논문, 240쪽 이하.

37) 이에 대한 상세한 기술은 정태호, 앞의 논문, 424쪽 이하. 헌법재판소도 "개인정보자기결정권의 보호대상이 되는 개인정보는 반드시 개인의 내밀한 영역이나 사사(私事)의 영역에 속하는 정보에 국한되지 않고 공적 생활에서 형성되었거나 이미 공개된 개인정보까지 포함한다."고 하고 있다(헌재 2010.2.25, 2008헌마324, 2009헌바31(병합) 등).

38) 개인정보자기결정권의 헌법적 근거와 관련하여, 헌법재판소는 헌법 제10조 제1

2. 법률적 근거

'잊혀질 권리'의 법률적 근거를 구하고자 할 때, '잊혀질 권리'가 '개인정보'를 그 대상으로 한다는 점에서 우선 개인정보 보호법이 그 검토의 대상이 된다. 그러나, 개인정보의 보호와 관련하여서는 일반법인 개인정보 보호법 이외에도 각 개별법에서 개인정보에 관한 별도의 단행법 또는 관련규정을 두고 있다. 그런데, '잊혀질 권리'는 개인정보 중에서도 주로 온라인상의 그것을 대상으로 하는 점에서 「정보통신망 이용촉진 및 정보보호 등에 관한 법률」(이하 '정보통신망법'이라 한다.)도 그 검토의 대상이 될 것이다. 이하에서 양 법률을 중심으로 '잊혀질 권리'의 법적 근거와 관련하여 검토하기로 한다.

첫째로, 개인정보 보호법은 '개인정보'란 "살아 있는 개인에 관한 정보로서 성명, 주민등록번호 및 영상 등을 통하여 개인을 알아볼 수 있는 정보(해당 정보만으로는 특정 개인을 알아볼 수 없더라도 다른 정보와 쉽게

문 및 제17조에 그 근거를 구하는 것(헌재 1995.12.28, 91헌마114 ; 헌재 2005.7.21, 2003헌마282,425(병합) ; 헌재 2008.10.30, 2006헌마1401,1409(병합) ; 헌재 2009.9.24, 2007헌마1092 ; 헌재 2010.9.30, 2008헌바132 등)과 새로운 독자적 기본권이라고 보는 것(헌재 2005.5.26. 99헌마513,2004헌마190(병합)) ; 헌재 2009.10.29, 2008헌마257 ; 헌재 2010.5.27, 2008헌마663)이 혼재하고 있는 양상을 보이고 있다. 특히 후자의 입장과 관련하여, 헌법재판소는 다음과 같이 판시하고 있다. "개인정보자기결정권의 헌법상 근거로는 헌법 제17조의 사생활의 비밀과 자유, 헌법 제10조 제1문의 인간의 존엄과 가치 및 행복추구권에 근거를 둔 일반적 인격권 또는 위 조문들과 동시에 우리 헌법의 자유민주적 기본질서 규정 또는 국민주권원리와 민주주의원리 등을 고려할 수 있으나, 개인정보자기결정권으로 보호하려는 내용을 위 각 기본권들 및 헌법원리들 중 일부에 완전히 포섭시키는 것은 불가능하다고 할 것이므로, 그 헌법적 근거를 굳이 어느 한 두개에 국한시키는 것은 바람직하지 않은 것으로 보이고, 오히려 개인정보자기결정권은 이들을 이념적 기초로 하는 독자적 기본권으로서 헌법에 명시되지 아니한 기본권이라고 보아야 할 것이다."(헌재 2005.05.26, 99헌마513, 2004헌마190(병합))

결합하여 알아볼 수 있는 것을 포함한다)"(제2조 제1호)로, 정보통신망법은 "생존하는 개인에 관한 정보로서 성명 · 주민등록번호 등에 의하여 특정한 개인을 알아볼 수 있는 부호 · 문자 · 음성 · 음향 및 영상 등의 정보(해당 정보만으로는 특정 개인을 알아볼 수 없어도 다른 정보와 쉽게 결합하여 알아볼 수 있는 경우에는 그 정보를 포함한다)"(제2조 제6호)라고 각각 규정하고 있다. 양 법률에서 보호하는 '개인정보'는 살아있는 특정 개인에 관한 정보를 의미하며, 그러한 정보를 통하여 특정 개인을 '알아볼 수 있는'(식별가능성) 것이어야 한다고 본다.[39] 이와 같이 볼 때, 양 법률상의 개인정보와 '잊혀질 권리'의 대상인 개인정보는 유사하다고 할 수 있다.

둘째로, 개인정보 보호법은 정보주체에게 자신의 개인정보 처리와 관련하여, ①개인정보의 처리에 관한 정보를 제공받을 권리, ②개인정보의 처리에 관한 동의 여부, 동의 범위 등을 선택하고 결정할 권리, ③개인정보의 처리 여부를 확인하고 개인정보에 대하여 열람을 요구할 권리, ④개인정보의 처리 정지, 정정 · 삭제 및 파기를 요구할 권리, ⑤개인정보의 처리로 인하여 발생한 피해를 신속하고 공정한 절차에 따라 구제받을 권리를 가진다고 규정하고 있다(제4조). 이러한 총칙적인 규정에 이어, 이들 각 권리를 상세히 규정하고 있다(제15조 이하). 정보통신망법도 총칙적 규정은 두고 있지 않으나, 각 개별조항에서 위에서 언급한 권리와 관련하여 유사한 규정을 두고 있다(제22조 이하).

이들 권리들 가운데에서 '잊혀질 권리'와 관련하여 특히 문제가 되는 것은 '개인정보의 처리 정지, 정정 · 삭제 및 파기를 요구할 권리'가 될 것이다. 개인정보 보호법은 "정보주체는 개인정보처리자에 대하여

---

39) 졸고, "개인정보 보호법의 법적용관계와 입법적 과제 - 위치정보법과의 관계를 중심으로 하여 -", 「인권과 정의」 제419호, 대한변호사협회, 2011.8., 53면.

자신의 개인정보 처리의 정지를 요구할 수 있다."(제37조 제1항)고 하여 개인정보의 처리 정지 요구권을, 또한 "자신의 개인정보를 열람한 정보주체는 개인정보처리자에게 그 개인정보의 정정 또는 삭제를 요구할 수 있다"(제36조 제1항)고 하여 개인정보의 정정·삭제 요구권을 규정하고 있다. 그리고 "개인정보처리자는 보유기간의 경과, 개인정보의 처리 목적 달성 등 그 개인정보가 불필요하게 되었을 때에는 지체 없이 그 개인정보를 파기하여야 한다."(제21조 제1항)고 하여, 개인정보처리자의 개인정보 파기의무를 규정하고 있다.[40)]

여기서 이들 규정과 2012년 규칙안의 '잊혀질 권리'에서의 삭제 및 처리 제한과의 관계가 문제된다. 이 문제를 접근함에 있어서는 '잊혀질 권리'의 대상범위를 어떻게 획정할 것인지가 중요하다. 즉, 앞에서 설정한 사례에서 본 바와 같이, 특정한 사건과 관련하여 본인의 의사와 상관없이 자신의 실명 등이 공개되는 경우(사례①)나 본인이 자발적으로 인터넷상에 정보를 올렸으나 더 이상 그 정보를 인터넷상에서 유통되기를 원하지 아니한 경우(사례②) 등에 있어서 '잊혀질 권리'의 적용을 인정할 것인지 여부가 문제된다. 먼저 〈사례①〉의 경우에 사건(역사적 사실)과 관련된 것이나 그것이 언론에 보도된 것이기 때문에 개인정보 보호법상의 적용제외(제58조 제1항)에 해당하게 되어 개인정보의 정정·삭제나 처리정지를 요구할 수 없다. 다만, 이 경우에도 Google이라는 검색업체에 의해 검색되지 않도록 하여 줄 것을 요구하고 있는 것이기 때문에 그와 관련된 문제는 논의의 여지가 있다. 〈사례②〉는 개인정보 보호법상의 제 권리를 인정하는 데 어려움이 없는 것으로 판단된다.

이상과 같은 검토에서 알 수 있듯이 우리나라 개인정보 보호법은

---

40) 정보통신망법은 이용자의 정정요구권(제30조 제2항), 정보통신서비스 제공자 등의 개인정보 파기의무(제29조)에 대해서만 규정하고 있다.

그 적용의 대상범위가 대단히 광범위하게 미치고 있어서, 2012년 규칙안의 '잊혀질 권리'의 대부분이 그 법적용의 범위 내에서 해결가능한 것으로 생각된다. 다만 우리나라 개인정보 보호법 제58조 제1항의 적용제외에 해당하는 경우, 특히 언론 등의 보도와 관련하여 문제되는 경우에 양자 간에 간극이 존재할 수 있다. 그러나, 2012년 규칙안도 표현의 자유와 관련하여 예외[41]를 인정하고 있기 때문에 이 점에 있어서도 큰 차이는 없다고 할 수 있다. 따라서, 우리나라 개인정보 보호법에 의하여서도 2012년 규칙안의 '잊혀질 권리'의 대부분은 대응가능할 것으로 판단되지만, 여전히 논란의 여지가 있는 부분이 존재한다. 예컨대, 2012년 규칙안이 정보관리자가 공개한 개인정보를 제3자가 처리하고 있는 경우에 기술적 수단을 포함한 모든 합리적인 조치를 취하여, 정보주체가 자신의 개인정보에의 링크나 복사, 복제를 삭제할 것을 요구하고 있다는 사실을 그 제3자에게 통지하도록 규정하고 있는 점[42] 등은 개인정보 보호법으로 대응할 수 있을지에 대해서 논의가 필요할 것이다.

Ⅳ. '잊혀질 권리'의 내용

1. 대상

'잊혀질 권리'의 대상은 주로 '온라인상에서 유통되는 개인정보'이다. 여기서 '온라인'이란 정보통신망에 의한 유・무선 인터넷을 의미한

41) Article 17(3)(a)
42) Article 17(2)

다고 할 수 있다. 또한 '유통'이란 정보통신망을 통하여 정보를 수집 · 가공 · 저장 · 검색 · 송신 또는 수신하는 행위를 의미한다. 이러한 유통은 정보주체의 의사에 의한 경우와 정보주체의 의사와 상관없이 이루어지는 경우를 모두 포함한다고 본다. 전자는 정보주체의 동의에 의한 경우와 정보주체의 자발적 행동(스스로 올린 것)에 의한 경우를 포함하며, 후자의 경우에는 정보주체의 행위로 인한 사건과 관련하여 이루어진 경우와, 정보주체의 의사나 사건의 발생과는 무관하게 이루어진 경우를 포함한다. 또한 '개인정보'란 생존하는 자연인에 관한 정보로서 특정한 개인을 식별할 수 있는 정보를 의미하기 때문에, 사자(死者)에 관한 정보는 '잊혀질 권리'의 대상인 개인정보에 해당하지 아니한다. 다만, 유족등과 관련하여 문제가 되는 경우에는 사자에 대한 것이 아니라, 생존하는 유족 등의 권리로서 인정되는 경우가 있을 수 있음은 전술한 바와 같다.

한편, 2012년 규칙안은 ①특히 국가안보와 관련하여 EU법 범위 밖의 활동 중에 한 개인정보의 처리, ②EU 기관, 조직체, 사무소, 부처에 의한 개인정보의 처리, ③수익목적 없이 전적으로 사적 또는 가사 활동 중에 한 자연인에 의한 개인정보의 처리, ④범죄의 예방, 조사, 수사나 소추, 또는 형벌의 집행 목적으로 행한 권한있는 기관에 의한 개인정보의 처리에 대해서는 적용대상에서 제외하고 있다(Article 2(2)).

2. 당사자

(1) '잊혀질 권리'의 당사자로서는 권리의 주체와 의무의 주체를 상정할 수 있다. 권리의 주체로서는 일정한 정보에 의하여 식별가능하게 된 생존하는 개인, 즉 정보주체를 말한다. 2012년 규칙안은 정보주체

(data subject)를 "식별된 자연인 또는 정보관리자에 의하여 합리적으로 사용될 것으로 보이는 수단에 의하여, 또는 다른 자연인 또는 법인 특히 ID번호, 위치정보, 온라인 식별자 또는 그 사람의 신체적, 생리적, 유전적, 정신적, 경제적, 문화적, 사회적 신원을 특정할 수 있는 하나 또는 그 이상의 요인을 참조함으로써 직접적 또는 간접적으로 식별가능한 자연인"(Article 4(1))을 의미한다고 규정하고 있다. 그에 대해, 우리나라 개인정보 보호법은 '정보주체'를 "처리되는 정보에 의하여 알아볼 수 있는 사람으로서 그 정보의 주체가 되는 사람"(제2조 제3호)이라고 하여 비교적 간단히 규정하고 있다.

(2) 한편, 의무의 주체로서는 정보의 보유자(소유자)로 보는 견해와 상업적 목적으로 정보를 사용하는 자로 보는 견해가 있다.[43] 그러나, 후자의 견해는 오늘날 비상업적 목적에 의해서도 개인의 프라이버시 등이 침해되는 경우가 다수 존재한다는 점을 고려하면 설득력이 부족하다고 할 것이다. 이러한 점에서 '잊혀질 권리'의 의무의 주체를 정보 보유자(소유자)로 보는 입장이 타당하다고 할 것이다. 이러한 입장은 정보의 제작자(창출자)에 한정하지 않고 정보를 보관중인 정보의 중개인(매개자)을 포함하게 된다는 점에서 보다 설득력이 있다고 할 수 있다. 왜냐하면, '잊혀질 권리'를 등장하게 한 동인의 하나가 Google이나 Facebook 등의 검색엔진이나 SNS관련 기업들에 의한 개인정보의 침해문제이기 때문이다. 또한 의무의 주체로서의 정보 보유자(소유자)에는 개인정보를 취급하는 개인은 물론, 공공기관, 법인, 단체 등을 포함한다. '잊혀질 권리'에서의 의무의 주체는 개인보다는 공공기관이나 법

43) Conley, *op. cit.*, p.55.

인 등의 단체가 오히려 주된 대상이 될 것이다.

한편, 2012년 규칙안은 의무의 주체로서 주로 '정보관리자(data controller)' 또는 '정보처리자(data processor)'를 상정하고 있다. 여기서 정보관리자란 "단독으로 또는 타자와 협동으로 개인정보의 처리의 목적, 조건과 수단을 결정하는 자연인 또는 법인, 공적 기관, 행정기관 또는 그밖의 기구"(Article 4(5))를 의미하며, 정보처리자는 "정보관리자를 위하여 개인정보를 처리하는 자연인 또는 법인, 공적 기관, 행정기관 또는 그밖의 기구"(Article 4(6))를 의미한다.

그에 대해, 우리나라 개인정보 보호법은 의무의 주체로서 주로 '개인정보처리자' 또는 '정보취급자'를 상정하고 있다. 여기서 '개인정보처리자'란 "업무를 목적으로 개인정보파일을 운용하기 위하여 스스로 또는 다른 사람을 통하여 개인정보를 처리하는 공공기관, 법인, 단체 및 개인 등"(제2조 제5호)을, '개인정보취급자'란 "임직원, 파견근로자, 시간제근로자 등 개인정보처리자의 지휘 · 감독을 받아 개인정보를 처리하는 자"(제28조 제1항)를 말한다.

3. 권리의 내용

가. 삭제(erasure) 또는 배포의 금지(abstention from further dissemination)

'잊혀질 권리'의 주된 내용은 개인정보의 삭제 또는 배포의 금지이다. 2012년 규칙안은 이러한 권리가 인정되는 경우로서, ①정보가 수집되거나 처리된 목적과 관련하여 더 이상 필요하지 아니한 경우, ② 정보주체가 처리 동의를 철회한 경우 또는 동의한 저장기간이 만료된 경우, 그리고 정보처리의 다른 법적 근거가 없는 경우, ③정보주체가 개인정보의 처리를 거부한 경우, ④개인정보의 처리가 본 규칙에 합치하지 아니한 경우를 들고 있다(Article 17(1)).

정보관리자가 개인정보의 삭제를 요구받은 경우에는 지체없이 삭제를 실행하여야 한다. 다만, ①표현의 자유의 권리를 행사하기 위한 경우, ②공중보건영역에서 공익의 이유를 위한 경우, ③역사적, 통계적, 과학적 연구목적을 위한 경우, ④정보관리자가 따라야 할 EU나 회원국법에 의하여 개인정보를 보유할 법적 의무를 준수하기 위한 경우[44] 등과 같이 개인정보의 보유가 필요한 경우에는 그러하지 않다(Article 17(3)). 정보관리자가 개인정보를 공개한 경우에, 공개한 정보와 관련하여 기술적 방법을 포함한 모든 합리적인 조치를 취하고, 정보주체가 개인정보에의 링크나 복사 또는 복제를 삭제할 것을 요구한다는 사실을 그 정보를 처리하는 제3자에게 통지하여야 한다(Article 17(2)). 정보관리자가 제3자의 개인정보 공개를 승인한 경우에, 그 정보관리자는 공개에 대한 책임이 있는 것으로 간주된다. 또한 삭제가 실행된 경우, 정보관리자는 그러한 개인정보를 달리 처리하여서는 안된다(Article 17(8)). 그리고, 정보관리자는 개인정보의 삭제와 정보 저장의 필요성에 대한 정기심사를 위해 설정된 기한이 준수되는 것을 보장하는 체제(제도적 장치)를 시행하여야 한다(Article 17(7)).

우리나라 개인정보 보호법상의 개인정보의 처리와 관련한 정보주체의 권리의 내용은 개인정보의 처리 정지, 정정·삭제 및 파기를 요구할 권리(제4조 제4호)라고 할 수 있다. 개인정보의 정정·삭제를 요구할 수 있는 권리는 개인정보처리자가 처리하는 자신의 개인정보를 열

---

44) 회원국법은 공익목적을 충족하고, 개인정보 보호에 대한 권리의 본질을 존중하여야 하며, 추구되는 합법적 목적에 비례적이어야 한다.

람한 정보주체가 개인정보처리자에게 그 개인정보의 정정 또는 삭제를 요구할 수 있는 것을 말한다(제36조 제1항). 개인정보처리자는 정보주체의 요구를 받았을 때에는 개인정보의 정정 또는 삭제에 관하여 다른 법령에 특별한 절차가 규정되어 있는 경우를 제외하고는 지체 없이 그 개인정보를 조사하여 정보주체의 요구에 따라 정정·삭제 등 필요한 조치를 한 후, 그 결과를 정보주체에게 알려야 한다(동조 제2항). 그런데, 개인정보 보호법은 정정 또는 삭제요구권의 대상에서 제외되는 경우로서, ①공공기관이 처리하는 개인정보 중 「통계법」에 따라 수집되는 개인정보, ②국가안전보장과 관련된 정보 분석을 목적으로 수집 또는 제공 요청되는 개인정보, ③공중위생 등 공공의 안전과 안녕을 위하여 긴급히 필요한 경우로서 일시적으로 처리되는 개인정보, ④언론, 종교단체, 정당이 각각 취재·보도, 선교, 선거 입후보자 추천 등 고유 목적을 달성하기 위하여 수집·이용하는 개인정보를 들고 있다(제58조 제1항).

이러한 적용제외사유를 2012년 규칙안의 규정과 비교하여 볼 때, 표현의 자유나 공중위생 등 상당 부분 서로 겹치는 영역도 있지만, 국가안전보장과 관련한 정보 분석이나 종교단체의 선교나 정당의 선거 입후보자 추천에 대하여 적용제외를 인정한다는 점 등에서 우리나라 개인정보 보호법이 2012년 규칙안에 비하여 적용제외사유를 폭넓게 인정하고 있음을 알 수 있다. 또한 2012년 규칙안은 정보관리자가 개인정보를 공개한 경우에, 기술적 방법을 포함한 모든 합리적인 조치를 취하여, 정보주체가 개인정보에의 링크나 복사 또는 복제를 삭제할 것을 요구한다는 사실을 그 정보를 처리하는 제3자에게 통지하도록 규정하고 있지만, 개인정보 보호법은 그러한 규정을 두고 있지 않다.

한편, 개인정보 보호법은 개인정보처리자가 개인정보를 삭제할 때에는 복구 또는 재생되지 아니하도록 조치하여야 하고 있는바(제36조 제3항), 이는 2012년 규칙안이 삭제가 실행된 경우, 정보관리자는 그러한 개인정보를 달리 처리하여서는 안된다고 규정하고 있는 것[45]과 유사하다고 할 수 있다. 또한 개인정보 보호법은 개인정보처리자가 보유기간의 경과, 개인정보의 처리 목적 달성 등 그 개인정보가 불필요하게 되었을 때에는 지체 없이 그 개인정보를 파기하여야 하도록 하고 있는 데 비하여(제21조 제1항)[46], 2012년 규칙안은 그러한 규정을 두고 있지 않다.

나. 처리의 제한(restriction of processing)

한편, 2012년 규칙안은 정보관리자가 일정한 경우에 삭제하는 대신에 개인정보의 처리를 제한하도록 규정하고 있다. 그러한 경우로서, ①정보관리자가 정보의 정확성을 입증할 수 있는 기간 동안, 정보의 정확성이 정보주체에 의하여 다퉈지는 경우, ②정보관리자가 그 임무의 완수를 위하여 개인정보를 필요로 하지 않지만, 그 정보가 입증목적을 위하여 보유되어야 하는 경우, ③처리가 불법적이고, 정보주체가 삭제를 반대하며, 대신에 정보의 사용 제한을 요구하는 경우, ④정보주체가 개인정보를 다른 자동화처리시스템에 전송할 것을 요구하는 경우를 들고 있다(Article 17(4)). 이렇게 제한되는 개인정보는 ①증거목적을 위한 경우, ②정보주체의 동의에 의한 경우, ③다른 자연인이나

45) Article 17(8)

46) 다만, 다른 법령에 따라 보존하여야 하는 경우에는 그러하지 아니하며, 개인정보처리자가 개인정보를 파기하지 아니하고 보존하여야 하는 경우에는 해당 개인정보 또는 개인정보파일을 다른 개인정보와 분리하여서 저장·관리하여야 한다(제21조 제1항 단서, 동조 제3항).

법인의 권리보호를 위한 경우, ④공익목적을 위한 경우에만 처리될 수 있다(Article 17(5)). 또한 제한된 정보를 해제하는 경우에 정보관리자는 처리에 대한 제한을 해제하기 전에 정보주체에게 통지하여야 한다(Article 17(6)). 2012년 규칙안은 정보관리자에게 개인정보의 삭제와 정보 저장의 필요성에 대한 정기심사를 위해 설정된 기한이 준수되는 것을 보장하는 체제(제도적 장치)를 시행하여야 한다.

우리나라 개인정보 보호법상의 개인정보의 처리 정지를 요구할 수 있는 권리는 정보주체가 개인정보처리자에 대하여 자신의 개인정보 처리의 정지를 요구할 수 있는 권리로서, 개인정보처리자는 이러한 요구를 받았을 때에는 지체 없이 정보주체의 요구에 따라 개인정보 처리의 전부 또는 일부를 정지하여야 한다(제37조 제2항). 이것은 2012년 규칙안의 처리 제한에 해당한다고 할 수 있다. 다만, 2012년 규칙안은 처리 제한을 할 수 있는 경우와 또한 처리 제한된 개인정보가 예외적으로 처리될 수 있는 경우를 열거하고 있는 데 비하여, 개인정보 보호법은 처리 정지를 포괄적으로 규정하고, 예외적으로 그러한 처리 정지 요구를 거절할 수 있는 경우[47]를 규정하고, 개인정보처리자는 정보주체의 요구에 따라 처리가 정지된 개인정보에 대하여 지체 없이 해당 개인정보의 파기 등 필요한 조치를 하여야 한다고 규정하고 있다. 또한, 2012년 규칙안이 처리 제한을 해제하는 경우에 정보주체에

---

47) 「개인정보 보호법」은 정보주체의 처리정지 요구를 거절할 수 있는 경우로서, ①법률에 특별한 규정이 있거나 법령상 의무를 준수하기 위하여 불가피한 경우, ②다른 사람의 생명·신체를 해할 우려가 있거나 다른 사람의 재산과 그 밖의 이익을 부당하게 침해할 우려가 있는 경우, ③공공기관이 개인정보를 처리하지 아니하면 다른 법률에서 정하는 소관 업무를 수행할 수 없는 경우, ④개인정보를 처리하지 아니하면 정보주체와 약정한 서비스를 제공하지 못하는 등 계약의 이행이 곤란한 경우로서 정보주체가 그 계약의 해지 의사를 명확하게 밝히지 아니한 경우를 규정하고 있다(제37조 제2항 단서).

게 통지하도록 규정하고 있는 데 비하여, 개인정보 보호법의 경우에는 이에 관한 규정을 두고 있지 않고, 다만 처리 정지의 요구를 거절하였을 때에는 정보주체에게 지체 없이 그 사유를 알려야 하도록 규정하고 있다.

V. '잊혀질 권리'의 실효성확보 및 권리구제

'잊혀질 권리'를 개인의 권리로서 인정한다고 할지라도 광활한 온라인의 세계에서 자신의 프라이버시의 침해를 사전 또는 사후에 구제받는 수단이 용이하지 않다. 따라서, 단지 '잊혀질 권리'라는 개념을 설정하여 인정한다는 것만으로는 그 논의의 의미를 충분히 실현하였다고 할 수 없다. '잊혀질 권리'에 어떠한 내용(콘텐츠)을 담느냐도 중요하지만, 그에 못지않게 중요한 것은 그러한 권리를 어떻게 실효성있게 실현시킬 수 있을 것인가 또는 개인정보가 침해된 경우에 그에 근거하여 어떻게 실효성있는 권리구제를 도모할 것인가이다. 이하에서, 이것들과 관련된 사항을 나누어 검토하기로 한다.

1. 행정적 제재

2012년 규칙안은 '잊혀질 권리'에 관한 규정을 위반한 경우에, 감독기관에 대하여 행정적 제재를 부과할 권한을 부여하고 있다(Article 79(1)). 이러한 행정적 제재는 위반유형별로 나누어서 금전적 제재의 형태로서만 부과하고 있다. 즉, 첫째로, 자연인이 상업적 목적 없이 개인정보를 처리하거나 250인 이하를 고용하고 있는 기업이나 조직이 그 주된 업무에 따르는 부수적 업무로 개인정보를 처리하는 경우에 최초의 비고의적 위반에 대해서는 서면경고에 그치고, 제재는 부과되지 않는다(Article 79(3)). 둘째로, 잊혀질 권리 또는 삭제권을 준수하지 아니한 경우, 또는 기한 준수를 보장할 체제(제도적 장치)를 설치하지 아니한 경우, 또는 정보주체가 개인정보에의 링크나 그 복사 또는 복제를 삭제할 것을 요구한다는 사실을 제3자에게 통지하기 위한 모든 필요한 조치를 취하지 아니한 경우에는 최고 500,000유로 또는 회사의 연간 전세계 매출액의 1%의 과태료를 부과한다. 한편, 과태료의 액수는 위반의 성질·정도·기간, 침해의 고의 또는 과실의 성격, 자연인 또는 법인의 책임의 정도와 이전 위반의 책임의 정도, 침해를 구제하기 위한 감독기관과의 협력의 정도 등을 적정하게 고려하여 결정된다(Article 79(2)).

그에 대해, 우리나라 개인정보 보호법은 개인정보처리자가 정보주체의 삭제 또는 정정 요구를 받았을 때 정정·삭제 등 필요한 조치를 하지 아니한 경우나 처리가 정지된 개인정보에 대하여 파기 등 필요한 조치를 하지 아니한 경우에는 5천만원 이하의 과태료를 부과하고(제75조 제2항 제11, 12호), 개인정보의 정정·삭제 또는 처리 정지와 관련하여 정보주체에게 알려야 할 사항을 알리지 아니한 경우에는 1천만원 이하의 과태료를 부과하도록 규정하고 있다(제75조 제3항 제9호). 한편, 정정·삭제 등 필요한 조치를 하지 아니하고 개인정보를 계속 이용하거나 이를 제3자에게 제공한 경우 또는 개인정보의 처리를 정지하지 아니하고 계속 이용하거나 제3자에게 제공한 경우에는 2년 이하의 징역 또는 1천만원 이하의 벌금이라는 형벌을 과하도록 규정(제73조 제2, 3호)하고 있다는 점이 2012년 규칙안과 다르다.

2. 행정적 구제

2012년 규칙안은 모든 정보주체에게 자신들의 개인정보의 처리가 침해되고 있다고 생각하는 경우에 EU 회원국의 감독기관에 이의(complaint)를 제기할 권리를 갖는다고 규정한다(Article 73(1)). 또한, 정보주체의 권리와 이익의 보호를 목적으로 하고 회원국의 법률에 따라서 정당하게 설립된 기구, 조직 또는 협회는 개인정보의 처리의 결과로 정보주체의 권리가 침해되었다고 판단하는 경우에는 정보주체를 위하여 회원국의 감독기관에 이의(complaint)를 제기할 권리가 있다(Article 73(2)). 이들 조직들은 정보주체의 이의와는 독립하여, 개인정보 침해가 발생하였다고 판단한 경우에는 회원국 감독기관에 이의를 제기할 권리를 가진다(Article 73(3)). 2012년 규칙안은 정보주체의 권리·이익의 보호를 목적으로 하는 단체들의 독자적인 이의제기권을 인정하고 있는 점에 하나의 특징을 발견할 수 있다.

한편, 개인정보 보호법은 개인정보와 관련하여 분쟁이 발생한 경우에 개인정보 분쟁조정위원회(이하 '분쟁조정위원회')의 조정에 의하는 방법을 규정하고 있다. 개인정보와 관련한 분쟁의 조정을 원하는 자는 분쟁조정위원회에 분쟁조정을 신청할 수 있고(제43조 제1항), 분쟁조정위원회는 분쟁조정 신청을 받은 날부터 60일 이내에 이를 심사하여 조정안을 작성[48]하여야 한다(제44조 제1항). 당사자가 조정 내용을 수락한 경우에는 이러한 조정의 내용은 재판상 화해와 동일한 효력을 갖는다(제47조 제5항). 또한 정보주체의 피해 또는 권리침해가 다수의 정보주

48) 분쟁조정위원회는 조정안을 작성함에 있어서, ①조사 대상 침해행위의 중지, ②원상회복, 손해배상, 그 밖에 필요한 구제조치, ③같거나 비슷한 침해의 재발을 방지하기 위하여 필요한 조치를 포함하여 작성할 수 있다(제47조 제1항).

체에게 같거나 비슷한 유형으로 발생하는 경우로서 대통령령으로 정하는 사건에 대하여는 분쟁조정위원회에 일괄적인 집단분쟁조정을 신청할 수 있다(제49조 제1항).

그밖에도, 개인정보처리자가 개인정보를 처리할 때 개인정보에 관한 권리 또는 이익을 침해받은 사람은 행정안전부장관에게 그 침해 사실을 신고할 수 있고(제62조 제1항), 행정안전부장관은 신고의 접수·처리 등에 관한 업무를 효율적으로 수행하기 위하여 전문기관[49]을 지정할 수 있도록 규정하고 있다. 이 경우 전문기관은 개인정보침해 신고센터를 설치·운영하여, ①개인정보 처리와 관련한 신고의 접수·상담, ②사실의 조사·확인 및 관계자의 의견청취 등의 업무를 수행하도록 하고 있다(동조 제2항, 제3항).

그러나, 이러한 제도들은 간이한 절차에 의하여 신속하게 권리구제가 이루어질 수 있다는 장점이 있으나, 당사자간의 합의를 전제로 한다는 점(분쟁조정위원회의 조정에 의하는 경우)에서, 또는 법적 구속력을 갖지 않는다는 점(개인정보침해 신고센터에 의한 경우)에서 그 한계가 있다. 또한, 개인정보 보호법에서는 2012년 규칙안에서와 같이 직접적인 이해관계를 갖지 않는 단체 등에 의한 이의제기권을 인정하고 있지 않다.

3. 사법적 구제

2012년 규칙안은 사법적 구제와 관련하여, 감독기관을 상대로 하는 경우와 정보관리자 또는 정보처리자를 상대로 하는 경우로 나누어

49) 동법 시행령은 이러한 업무를 수행하는 전문기관으로서 '한국인터넷진흥원'을 지정하고 있다(제62조 제3항).

규정하고 있다.

우선, 감독기관을 상대로 하는 경우, 자연인 또는 법인은 감독기관의 결정에 대하여 사법적 구제권을 가진다고 규정한다(Article 74(1)). 정보주체는 감독기관이 권리 보호에 필요한 결정을 하지 않는 경우 또는 감독기관이 고충의 진행이나 결과에 대하여 3개월 이내에 정보주체에게 통지하지 아니한 경우에 감독기관에게 고충 제기에 따른 행위를 의무지우는 사법적 구제권을 가진다(Article 74(2)). 이 경우 감독기관에 대한 소송은 감독기관이 설립되어 있는 회원국 법원에 제기되어야 한다.[50] 회원국은 법원의 최종판결을 집행하여야 한다(Article 74(5)).

다음으로, 정보관리자 또는 정보처리자를 상대로 하는 경우, 모든 자연인은 2012년 규칙안에 위반하여 개인정보를 처리한 결과 자신의 권리가 침해되었다고 판단한 경우 사법적 구제권을 가진다(Article 75(1)). 정보관리자 또는 정보처리자를 상대로 하는 소송은 그들이 설립되어 있는 회원국의 법원에 제기되어야 한다. 다만, 그 정보관리자가 공적 권한을 행사하는 공적 기관이 아닌 한 정보관리자는 자신의 상시적 거주지의 회원국 법원에 제기할 수 있다(Article 75(2)).

또한, 2012년 규칙안은 정보주체의 권리 · 이익의 보호를 목적으로 하는 단체들에게 정보주체를 위하여 소를 제기할 권리를 인정하고 있다(Article 76(1)). 그리고, 감독기관도 2012년 규칙안의 규정을 시행하거나 EU내의 개인정보 보호의 통일성을 보장하기 위하여 소송참가권과 소제기권을 가진다(Article 76(2)). 회원국은 침해를 종료시키고, 관련이익의 더 이상의 손상을 방지하기 위하여 가구제를 포함한 신속한 조치를 채택할 것을 보장하여야 하도록 규정하고 있다.[51]

50) Article 74(3) 다만, 정보주체가 다른 회원국에서 상주하는 거주지를 가지는 경우에는 그 회원국 법원에 제소할 수 있다(Article 74(4)).

한편, 우리나라 「개인정보 보호법」은 제7장(제51조 내지 제57조)에서 '개인정보 단체소송'에 관하여 규정하고 있다. 즉, 개인정보 단체소송은 일정한 법정요건을 갖춘 단체가 법원의 소송허가를 받아 개인정보 처리자가 집단분쟁조정을 거부하거나 집단분쟁조정의 결과를 수락하지 아니한 경우에 법원에 권리침해 행위의 금지·중지를 구하는 소송이다(제51조). 우리나라의 개인정보 단체소송은 2012년 규칙안이 개인정보보호 단체 등에게 소제기권을 인정한 것과 유사하다고 할 수 있다. 다만, 2012년 규칙안은 단체소송의 구체적 내용에 대해서는 규정하고 있지 않기 때문에 회원국 법률에 맡겨져 있는 셈이다. 그러나, 우리나라 개인정보 단체소송은 일정한 법정요건을 갖춘 단체에게만 원고적격이 인정된다는 점, 집단분쟁조정을 거친 경우에 대해서만 인정된다는 점, 권리침해 행위의 금지·중지만을 인정할 뿐 권리침해 행위로 인한 결과를 제거하기 위한 조치(손해배상 등)를 인정하지 않는다는 점 등에 있어서 그 한계가 지적된다.[52]

4. 손해배상청구

2012년 규칙안은 불법적인 개인정보의 처리작용이나 동 규칙안과 양립할 수 없는 행위의 결과로써 손해를 입은 자는 그 입은 손해에 대하여 정보관리자 또는 정보처리자로부터 배상을 받을 권리가 있다고 규정한다.[53] 그 정보관리자 또는 정보처리자가 둘 이상인 경우에는 손해배상액 전액에 대하여 연대책임이 있다.[54] 정보관리자 또는 정보처

---

51) Article 76(5)

52) 졸고, 앞의 논문, 64면.

53) Article 77(1)

리자는 손해를 야기한 사건에 대하여 책임이 없음을 입증한 경우에는 전부 또는 일부 면책될 수 있다.[55]

한편, 우리나라 「개인정보 보호법」은 손해배상책임과 관련하여 별개의 규정을 두고, 정보주체가 개인정보처리자의 위법행위로 인하여 손해를 입으면 개인정보처리자에게 손해배상을 청구할 수 있고, 이 경우 그 개인정보처리자는 고의 또는 과실이 없음을 입증하지 아니하면 책임을 면할 수 없다고 규정하고 있다(제39조 제1항). 또한, 개인정보처리자가 동법에 따른 의무를 준수하고 상당한 주의와 감독을 게을리 하지 아니한 경우에는 손해배상책임을 감경받을 수 있다고 규정하고 있다(동조 제2항).

위에서 살펴본 바와 같이, 양자는 위법한 개인정보 처리 등과 관련하여 발생한 손해에 대하여 배상책임을 인정하고 있는 점, 일정한 경우에 정보관리자(개인정보처리자) 등에게 손해배상책임의 감경을 인정하고 있는 점은 공통된다고 할 수 있다. 그러나, 개인정보 보호법은 개인정보처리자에게 "고의 또는 과실이 없음을 입증하지 아니하면 책임을 면할 수 없다"(제39조 제1항)고 하여 입증책임을 가해자에게 부담시키고 있는 점에서 2012년 규칙안에 비하여, 개인정보처리자의 개인정보 침해로 인한 정보주체의 손해배상청구를 한층 실효성있는 것으로 규정하고 있음을 알 수 있다. 다만, 2012년 규칙안은 정보관리자 또는 정보처리자가 둘 이상인 경우에는 손해배상액 전액에 대하여 연대책임이 있다고 규정하고 있는 데 반하여, 개인정보 보호법은 그에 대한 규정이 없다. 그러나, 개인정보 보호법에 규정이 없는 경우에는 불법행위에 관하여 일반법적 지위를 가지는 민법의 규정이 적용되고, 우리 민

54) Article 77(2)
55) Article 77(3)

법은 “수인이 공동의 불법행위로 타인에게 손해를 가한 때에는 연대하여 그 손해를 배상할 책임이 있다.”(제760조 제1항)고 규정하고 있기 때문에 양자 간에 차이는 없다고 할 것이다.

Ⅵ. ‘잊혀질 권리’의 한계

첫째로, 다른 기본적 권리 및 자유와 충돌할 우려가 있다는 점이다. ‘잊혀질 권리’가 주로 적용되는 장면은 자발적으로 또는 비자발적으로 온라인상 유통되는 정보주체에 관한 개인정보의 삭제 또는 배포금지를 요구하는 것인 바, 이러한 개인정보에는 사사(私事)에 속하는 개인정보도 있다면 사회적으로 중대한 사건과 관련한 개인정보도 있을 수 있다. 이러한 경우에 특히 후자에 대하여 ‘잊혀질 권리’를 인정할 것인지가 문제된다. 예컨대, 어떤 개인이 형사사건으로 오랜 기간 수형생활 후 출소하여 사회생활을 하던 중 온라인백과사전 위키피디아나 미디어에 자신이 범한 범죄사건이 소개되고 자신의 이름이 실명으로 실려 있는데 대하여 ‘잊혀질 권리’를 행사하여 자신의 이름 등의 삭제와 배포금지를 인정할 것인가이다. 이는 표현의 자유와 관련하여 특히 논란이 있다. 그밖에도 앞에서 제시한 〈사례①〉에서와 같이 역사적 사실로서 국민의 알권리와도 관련이 있는 경우도 있다. 이와 같이 다른 기본적 권리 및 자유 등과 충돌하는 경우에 어떻게 판단할 것인지가 문제된다[56].

---

56) 백범 김구 선생 암살사건의 논픽션드라마에서 배후로 묘사된 자의 명예훼손 주장에 대하여, 대법원은 “방송 등 언론 매체가 사실을 적시하여 개인의 명예를 훼손하는 행위를 한 경우에도 그것이 공공의 이해에 관한 사항으로서 그 목적이

둘째로, 실제 적용에 있어서의 기술적 한계를 들 수 있다. '잊혀질 권리'가 온라인상 유통되는 개인정보를 주로 그 대상으로 하기 때문에, 오늘날 소셜 미디어 또는 스마트 미디어에 의한 정보의 공유 및 공개가 일상적으로 행하여지고 있는 가운데, 그 중 어느 특정 개인의 정보만을 적출하여 삭제 또는 배포 금지를 요구할 수 있는지 문제이다. 또한 정보관리자가 제3자에게 정보주체의 개인정보 공개를 허용한 경우에, 공개한 정보와 관련하여 기술적 방법을 포함한 모든 합리적인 조치를 취하여 정보주체가 개인정보에의 링크나 복사 또는 복제를 삭제할 것을 요구한다는 사실을 그 정보를 처리하는 제3자에게 고지하도록 되어 있지만 개인정보처리자가 헤아릴 수 없이 이루어지는 그러한 경우를 실제 파악하기는 매우 곤란할 뿐 아니라, 그 제3자는 정보관리자로 간주되지 않는 한 그러한 요구에 대해 의무되어 있지 않다는 점이다[57].

셋째로, 국외 또는 역외 적용이 가능할 것인지의 문제이다. 오늘날 초고속 유·무선 인터넷은 글로벌차원에서 거의 실시간으로 정보를

오로지 공공의 이익을 위한 것일 때에는 적시된 사실이 진실이라는 증명이 있으면 그 행위에 위법성이 없다 할 것이고, 그 증명이 없다 하더라도 행위자가 그것을 진실이라고 믿었고 또 그렇게 믿을 상당한 이유가 있으면 그 행위에 대한 고의, 과실이 없다고 보아야 할 것인바, 적시된 사실이 진실이라고 믿을 상당한 이유가 있는지의 여부를 판단함에 있어서는 적시된 사실의 내용, 진실이라고 믿게 된 근거나 자료의 확실성, 표현 방법 등 여러 사정을 종합하여 판단하여야 하고, 특히 적시된 사실이 역사적 사실인 경우 시간이 경과함에 따라 점차 망인이나 그 유족의 명예보다는 역사적 사실에 대한 탐구 또는 표현의 자유가 보호되어야 하고 또 진실 여부를 확인할 수 있는 객관적 자료에도 한계가 있어 진실 여부를 확인하는 것이 용이하지 아니한 점도 고려되어야 할 것이다."고 판시한 바 있다. 대법원 1998.2.27. 97다19038.

57) ARTICLE 29 DATA PROTECTION WORKING PARTY, Opinion 01/2012 on the data protection reform proposals, 23 March 2012, pp.13-14

유통시키고 있다. 더구나 스마트 미디어의 발달은 이동성을 증가시켜 국내·외 또는 역내·외에서의 사용이 빈번하게 이루어지고 있다. 스마트 미디어에서 구동되는 애플리케이션 중에는 국내뿐만 아니라 국외의 개발자가 판매하는 것도 많다. 이러한 상황에서 '잊혀질 권리'가 얼마나 실효성을 가질 수 있을지에 대하여 의문이 있다.

제2부

방송통신법제

제5장 | 방송통신위원회의 현황과 과제

Ⅰ. 처음에

방송통신의 융합이 회자된 지도 벌써 상당한 시간이 흘렀다. 그러나, 이러한 방송통신의 융합현상은 과거형이 아니라, 현재진행형이며 또한 미래형이기도 하다. 방송통신융합의 대표적 사례로 꼽혀온 IPTV에 이어, 스마트TV의 등장은 종래의 방송과 통신의 경계를 더욱 모호하게 하고 있다. 이처럼 IT와 미디어를 둘러싼 급격한 환경변화는 관련산업에 커다란 영향을 미치고 있다.

이명박 정부는 이러한 방송과 통신의 융합에 대응하기 위하여 정보통신부(이하 '정통부'라 한다.)를 해체하고 방송위원회(이하 '방송위'라 한다.)와 통합하여, 2008년 3월 방송통신위원회(이하 '방통위'라 한다.)를 발족시켰다. 방송과 통신의 융합이라는 추세에 대응하기 위한 핵심적인 역할이 방통위에 부여된 것이라고 할 수 있다. 이는 방통위 설립의 근거법률인 '방송통신위원회의 설치 및 운영에 관한 법률'(이하 '법' 또는 '설치법'이라 한다.)에서도 "방송과 통신의 융합환경에 능동적으로 대응하여 방송의 자유와 공공성 및 공익성을 높이고 방송 · 통신의 국제경쟁력을 강화하며 방송통신위원회의 독립적 운영을 보장함으로써 국민의 권익보호와 공공복리의 증진에 이바지함"(법 제1조)을 그 목적으로 명시하고 있는 것에서도 알 수 있다.

'IT강국'으로 자부하는 우리나라가 방송과 통신의 융합이라는 새로운 환경에 능동적으로 대응하기 위한 핵심적인 기관으로서 방통위를 출범시킨 지도 여러 해가 경과하였다. 방송통신분야가 공공성 · 공익성과 전문성 · 기술성 등이 특히 요구되는 분야이고, 이러한 이질적인 성격의 통합기구로서 방통위가 과연 본래의 취지에 얼마나 부응하였는지 또는 할 것인지에 대한 검토가 요청되는 시점이라고 생각한다. 이하에서는 관련법제를 중심으로 하여 방통위의 현황과 과제에 관하여 검토하고자 한다.

Ⅱ. 방송통신위원회의 설립 경과

현재의 방통위의 설립에 이르기까지의 조직의 변천을 알기 위해서는 방통위로 통합된 방송위와 정통부의 그것을 살펴보아야 할 것이다.

1. 방송위의 변천

(1) 우리나라에서 방송에 관한 최초의 법률은 1961년 12월에 제정된 「전파관리법」이라고 할 수 있다. 동법은 무선국을 개설하고자 하는 자는 체신부장관의 허가를 얻어야 하도록 규정하였기 때문에, 방송국의 설립에도 체신부장관의 허가를 얻어야 되었다. 1963년 12월에 방송에 관한 일반법인 「방송법」이 제정되었는데, 동법은 개국·휴업·폐업의 신고, 방송실시결과에 대한 월례보고, 자료의 제출명령 등 방송국에 대한 감독을 공보부장관의 소관사항으로 규정하고 있었다. 이 후, 방송의 송신수단인 전파사용권의 허가는 체신부장관(또는 정통부장관), 그 전파를 통하여 발사된 방송프로그램은 공보부장관(또는 방송위원회)의 소관사항으로 되었다.

(2) 1980년 전두환정권은 기존의 「방송법」과 「신문·통신등의등록에관한법률」을 통합하여 「언론기본법」을 제정하였다. 동법은 방송운영에 관한 기본적인 사항을 심의하기 위하여 '방송위원회'를 두도록 규정하였다. 이로써 방송위가 최초로 설립되게 되었는데, 방송위는 학식, 경험과 덕망이 있는 9인의 위원으로 구성하고, 위원은 대통령이 임명하되 3인은 국회의장이 추천한 자를, 3인은 대법원장이 추천한 자를 임명하도록 하였다. 방송위의 심의사항은 ①방송의 운용·편성에 따른 기본적인 사항, ②방송종류에 따른 광고방송의 허용여부, ③방송광고수익으로 수행할 공익사업의 기본방향에 관한 사항, ④각 방송국 및 방송종류 상호간의 관계, 공동사업 및 협조에 관한 사항, ⑤방송에 관한 조사·연구 및 발전에 관한 사항, ⑥방송심의위원회의 운영에 관한 사항, ⑦방송의 기본정책에 관한 사항으로서 문화공보부장관이 심의

를 요구한 사항 등이었다(동법 제35조 제1항).

또한, 방송프로그램 등의 심의를 위하여 '방송심의위원회'가 별개의 조직으로 설치되었다. 동 심의위원회는 국내 모든 방송국의 장을 회원으로 하는 방송심의회원총회에서 선출된 9인 이상 15인 이내의 위원으로 구성되었다(동법 제37조 제1항, 제4항). 동 심의위원회는 심의규정을 위반한 방송국에 대하여 사과, 정정, 해명 또는 취소 등을 하게 하거나, 1년 이하의 기간을 정하여 관계자의 출연정지 또는 징계를 요구할 수 있었다(동법 제39조 제1항).

방송의 공공성을 표방하여 공·민영혼합체제에서 공영독점체제로 강제적으로 전환시킨 전두환정권 때에는 정권유지를 위하여 방송의 왜곡보도가 일상적으로 행하여졌고, 또한 방송위도 법규정상이나 운영실제상으로도 '장식적인 기구'로서의 한계를 벗어날 수 없었다[1].

(3) 1987년 11월에 국회는 「언론기본법」을 폐지하고, 「방송법」과 「정기간행물의등록등에관한법률」을 새롭게 제정하였다. 1987년 방송법에서의 방송위에 관한 주요내용은 ①심의기관으로부터 심의·의결기관으로 변경하였다는 점, ②규칙제정권을 명문화하였다는 점, ③시정명령·제재권을 부여하였다는 점, ④방송심의위원회를 방송위원회의 보조기관으로 변경하였다는 점, ⑤방송위위원을 9인에서 12인으로(이 가운데 4인은 국회의장, 4인은 대법원장이 추천한 자를 대통령이 임명) 증원하였다는 점[2] 등을 들 수 있다.

---

1) 예컨대, 당시 방송위가 그 직무로서 행한 심의는 수 건에 불과하였다. 박용상, "방송위원회의 법제적 고찰", 법조 40권 2호, 11, 13쪽.

2) 그러나, 1990년 방송법 개정에 의하여 다시 9인으로 변경되었다.

(4) 방송기술의 급속한 발달과 방송 · 통신 융합이라는 방송을 둘러싼 환경의 변화에 대응하고, 방송의 공정성 · 공공성 및 공적 책임을 보장하기 위하여 기존의 「방송법」, 「종합유선방송법」, 「유선방송관리법」 및 「한국방송공사법」을 통합하여, 2000년 3월에 이른바 통합 「방송법」을 다시 제정하였다. 동법은 종래 4개의 법률에 분산되어 규정된 방송관련기관의 역할을 재정립하고, 위성방송의 실시를 위한 근거규정을 두는 한편, 방송의 자유와 정치적 중립성 및 공익성을 보장하기 위한 방송위의 위상의 강화와 시청자의 권익보호를 그 목적으로 한 것이었다[3]. 동법의 주요내용은 다음과 같다.

① 방송위는 전문성 및 사회 각 분야의 대표성을 가진 자 중에서 대통령이 임명하는 9인의 위원으로 구성하나, 종래와 달리 대통령은 위원회 위원을 임명함에 있어 3인은 국회의장이 국회 각 교섭단체대표의원과 협의하여 추천한 자를 임명하고, 3인은 방송관련 전문성과 시청자대표성을 고려하여 국회 문화관광위원회의 추천의뢰를 받아 국회의장이 추천한 자를 임명하도록 하였다.

② 방송위 집행부로 위원장 1인, 부위원장 1인과 2인의 상임위원을 두되, 위원장은 위원회에서 호선하여 대통령이 임명하고, 부위원장 및 2인의 상임위원은 전문성을 고려하여 위원회에서 호선하도록 하였다.

③ 방송위가 심의 · 의결하는 직무사항이 증가하였으며[4], 타 부처와

---

3) 김명식, "방송위원회의 구성과 권한에 관한 일고찰", 공법연구 32집 3호, 256쪽.

4) 제27조 (위원회의 직무) 위원회는 다음 각호의 사항을 심의 · 의결한다. 다만 위원회는 제1호의 사항을 심의 · 의결할 경우 방송영상정책과 관련된 사항은 문화관광부장관과 합의하여야 하고, 방송기술 및 시설에 관한 사항은 정보통신부장관의 의견을 들어야 하며, 제7호의 사항을 심의 · 의결할 경우에는 공정거래위원회 위원장의 의견을 들어야 한다.

1. 방송의 기본계획에 관한 사항
2. 방송프로그램 및 방송광고의 운용 · 편성에 관한 사항

관련되는 직무에 대해서는 합의나 의견청취를 하도록 명문화하였다. 즉, 방송위는 방송의 기본계획에 관한 사항을 심의 · 의결할 경우 방송영상정책과 관련된 사항은 문화관광부장관과 합의하여야 하고, 방송기술 및 시설에 관한 사항은 정보통신부장관의 의견을 들어야 하며, 방송프로그램 유통상 공정거래질서 확립에 관한 사항을 심의 · 의결할 경우에는 공정거래위원회 위원장의 의견을 들어야 한다고 규정한 것이다.

④ 방송위는 방송 · 중계유선방송 및 전광판방송의 내용과 기타 전기통신회선을 통하여 공개를 목적으로 유통되는 정보 중 방송과 유사한 것으로서 대통령령이 정하는 정보의 내용이 공정성과 공공성을 유지하고 있는지의 여부와 공적 책임을 준수하고 있는지의 여부를 방송 또는 유통된 후 심의 · 의결하도록 하였다.

⑤ 방송위에는 방송사업자의 방송프로그램 내용 및 편성과 운영 등에 관하여 종합적으로 평가하기 위하여 '방송평가위원회'를, 방송의 공정성 및 공공성에 대한 위원회의 심의를 효율적으로 수행하기 위하

---

3. 방송사업자 · 중계유선방송사업자 · 음악유선방송사업자 · 전광판방송사업자의 허가 · 재허가의 추천, 승인, 등록, 취소 등에 관한 사항
4. 위원회규칙의 제정 · 개정 및 폐지
5. 방송에 관한 연구 · 조사 및 지원에 관한 사항
6. 방송사업자 · 중계유선방송사업자 · 음악유선방송사업자 · 전광판방송사업자 상호간의 공동사업이나 분쟁의 조정
7. 방송프로그램 유통상 공정거래 질서확립에 관한 사항
8. 시청자불만처리 및 청원에 관한 사항
9. 방송발전기금의 조성 및 관리 · 운용의 기본계획에 관한 사항
10. 제100조의 규정에 의한 제재조치에 관한 사항
11. 위원회의 예산안의 편성 및 집행에 관한 사항
12. 기타 이 법 또는 다른 법률에 의하여 위원회의 직무 또는 권한으로 규정된 사항.

여 '심의위원회'를, 또한 방송에 관한 시청자의 의견을 수렴하고 시청자불만처리 및 청원사항에 관한 심의를 효율적으로 수행하기 위하여 '시청자불만처리위원회'5)를 둘 수 있도록 규정하였다.

(5) 2000년 방송법은 그 후 방송위가 방통위로 개편되기까지 16회에 걸쳐 개정이 이루어졌다. 이들 개정 가운데 주요내용을 살펴보면 다음과 같다.

① "남북간 방송 교류 · 협력에 관한 사항"이 방송위의 새로운 직무사항으로 부가되고, 이를 위하여 '남북방송교류추진위원회'를 방송위에 설치하도록 하였다(2005년 5월 개정).

② 방송위는 방송사업자 · 중계유선방송사업자 · 음악유선방송사업자 · 전광판방송사업자 및 전송망사업자 상호간에 발생한 방송에 관한 분쟁을 효율적으로 조정하기 위하여 '방송분쟁조정위원회'를 둘 수 있도록 규정하였다(2006년 10월 개정). 동 위원회의 위원은 방송위 위원장이 위원회의 동의를 얻어 위촉하고, 분쟁의 조정은 분쟁당사자 일방 또는 쌍방의 신청에 의하여 개시되며, 조정의 성립은 재판상 화해와 같은 효력을 갖도록 하였다.

③ 국민적 관심이 매우 큰 체육경기대회 그 밖의 주요행사 등에 관한 방송을 일반 국민이 시청할 수 있는 권리인 '보편적 시청권'이라는 용어를 도입하여, 국민관심행사 등의 고시 등에 관한 업무의 원활한 수행을 위하여 방송위에 '보편적시청권보장위원회'를 두도록 규정하였다. 또한, 지역방송의 발전 및 지역방송콘텐츠의 경쟁력 강화와 유통

5) 동 위원회는 2003년도 5,089건, 2004년도 5,692건, 2005년도 6,088건의 시청자 불만사항을 각각 접수하여 처리하였다. 방송위원회, 제2기방송위원회 방송백서 (2003.5-2006.4), 2006.5, 247쪽.

구조 개선을 위하여 방송위에 '지역방송발전위원회'를 두고, 지역방송발전지원계획 및 지역방송에 관한 지원정책의 심의, 지역방송의 전국적 유통기반 마련을 위한 시책의 평가, 지역방송의 발전지원에 관한 주요시책의 평가, 지역방송 발전을 위한 교육 및 연구 등의 직무를 수행하도록 하였다(2007년 1월 개정).

2. 정통부의 변천

(1) 정통부의 전신은 체신부라 할 수 있다. 1990년대에 이르러 세계는 급속하게 정보화시대를 맞이하게 되었고, 문민정부(김영삼정권)는 이러한 변화에 적극적으로 대응하기 위하여 1994년 12월 「정부조직법」을 개정하여 중앙행정기관을 대대적으로 개편하였다. 이 때 체신부가 정보통신기능을 대폭 확대·강화하여 정보통신부로 개편되었다. 당시 상공자원부에서 정보통신기기와 방송기기 관련산업, 멀티미디어, 컴퓨터 및 주변기기산업에 관한 육성기능을, 과학기술처로부터는 시스템과 정보통신기술 개발업무와 컴퓨터프로그램기술 개발업무를, 공보처에서 유선방송과 관련한 업무를 이관받아, 정보통신관련 업무를 정통부가 일원적으로 관장하게 되었다. 이러한 행정조직 개편에 의하여 이후 우리나라가 'IT강국'이라는 위상을 차지하게 된 견인차 역할을 하게 되었다고 할 수 있다.

(2) 그러나, 정보통신분야를 둘러싼 환경의 변화는 급격하여, 이른바 방송·통신의 융합이라는 새로운 환경에 대응하기 위하여서는 방송의 주무부서인 방송위와 통신의 주무부서인 정통부간의 기구통합과 방송통신관련 법제의 정비가 시급하다는 주장이 힘을 얻게 되었다. 방

송 · 통신의 융합, 즉 방송적 성격을 가지는 통신서비스와 통신적 성격을 가진 방송서비스 등이 새로이 등장하였으나, 방송과 통신을 둘러싼 기관간의 관할권 다툼과 대립이 심각하였기 때문이다[6]. 예컨대, 디지털콘텐츠 진흥기능과 관련하여 정통부 · 방송위 · 문화관광부 · 산업자원부가, 디지털콘텐츠 내용심의와 관련하여서는 정통부 산하의 정보통신윤리위원회와 문화관광부 소속 영상물등급위원회가, 방송영상 관련기능의 경우에는 문화관광부와 방송위가, 콘텐츠사업 공정경쟁의 경우에 공정거래위원회와 정통부 소속 통신위원회가, 콘텐츠사업 허가의 경우에 정통부 · 방송위 · 문화관광부 등이 대립하였다. 이로 인하여, 애써 이뤄놓은 'IT강국'의 위치가 흔들린다는 우려가 산업계, 학계 등에 널리 확산되었다.

3. 방통위의 설립

새로이 들어선 이명박정부는 2008년 2월「정부조직법」개정에 의하여 정통부를 폐지하고, 그 소관사무를 방통위, 지식경제부, 행정안전부, 문화체육관광부 등으로 분해하였다. 구체적으로 살펴보면, 정보보안을 포함한 개인정보와 정보화 기능은 행정안전부로, 정보통신산업과 관련된 정보통신산업 기술개발, 정보통신진흥기금, 우정사업 등은 지식경제부로, 디지털컨텐츠 등에 관한 부분은 문화체육관광부로, 인터넷을 포함한 통신정책과 통신규제에 관한 부분은 방통위로 각각 이관되었다[7].

---

6) 계경문, 방송통신 통합기구 설립에 따른 전파방송의 기능 및 역할 연구, 한국전파진흥협회 연구보고서, 2008.11, 35쪽.

7) 길준규, "정보화시대의 법제동향", 공법연구 37집 1호, 322-323쪽.

또한 행정조직 개편에 의해 종전의 정통부 소관의 25개의 법률이 부처별 이관기준에 따라서 소관부처를 달리하게 되었다. 즉 행정안전부에는 정보화관련법으로서 「정보화촉진기본법」, 「정보시스템의 효율적 도입 및 운영 등에 관한 법률」, 「정보격차해소에 관한 법률」, 「지식정보자원관리법」, 「전자서명법」 등이 이관되었다[8]. 지식경제부에는 「소프트웨어산업진흥법」, 우정사업관련법으로서 「별정우체국법」, 「우정사업운영에 관한 특례법」, 「우체국보험특별회계법」, 「우체국예금보험에 관한 법률」, 「우편법」, 「우편대체법」, 「우편환법」, 「체신창구업무의 위탁에 관한 법률」 등이 이관되었고[9], 문화체육관광부에는 「온라인 디지털콘텐츠산업 발전법」과 「컴퓨터프로그램보호법」 등이 이관되었다[10]. 그러나, 「정보통신망이용촉진 및 정보보호 등에 관한 법률」 등은 명확한 소관부처가 없이 각기 해당 조항별로 행정안전부와 지식경제부, 방통위에 권한이 부여되었다[11]. 그리하여, 2008년 2월 동법은 정보통신망 이용촉진 및 정보보호 등에 관한 시책의 마련과 관련하여, "행정안전부장관, 지식경제부장관 또는 방송통신위원회는 정보통신망의 이용촉진 및 안정적 관리·운영과 이용자의 개인정보보호 등(이하 "정보통신망 이용촉진 및 정보보호 등"이라 한다)을 통하여 정보사회의 기반을 조성하기 위한 시책을 마련하여야 한다."(제4조 제1항)라고 개정하였다.

8) 2009년 5월 「정보화촉진기본법」, 「정보격차해소에 관한 법률」, 「지식정보자원관리법」은 폐지되고, 「국가정보화 기본법」으로 변경되었다.
9) 「체신창구업무의 위탁에 관한 법률」은 2010년 6월 「우체국창구업무의 위탁에 관한 법률」로 전부개정되었다.
10) 2009년 4월 「컴퓨터프로그램보호법」은 폐지되고, 「저작권법」으로 흡수되었으며, 「온라인 디지털콘텐츠산업 발전법」은 2010년 6월 「콘텐츠산업 진흥법」으로 전부개정되었다.
11) 길준규, 앞의 논문, 323-324쪽.

Ⅲ. 방송통신위원회의 현황

방통위의 현황을 설치법 등 관련법제를 중심으로 하여, 법적 지위, 위원회의 구성, 위원회의 소관사무와 운영 등, 그리고 방송통신심의위원회로 나누어 살펴보기로 한다.

1. 법적 지위

(1) 방통위의 법적 지위를 단적으로 표현한다면, '대통령 소속하의 합의제 중앙행정기관'이라고 할 수 있다. 이는 설치법에서 "방송과 통신에 관한 업무를 수행하기 위하여 대통령 소속으로 방송통신위원회(이하 "위원회"라 한다)를 둔다."(제3조 제1항), "위원회는 「정부조직법」 제2조에 따른 중앙행정기관으로 보되,(이하 생략)"(제3조 제2항), "위원회의 회의는 재적위원 과반수의 찬성으로 의결한다."(제13조 제2항) 등의 제 규정으로부터 알 수 있다.

방통위의 이러한 법적 위상은 그 전신인 방송위가 무소속의 합의제 기관이며, 정통부가 독임제 중앙행정기관(행정각부)이었던 것과 구별된다. 그러나, 방통위가 방송위와 정통부의 통합으로 생겨난 조직이라는 점에서 양자의 흔적이 강하게 남아 있다고 할 수 있다. 즉, 방송위의 '합의제 기관'성과 정통부의 '중앙행정기관'성이 혼합되어 나타나고 있으며, 방송위와는 달리 그 소속이 대통령으로 명시되었다는 점이 새로운 점이라고 할 수 있을 것이다.

(2) 다만 방통위 위원의 구성에서 대통령이 위원장을 포함하여 2인을 지명하고, 나머지 3인은 국회에서 추천하되 여당에서 1인, 야당에

서 2인을 추천하도록 하여 정파적 입장을 고려하도록 되어 있다는 점(법 제5조 제2항), 그리고 방송의 독립성과 관련한 사항에 대하여는 국무총리의 행정감독을 받지 않는다는 점(법 제3조 제2항 후단)에서 통상의 중앙행정기관과는 다른 차이점이 존재한다고 할 수 있다. 또한, 방통위의 주요 소관사무는 원칙적으로 심의・의결사항으로 되어 있으나(법 제12조 제1항), 심의・의결사항으로 열거되어 있지 아니한 사항에 대해서는 방통위 위원장의 단독결정으로 처리할 수 있다는 점에서는 정통부의 독임제적 성격을 이어 받았다고도 할 수 있다[12].

(3) 이처럼 방통위는 기본적으로 합의제기관으로 되어 있으나, 합의제기관에 대해서는 가치관이 개입될 수밖에 없는 복잡한 사회・경제사안에 대한 판단을 독임제 기관장이 판단하기 보다는 경험과 전문성이 풍부한 전문가들로 구성된 합의제에서 판단하는 것이 바람직하다는 측면과 함께 업무처리의 정치적 중립성을 확보한다는 측면에서 장점이 있는 반면, 합의제기관이 잘못 운영되는 경우 책임소재가 불분명하고 로비의 대상이 되기 쉬우며 업무처리의 신속성과 효율성이 저해될 수 있다는 단점도 아울러 가지고 있기 때문에 제도 그 자체의 설계 못지않게 운용의 묘가 중요하다고 할 수 있다[13].

2. 위원회의 구성

(1) 방통위는 위원장 1인, 부위원장 1인을 포함한 5인의 상임인 위

---

12) 이원우, “행정조직의 구성 및 운영절차에 관한 법원리-방송통신위원회의 조직성격에 따른 운영 및 집행절차의 쟁점을 중심으로”, 경제규제와 법 2권 2호, 104쪽.
13) 조성국, “통신규제당국의 조직 및 절차에 관한 연구”, 중앙법학 11집 1호, 320쪽.

원으로 구성되고, 위원은 정무직 공무원으로 보하며, 정부위원이 된다. 위원장 및 위원은 방송 및 정보통신 분야의 전문성을 고려하여 법정의 자격을 갖춘 자[14] 중에서 대통령이 임명하며, 이 경우 위원장은 국회의 인사청문을 거쳐야 한다. 부위원장은 위원 중에서 호선하도록 되어 있다. 한편, 위원 5인 중 위원장을 포함한 2인은 대통령이 지명하고, 3인은 국회의 추천을 받아 대통령이 임명을 한다. 이 경우 국회는 위원 추천을 함에 있어 대통령이 소속되거나 소속되었던 정당의 교섭단체가 1인을 추천하고 그 외 교섭단체가 2인을 추천하도록 되어 있다.

위원의 임기는 3년으로 하되, 1회에 한하여 연임할 수 있다. 또한 위원은 법정사유[15] 이외에는 그 의사에 반하여 면직되지 아니하며,

---

14) 제5조(임명 등) ① 위원장 및 위원은 방송 및 정보통신 분야의 전문성을 고려하여 다음 각 호의 어느 하나에 해당하는 자 중에서 대통령이 임명한다. 이 경우 위원장은 국회의 인사청문을 거쳐야 한다.
1. 방송학 · 언론학 · 전자공학 · 통신공학 · 법률학 · 경제학 · 경영학 · 행정학 그 밖에 방송 · 언론 및 정보통신 관련분야를 전공한 자로서 대학이나 공인된 연구기관에서 부교수 이상의 직에 있거나 있었던 자 또는 이에 상당하는 직에 15년 이상 있거나 있었던 자
2. 판사 · 검사 또는 변호사의 직에 15년 이상 있거나 있었던 자
3. 방송 · 언론 또는 정보통신 그 밖의 관련분야에 관한 경험이 있는 2급 이상 또는 이에 상당하는 공무원 또는 고위공무원단에 속하는 직에 있거나 있었던 자
4. 방송 · 언론 또는 정보통신 관련 단체나 기관의 대표자 또는 임 · 직원의 직에서 15년 이상 있거나 있었던 자
5. 방송 · 언론 또는 정보통신 분야의 이용자 보호활동에 15년 이상 종사한 경력이 있는 자

15) 제8조(신분보장 등) ① 위원은 다음 각 호의 어느 하나에 해당하는 경우를 제외하고는 그 의사에 반하여 면직되지 아니한다.
1. 장기간 심신장애로 인하여 직무를 수행할 수 없게 된 경우
2. 제10조의 결격사유에 해당하는 경우
3. 이 법 또는 그 밖의 다른 법률에 따른 직무상의 의무를 위반한 경우
4. 이 법 또는 그 밖의 다른 법률에 따른 위원회의 소관직무와 관련하여 부당한

직무를 수행함에 있어 외부의 부당한 지시나 간섭을 받지 않는다고 규정하여, 직무수행의 독립성을 보장하고 있다. 그러나, 위원은 공무 외의 영리를 목적으로 하는 업무에 종사하지 못하며 다른 직무를 겸할 수 없으며, 정치활동에 관여할 수 없도록 하여 정치적 중립성을 보장하도록 하였다.

(2) 방통위 위원장은 위원회를 대표하고 위원회의 회의를 주재하며 소관사무를 통할하며, 국무위원은 아니지만 필요한 경우 국무회의에 출석하여 발언할 수 있으며, 그 소관사무에 관하여 국무총리에게 의안의 제출을 건의할 수 있다.

또한 위원장은 국회에 출석하여 위원회의 소관사무에 관하여 의견을 진술할 수 있으며, 국회의 요구가 있을 때에는 출석하여 보고하거나 답변하여야 한다.

한편, 국회는 위원장이 그 직무집행에서 헌법이나 법률을 위배한 때에는 탄핵의 소추를 의결할 수 있다. 국회의 탄핵소추의 대상은 헌법에 규정된 경우가 일반적인데, 법률에서 탄핵소추를 규정하는 것은 극히 예외적이라고 할 것이다[16].

이처럼 위원장은 국회의 인사청문절차를 거쳐서 임명되고, 위원회를 대표하며, 방통위 소관사무를 통할하도록 되어 있기 때문에 심의의

이득을 취한 경우

16) 이에 대해서 "이는 회의체의 대표자에 불과한 방송통신위원회의 위원장을 마치 헌법기관 또는 이에 준하는 것처럼 격상시킨 것과 같은 결과를 낳고 있는데, 우리 헌법이 제65조에서 합의제 기관인 중앙선거관리위원회의 위원도 탄핵 소추의 대상이 될 수 있게 한 것처럼 차라리 방송통신위원회의 위원 전원을 탄핵소추의 대상이 될 수 있게 하는 것이 법적·논리적으로 옳은 것이다."라는 견해가 있다. 계경문, "방송통신위원회의 법적 지위와 권한", 외법논집 33권 2호, 360-361쪽.

결사항 이외에는 독임제적 업무수행이 인정된다고 할 것이다[17].

3. 위원회의 소관사무와 운영 등

(1) 방통위의 소관사무는 ①방송에 관한 사항, ②통신에 관한 사항, ③전파 연구 및 관리에 관한 사항, ④그 밖에 이 법 또는 다른 법률에서 위원회의 사무로 정한 사항이다(법 제11조 제1항). 그러나, 설치법의 이러한 규정방식은 "방송과 통신의 융합환경에 능동적으로 대응하여 방송의 자유와 공공성 및 공익성을 높이고 방송·통신의 국제경쟁력을 강화"(법 제1조)하기 위한 방통위의 설립목적을 충분히 반영한 것이라고 할 수 있는지는 의문이다. 물론 포괄적 형식으로 규정한 것이기 때문에 달리 해석할 여지도 있지만, 방송과 통신을 별개의 형식으로 규정하고 있고, 특히 방송과 통신의 융합과 관련된 사무가 명시적으로 규정되어 있지 않은 점은 문제라고 할 수 있을 것이다.

(2) 소관사무 중 방통위의 심의·의결을 거쳐야 하는 사항에 대해서는 구체적으로 열거하고 있다. 다만, 방송과 통신의 융합 등으로 인하여 관련부처와의 협의 등을 규정하고 있다. 즉, 방통위는 방송·통신 기본계획에 관한 사항을 심의·의결하는 경우 방송영상정책과 관련된 사항은 문화체육관광부장관과 협의하여야 하고, 방송프로그램의 유통상 공정거래 질서의 확립에 관한 사항을 심의·의결하는 경우에는 공정거래위원회의 의견을 들어야 하며, 방송·통신 관련 남북 교류·협력에 관한 사항을 심의·의결하는 경우에는 통일부장관의 의견

---

17) 이원우, 앞의 논문, 114쪽.

을 들어야 하도록 규정하고 있다(법 제12조 제2항).

(3) 방통위의 회의의 소집은 2인 이상의 위원의 요구가 있거나 위원장 단독으로 한다. 회의는 재적위원 과반수의 찬성으로 의결하며, 공개를 원칙으로 한다. 위원의 직무집행에는 제척·기피·회피가 적용된다(법 제14조).

방통위는 그 소관사무에 관하여 실무적인 자문이나 심의·의결사항에 관한 사전검토를 위하여 위원장 1명을 포함한 15명 이내의 위원으로 구성된 전문위원회를 둘 수 있다. 전문위원회의 위원의 임기는 2년으로 하며, 방송·통신에 관한 학식과 경험이 풍부한 자 중에서 방통위의 동의를 얻어 방통위 위원장이 위촉하고, 전문위원회 위원장은 방통위 위원장이 전문위원회의 위원 중에서 지명한다. 이러한 전문위원회제도는 고도로 전문적이고 기술적인 방통위의 소관사무에 대하여 외부의 관련분야 전문가를 참여시켜 전문적인 지식에 의한 설명이나 의견을 제출하도록 하여 방통위의 심리·의결의 전문성을 보완하고자 하려는 취지라고 할 수 있다[18].

또한 방통위로부터 위임받은 사무의 효율적 수행을 위하여 위원장 1명을 포함한 20명 이내의 위원으로 구성된 특별위원회를 둘 수 있다. 특별위원회 위원의 임기는 특별위원회가 존속하는 기간으로 한다.

---

18) 조소영, "독립규제위원회의 전문성 제고를 위한 시스템에 관한 연구-방송통신위원회의 기능과 역할을 중심으로 하여-", 공법학연구 10권 1호, 490쪽.

4. 방송통신심의위원회

(1) 방송통신심의위원회(이하 '방심위'라 한다.)는 방송·통신 융합 환경에 부합하는 규제체계 확립을 위하여 2006년 8월 국무총리실 소속으로 출범한 방송통신융합추진위원회와 2007년 1월 구성된 국회 방송통신특별위원회의 논의 결과를 반영하여, 종전에 '방송위'와 '정보통신윤리위원회'로 이원화되어 있던 방송 및 통신에 대한 내용심의 기능을 통합적으로 수행하는 기구로 2008년 5월에 설립되었다[19].

방심위의 법적 지위와 관련하여서는 '민간독립기구'라는 주장도 있지만 헌법재판소는 "방송통신심의위원회는 그 구성방법이나 임명, 업무에 있어 방송위원회와 크게 다르지 않고, 방송광고 사전심의와 관련해서도 방송위원회가 행하던 업무들을 거의 그대로 수행하고 있다. 결국 방송광고 사전심의 업무와 관련하여 방송통신심의위원회는 방송위원회와 그 성격이 다르다고 할 수 없다[20]."고 하여 행정기관성을 인정하고 있다.

(2) 방심위는 9인의 위원으로 구성되며, 위원장 1인, 부위원장 1인을 포함한 3인의 위원을 상임으로 한다. 위원은 대통령이 위촉하는바, 이 경우 3인은 국회의장이 국회 각 교섭단체 대표의원과 협의하여 추천한 자를 위촉하고, 3인은 국회의 소관 상임위원회에서 추천한 자를 위촉한다. 심의위원장 1인, 부위원장 1인을 포함한 상임위원 3인은 호선하고, 심의위원의 임기는 3년으로 하되, 1회에 한하여 연임할 수 있다.

---

19) 방송통신심의위원회, 2009 방송통신심의연감, 2010.4, 18쪽.

20) 헌법재판소 2008.6.26. 2005헌마506

(3) 방심위의 직무는 다음과 같다(법 제21조).

1. 「방송법」 제32조에 규정된 사항의 심의
2. 「방송법」 제100조에 따른 제재조치 등에 대한 심의·의결
3. 「정보통신망 이용촉진 및 정보보호 등에 관한 법률」 제44조의7에 규정된 사항의 심의
4. 전기통신회선을 통하여 일반에게 공개되어 유통되는 정보 중 건전한 통신윤리의 함양을 위하여 필요한 사항으로서 대통령령이 정하는 정보의 심의 및 시정요구
5. 전기통신회선을 이용하여 유통되는 정보의 건전화에 관한 사항
6. 심의위원회의 사업계획·예산 및 결산에 관한 사항
7. 심의위원회 규칙의 제정·개정 및 폐지에 관한 사항
8. 다른 법령에 의하여 심의위원회의 심의사항으로 정한 사항

또한 방심위는 이러한 직무를 수행함에 필요한 방송심의에 관한 규정과 정보통신에 관한 심의규정을 제정·공표하며, 이들 심의규정에 위반된다고 판단하는 경우에는 제재조치 등을 할 수 있다(법 제25조).

(4) 그러나, 방심위에 대해서는 직무상 독립성이 보장되어야 하는데 그 소속이 불분명하다는 점, 방심위의 위원 구성에서 집권당에 우호적인 위원으로 구성될 가능성이 크다는 점, 방송심의과정에서 방송과 통신이라는 매체의 특성을 고려하지 않은 심의제도라는 점 등은 문제라고 할 것이다[21].

---

21) 최우정, "현행 방송심의제도에 대한 비판적 검토 -규범학적 측면을 중심으로-", 언론과 법 8권 1호(2009), 25쪽 이하.

Ⅳ. 방송통신위원회의 과제

1. 조직의 재설계

(1) 현 정부 들어 정통부를 해체하면서 정보통신 관련 기능이 여러 기관으로 분산되면서 이와 관련한 업무를 둘러싸고 기관간의 대립과 갈등으로 정보통신을 둘러싼 급변하는 환경에 적시에 적절하게 대응할 수 있는지에 대한 우려가 크다. 예컨대, 「방송통신발전 기본법」의 시행을 위한 시행령의 제정과 관련하여, 방송통신 콘텐츠의 업무관할과 방송통신발전기금의 조성에 따른 재원배분문제를 놓고 방송통신위원회, 문화체육관광부와 지식경제부간의 대립과 갈등이 심각한 상황이다[22]. 심지어 '정보통신의 날' 행사를 둘러싸고도 방통위와 지식경제부가 서로 자신이 소관부처임을 주장하여 각자 별개로 행사를 개최하였다[23].

---

22) 디지털타임스 2010.7.8 기사 참조. 동지는 다음과 같이 보도하고 있다. "사실 그동안 방통위와 문화부는 방송콘텐츠 진흥업무를 놓고 끊임없이 대립각을 세워왔다. 양 부처간 방송콘텐츠 진흥업무 분장은 지난 2007년 방송통신기구개편의 핵심 쟁점 중 하나였으며, 2008년 현 정부 출범 직후 방통위 설치법 제정 당시에도 소관을 어디로 할지 논란이 일었으나 결국 합의에 이르지 못하고 봉합됐다. 이후 지난 2년간 양 부처는 방송콘텐츠 진흥과 관련해 사사건건 부딪혀 왔다.
이에 지난 4월 보다 못한 청와대가 윤진식 정책실장(당시) 주재로 모든 방송콘텐츠의 진흥은 문화부가 담당하고 방통위는 방송사업자에 대한 지원만 맡는 것으로 교통정리를 했으나, 방통위의 강력 반발로 양 부처간 최종 양해각서(MOU) 체결이 무산됐다."

23) 디지털데일리 2010.4.22 기사 참조. 그러나, 2008년과 2009년에는 각자 별도로 행사를 개최하였으나, 올해는 양 기관이 공동으로 개최하였다. 이러한 신경전의 배경을 다음과 같은 동지의 기사로부터 알 수 있다. "원래 '정보통신의 날'의 전신은 '체신의 날'이다. 고종21년(1884년)에 왕명에 따라 우정국 설치를 기념해 정한 날이다. 1994년 체신부가 정보통신부로 확대 개편되면서 '정보통신의 날'로

(2) 이처럼 정보통신분야를 둘러싼 부처간의 갈등과 혼란을 해소하기 위하여 2009년 8월 '대통령 IT특별보좌관'제도가 신설되었으나, 그 역할은 제한적일 수밖에 없다. 이로 인하여 정통부 부활론이 다시 주장되고 있다. 특히 '아이폰 쇼크'라고 불리는 산업패러다임 전환에 대처하기 위하여서는 정보통신기술(ICT)업무를 총괄하는 통합부처가 필요하다는 것이다[24]. 이러한 정통부 부활론에도 부처간 입장이 다름을 알 수 있다. 즉, 방통위는 적극적인 데 반하여, 지경부는 소극적이라고 할 수 있다[25]. 이에 대해 청와대는 소극적인 입장을 취하고 있다[26].

바꾸어 해마다 4월 22일에 정통부가 행사를 주관해왔다. 하지만 이명박 정부 출범 이후 정통부가 해체되고 역사적 소유권을 가지고 있는 우정사업본부가 지경부 소속으로 바뀌면서 문제가 시작됐다. 정보통신의 날의 뿌리가 체신의 날이기 때문에 지경부 입장에서는 정보통신의 날에 대한 소유권을 주장했고, 방통위는 정통부 역할을 대부분 승계한 만큼, 기념일의 소관 부처라는 서로 엇갈린 주장을 해왔다."

24) 세계일보 2010.4.14 기사 참조. 동지에 의하면, 김형호 국회의장(당시)은 "한국의 ICT산업 경쟁력지수가 2007년 경제협력개발기구(OECD) 회원국 중 3위에서 지난해 16위로 추락하는 등 우리가 IT 강국인지 의문스럽다"며 "ICT 업무가 정부 내에서 지식경제부와 문화체육관광부, 방송통신위원회, 행정안전부로 나뉘어 혼선을 빚는 동안 경쟁국들은 모바일산업 중심으로 눈부신 발전을 하고 있다"면서 이같이 주장했다.

25) 최시중 방송통신위원장(당시)은 "과거 정통부 해체는 사려 깊지 못했다"는 취지로 발언하였으나, 최경환 지경부 장관은 "중앙집권적 부처를 다시 두는 것은 이 시대에 맞지 않고, 그런 부처가 다시 생기면 정부 속성상 규제하려 들 것 아니냐"면서 "규제 완화와 공무원의 간섭을 최대한 배제해서 가능하면 IT업계가 무한한 상상력을 발휘할 수 있도록 하는 방향으로 정책이 나가야 한다"고 반박했다. 세계일보 2010.4.14 기사 참조.

26) 이데일리 2010.4.22 기사 참조. "IT컨트롤타워(총괄부처)로 정보통신부를 부활해야 한다는 주장이 점차 커지는 가운데 청와대가 "그럴 생각이 없다"고 공식적으로 못을 박았다. 박재완 청와대 국정기획수석(당시)은 22일 국회 운영위원회 전체회의에 출석해 'IT 총괄부처 설립에 대해 어떻게 생각하느냐'는 배은희 한나라당 의원의 질문에 "선진국 어느 나라도 IT 주무부처를 둔 곳이 없다"며 "필요 없다"고 일축했다."

(3) 정보통신분야를 둘러싼 관련부처간의 갈등과 혼선을 해소하기 위한 방안의 하나로서 등장한 '정통부 부활론'은 우선 정통부 해체로 인한 폐해가 크다는 인식으로부터 출발하고 있는 점을 유의할 필요가 있다. 즉, 정통부의 주도에 의하여 'IT강국'으로 자리매김한 우리나라가 정통부 해체 1년만에 한국의 ICT산업 경쟁력지수가 2007년 OECD 회원국 중 3위에서 2008년 16위로 추락하였다는 점, 정보통신산업 사업자들이 관련업무가 여러 부처로 분산된 때문에 업무를 처리하는 시간과 노력이 많이 소요된다는 점 등이 그것이다. 또한 정보통신분야를 정통부에 의하여 일원적으로 담당하게 하여 선택과 집중에 의하여 우리나라가 새로운 정보화시대를 맞이하여 발빠르게 리드해 나감으로써 'IT강국'으로서 자리매김할 수 있었다는 경험을 간과할 수 없다. 따라서, "어떤 분야를 발전시키기 위해 총괄부처나 컨트롤 타워를 둬야 한다는 주장은 낡은 사고"라든지 "정보통신(IT) 총괄 부처를 만들자는 주장은 과거 개발연대로 돌아가겠다는 것"이라는 주장은 이러한 현실을 간과한 것이라는 비판이 가능할 것이다.

(4) 그렇다면, '방송 · 통신의 융합'이나 '아이폰 쇼크' 등으로 불리는 정보통신분야를 둘러싼 급변하는 환경에 대처하기 위하여 단지 과거의 정통부를 부활하면 해결이 될 것인가? 이에 대해서는 정통부가 설치되었던 1990년대 중반과도 벌써 정보통신분야의 경향이 많이 다름을 인식하여야 한다. 즉, 스마트TV 등의 등장으로 인해 방송 · 통신의 융합이 더욱 심화되고 있고, '아이폰 쇼크'로 불리는 모바일산업의 중요성, 하드웨어와 소프트웨어의 밀접한 결합이라는 새로운 경향이 나타나고 있다. 이러한 새로운 경향을 반영하여 정보통신산업, 정보통신의 기술개발, 연구와 투자, 방송 · 통신의 융합, 전파관리, 디지털콘

텐츠정책, 정보통신진흥기금 등의 관련업무를 통합하여 부총리를 장으로 하는 '(가칭)정보화혁신부'의 설치를 고려할 수 있을 것이다. 이러한 '(가칭)정보화혁신부'의 특징으로서는, 정보통신관련 하드웨어와 소프트웨어분야를 통합하여 관할한다는 점, 행정각부의 하나로서 설치함으로서 강한 집행력(추진력)을 얻을 수 있다는 점, 부총리를 장으로 함으로써 관련분야의 업무조정에서 주도권을 행사할 수 있다는 점 등을 들 수 있을 것이다. 다만 방송프로그램 등의 내용심의와 관련하여서는 언론의 자유 등과 밀접한 관련을 갖기 때문에 이러한 방송이나 게임 등 콘텐츠의 내용규제에 대해서는 현행 방송통신심의회를 확대 개편하여 별개의 독립된 심의의결기관으로 할 필요가 있다.

2. 규제완화 문제

(1) 방송·통신의 융합현상이 심화되면서 방송사업자와 통신사업자간의 상호진입이 발생하고 있다. 과거 분리되었던 이질적인 사업자가 하나의 시장에서 경쟁할 때 공정한 경쟁체계를 시급히 정비하여야 한다. 구 통신시장에 방송사업자가 진입하면서 통신시장에 새로운 공급자와 소비자가 포함되면서 통신시장도 변화하게 된다. 이러한 변화된 시장에서의 이질적 사업자간의 공정경쟁의 틀을 마련하는 것은 결코 쉬운 일이 아니다. 기존 사업자의 다양한 가치와 논리를 조화하되 새로운 소비자 권익과 경쟁촉진을 위한 일반시장경쟁원리가 정착되어야 한다[27]. 이러한 공정경쟁의 룰에서는 규제의 적정성과 형평성 등이 특히 문제된다.

27) 김동욱, "방송통신사업 규제개편의 방향", 경제규제와 법 1권 2호(2008.11), 8쪽.

(2) 이명박정부는 출범하면서 방송통신정책과 관련하여, 방송통신 경쟁력 강화와 융합서비스 활성화를 위하여 방송통신분야의 규제를 완화하고, 규제의 동질성을 확보하기 위한 수평적 규제체계의 도입을 내걸었다. 그 일환으로 방송통신사업의 진입 · 소유 · 겸영 제한, M&A에 대한 규제를 완화하고, 대기업이나 일간신문의 종합편성 및 보도채널의 진입제한을 폐지하여 방송 · 통신의 겸영을 허용하도록 하였다. 구체적으로 살펴보면, 방통위는 「방송법시행령」을 개정하여, "지상파방송사업 및 종합편성 또는 보도에 관한 전문편성을 행하는 방송채널사용사업을 겸영하거나 그 주식 또는 지분을 소유할 수 없는 기업집단에 속하는 회사와 그 계열회사는 「독점규제 및 공정거래에 관한 법률」 제2조제2호 및 제3호에 따른 기업집단 및 계열회사 중에서 같은 법 제14조에 따라 지정된 상호출자제한기업집단 중 상호출자제한기업집단으로 지정된 날을 기준으로 자산총액이 10조원 이상인 기업집단에 속하는 기업으로 한다"(제4조 제1항)고 하여, 종전의 '3조원 이상'에서 '10조원 이상'으로 완화하였다. 또한, 종전의 「신문 등의 자유와 기능보장에 관한 법률」이 "일간신문과 뉴스통신진흥에관한법률의 규정에 의한 뉴스통신(이하 "뉴스통신"이라 한다)은 상호 겸영할 수 없으며, 방송법에 의한 종합편성 또는 보도에 관한 전문편성을 행하는 방송사업(이하 "방송사업"이라 한다. 이하 이 조에서 같다)을 겸영할 수 없다."(동법 제15조 제2항)고 규정한 규제는 2009년 7월 동법이 「신문 등의 진흥에 관한 법률」로 전부개정되면서 폐지되었다. 방통위는 또한 2010년 1월 「방송법시행령」의 개정으로 종합유선방송사업 및 중계유선방송사업 등의 허가 및 승인의 유효기간을 종전의 '3년'에서 '5년'으로 연장하였다(제16조 제1항).

이처럼 '사업자'관련 규제는 완화하는 경향이 강하다고 말할 수 있다. 반면, 이른바 사이버모욕죄의 도입 논란이나 인터넷실명제의 도입과 같은 정책에서 알 수 있듯이 '이용자(소비자)' 관련규제는 강화되었다.

(3) 위에서 방송·통신의 융합과 정보통신분야의 급변하는 환경에 적극적으로 대처하기 위하여 '(가칭)정보화혁신부'를 주장하였지만, 이러한 통합기관의 등장이 규제의 증가와 강화를 의미하는 것이어서는 안된다. 새로운 통합기관은 지원이나 진흥을 위주로 하는 기관이어야 하지 새로운 규제의 양산을 가져와서는 결과적으로 ICT의 발전을 가로막는 장애물이 될 수 있다. 특히 미래에는 아이폰·아이패드 등 스마트기기에서 나타나듯이, 하드웨어와 소프트웨어가 결합하여 경쟁력을 가지게 된다는 점을 상기하여 볼 때, 통합기관에 의한 규제는 필요최소한의 규제(Minimum Regulation)에 멈추고, 기술과 정보, 국제협력을 위한 지원(진흥)에 중점을 두고, 기존의 규제도 필요최소한으로 하여 완화 내지는 폐지하여야 한다.

3. 법규명령 제정권

(1) 방통위는 대통령 소속하의 중앙행정기관이기는 하지만, 행정각부가 아니므로 부령제정권이 없다. 그 때문에 방통위 소관법률은 시행령만이 있고 시행규칙은 존재하지 않는다[28)29)]. 이로 인하여 법규명

---

28) 그 때문에 방통위로 발족되기 전에 종래의 정보통신부 관련 법률의 시행규칙 중에서 방통위에 이관된 법률의 '시행규칙'은 관련법률의 '시행령'으로 상향조정되었다. 길준규, 앞의 논문, 327쪽.

29) 다만 예외적으로 정보통신망 이용촉진 및 정보보호 등에 관한 법률은 시행규칙이 존재한다. 이는 동법이 방통위의 단독소관이 아니라 행정안전부와 공동소관

령을 제정하고자 할 때에는 대통령령의 형식으로 제정하고 있는 실정이다. 방통위 설치법은 방심위와 달리 규칙제정권에 대해 명문으로 규정하고 있지 않다. 그러나, 방통위의 규칙제정권을 전제로 하는 규정들이 산재하고 있으므로[30] 규칙제정권은 당연히 존재한다는 것을 전제로 하고 있다고 해석된다. 여기서 문제가 되는 것은 방통위규칙으로 법규적 사항을 규정할 수 있을 것인 지이다.

(2) 방통위규칙과 유사한 문제를 가지고 있는 것으로는 감사원규칙, 공정거래위원회규칙, 금융위원회규칙, 중앙노동위원회규칙 등이 있다. 이들 규칙은 중앙선거관리위원회규칙과는 달리 헌법에 그 근거규정을 가지고 있지 않다. 이로 인하여 헌법상 근거 없이 법률에서 행정권에 입법권을 위임할 수 있는가에 대해서는 논란이 있다. 이러한 논의는 그 규칙이 강학상의 행정규칙에 해당하는 경우에는 문제되지 않는다. 왜냐하면, 행정기관은 그 조직권한의 범위 내에서 사무처리의 기준 등을 위하여 법령의 근거 유무와 관계없이 행정규칙제정권을 갖기 때문이다. 문제는 이러한 규칙의 형식으로 법규적 사항을 제정할 수 있는가이다. 이에 대해서는 긍정하는 견해와 부정하는 견해가 있다[31]. 전자는 헌법상의 법규명령에 관한 규정은 제한적이 아니라 예시적이라는 점을 드는데 반하여, 후자는 헌법상의 법규명령에 관한 규정을 제한적·열거적으로 보아, 이들 규칙을 강학상의 행정규칙이라고 한다. 헌법재판소는 "오늘날 의회의 입법독점주의에서 입법중심주의로 전환하여 일정한 범위 내에서 행정입법을 허용하게

으로 되어 있기 때문이다.

30) 법 12조 1항 18호, 13조 5, 6항 참조.

31) 계경문, 앞의 논문, 368쪽 이하 ; 조성국, 앞의 논문, 332쪽 이하.

된 동기가 사회적 변화에 대응한 입법수요의 급증과 종래의 형식적 권력분립주의로는 현대사회에 대응할 수 없다는 기능적 권력분립론에 있다는 점 등을 감안하여 헌법 제40조와 헌법 제75조, 제95조의 의미를 살펴보면, 국회입법에 의한 수권이 입법기관이 아닌 행정기관에게 법률 등으로 구체적인 범위를 정하여 위임한 사항에 관하여는 당해 행정기관에게 법정립의 권한을 갖게 되고, 입법자가 규율의 형식도 선택할 수도 있다 할 것이므로, 헌법이 인정하고 있는 위임입법의 형식은 예시적인 것으로 보아야 할 것이고, 그것은 법률이 행정규칙에 위임하더라도 그 행정규칙은 위임된 사항만을 규율할 수 있으므로, 국회입법의 원칙과 상치되지도 않는다[32)]."고 하여, 긍정하는 입장을 취하였다.

생각건대, 법률이 이들 규칙에 구체적으로 범위를 정하여 위임한 경우에 법률이 위임한 범위내에서 법규적 사항을 규정한다면 국회입법의 원칙에 반하는 것이 아니라고 할 수 있기 때문에 허용된다고 해석하여야 할 것이다.

(3) 방통위는 방송·통신 등에 관한 소관법령에 대하여 대통령령의 형식으로 입법을 하거나 이들 상위법령의 구체적 위임을 받아서 방통위규칙, 고시나 훈령 등 이른바 강학상의 행정규칙의 입법형식으로 규정을 할 수 있다. 다만, 이들 행정규칙의 입법형식이라 할지라도 상위법령의 구체적 위임범위 내의 규정이라면 법령보충적 규칙으로서 법규명령으로서의 효력을 갖는다고 하여야 할 것이다.

그러나, 현실적으로 정보통신분야가 급변하고 있으며, 또한 전문성

---

32) 헌재 2004. 10. 28. 99헌바91

과 기술성이 큰 분야임을 감안하여 볼 때, 법규명령의 제정에 대통령령을 이용할 수밖에 없다는 점은 방통위의 직무수행에 큰 제약의 하나라고 할 수 있다. 따라서, 실제로는 방통위규칙이나 고시나 훈령 등 이른바 행정규칙형식의 입법을 선호하기 쉽다[33]. 이는 법치행정의 원칙으로 보아 바람직하지 못한 현상이라고 할 수 있다. 그럼에도 불구하고, 방통위의 현재의 법체계상으로는 어쩔 수 없는 측면이 있음을 인정할 수밖에 없다. 전술한 '(가칭)정보화혁신부'의 설립이 이러한 문제점을 해결해주는 근본적인 방안임을 유의할 필요가 있다.

4. 방통위의 독립성 · 중립성 보장 문제

(1) 방통위를 독임제가 아닌 합의제 행정기관으로 한 이유로서, 방송은 언론으로서의 기능이 있기 때문에 이를 관장하는 행정관청을 위원회제로 하는 것이 정치권력 또는 사회적 압력으로부터 자유로울 수 있다는 점이 들어진다[34]. 다시 말하면, 방통위의 독립성과 정치적 중립성을 보장하는 데에 독임제보다 합의제가 우월하다는 주장이다. 또한 방통위는 미국의 방송통신규제기관인 독립규제위원회로서의 연방통신위원회(Federal Communications Commission ; FCC)와 유사함이 지적된다[35]. 조직형태를 독임제가 아닌 합의제로 한 것이나 직무의 독립성을 보장하고자 한 것이나 규제범위를 유사하게 정한 것 등을 든다. 그러나, 합의제와 독립성이나 정치적 중립성과의 관련성은 반드시

33) 실제로 방통위는 활동을 시작한지 약 1년여가 지날 때까지 제정한 법규명령은 하나도 없고, 고시 111개와 훈령 30개 및 예규 1개 등 행정규칙만을 제정하였다고 한다. 계경문, 앞의 논문, 363쪽.

34) 계경문, 앞의 논문, 355쪽.

35) 조성국, 앞의 논문, 319, 321쪽.

밀접한 것은 아니다.

(2) 방통위 설치법은 "방송과 통신의 융합환경에 능동적으로 대응하여 방송의 자유와 공공성 및 공익성을 높이고 방송 · 통신의 국제경쟁력을 강화하며 방송통신위원회의 독립적 운영을 보장함"(법 제1조)을 명시하고 있다. 이러한 입법취지에 따라 직무수행의 독립성을 보장하기 위하여, 방통위가 대통령소속하의 중앙행정기관이지만 방송에 관한 일정한 사항에 관하여는 국무총리의 감독권을 배제하고 있고, 위원들의 신분보장에 관한 규정을 두고 있다.

그럼에도 불구하고 방통위가 '대통령' 소속의 '중앙행정기관'이라는 점과 그 위원 구성에 국회의 여 · 야당이 관여하게 한 점은 방통위의 독립성과 정치적 중립성과 관련하여 그 입법취지를 약화시킨다. 이는 방통위가 방송과 정보통신이라는 이질적인 성격의 업무의 결합으로 인한 필연적인 딜레마라고 할 수 있다. 즉, 방송처럼 독립성과 정치적 중립성이 요구되는 분야와 정보통신처럼 업무의 효율성과 생산성이 요구되는 분야의 결합으로 인하여, 독립성 · 중립성과 효율성 · 생산성이라는 상반되기 쉬운 가치의 영역이 방통위에 혼재되어 있음으로써 유발된 것이라고 할 수 있다.

(3) 이러한 난제를 해결하기 위한 궁극적인 해법은 앞에서 언급한 바와 같이 표현의 자유와 언론의 자유와 밀접한 관련이 있는 방송통신의 내용심의와 관련하여서는 방송통신심의위원회가, 그밖의 정보통신산업, 정보통신기술개발, 연구와 개발 등에 관해서는 독임제 중앙행정기관(행정각부)으로서의 '(가칭)정보화혁신부'가 담당하도록 조직의 재설계를 하는 것이라고 본다. 이러한 경우에, 전자는 조직의 독립성과

정치적 중립성을 보장하기 위한 제도적 장치를 충분히 마련하는 것이 필요하고, 후자에 대해서는 정보통신산업을 세계적으로 리드하기 위하여 강한 추진력(집행력)을 갖춘 일반중앙행정기관(행정각부)으로서 설계되어야 할 것이다.

V. 마치며

(1) 정보통신분야를 둘러싼 환경은 급속히 변화, 발전하고 있다. 우리나라가 'IT강국'으로서의 지위를 확보할 수 있었던 데에는 적시에 적절한 정책을 수행한 때문이라고 할 수 있다. 자원 등이 빈약한 우리나라로서는 이러한 분야에 선택과 집중에 의하여 앞서나감으로써 우리나라의 위상을 높이며, 국력을 증진할 수 있을 것이다. 그러한 점에서 IT산업이 발전하기 시작한 단계에서 그 수행주무기관으로서 정통부로 일원화하여 대대적인 투자와 지원으로 인하여 초고속통신망을 비롯한 관련 인프라와 산업이 앞서나갈 수 있었다.

(2) 그러나, 이명박정부 들어서 정통부를 해체하고, 그 기능을 여러 부처로 분산시킴으로써 정보통신산업이 급속히 구심력을 잃고, 발전속도에 적신호가 들어왔다고 할 수 있다. 단적인 예로, 한국의 ICT산업 경쟁력지수가 2007년 OECD 회원국 중 3위에서 2008년 16위로 추락한 것을 들 수 있다.

정보통신분야는 그 특성상 새로운 기술과 사업이 매우 빠르게 진화하고 있다. 잠시 한눈을 팔았다가는 다시 회복하기 어려울 정도로

뒤떨어지기 쉽다. 이러한 점에서 관련정책을 입안하고 집행하는 책임자들의 보다 적정한 정책수립과 집행이 요구된다고 할 것이다.

(3) 그러한 점에서 정보통신분야의 지속적인 발전을 선도해 나갈 행정기관을 설치가 긴요하다고 생각한다. 그를 위해서는 종전의 정통부와는 달리 정보통신분야의 하드웨어뿐만 아니라 소프트웨어도 아울러 관장하게 하여 새로운 환경에 능동적으로 대응할 수 있도록 하여야 할 것이다. 이를 위하여 '(가칭)정보화혁신부'의 신설과 방송과 통신의 내용심의와 관련하여 독립적인 별개의 기구의 설치가 요청된다.

제6장 | 한 · 일 방송법제 비교

Ⅰ. 처음에

(1) 방송과 통신의 융합이라는 구호가 등장한 지도 어언 상당한 세월이 흘렀다. 방송과 통신의 융합의 상징의 하나였던 IPTV는 이제 스마트TV에 그 자리를 양보해야 할 입장이고, 스마트폰이나 태블릿PC 등의 모바일기기의 급속한 보급과 twitter, facebook, 카카오톡 등의 SNS의 광범위한 활용은 융합을 더욱 촉진시키고 있다. 한 · 일 양국이 'IT강국'으로서 세계를 무대로 하여 경쟁하고 있는 상황이지만, 이는 종래의 하드웨어 중심의 경쟁에 치중한 것이었으나, 오늘날 벌어지고 있는 위와 같은 현상은 오히려 소프트웨어가 주도하는 셈이라고 할 수 있다. 급변하는 정보화시대에 종래의 하드웨어 중심의 대응에는 커다란 한계가 있다는 점은 최근의 스마트폰 등을 둘러싼 전개양상에서도 명백하다 할 것이다. 앞으로 갈수록 소프트웨어

의 비중은 커져갈 것으로 예상되고, 한 · 일 양국 모두 이러한 패러다임의 변화에 신속히 대응할 것이 요청되는 상황이다. 방송과 통신의 융합현상도 이러한 하드웨어와 소프트웨어간의 융합문제에 다름 아니라고 할 수 있다.

(2) 한 · 일 양국은 근래 시기를 겹치면서 방송 · 통신관련 법제도의 개정을 이루었다. 즉, 일본에서는 2010년 12월에 '60년만의 대개정'이라고 불리는 방송법의 개정이 있었다. 이는 방송관련 3법(「유선텔레비전방송법」, 「유선라디오방송업무의운용의규정에관한법률」, 「전기통신역무이용방송법」)을 폐지하고 「방송법」으로 통합된 형태로 이루어졌다. 또한, 우리나라에서도 2008년 2월 「정부조직법」 개정에 의하여 방송위원회와 정보통신부를 통합하여, 방송관련사무를 신설된 '방송통신위원회'로 변경하였으며, 2009년 7월에 「방송법」의 개정으로 종래 대기업이나 뉴스통신을 경영하는 법인은 지상파방송사업 및 종합편성 또는 보도에 관한 전문편성을 행하는 방송채널사용사업을 겸영하거나 그 주식 또는 지분을 소유할 수 없도록 규제하였던 것을 허용하는 등의 규제완화를 하였다. 이어서, 2010년 12월 31일에 방송통신위원회는 종합편성 및 보도전문 방송채널사용사업 승인 대상법인의 선정을 발표하였다.

(3) 이처럼, 한 · 일 양국에서는 근래 방송법제를 둘러싼 큰 변화가 일어나고 있으며, 이러한 변화는 방송법제에서 지금까지 일본이 우리나라에 미친 영향력을 감안할 때 관심의 대상이 되는 것은 당연하다고 할 것이다. 그러나, 한 · 일 방송법제에 관한 비교연구에 대해서 지금까지 선행연구가 활발히 이뤄지고 있다고는 할 수 없다. 이러한 문제

인식에 입각하여 한·일 양국에서 일어나고 있는 방송법제의 변화의 주된 내용이 무엇이며 어떠한 차이점이 있고, 그것이 한·일 양국에 어떠한 시사점을 주는지를 매크로적인 관점으로부터 검토하고자 한다.

Ⅱ. 한·일 방송법제의 개관

1. 일본의 방송법제

종래 일본의 방송법제는 유선과 무선으로 구분하여, 전자에 대해서는 「방송법」이, 후자에 대해서는 「유선텔레비전방송법」과 「유선라디오방송업무의운용의규정에관한법률」이, 또한 유·무선 공통의 것으로는 「전기통신역무이용방송법」이 규율하였다. 이와 같은 매체별 규율방식이 방송·통신의 융합이라는 새로운 현상에 대응하기에는 한계가 있다는 인식에 기하여 「정보통신법(가칭)」으로 통합하고자 하는 시도가 있었다[1]. 이러한 시도는 여러 가지 이유로 무산되었지만 방송법제는 2010년 12월에 이들 4법률이 「방송법」으로 통합되었다[2]. 개정된 통합 「방송법」(이하 '신 방송법'이라 한다.)은 전 11장, 193조, 부칙으로 구성된 상당히 방대한 규모의 법률이 되었다. 신 방송법의 주요 개정내용은, ①방송 진입 관련제도의 정리·통합, 탄력화, ②매스미디어 집중배제원칙의 법정화, ③방송의 안전·신뢰성의 확보, ④방송프

1) 박민성, "일본, '정보통신법(가칭)' 무산 원인과 통신·방송 관련법 주요 개정 내용", 방송통신정책 23권 2호, 2011, 2쪽 이하.

2) 보다 정확히 말하자면, 3법률(「유선텔레비전방송법」, 「유선라디오방송업무의운용의규정에관한법률」, 「전기통신역무이용방송법」)의 폐지와 「방송법」의 개정이라고 할 수 있다.

로그램의 종별의 공표, ⑤유료방송의 제공조건의 설명, ⑥재방송 동의와 관련한 분쟁처리에 관한 알선·중재제도의 정비 등으로 요약할 수 있다.

결국 일본은 방송과 통신의 통합 법률의 제정에는 이르지 못했지만 방송법제에 한정하여 볼 때에는 그 목적을 달성하였다고도 할 수 있을 것이다.

2. 한국의 방송법제

한편, 우리나라의 방송법제는 일반법인 「방송법」을 비롯하여, 「지상파텔레비전방송의 디지털 전환과 디지털방송의 활성화에 관한 특별법」, 「인터넷 멀티미디어 방송사업법」, 「방송통신발전 기본법」, 「방송통신위원회의 설치 및 운영에 관한 법률」, 「한국교육방송공사법」, 「방송문화진흥회법」으로 구성되어 있다. 후3자는 방송관련기구의 조직과 관련한 조직법적 성격을 가지며, 방송 본래의 기능과 관련하여서는 전4자의 법률이 보다 중요한 의미를 가진다고 할 수 있다. 이 중에서도 「인터넷 멀티미디어 방송사업법」과 「방송통신발전 기본법」은 방송과 통신의 융합이라는 경향에 대응하기 위한 입법이라고 할 수 있다. 우리나라 방송법은 전 10장, 102조로 구성되어 있다.

3. 소결

이상의 한·일 방송법제의 개관에서 지적할 수 있는 점은 다음과 같다. 즉, 첫째로, 일본은 방송법제에 관한 한 「방송법」으로 일원화되어 있는 반면, 우리나라는 방송과 관련한 조직법, 작용법 등이 다수

분산되어 있다는 점이다. 이와 같은 이유로서는 한·일 양국의 법제도의 상이점, 즉, 방송규제기관으로서 일본의 경우에는 독임제 중앙행정기관인 총무성이 담당하는 데 반하여, 우리나라의 경우에는 새로운 합의제 중앙행정기관인 방송통신위원회가 담당하고 있는 점이나 교육방송이 일본의 경우에는 NHK에 소속되어 있는 데 비하여, 우리나라의 경우에는 1990년에 KBS로부터 분리·독립되어 별개의 법인으로 성립되어 있는 점, 일본에는 존재하지 않는 조직(방송문화진흥회)이 존재한다는 점 등을 들 수 있을 것이다. 둘째로, 방송·통신의 융합과 관련된 IPTV에 대하여 일본에서는 「전기통신역무이용방송법」이, 우리나라에서는 「인터넷 멀티미디어 방송사업법」이 각각 규율하였으나, 일본의 경우에는 「방송법」으로 통합되었다는 점이다. 이러한 점에서 일본의 방송·통신 융합에 대한 법제가 한 발 앞서가고 있다고 평가할 수도 있겠지만, 우리나라도 그 이전인 2000년 3월에 방송기술의 급속한 발달과 방송·통신의 융합이라는 방송을 둘러싼 환경의 변화에 대응하고, 방송의 공정성·공공성 및 공적 책임을 보장하기 위하여 기존의 「방송법」, 「종합유선방송법」, 「유선방송관리법」 및 「한국방송공사법」을 통합하여, 이른바 통합 「방송법」을 다시 제정한 경험을 가지고 있다.

Ⅲ. 한·일 방송법제의 비교 검토

이하에서는 한·일 양국의 「방송법」에 대하여, 그 규정내용을 중심으로 하여 목적, 용어의 정의, 진입규제, 방송프로그램 규제로 나누어 고찰하기로 한다.

1. 목적

가. 법규정

일본 방송법은 "이 법률은 다음에 게기한 원칙에 따라서 방송을 공공의 복지에 적합하도록 규율하고, 그 건전한 발달을 도모하는 것"을 그 목적으로 하고, 그 원칙으로 "①방송이 국민에게 최대한 보급되어, 그 효용을 가져오는 것을 보장할 것, ②방송의 불편부당, 진실 및 자율을 보장함으로써 방송에 의한 표현의 자유를 확보할 것, ③방송에 종사하는 자의 직책을 명백히 함으로써 방송이 건전한 민주주의의 발달에 이바지하도록 할 것"(제1조)을 규정하고 있다.

이에 대하여, 우리나라 방송법은 "이 법은 방송의 자유와 독립을 보장하고 방송의 공적 책임을 높임으로써 시청자의 권익보호와 민주적 여론형성 및 국민문화의 향상을 도모하고 방송의 발전과 공공복리의 증진에 이바지함을 목적으로 한다."(제1조)고 하여, 하나의 문장으로 비교적 간단히 규정하고 있다.

나. 비교검토

거의 모든 개별 법률은 제1조에서 당해 법률의 '목적'을 규정하고 있다. 이러한 목적조항은 당해 법률의 입법취지와 내용을 큰 틀에서 규정짓는 중요한 가늠자 역할을 한다고 할 수 있다. 한 · 일 양국의 방송법의 목적조항을 비교하여 보면, 우리나라의 방송법은 방송의 자유와 독립의 보장은 물론, 방송의 공적 책임의 고양을 규정하고 있지만,

그 자체가 목적이 아니라 그에 의하여 "시청자의 권익보호와 민주적 여론형성 및 국민문화의 향상을 도모하고 방송의 발전과 공공복리의 증진에 이바지함"을 그 목적으로 함을 명시하고 있는 데 비하여, 일본의 경우에는 ①방송의 보급과 효용의 보장, ②방송에 의한 표현의 자유 확보, ③방송의 건전한 민주주의의 발달에 이바지함에 의하여, "방송을 공공의 복지에 적합하도록 규율하고, 그 건전한 발달을 도모하는 것"을 그 목적으로 규정하고 있다.

이러한 목적조항의 비교로부터 지적할 수 있는 점은 일본 방송법에서는 국민인 '시청자'에 대한 언급이 존재하지 않는다는 점이다. 방송법제의 설계에서 유의해야 할 점은 수신자인 국민 측에 선 규정이 존재하는지 여부이다. 이러한 점에서 일본의 방송법은 "기본적으로 송신자의 자유를 중심으로 이루어져 있다[3]"고 하는 지적은 타당하다고 할 수 있을 것이다. 위와 같은 목적조항의 차이는 구체적으로 방송법 규정내용의 그것을 낳고 있는 점에 주목할 필요가 있다. 즉, 우리나라 방송법은 제1장 총칙에서 시청자의 권익보호(제3조)에 관한 규정을 두고, 제6장에서 '시청자의 권익보호'에 관한 별도의 장을 두어 자체심의(제86조), 시청자위원회(제87조), 시청자 평가프로그램(제89조), 방송사업자의 의무(제90조) 등을 규정하고 있다. 이에 대해, 일본 방송법은 시청자의 권익보호와 관련한 규정이 존재하지 않는다.

3) 山本博史, "座談会 通信放送法制", ジュリスト 1373号, 2009, 95쪽.

2. 용어의 정의

가. 법규정

일본 방송법은 제2조에서 29개의 개념정의를 규정하고 있다. 이 중에서 중요한 것들을 살펴보면, 첫째로, '방송'이란 "공중에 의하여 직접 수신될 것을 목적으로 하는 전기통신의 송신"이라 한 점, 둘째로, 방송을 '기간방송'과 '일반방송'으로 분류하고, 여기서 '기간방송'이란 "전파법의 규정에 의해 방송을 하는 무선국에 전속적으로 또는 우선적으로 할당되는 주파수의 전파를 사용하는 방송"으로, '일반방송'이란 "기간방송 이외의 방송"을 의미한다고 한 점, 셋째로, '방송사업자'를 '기간방송사업자'와 '일반방송사업자'로 분류하고, '기간방송사업자'란 "인정기간방송사업자 및 특정지상기간방송사업자"로, '일반방송사업자'란 일반방송의 업무를 하고자 등록 또는 신고한 자로, 다시 '인정기간방송사업자'는 기간방송사업자로서 총무대신의 인정을 받은 자를, '특정지상기간방송사업자'란 "전파법의 규정에 의해 자기의 지상기간방송의 업무를 사용하는 방송국의 면허를 받은 자"로 규정하고 있는 점, 넷째로, '방송프로그램'이란 "방송을 하는 사항의 종류, 내용, 분량 및 배열"로, '교육프로그램'이란 "학교교육 또는 사회교육을 위한 방송의 방송프로그램"을, '교양프로그램'이란 "교육프로그램 이외의 방송프로그램으로서 국민의 일반적 교양의 향상을 직접 목적으로 하는 것"이라고 규정하고 있는 점 등을 들 수 있다.

이에 대하여, 우리나라 방송법도 제2조에서 다수의 개념정의를 규정하고 있다. 이 중에서 중요한 것들을 살펴보면, 첫째로, '방송'이란 "방송프로그램을 기획 · 편성 또는 제작하여 이를 공중에게 전기통신설비에 의하여 송신하는 것"으로서, 이에 해당하는 것으로서 텔레비전

방송, 라디오방송, 데이터방송, 이동멀티미디어방송으로 분류하고 있는 점, 둘째로, '방송사업'을 지상파방송사업, 종합유선방송사업, 위성방송사업, 방송채널사용사업으로 분류하고 있는 점, 셋째로, '방송사업자'를 지상파방송사업자, 종합유선방송사업자, 위성방송사업자, 방송채널사용사업자, 공동체라디오방송사업자로 분류하고 있는 점, 넷째로, '방송편성'이란 "방송되는 사항의 종류·내용·분량·시각·배열을 정하는 것"을, '방송분야'란 "보도·교양·오락 등으로 방송프로그램의 영역을 분류한 것"을, '방송프로그램'이란 "방송편성의 단위가 되는 방송내용물"로 각각 정의하고 있는 점, 다섯째로, 종합편성과 전문편성에 관한 개념정의를 두어, '종합편성'이란 "보도·교양·오락 등 다양한 방송분야 상호간에 조화를 이루도록 방송프로그램을 편성하는 것"을, '전문편성'이란 "특정 방송분야의 방송프로그램을 전문적으로 편성하는 것"을 의미하는 것으로 규정하고 있는 점, 여섯째로, '보편적 시청권'에 관한 규정을 두어, "국민적 관심이 매우 큰 체육경기대회 그 밖의 주요행사 등에 관한 방송을 일반 국민이 시청할 수 있는 권리"를 말하는 것으로 규정하고 있는 점 등을 들 수 있다.

나. 비교검토

위의 개념 비교에서 우선 주목하여야 할 것은 '방송'개념의 정의라고 할 수 있다. 왜냐하면, '방송'개념에 의하여 방송법의 적용범위가 결정된다고 할 수 있기 때문이다. 먼저, 일본의 경우, 2010년 12월의 이른바 '60년만의 대개정'이라고 한 방송법의 개정에서 중요한 사항 중의 하나가 '방송'개념의 개정이라고 할 수 있다. 종래 일본 방송법은 '방송'을 "공중에 의하여 직접 수신될 것을 목적으로 하는 무선통신의 송신"

이라고 정의하였으나, 2010년 개정에서는 "공중에 의하여 직접 수신될 것을 목적으로 하는 전기통신의 송신"이라고 하여, 종래의 '무선통신'에서 '전기통신'으로 개정한 점이다[4]. 이로 인하여, 종래 고전적인 패턴, 즉 방송=무선, 전기통신=유선이라는 틀을 파괴하고, 방송과 통신의 경계선이 불명확하게 되었다고 할 수 있다. 이러한 새로운 '방송'개념은 종래의 방송에 더하여, 케이블이나 인터넷을 이용한 영상이나 동영상의 배급도 방송에 포함하게 되어 방송의 개념이 대단히 확장된 결과를 낳았다. 그 결과, 방송법상의 엄격한 규제가 인터넷상의 표현행위에 까지 적용될 가능성이 있으며, 이는 결국 소관행정관청인 총무대신의 권한의 강화를 가져올 수 있다는 우려를 사고 있다[5]. 또한, 이러한 방송개념의 개정으로 인하여 방송과 통신의 융합이라고 하는 경향에 대응하여, 관련법제의 통합을 완전히 실현하지는 못했지만, 방송법상의 가장 중요한 개념인 '방송'의 개념을 위와 같이 개정함으로써 방송과 통신의 융합에의 법제상의 대응이라는 목표에 크게 접근한 결과를 낳았다고 할 수 있을 것이다.

이에 대해 우리나라의 경우는, 1987년 「언론기본법」을 폐지하고 제정된 「방송법」에서는 '방송'개념을 "정치 · 경제 · 사회 · 문화 · 시사 등에 관한 보도 · 논평 및 여론과 교양 · 음악 · 오락 · 연예 등을 공중에게 전파함을 목적으로 방송국이 행하는 무선통신의 송신"이라고 하였던 것을, 2000년 3월의 통합 「방송법」에서는 "방송프로그램을 기획 · 편성 또는 제작하고 이를 공중에게 전기통신설비에 의하여 송신하는

---

4) 방송 개념의 변천에 대해서는, 鈴木秀美 外, 放送法を読みとく, 商事法務, 2009, 2쪽 이하 ; 豊嶋基暢, "放送・通信の概念とコンテンツ規律の変容の可能性", メディア・コミュニケーション NO.60, 2010, 117쪽 이하.

5) 山田健太, "放送概念の拡張に伴う放送法の変質", 法律時報 83巻 2号, 2011, 84쪽.

것"으로 개정한 이후, 이러한 개념정의를 유지하고 있다. 따라서, '방송'개념의 정의와 관련하여서는 우리나라 방송법상의 '방송'개념이 방송·통신의 융합이라는 경향을 보다 앞서서 반영하여 왔다는 것을 알 수 있다.

다음으로 주목할 점은 방송의 분류에 대해서이다. 일본 방송법은 종래 방송을 지상방송, 위탁방송(BS방송, 동경〈東經〉110도 CS방송 등), 위성역무이용방송(동경124/128도 CS방송 등), 유선역무이용방송(IP멀티캐스트방송 등), 유선텔레비전방송(케이블텔레비전)으로 세분화하였다. 이는 새로운 매체가 등장할 때마다 법 개정을 한 결과이지만, 그로 인하여 유사한 서비스임에도 불구하고 진입장벽이나 규율이 다르다는 지적이 있었다[6]. 이러한 지적을 수용하여, 신 방송법에서는 방송을 기간방송(종래의 지상방송, BS방송, 동경110도 CS방송 등)과 일반방송(종래의 케이블텔레비전, IP멀티캐스트방송, 동경124/128도 CS방송 등)으로 단순화하여, 진입절차나 방송프로그램 규율의 정리·통합화를 도모하였다는 점이다. 즉, 종래의 '종적·매체별' 분류로부터 '횡적·레이어(계층)별' 분류로 전환한 것이라고 할 수 있다.

이에 대하여, 우리나라 방송법은 방송을 텔레비전방송, 라디오방송, 데이터방송, 이동멀티미디어방송으로 분류하고 있다. 이는 이른바 매체별 분류법이라고 할 수 있을 것이다. 이러한 분류법이 무선인터넷의 급속한 발달과 모바일기기의 폭넓은 보급으로 인해 빠른 속도로 변화해가는 환경 하에서 충분히 대응할 수 있을지는 의문이라 할 것이다. 이러한 점을 감안하여서라고 추정되지만, 일본의 경우에는 매체별 분류를 포기하고, 기간방송과 일반방송으로 단순화한 다음, 이에 대한

6) 村上聖一, "放送関連法再編　残された課題", 放送研究と調査 June 2010, 71쪽.

진입절차와 방송프로그램의 규제에 주력하고 있는 규율방식을 취하고 있다. 이러한 일본의 규율방식이 보다 탄력적인 법제도의 운영을 가능하게 한다고 할 수 있지만, 기간방송과 일반방송의 분류와 관련하여서는 여전히 논란의 여지가 있다.

3. 규제기관

가. 법규정

일본 방송행정의 규제[7]에 대해서는 총무성의 소관사무에 속한다(총무성설치법 제4조 제66호, 제67호[8]). 따라서, 총무성의 장인 총무대신이 방송행정에 관한 권한을 행사하게 된다. 총무대신은 이른바 독임제 행정관청이므로 자신의 이름으로 단독으로 행정결정을 하고 그에 대한 책임도 부담하게 된다. 일본 방송법에서 총무대신의 권한으로 규정하고 있는 것을 살펴보면, ①NHK(수신계약 및 수신료, 정관의 변경, 방송의 휴지 · 폐지 등)에 관한 각종 인 · 허가 등, ②기간방송보급계획의 책정, ③기간방송사업자의 인정 및 인정의 갱신, 인정의 취소, 인정기간방송사업자의 업무의 개시 및 휴지의 신고와 방송사항 등 변경의 허가, 설비개선명령, ④일반방송사업자의 등록, 업무의 개시 및 휴지의 신고, 등록의 취소 · 말소, 설비개선명령, 기간방송사업자와의 협

---

7) 일본의 방송행정에 대한 상세한 것으로는, 稲葉一将, 放送行政の法構造と課題-公正な言論空間の変容と行政の公共性, 日本評論社, 2004, 190쪽 이하.

8) (所掌事務) 第四条 総務省は, 前条の任務を達成するため, 次に掲げる事務をつかさどる。

六十六 電気通信業及び放送業(有線放送業を含む。)の発達, 改善及び調整に関すること。

六十七 日本放送協会に関すること。

의 불성립시의 재정, ⑤방송사업자 등의 업무에 관한 자료 제출 요구 등이다.

이에 대하여, 우리나라 방송행정의 규제에 대해서는 방송통신위원회(이하 '방통위'라 한다.)가 관할하고 있다. 우리나라 방송법 등이 규정하고 있는 방송의 규제와 관련한 방통위의 권한을 살펴보면, ①지상파방송사업자 · 위성방송사업자 · 종합유선방송사업자 · 중계유선방송사업자 · 공동체라디오방송사업자에 대한 허가, 방송채널사용사업자 · 전광판방송사업자 · 음악유선방송사업자 · 전송망사업자에 대한 등록, 외국 인공위성 이용 위성방송사업자에 대한 승인, ②방송사업자 등에 대한 변경허가 · 변경승인 · 변경등록, ③방송사업자 및 중계유선방송사업자의 외국자본의 출자 및 출연에 대한 승인, ④전문편성의 방송분야와 방송프로그램의 종류에 따른 편성비율 등의 고시, ⑤방송사업자 및 중계유선방송사업자에 대한 재허가, 방송채널사용사업자에 대한 재승인, ⑥방송사업자 등에 대한 허가 · 승인 · 등록의 취소 · 정지 · 광고중단 또는 허가 · 승인의 유효기간 단축명령, ⑦방송사업자 등에 대한 과징금 부과처분, ⑧방송발전기금의 관리 · 운용, ⑨KBS에 관한 권한(정관변경의 인가, 이사 추천, 감사 임명, 체납수신료 등의 징수 승인 등), ⑩보편적 시청권 보장을 위한 시정명령, 과징금 부과, ⑪국민관심행사 등의 중계방송 공동계약, 중계방송 순차편성의 권고, ⑫종합유선방송사업자 등의 동시재송신에 대한 승인, 외국방송사업자의 재송신에 대한 승인, ⑬종합유선방송사업자 등에 대한 설비개선명령 등, ⑭방송사업자 등의 폐업 · 휴업신고, ⑮방송사업자 등에게 관련자료 제출 요구, ⑯방송사업자 등에 대한 시정명령 · 시설개선명령, ⑰방송사업자 등에 대해 시청자에 대한 사과 등의 제재조치, ⑱방송법상의 의무위반자에 대한 과태료 부과 등이다.

나. 비교검토

한 · 일 양국의 방송규제기관의 법적 지위를 단적으로 나타낸다면, 일본의 경우에는 '독임제 중앙행정기관'인데 비하여, 우리나라의 경우에는 대통령 소속하의 '합의제 중앙행정기관'이라고 할 수 있다[9]. 일본은 의원내각제를 취하고 있기 때문에, 총무대신을 비롯하여 내각을 구성하는 중앙행정기관인 성(省)의 장(=대신(大臣))은 일반적으로 여당의 국회의원이 임명된다. 정치적 당파성을 가진 총무대신이 방송의 공정성 · 독립성의 보장이 중요한 방송규제기관으로서 적합한지를 놓고, 오랫동안 많은 논란이 있었다. 그 중 유력하게 주장되어 온 것이 일본판 FCC(The Federal Communications Commission)로서의 '통신 · 방송위원회'의 설치라고 할 수 있다[10]. 실제로 민주당(당시)은 2004년에 「통신 · 방송위원회설치법(안)」을 국회에 제출한 바 있으며, 2009년 중의원선거에서도 통신 · 방송행정을 총무성에서 분리하여 통신 · 방송에 관한 규제 등을 소관하는 독립행정위원회로서의 '통신 · 방송위원회'의 신설을 선거공약으로 내세운 바 있다[11]. 또한, 정권을 창출한 이후 2009년 9월에 당시 총무대신이 관련법안을 2011년 통상국회에 제출하겠다는 방침을 발표하기도 하였다. 하지만, 그 후 그와 같은 주장은 크게 후퇴하였다[12].

---

9) 이는 행정기관을 기관구성자의 수에 따라 분류한 것이다. 박균성, 행정법론(하), 박영사, 2012, 12쪽.

10) 塩野宏, 放送法制の課題, 有斐閣, 1989, 82-85쪽 ; 松田浩, "電波行政は誰が受け持つべきか", 月刊 民放 37巻4号, 2007, 32-35쪽 ; 梓澤和幸 外, "独立行政委員会による放送行政を求める緊急アピール", 総合ジャーナリズム研究 201号, 2007, 44-45쪽.

11) 読売新聞 2009.7.24 일자 참조 (http://www.yomiuri.co.jp/election/shugiin2009/news1/atmoney/20090724-OYT1T00132.htm)

12) 총무성이 현재의 독임제 형태가 적당하다는 이유로 드는 것은 첫째로, 기술혁신

또한, 일본의 방송규제와 관련하여 주목하여야 하는 것이 BPO(Broadcasting Ethics & Program Improvement Organization ; 放送倫理・番組向上機構)이다. BPO는 NHK와 일본 민간방송연맹(민방련) 및 그 가맹 회원 각사가 출자해서 조직한 임의단체라고 할 수 있다. 즉, 일본 방송계에 의한 자주규제기구라고 할 수 있다[13]. 이러한 BPO의 기능에 대해서는 총무성 등에 의한 규제와는 대립적인 일면을 가지지만, 그보다는 오히려 방송규제가 다중으로 확대되고 있다는 비판이 유력하다[14]. BPO는 방송계의 이익을 대변한다는 점에서는 총무성 등에 의한 규제와는 대립적인 일면을 가지지만, 다른 한편으로는 총무성 등의 규제기관의 의향을 충실히 전달하고 실현하는 역할을 수행하기 때문에 오히려 방송규제가 다중으로 확대되고 있다고 하여도 지나친 말이 아닐 것이다.

우리나라의 방통위는 관련법률에서 합의제 중앙행정기관임을 명시한 규정은 존재하지 않는다. 그러나, 「방송통신위원회의 설치 및 운영에 관한 법률」의 제 규정(제3조 제1항, 제2항, 제13조 제2항 등)으로부터 방통위가 '합의제 중앙행정기관'으로서의 성격을 가짐을 알 수 있다. 방통위의 이러한 법적 위상은 그 전신인 방송위가 무소속의 합의제 기관이었으며, 정통부가 독임제 중앙행정기관(행정각부)이었던 것과 구별된다.

의 동향 등에 기동적이고 전략적으로 대처해 나갈 필요가 있다는 점, 둘째로, 전후 전파감리위원회 등의 행정위원회가 폐지된 경위와 일본에서는 내각의 일원인 각 성(省) 대신이 책임을 지고 행정을 집행하는 의원내각제를 취하고 있다는 점 등을 들고 있다. 第166回国会 衆議院総務委員会議録 第21号 平成19年(2007년) 5월 18일 9쪽의 당시의 菅義偉 총무대신의 답변 등.

13) 매스미디어 일반의 자주규제에 대해서는, 松井茂記, マス・メディア法入門(第3版), 日本評論社, 2005, 297쪽 이하.

14) 稲葉一将, "規制機関の在り方", 法律時報 83巻 2号, 2011, 98-99쪽.

4. 진입규제

가. 법규정

종래 일본 방송법상의 '방송'은 "공중에 의하여 직접 수신될 것을 목적으로 하는 무선통신의 송신"이라고 하여, 방송이 '무선'을 이용하는 것이므로 이의 혼신을 회피하기 위하여 주파수의 할당이 필요하고, 따라서 방송을 하기 위하여서는 「전파법」상의 면허가 요구된다고 하였다. 즉, 방송을 하는 무선국의 면허를 받은 자가 방송사업자로서 방송을 하는 것이 인정된 것이었다[15]. 따라서, NHK나 민영방송국 등 지상파 방송사업자들은 방송법과 전파법에 의하여, 전파를 송출하기 위한 방송시설(하드웨어)의 설치와 방송프로그램(소프트웨어)의 제작을 모두 할 것이 요구되었다. 이처럼, 전파의 송출(하드)에서부터 방송프로그램(소프트)의 제작까지 같은 사업자가 일관해서 하는 것을 일본에서는 '하드 · 소프트의 일치'라고 하였다. 이러한 제도가 방송과정에 공권력의 개입을 방지하여, 방송의 자유를 보장하는 원칙의 하나로 간주되어 왔다[16]. 종래의 법제도에서는 총무대신이 지상파 방송에 대해 직접적으로 관여하는 것은 하드 부분인 전파법상의 무선국의 면허에 의한 것이었다. 그런데, 2010년 법 개정에 의하여, '방송'의 개념을 "공중에 의하여 직접 수신될 것을 목적으로 하는 전기통신의 송신"이라고 변경함과 더불어, 방송을 '기간방송'과 '일반방송'으로

---

15) 전파법과 방송법의 관계에 대해서는, 西土彰一郎, 放送の自由の基層, 信山社, 2011, 2쪽 이하.

16) 그러나, 이러한 '하드 · 소프트의 일치'원칙은 1989년 방송법 개정에 의하여, 위성방송에 대해서 수 · 위탁(受 · 委託)방송제도가 도입됨으로써 예외적으로 '하드 · 소프트의 분리'가 채택되었다. 즉, 수탁방송사업자는 전파법상의 '면허'를 받고, 위탁방송사업자는 방송법상의 '인정'을 받아야 하게 된 것이다.

분류하였다. 또한 '기간방송'(종래의 지상방송, 위성방송 등)을 "전파법의 규정에 의해 방송을 하는 무선국에 전속적으로 또는 우선적으로 할당되는 주파수의 전파를 사용하는 방송"이라고 하여, 하드부분에 해당하는 무선국의 설치 · 운영에는 기간방송국의 '면허'가 필요하고, 방송법의 개정에 의하여 '기간방송의 업무'를 하고자 하는 기간방송사업자는 또한 총무대신의 '인정'을 받아야 하게 되었다. 즉, 하드 부분에 해당하는 기간방송국의 설치에는 종래와 같이 총무대신의 '면허'가 필요한 것은 변함이 없으나, 소프트 부분에 해당하는 '기간방송의 업무'의 수행에는 새롭게 총무대신의 '인정'이라는 규제가 더해지게 된 셈이다. 이로써, 지상방송에 대해서는 '하드 · 소프트의 일치'가 원칙이었던 것이 '하드 · 소프트의 분리'로 바뀐 셈이 된다. 총무성의 발표에 의하면, 신 방송법상의 '하드 · 소프트의 분리'제도가 복수의 방송사업자가 공동으로 하드부문(방송시설) 회사를 설립하여, 규모의 경제에 의해 하드에 드는 비용과 책임이 경감되고, 소프트부문(방송프로그램의 제작)만을 각 방송사업자의 책임으로 제작 · 편성하는 것이 가능하게 된다고 한다[17]. 이에 대해서는 신 방송법상의 '하드 · 소프트의 분리'제도가 결국 방송프로그램의 내용에 대한 행정의 직접적인 관여를 가져올 수 있다는 비판이 컸다[18]. 이로 인하여, 기존의 지상파방송에 대해서는 '특정지상기간방송사업자'라고 칭하여 신 방송법상의 '인정'을 받지 않아도 되도록 하여서 '하드 · 소프트의 분리'에 대한 예외를 인정하였다.

신 방송법은 기간방송 이외의 일반방송(종래의 유선텔레비전방송, 유선라디오방송, 전기통신역무이용방송)에 대해서 종래 허가 · 등록 등으로

---

17) 鈴木秀美, "放送法改正の概要", 法律時報 83巻 2号, 2011, 82쪽.

18) 宍戸常寿, "改正放送法と行政権限", 法律時報 83巻 2号, 2011, 89쪽.

되어 있었던 것을 원칙적으로 총무대신의 '등록'을 요구하고, 다만, 유선라디오방송 등에 대해서는 그 규모 등으로 보아 수신자의 이익 및 방송의 건전한 발달에 미치는 영향이 비교적 적은 경우에 예외를 인정하여 '신고'로써 진입 가능하도록 하고 있다.

한편, 신 방송법에서는 기간방송에 대해 종래 전파법에 근거하여 총무성령(「방송국에 관련된 표현의 자유 향유 기준[19]」)으로 규정하였던 이른바 '매스미디어 집중배제원칙'의 기본적인 부분을 방송법에 규정하였다. 매스미디어 집중배제원칙이란 1998년 9월의 전파법 개정에 의해 도입된 제도로서, 방송의 과점화를 배제하여 방송에 의한 표현의 자유와 언론의 다양성을 보장하기 위하여 한정된 전파가 특정의 미디어에게 집중되지 않도록 타 방송국에의 출자제한 등에 의해 규제하는 정책이라고 할 수 있다. 그 구체적인 내용은 총무성령인 「방송국에 관련된 표현의 자유 향유 기준」에 규정되어 있으나, 동 기준에 따르면, 원칙적으로 동일한 방송사업자가 복수의 방송사업자에 대해 ①방송대상지역이 중복하는 경우는 10분의 1을 초과하는 의결권, ②방송대상지역이 중복하지 않는 경우에는 5분의 1 이상의 의결권, ③연속방송대상지역에서 방송대상의 수가 7을 초과하지 않는 경우에는 3분의 1 이상의 의결권을 가질 수 없도록 규제하고 있었다. 이에 대해 신 방송법은 복수의 기간방송사업자에의 출자에 대해서 일정한 범위 내(1/10-1/3)에서 구체적으로 총무성령에서 규정하는 수준을 초과하지 않을 것을 규정하였다.

이와 비교하여, 우리 방송법은 지상파방송사업 또는 위성방송사업

---

19) 이것은 통칭이고, 정식명칭은 「방송을 할 수 있는 기회를 가능한 한 다수에 대해 확보함으로써, 방송에 의한 표현의 자유를 가능한 한 다수에 의해서 향유되도록 하기 위하여 신청자에 관해 필요한 사항을 정하는 기준」이다.

을 하고자 하는 자는 전파법이 정하는 바에 따라 방송통신위원회의 '방송국 허가'를 받아야 하도록 하고 있는 바, 전파법은 무선국을 개설하려는 자는 방송통신위원회의 허가를 받아야 하도록 하고 있다. 종합유선방송사업 또는 중계유선방송사업을 하고자 하는 자는 대통령령이 정하는 기준에 적합하게 시설과 기술을 갖추어 방송통신위원회의 '허가'를 받아야 하며, 방송채널사용사업·전광판방송사업 또는 음악유선방송사업을 하고자 하는 자는 방송통신위원회에 '등록'하여야 한다[20]. 다만, 종합편성이나 보도 또는 상품소개와 판매에 관한 전문편성을 행하는 방송채널사용사업을 하고자 하는 자는 방송통신위원회의 '승인'을 얻어야 한다. 이들 허가나 승인 등의 심사에는 "1. 방송의 공적 책임·공정성·공익성의 실현 가능성, 2. 방송프로그램의 기획·편성 및 제작계획의 적절성, 3. 지역적·사회적·문화적 필요성과 타당성, 4. 조직 및 인력운영 등 경영계획의 적정성, 5. 재정 및 기술적 능력, 6. 방송발전을 위한 지원계획, 7. 기타 사업수행에 필요한 사항"(제10조 제1항)을 심사하여 그 결과를 공표하도록 하고, 그러한 심사과정에 시청자의 의견을 공개적으로 청취하고, 그 의견의 반영 여부를 공표하여야 하도록 하고 있다.

한편, 우리 방송법도 방송의 공공성 등을 고려하여 그 소유가 집중되지 않도록 규제를 하고 있다. 즉, 원칙적으로 지상파방송사업자 및 종합편성 또는 보도에 관한 전문편성을 행하는 방송채널사용사업자의 주식 또는 지분 총수의 100분의 40을 초과하여 소유할 수 없도록 규제하고 있다. 종래 100분의 30으로 되었던 것이 2009년 7월의 방송법 개정에서 100분의 40으로 완화되었다. 또한, 종래 자산총액 10조 이상의

---

20) 안정민, 放送規制와 放送行政機關에 관한 公法的考察, 연세대 대학원 박사학위 논문, 2006, 80쪽 이하.

대기업이나 뉴스통신을 경영하는 법인은 지상파방송사업 및 종합편성 또는 보도에 관한 전문편성을 행하는 방송채널사용사업을 겸영하거나 그 주식 또는 지분을 소유할 수 없도록 규제하였던 것을 2009년 방송법 개정으로 "지상파방송사업자의 주식 또는 지분 총수의 100분의 10을 초과하여 소유할 수 없으며, 종합편성 또는 보도에 관한 전문편성을 행하는 방송채널사용사업자의 주식 또는 지분 총수의 100분의 30을 초과하여 소유할 수 없다."(제8조 제3항)로 완화하였다. 그리고, 지상파방송사업자, 종합편성 또는 보도에 관한 전문편성을 행하는 방송채널사용사업자의 주식 또는 지분을 소유하고자 하는 일간신문을 경영하는 법인은 경영의 투명성을 위하여 대통령령으로 정하는 바에 따라 전체 발행부수, 유가 판매부수 등의 자료를 방송통신위원회에 제출하여 공개하여야 하며, 일간신문의 구독률이 100분의 20 이상인 경우에는 지상파방송사업 및 종합편성 또는 보도에 관한 전문편성을 행하는 방송채널사용사업을 겸영하거나 주식 또는 지분을 소유할 수 없도록 규제하고 있다[21]. 또한 지상파방송사업자 · 종합유선방송사업자 · 위성방송사업자 · 방송채널사용사업자 등은 시장점유율 또는 사업자수 등을 고려하여 일정한 범위를 초과하여 상호 겸영하거나 그 주식 또는 지분을 소유할 수 없도록 규제하고 있다[22].

나. 비교검토

근래의 한 · 일 양국의 방송법 개정에서 중심적인 부분의 하나가

21) 방송통신위원회, 2009 방송통신위원회 연차보고서, 2010, 89쪽 이하.

22) 방송법 개정을 둘러싼 논란에 대해서는, 최영묵, "방송법 개정 논란과 공영방송의 미래", 한국방송학회 2009 방송법 개정안 대토론회 자료집, 2009.2, 9쪽 이하.

진입제도를 둘러싼 것이었다. 그러나, 구체적으로 그 내용을 살펴보면, 양국의 개정의 방향이 엇갈리고 있음을 알 수 있다. 즉, 일본은 종래의 이른바 '하드-소프트 일치'에 의하여 지상파방송사업을 하고자 할 때에는 전파법상의 무선국 면허만을 취득하면 되었던 것을 이른바 '하드-소프트 분리'에 의하여, 종래와 같이 전파법상의 무선국 면허는 물론, 방송법상의 방송사업의 '인정'이라는 행정처분을 필요로 하게 된 것이다. 이로 인하여 규제기관인 총무성의 권한의 강화가 우려되고 있다[23].

그에 반하여, 우리나라는 그동안 진입을 금지하여 왔던 대기업이나 일간지에 대해서 규제를 완화하여 허용하였다. 그리고 이러한 조치의 일환으로 방통위는 2010년 12월 31일에 종합편성 및 보도전문 방송채널사용사업 승인 대상법인을 선정하였다[24]. 그러나, 그 선정대상인 법인들이 '보수적' 성격의 언론이라는 점에서 이명박정권과 이른바 코드가 비슷하다고 할 수 있다. 그러한 점에서는 우리나라의 방송법 개정에 의한 규제완화는 결국 정권의 기반강화와 밀접한 관련을 가진다고 볼 수도 있을 것이다.

이처럼 한・일 양국이 방송・통신의 융합과 규제완화라는 시대흐름에 대응하기 위한다는 명분을 가지고 법 개정을 하였으나, 결국은 입법의 주도세력의 이익에 부합되는 방향, 즉 일본에서는 '행정권'의 강화로, 한국에서는 '보수적' 언론의 입지 강화로 이어졌다는 점에서 공통된다고 할 수 있다.

---

23) 山田健太, "2010年放送法改正の意味と課題", 月刊 民放 2010年 6月号, 21쪽.
24) 방송통신위원회 2010.12.31 보도자료.

5. 방송프로그램 규제

가. 법규정

일본 방송법은 별개 독립된 장(제2장)으로 '방송프로그램의 편집 등에 관한 통칙'을 두고서 12개 조항(제3조-제14조)을 규정하고 있다. 우선, "방송프로그램은 법률에서 규정하는 권한에 근거하는 경우가 아니면 누구로부터도 간섭되거나 규율되지 않는다."고 하여 '방송프로그램 편집의 자유'를 규정하고 있다. 이어서, 방송사업자는 방송프로그램의 편집에서 "①공안 및 선량한 풍속을 해하지 않을 것, ②정치적으로 공평할 것, ③보도는 사실을 왜곡함이 없이 할 것, ④의견이 대립되는 문제에 대해서는 가능한 한 많은 각도에서 논점을 명확히 할 것"(제4조 제1항)을 요구하고 있다. 이것을 '방송프로그램 편집준칙'(이하 '편집준칙'이라 한다.)이라고 한다. 또한, 종래에는 '통칙'의 장에 함께 규율되었던 것으로 이른바 '방송프로그램 조화원칙'(이하 '조화원칙'이라 한다.)이 있다. 조화원칙은 신 방송법에서 '기간방송'의 장(제5장)으로 이전했지만, 방송프로그램 규제와 관련하여 중요하기 때문에 함께 다루도록 한다. 조화원칙이란 기간방송사업자(지상파방송 및 일부 BS방송)가 방송프로그램의 편집에서 교양프로그램, 교육프로그램, 보도프로그램 및 오락프로그램 상호간에 조화를 이루도록 하여야 한다는 것을 말한다[25]. 또한 방송법 개정에 의해 새로 도입된 제도로서 방송사업자는 방송프로그램의 종류(교양프로그램, 교육프로그램, 보도프로그램, 오락프로그램 등)에 대해 '방송프로그램 편집기준'을 정하여, 이를 공표하여야 하도록 되었다. 조화원칙의 적용은 각 방송사업자의 자율

25) 村上聖一, "番組調和原則　法改正で問い直される機能 -制度化の理念と運用の実態-", 放送研究と調査 FEBRUARY 2011, 2쪽.

에 맡겨져 있는 것으로 되어 있지만, 실제로는 재면허 심사에서 고려사항으로 규정(총무성령인 「방송국 개설의 근본적 기준」 등)되어 있기 때문에 방송사업자에게는 의무 부과되어 있는 것이나 다름없다고 할 것이다.

그리고, 방송사업자는 방송프로그램의 적정을 도모하기 위하여 '방송프로그램 심의기관'(이하 '심의기관'이라 한다.)을 두도록 의무 부과되어 있다. 방송사업자의 심의기관은 위원 7인 이상으로 조직되며, 일정한 경우에는 2 이상의 방송사업자가 공동으로 심의기관을 둘 수 있도록 되어 있다. 심의기관은 방송사업자의 자문에 응해 방송프로그램의 적정을 도모하기 위하여 필요한 사항을 심의하고 방송사업자에게 의견을 말할 수 있고, 방송사업자는 이를 존중하여 필요한 조치를 하여야 하도록 되어 있다. 또한 방송사업자가 진실이 아닌 사항을 방송하였다고 하여 청구를 받은 경우에 조사하여 진실이 아닌 것으로 판명되었을 때에는 정정 또는 취소방송을 하여야 한다. 방송사업자는 원칙적으로 방송프로그램의 방송 후 3개월간 방송프로그램을 보존하여야 하도록 되어 있다.

이에 대하여, 우리나라 방송법은 방송프로그램과 관련된 다수의 규정을 두고 있다. 그 가운데 중요한 것을 중심으로 살펴보도록 한다. 우선, 우리 방송법도 '방송편성의 자유와 독립'에 대하여 규정하고, 누구든지 방송편성에 관하여 법률에 의하지 아니하고는 어떠한 규제나 간섭도 할 수 없고, 방송사업자는 방송편성책임자를 선임하고, 방송편성책임자의 자율적인 방송편성을 보장하여야 하도록 규정하고 있다. 그러나, 방송사업자는 시청자가 방송프로그램의 기획・편성 또는 제작에 관한 의사결정에 참여할 수 있도록 하여야 하고, 방송의 결과가 시청자의 이익에 합치하도록 하여야 하며, 방송의 공적 책임[26)]을 부담하도록 되어 있다. 또한 방송의 공정성과 공익성의 보장을 위하여 다수의 책무를 규정하고 있다[27]. 방송통신심의위원회는 이를 심의하기 위하여 방송심의규정을 제정 · 공표하여야 하도록 하고, 심의규정에는 다수의 사항[28]이 포함된다. 또한 방송사업자는 아동과 청소년을 보호하기 위하여 방송프로그램의 폭력성 및 음란성 등의 유해정도, 시청자의 연령 등을 감안하여 방송프로그램의 등급을 분류하고 이를 방송 중에 표시하여야 하며, 방송통신심의위원회는 그것이 적절하지 아니하다고 판단되는 경우 해당 방송사업자에게 당해 방송프로그램의 등급분류

---

26) 이러한 '방송의 공적 책임'이란, ① 인간의 존엄과 가치 및 민주적 기본질서 존중, ② 국민의 화합과 조화로운 국가의 발전 및 민주적 여론형성에 이바지, 지역간 · 세대간 · 계층간 · 성별간의 갈등 조장 금지, ③ 타인의 명예훼손 또는 권리침해 금지, ④ 범죄 및 부도덕한 행위나 사행심 조장 금지, ⑤ 건전한 가정생활과 아동 및 청소년의 선도에 나쁜 영향을 끼치는 음란 · 퇴폐 또는 폭력 조장 금지를 말한다. 동법 제5조.

27) 그 중 몇 가지를 들어보면, ① 보도는 공정하고 객관적일 것, ② 성별 · 연령 · 직업 · 종교 · 신념 · 계층 · 지역 · 인종 등을 이유로 한 방송편성 차별 금지(예외 있음), ③ 국민의 윤리적 · 정서적 감정 존중, 국민의 기본권 옹호 및 국제친선의 증진에 이바지, ④ 국민의 알권리와 표현의 자유 보호 · 신장, ⑤ 소수이거나 이익추구의 실현에 불리한 집단이나 계층의 이익의 충실한 반영, ⑥ 정부 또는 특정 집단의 정책 등을 공표함에 있어 의견이 다른 집단에게 균등한 기회 제공, 각 정치적 이해 당사자에 관한 방송프로그램의 균형있는 편성 등이다. 동법 제6조.

28) 심의규정에 포함되어야 할 사항으로는 다음과 같다. "1. 헌법의 민주적 기본질서의 유지와 인권존중에 관한 사항, 2. 건전한 가정생활 보호에 관한 사항, 3. 아동 및 청소년의 보호와 건전한 인격형성에 관한 사항, 4. 공중도덕과 사회윤리에 관한 사항, 5. 양성평등에 관한 사항, 6. 국제적 우의 증진에 관한 사항, 7. 장애인 등 방송소외계층의 권익증진에 관한 사항, 8. 민족문화의 창달과 민족의 주체성 함양에 관한 사항, 9. 보도 · 논평의 공정성 · 공공성에 관한 사항, 10. 언어순화에 관한 사항, 11. 자연환경 보호에 관한 사항, 12. 건전한 소비생활 및 시청자의 권익보호에 관한 사항, 13. 법령에 따라 방송광고가 금지되는 품목이나 내용에 관한 사항, 14. 방송광고 내용의 공정성 · 공익성에 관한 사항, 15. 기타 이 법의 규정에 의한 방송통신심의위원회의 심의업무에 관한 사항" 동법 제33조 제2항.

를 조정하도록 요구할 수 있다. 그리고, 방송통신위원회는 방송프로그램의 전문성과 채널의 다양성이 구현될 수 있도록 하기 위하여 전문편성의 방송분야와 방송프로그램의 종류에 따른 편성비율 등을 고시할 수 있고, 방송사업자의 방송프로그램 내용 및 편성과 운영 등에 관하여 종합적으로 평가하기 위하여 '방송평가위원회'를 둘 수 있다[29].

한편, 방송사업자는 방송프로그램을 편성함에 있어 공정성·공공성·다양성·균형성·사실성 등에 적합하도록 하여야 하며, 특히 종합편성을 행하는 방송사업자는 방송프로그램의 편성에서 일정한 기준에 따라 보도·교양 및 오락에 관한 방송프로그램을 포함하여야 하고, 그 방송프로그램 상호간에 조화를 이루도록 편성하여야 한다고 하여, 이른바 '방송프로그램 조화의 원칙'을 채택하고 있다[30]. 그리고, 한국방송공사에 대해서는 시청자가 직접 제작한 시청자 참여프로그램을 편성하여야 하며, 종합편성 또는 보도전문편성방송사업자는 당해 방송사업자의 방송운영과 방송프로그램에 관한 시청자의 의견을 수렴하여 주당 60분 이상의 시청자 평가프로그램을 편성하여야 한다. 또한 방송사업자는 당해 채널의 전체 프로그램 중 국내에서 제작된 방송프로그램을 일정한 비율 이상 편성하여야 하고, 국제문화 수용의 다양성을 보장하기 위하여 외국에서 수입한 영화·애니메이션 및 대중음악 중 한 국가에서 제작한 영화·애니메이션 및 대중음악이 일정한 비율 이상을 초과하지 아니하도록 편성하여야 하도록 규정하고 있다.

---

29) 우리나라의 방송통신심의제도에 대한 상세한 내용에 대해서는, 김성천 외, 방송통신 심의규정 개선방안에 관한 연구, 방송통신심의위원회, 2009, 11쪽 이하.

30) 그러나, 전문편성을 행하는 방송사업자는 허가를 받거나 승인을 얻거나 등록을 한 주된 방송분야가 충분히 반영될 수 있도록 일정한 기준에 따라 방송프로그램을 편성하여야 하도록 하여, 조화원칙을 채택하지 않고 있다.

나. 비교검토

일본에서는 방송에 대해서 학계는 물론, 입법자나 규제기관도 방송내용인 방송프로그램의 규제와 관련하여 대단히 신중한 입장이라고 할 수 있다. 그래서 일본 방송법상의 방송프로그램에 대한 규제는 사실 '편집준칙'과 '조화원칙'과 관련된 정도라고 할 수 있다. 이러한 '편집준칙'이나 '조화원칙'에 대해서도 "다수의 개념이 감독의 기준으로 하기에는 불명확하기 때문에 학설은 이들 원칙을 민간방송사업에 대하여 윤리적 의미를 가지는 규정에 불과하다[31]"고 간주하고 있다.

그에 대하여, 우리 방송법은 방송프로그램규정과 관련하여 규제기관에 의한 너무나 강력한 규제장치로 채워져 있음을 알 수 있다[32]. 방송법이 규정하고 있는 '방송 편성의 자유와 독립'은 단지 장식적인 규정에 불과하지 않는가 하는 회의가 생겨날 정도이다. 물론 우리 방송법에도 가령 방송사업자는 시청자가 방송프로그램의 기획 · 편성 또는 제작에 관한 의사결정에 참여할 수 있도록 하여야 하고, 방송의 결과가 시청자의 이익에 합치하도록 하여야 한다든지 한국방송공사에 대해서 시청자가 직접 제작한 시청자 참여프로그램을 편성하여야 하고, 종합편성 또는 보도전문편성방송사업자는 주당 60분 이상의 시청자 평가프로그램을 편성하여야 하는 등의 시청자 참여를 보장하는 제도는 일본 방송법에서는 볼 수 없는 제도이다. 그러나, 가령 방송의 공적 책임이나 방송의 공정성과 공익성에 관한 규정은 그 개념이 너무 추상적이거나 포괄적인 것이어서 방송의 자유의 핵심인 방송프로그램의

---

31) 鈴木秀美, 放送の自由, 信山社, 2000, 280쪽.

32) 고민수, "방송편성 규정의 법적 성격과 한계에 관한 헌법학적 연구", 방송과 커뮤니케이션 12권 1호, 2011, 8쪽 이하 ; 한국방송협회, 방송법 개정방향에 관한 연구(한국방송협회 연구보고서), 2007, 10쪽 이하.

내용을 옥죄는 제도라고 할 수 있다. 그밖에도 방송통신심의위원회의 심의규정도 역시 추상적이고 포괄적인 것으로 되어 있음을 지적할 수 있을 것이다. 이로 인하여 방송의 자유 등과 관련하여 헌법 위반 여부가 문제될 수 있다[33].

Ⅳ. 결어 - 비교연구로부터의 시사점

이상의 한·일 양국의 방송법제에 관한 비교연구로부터 다음과 같은 시사점을 얻을 수 있다고 본다.

첫째로, 한·일 양국의 방송법제에서 우선 지적할 수 있는 점은 국민인 시청자의 관점에 선 제도를 어느 정도 도입하였느냐와 관련하여 일본 방송법은 거의 그 규정이 존재하지 않음을 알 수 있었다. 이는 일본의 방송법이 방송업에 종사하는 자들에 대한 통제와 이해관계를 조정하기 위한 이른바 '업법(業法)[34]'으로서의 성격을 가짐을 암시한

---

33) 헌법재판소는 구 방송법 제32조 제2항 위헌확인심판에서 "한국광고자율심의기구가 행하는 방송광고 사전심의는 방송위원회가 위탁이라는 방법에 의해 그 업무의 범위를 확장한 것에 지나지 않는다고 할 것이므로 한국광고자율심의기구가 행하는 이 사건 텔레비전 방송광고 사전심의는 행정기관에 의한 사전검열로서 헌법이 금지하는 사전검열에 해당한다."며, 그 이후 동법이 개정되어 "방송광고사전심의의 주체를 방송통신심의위원회로 변경하였는데, 방송통신심의위원회의 구성이나 업무, 업무처리 방식 등은 구 방송위원회의 그것과 다르지 않다고 할 것인바, 법질서의 정합성과 소송경제의 측면에서 개정된 방송법에 대해서도 위헌을 선언할 필요가 있다"고 위헌결정을 내린 바 있다. 헌재 2008. 6. 26. 2005헌마506.

34) 가령 예컨대, 은행업(은행법), 신탁업(신탁업법), 약사업(약사법), 건설업(건설업법) 등을 들 수 있다.

다고 할 수 있다. 그에 비하여, 우리나라 방송법은 목적규정에서부터 "시청자의 권익보호"를 내세움으로써 일본 방송법의 입장과는 확연한 차이를 나타내고 있음을 확인할 수 있었다.

둘째로, 2010년 12월의 일본 방송법의 개정과 관련법률의 폐지를 가리켜 '60년만의 대개정'이라고 부르고 있다. 이러한 개정은 방송과 통신의 융합에 대처하기 위하여 '정보통신법(가칭)'이라는 단일법의 제정을 목표로 하였다가 여러 가지 사정으로 인하여 절충적인 입장에서 방송법만의 단일법체제로 전환하였다고 할 수 있다. 그런데, 이러한 방송법의 단일화 시도는 우리나라도 유사한 이유로 기존의 「방송법」, 「종합유선방송법」, 「유선방송관리법」 및 「한국방송공사법」을 통합하여, 2000년 3월에 이른바 통합 「방송법」을 다시 제정한 바가 있다. 그리고, 일본이 방송 · 통신의 융합에 대응하기 위한 개정의 주요사항 중 하나로서 들 수 있는 것이 '방송'개념의 개정이라고 할 수 있다. 즉, 종래 "공중에 의하여 직접 수신될 것을 목적으로 하는 무선통신의 송신"에서 "공중에 의하여 직접 수신될 것을 목적으로 하는 전기통신의 송신"으로의 개정이다. 그러나, 우리나라 방송법은 그와 같은 개념의 개정을 2000년도에 이루었다. 이러한 사실들은 일본 방송법이 '60년만의 대개정'이라고 부르는 것도 우리 방송법의 입장에서는 그다지 새로운 것이 아니라고 할 것이다.

셋째로, 2010년 일본 방송법의 개정사항 중의 하나가 종래 총무성령으로 규정하였던 이른바 매스미디어 집중배제의 원칙을 방송법에 규정하였다는 것이다. 일본 법률의 일반적인 경향 중의 하나라고 지적할 수 있겠지만 법률에 의한 성령(省令) 등 하위법령에의 포괄위임 내지는 백지위임식 규정이 적지 아니하다는 것이다. 이는 결국 '법률의 지배'가 아니라 '행정입법 내지는 행정지도의 지배'를 낳고, 행정권한의 강화를 낳는 중요한 원인을 이룬다고 할 수 있다. 그에 비하여, 우리나라는 특히 헌법재판소의 발족 이후에 그와 같은 포괄위임 내지는 백지위임식 규정이 대단히 줄어들었다고 할 수 있다.

넷째로, 일본의 경우에는 BPO(放送倫理・番組向上機構)를 중심으로 하여, 자율적 규제장치가 큰 기능을 하고 있다고 할 수 있다. 이러한 BPO의 역할에 대해서는 자율이라는 포장을 씌워서 실질적으로는 규제기관의 의도를 충실히 반영시키는 매개체로서의 역할을 하고 있다는 비판이 제기되고 있다는 점도 알 수 있었다. 각종 업계별로 이와 같은 자율적 규제기구를 설치토록 하여 규제기관이 이를 통하여 손쉽게 관련업계를 통제하는 것이 일본 행정의 실제에서 일반적으로 행해지는 수법이라고 할 수 있다. 이처럼 자율적 기구를 통하여 규제기관의 의도를 관철시키는 것이 행정목적 달성에도 용이하고, 또한 법령에 의한 구속으로부터도 크게 자유로울 수 있기 때문이다. 법률에 의한 성령 등 하위법령에의 포괄적 위임과 행정지도의 성행이 맞물려 이러한 환경이 일본에서의 법치행정의 정착화를 저해하는 요인의 하나라고 할 수 있을 것이다. 위와 같은 지적으로부터 우리나라의 방송행정이 자유롭다고 할 수는 없겠지만, 우리나라의 경우에는 상대적으로 그 정도가 약하다고 할 수 있을 것이다.

다섯째로, 방송법의 가장 핵심적인 사항 중의 하나가 '방송프로그램 편집의 자유의 확보'라고 할 수 있을 것이다. 이와 관련하여, 일본의 경우에 학계는 물론, 입법자와 규제기관이 대단히 신중한 입장을 견지하고 있음을 알 수 있었다. 그에 비하여, 우리 방송법은 다른 선진적인 제도에도 불구하고, 이와 관련하여서는 대단히 심각한 상황이라고 할 수 있다. 이에 대해서는 입법자도 규제기관도 물론 자각하여야 하지만, 학계도 이와 관련한 연구발표로서 지속적으로 문제 제기를 할 것이 요청된다고 본다.

제7장 | 일본 방송통신규제의 조직 및 심결절차

Ⅰ. 일본 방송통신규제의 조직

일본에서 방송 및 통신의 규제를 총괄하는 행정기관은 총무성이다. 총무성은 2001년 시행된 정부조직 개편에 따라서 당시의 총무청, 우정성, 자치성이 통합되어 설치된 것으로 방송 및 정보통신 관련 사무를 소관하고 있다. 총무성(Ministry of Internal Affairs and Communications : MIC)은 당시의 총무청, 우정성, 자치성이 통합되어 성립된 것에서도 알 수 있듯이, 행정조직, 공무원제도, 지방행정, 선거, 소방방재, 정보통신, 우정사업, 통계 등 국가의 기본적인 제도와 국민생활의 기반에 광범위하게 관련되는 행정기능을 소관하고 있다. 따라서, 일본의 성청(省廳) 가운데 가장 광범위한 업무를 관장하고 있으며, 국가행정조직법(별표 제1)에는 총무성이 각 성(省)의 첫 번째로 나와 있고, 각료명부에서도 총무대신은 총리대신(수상) 다음으로 나와 있는 점 등에서 내각의 2인자로서의 위치를 차지하고 있다고 할 수 있다.

총무성에는 그 장으로서 총무대신이 있으며, 이를 보좌하는 기관으로서 총무부대신(2인)과 총무대신정무관(3인)이 있으며, 주로 중・참의원의 국회의원들이 맡고 있다. 총무성의 소관사무를 수행하기 위한 조직은 다수에 이르나, 이들 중 특히 중요하다고 판단되는 내부부국(內部部局)과 심의회 등에 대해서 살펴보도록 한다.

〈총무성 조직도(방송통신규제조직을 중심으로)〉

(2011년 4월 1일 현재)

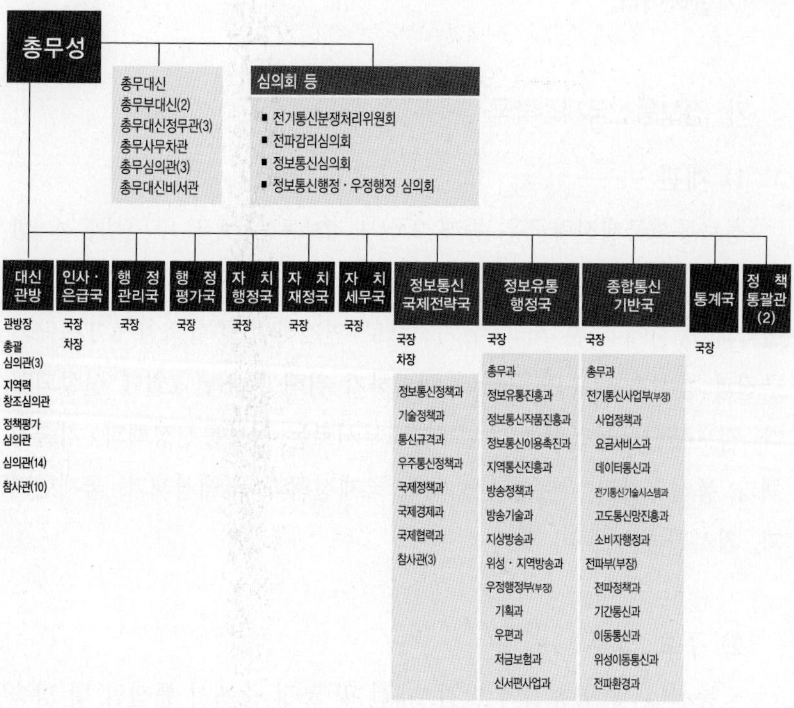

1. 내부부국(内部部局)

총무성의 내부부국으로서는 대신관방(大臣官房), 인사・은급국(人事・恩給局), 행정관리국(行政管理局), 행정평가국(行政評価局), 자치행정국(自治行政局), 자치재정국(自治財政局), 자치세무국(自治税務局), 정보통신국제전략국(情報通信國際戰略局), 정보유통행정국(情報流通行政局), 종합통신기반국(總合通信基盤局), 통계국(統計局), 정책통괄관(정책통계담당)(政策統括官〈統計基準担当〉)이 있다. 이들 총무성 내부부국 가운데 방송・정보통신 관련부서는 정보통신국제전략국, 정보유통행정국, 종합통신기반국이다.

가. 정보통신국제전략국

1) 개관

정보통신국제전략국은 종래 2국(구 정보통신정책국, 구 종합통신기반국)에 분산되었던 ICT산업의 종합정책, 기술정책 및 국제정책기능의 집약과 동시에 다른 국과 유기적으로 연계하여 종합적인 ICT전략의 추진과 통신과 방송의 융합에 대처하기 위해 2008년 7월에 신설되었다. 정보통신국제전략국의 업무담당부서로는 정보통신정책과, 기술정책과, 통신규격과, 우주통신정책과, 국제정책과, 국제경제과, 국제협력과, 참사관(3인) 등이 있다.

2) 주요 업무

- 통신업 및 방송업의 발전, 개선 및 조정 중에서 통신업 및 방송업의 국제 경쟁력 강화에 관한 업무

- 주파수 표준치의 설정, 표준전파의 발사 및 표준시 통보
- 유선통신설비 및 무선설비에 관한 기술상 규격 제정
- 정보 유통 및 전파 이용에 관한 기술의 연구 및 개발
- 정보통신의 발전 관련 업무 중에서 정보 유통관련 업무
- 조약 및 법률로 정해진 범위 내에서 정보 유통 및 전파의 이용에 관한 국제적 결정의 협의 및 체결, 국제통신연합 이외의 기관과의 연락

나. 정보유통행정국

1) 개관

정보유통행정국은 2008년 7월 총무성 조직개편으로 (구)정보통신정책국의 방송관련 5과와 정보유통관련 4과, 우정행정국의 업무가 이관되었다. 정보유통행정국의 업무담당부서로는 총무과, 정보유통진흥과, 정보통신작품진흥과, 정보통신이용촉진과, 지역통신진흥과, 방송정책과, 방송기술과, 지상방송과, 위성・지역방송과, 우정행정부(기획과, 우편과, 저금보험과, 신서편〈信書便〉사업과)가 있다.

2) 주요업무

- 방송에 관련된 정보 유통을 위한 유선 또는 무선 시설의 설치 및 사용 규제
- 정보 유통을 위한 유선 또는 무선 시설의 정비 촉진
- 국제방송, 자국과 외국간의 정보 유통 촉진
- 방송통신 콘텐츠의 원활한 유통을 위한 제도 정비 및 환경 정비
- 정보 유통의 규제 및 진흥
- 방송산업의 발전, 개선 및 조정

다. 종합통신기반국

1) 개관

종합통신기반국은 통신사업의 경쟁 촉진, 정보통신 인프라의 안정적인 이용 환경의 정비, 전파의 유효이용 촉진이나 세계 최첨단 무선 브로드밴드 환경의 구축 등을 위하여 2001년에 구 우정성의 통신국과 대신관방국제부가 통합되어 신설되었다. 종합통신기반국의 업무담당 부서로는 총무과, 전기통신사업부(사업정책과, 요금서비스과, 데이터통신과, 전기통신기술시스템과, 고도통신망진흥과, 소비자행정과), 전파부(전파정책과, 기간통신과, 이동통신과, 위성이동통신과, 전파환경과)가 있다.

2) 주요업무

- 정보 유통을 위한 유선 또는 무선 시설의 설치 및 사용 규제
- 통신업의 발달, 개선 및 조정
- 비상사태시 중요 통신의 확보
- 주파수 할당 및 전파 감리 관리
- 전파 감시, 전파의 품질 시정 및 불법적으로 개설된 무선국이나 불법적으로 설치된 고주파 이용 설비의 탐사
- 전파가 무선 설비 이외에 미치는 영향으로 인한 피해 방지 또는 경감
- 전파 이용의 촉진
- 분배된 주파수 사용 및 혼신에 관한 국제통신연합, 외국의 주요 관청 등과의 연락 및 국제전파감시기관과의 연락

2. 심의회 등

가. 개관

총무성은 국민생활 전반에 큰 영향을 미치는 주요 사안에 대해서는 심의회, 위원회, 연구회, 간담회 등을 설치하고 국민 각층을 대표하는 인사들로 구성된 조직을 설치하여 그 결과를 정책에 반영하고 있다. 심의회와 위원회는 국가행정조직법 등 법령에 근거하여 설치되는 반면, 연구회와 간담회, 검토회 등은 법령에 근거하지 않고 1~2년간 특정 의제에 대해 집중적으로 조사·분석 후 보고서를 내고서 해체되는 것이 일반적이다[1]. 현재는 전기통신분쟁처리위원회, 전파감리심의회, 정보통신심의회 등과, 다수의 연구회 및 간담회가 활동하고 있다. 이 가운데 방송 및 정보통신의 심결절차와 관련하여 중요한 역할을 하는 것으로 전기통신분쟁처리위원회와 전파감리위원회를 들 수 있다.

나. 전기통신분쟁처리위원회

1) 법적 근거

정보화시대와 더불어 전기통신시장에 다수의 사업자가 진입하여 전기통신서비스의 고도화, 다양화가 이루어지고 있는 가운데, 전기통신설비의 접속을 둘러싼 분쟁 등 전기통신사업자 간의 분쟁이 급증하고, 복잡한 양상을 띠어가고 있다. 전기통신분쟁처리위원회(Telecommunications Dispute Settlement Commission ; TDSC)는 전기통신사업자간의 분쟁을 신속하고 공정하게 처리하기 위하여 2001년 11월에 설치된 전문적인 기관이라고 할 수 있다. 2010년에 성립, 공포된 「방송법등

---

1) 이를 「행정운영상의 회합」 또는 「사적 자문기관」이라고도 부른다.

의 일부를개정하는법률」(2010년 법률 제65호)이 2011년 6월 30일에 시행되어, 동 위원회가 취급하는 분쟁에 방송분야등의 분쟁[2])이 추가됨과 더불어, 명칭도 종래의 「전기통신사업분쟁처리위원회」에서 「전기통신분쟁처리위원회」로 변경되었다. 전기통신분쟁처리위원회는 국가행정조직법 8조[3]) 및 전기통신사업법 제5장(제144조 내지 제162조)에 그 근거를 두고 설치되어 활동하고 있다.

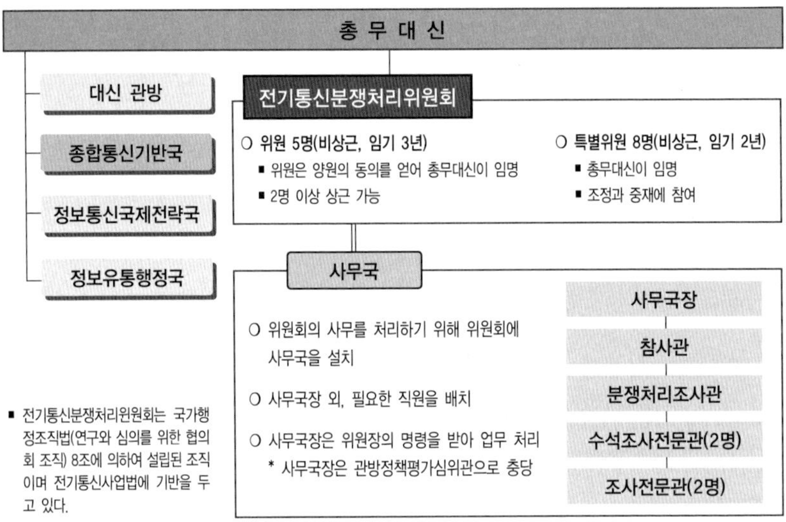

---

2) 법령의 개정에 의해 동 위원회의 소관사항으로 추가된 분쟁은 다음과 같다. ① 케이블텔레비전사업자 등과 기간방송사업자 간의 지상텔레비전방송의 재방송과 관련된 동의에 관한 분쟁, ② 전기통신사업자간에서의 철탑 등의 共用에 관한 분쟁, ③ 전기통신사업자와 콘텐츠배급업자 등과의 사이에서의 전기통신역무의 제공과 관련된 분쟁

3) (심의회 등) 제8조 제3조의 국가의 행정기관에는 법률이 정하는 소장사무의 범위내에서 법률 또는 정령이 정하는 바에 의해, 중요사항에 관한 조사심의, 불복심사 기타 학식경험을 가지는 자 등의 합의에 의해 처리하는 것이 적당한 사무를 관장하게 하기 위한 합의제의 기관을 둘 수 있다.

2) 조직

전기통신분쟁처리위원회는 중·참의원 양원의 동의를 얻어서 총무대신이 임명하는 위원 5명으로 구성된다. 이들 위원은 법률, 경제, 회계, 통신공학 등의 전문가로서 비상근[4]이며 임기는 3년이고, 재임될 수 있다. 또한, 이들 위원과는 별도로 다수의 알선·중재사안이 동시에 발생한 경우나 전문적인 사안이 발생한 경우 등에 대응하기 위하여 8명의 특별위원을 총무대신이 임명할 수 있다(전기통신분쟁처리위원회령〈2001년 정령 제362호〉 1조). 이들 특별위원은 비상근으로 임기는 2년이다.

전기통신분쟁처리위원회의 사무를 처리하기 위하여 위원회에 사무국을 설치한다. 종래에는 전기통신사업의 경쟁규칙의 정비를 담당하는 종합통신기반국에서 처리하던 것을 위원회의 공정성·중립성을 보장하기 위하여, 위원회 내에 독립된 사무국이 설치되었다. 사무국에는 국장, 참사관, 분쟁처리조사관 등이 있으며, 국장은 대신관방의 정책평가심의관이 겸임하고 있다[5].

3) 기능

전기통신분쟁처리위원회의 기능으로서는 ①전기통신사업자간의 접속 등에 관한 분쟁 및 무선국을 개설하거나 무선국의 주파수 등을 변경하고자 하는 자와 기존의 무선국의 면허인간의 분쟁을 해결하기 위한 알선·중재, ②총무대신이 전기통신설비의 접속, 재방송의 동의 등에 관한 명령·재정, 업무개선명령 등의 행정처분을 행하는 경우에

---

4) 다만, 2인 이내에서 상근으로 임명할 수 있다.

5) 사무국장은 관련부서의 공무원이 겸직하도록 규정하고 있다(電気通信紛争処理委員会令 4条).

총무대신으로부터 받은 자문에의 심의・답신, ③위원회의 권한에 속한 사항에 관하여 필요한 규칙 정비 등에 대한 총무대신에의 권고를 들 수 있다. ④그밖에, 사무국에 '전기통신사업자 상담창구'를 설치하여, 접속 등 전기통신사업자 간의 분쟁에 관한 상담・문의 등을 수행하고 있다.

가) 알선・중재

위원회의 핵심적인 기능으로서는 전기통신사업법에 규정되어 있는 '알선・중재'가 있다. 구체적으로는 전기통신설비의 접속이나 공용(共用), 도매전기통신역무의 제공 등에 관한 분쟁에 관하여 알선・중재를 행하도록 되어 있다.

2001년 11월 위원회 설립시부터 2012년 3월말까지 위원회는 중계 광(光)파이버와의 접속에 관한 분쟁, 접속료나 망개조료의 지불에 관한 분쟁 및 콜로케이션 스페이스(collocation space)・전원・MDF의 이용에 관한 분쟁 등에 대하여 58건의 알선과 3건의 중재를 행하였다[6]. 이들 분쟁처리에 소요되는 기간은 평균 1개월 반으로 신속한 해결이 이루어지고 있다고 할 수 있다.

나) 자문에 대한 심의・답신

전기통신사업법은 총무대신이 접속 등에 관한 협정의 협의명령, 접속협정의 세목(細目)의 재정(裁定) 및 업무개선명령 등의 행정처분을 할 때에는 위원회에 자문을 하여야 하도록 규정하고 있다. 위원회는 총무대신의 자문을 받아서, 이들 사안에 관한 심의・답신을 한다.

지금까지 위원회는 MVNO와 MNO간의 접속협정에 관한 재정이나 업무개선명령 등에 관한 심의・답신 8건을 하였다(2012년 3월 31일 현재).

---

6) 総務省, 平成24年版 情報通信白書, 2012, 385쪽.

다) 권고

전기통신사업법은 위원회의 분쟁처리를 통하여 명백하게 된 경쟁규칙의 개선점 등에 대하여 총무대신에게 권고를 할 수 있다고 규정하고 있다.

지금까지 위원회에서는 콜로케이션규칙의 개선을 위한 권고, 접속요금에 관한 권고 등 3건을 하였다(2012년 3월 31일 현재).

라) 기타

전기통신분쟁처리위원회는 알선·중재제도의 보다 활발한 이용을 위하여, 사무국에 「전기통신사업자 상담창구」를 설치하고, 각종 분쟁에 관한 전기통신사업자로부터의 상담을 접수하고 있다.

위원회 사무국은 알선·중재제도의 활용을 촉구할 뿐만 아니라, 과거의 사례나 관계법령 등을 기초로 하여 전기통신사업자의 상담에 대응함으로써 분쟁을 사전에 방지하는 기능을 실질적으로 담당하고 있다.

다. 전파감리심의회

1) 법적 근거

전파감리심의회는 전파법 제99조의2에 근거하여 설치된 조직으로서, 전파법 및 방송법에서 그 권한에 속하는 전파 및 방송에 관한 사무의 처리를 그 소관으로 하고 있다.

전파감리심의회	• 위원 5명(비상근, 임기 3년) - 위원은 양원의 동의를 얻어 총무대신이 임명 • 심리관 5명 이내 - 심의회의 의결을 거쳐, 총무대신이 임명
사무국	• 종합통신기반국 총무과

2) 조직

전파감리심의회는 중·참의원 양원의 동의를 얻어서 총무대신이 임명하는 위원 5명으로 구성된다. 이들 위원은 비상근으로 임기는 3년이며, 재임될 수 있다. 방송사업자, 전기통신사업자 등의 임원(사업자단체의 임원을 포함한다.) 등은 위원으로 임명할 수 없다. 불복신청의 심리 및 의견청취절차를 주재하기 위하여 5명 이내의 심리관을 둔다. 심리관은 전파감리심의회의 의결을 거쳐, 총무대신이 임명한다.

심의회의 사무국은 별도로 설치하지 않고, 총무성 종합통신기반국 총무과가 그 역할을 하고 있다.

3) 소관사무

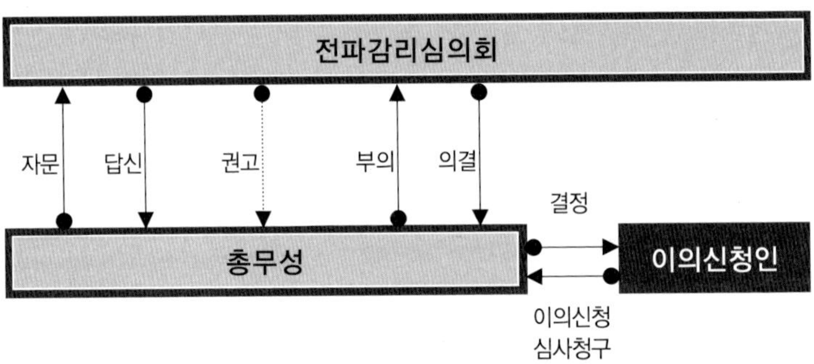

① 총무대신의 자문(필요적 자문사항[7])에 대한 답신

② 필요적 자문사항과 관련된 사항에 대하여 총무대신에의 권고

전파법 제99조의 13 및 방송법 제179조는 전파감리심의회가 필요적 자문사항에 대해서 총무대신에게 권고할 수 있고, 총무대신은 권고

---

7) 전파법 제99조의11 및 방송법 제177조는 일정한 사항에 대하여 총무대신은 전파감리심의회에 자문하여야 한다고 규정하고 있다. 이들 사항을 '필요적 자문사항'이라고 한다.

를 받았을 때, 그 내용을 공표하여야 한다고 규정하고 있다.

③ 전파법 및 방송법에 근거한 총무대신의 처분에 대한 불복신청(이의신청, 심사청구)의 심사 및 의결

전파법 제85조 및 방송법 제180조는 양 법률에 근거한 총무대신 등의 처분에 대한 불복신청이 있었을 때에는 그것을 각하하는 경우를 제외하고, 지체없이 전파감리심의회에 부의하여야 하고, 총무대신 등은 심의회의 심의·의결에 따라 결정 또는 재결하도록 규정하고 있다.

Ⅱ. 일본 방송통신규제기관의 심결절차

1. 총무대신의 자문-전기통신분쟁처리위원회의 심의·답신

가. 절차의 개요

종래 총무대신은 전기통신설비의 접속 등에 관한 협정의 협의명령, 접속협정 등의 세목(細目)의 재정, 토지 등의 사용에 관한 협의인가·재정 및 업무개선명령의 행정처분을 할 때에 전기통신사업법(이하 '사업법')에 의하여 위원회에 자문을 하여야 하도록 되어 있었다. 그런데, 2010년 방송법 등의 일부개정에 의하여 케이블TV사업자 등에 의한 지상기간방송(지상파TV방송)의 재방송의 동의에 관한 재정[8]과 전기통신사업자간의 전기통신설비설치용 공작물의 共用에 관한 협의명령·세목재정에 대해서도 위원회의 자문사항으로 되었다.

---

8) 이에 대해서는 종래 「정보통신행정·우정행정심의회」의 자문사항으로 된 것이 법개정에 의하여 「전기통신분쟁처리위원회」의 자문사항으로 변경된 것이다.

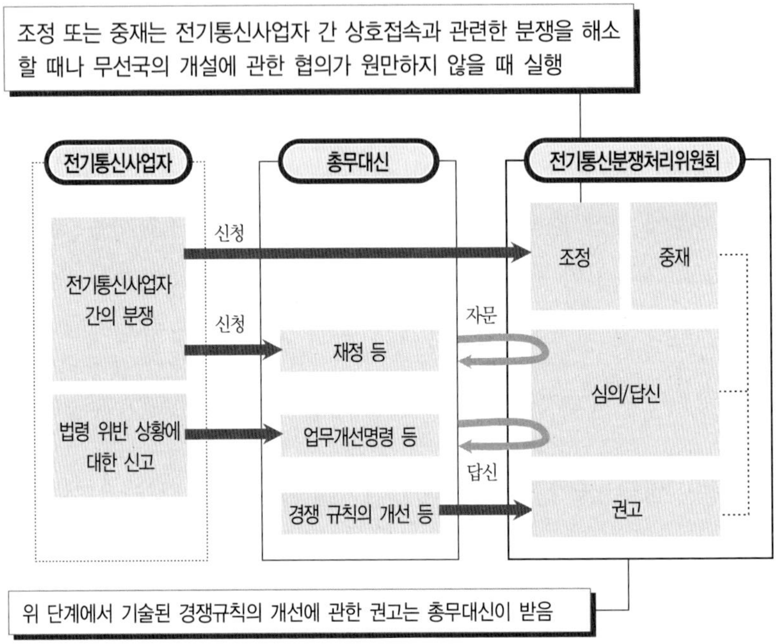

위원회는 위와 같이 법률로 규정되어 있는 일정한 사항에 대하여 총무대신의 자문을 받은 경우에 그에 대하여 '심의 · 답신'을 하도록 되어 있다.

법률에는 총무대신의 일정한 처분에 대하여 필요적 자문사항으로 규정하고 있을 뿐이고, 위원회의 답신에 대한 구속력에 대해서는 규정되어 있지 아니하기 때문에 법적 구속력은 없는 것으로 해석된다. 그러나, 정당한 이유가 없이 위원회의 답신에 반하는 처분이나 재정을 하지 아니한 것이 지금까지의 관례이기 때문에 위원회의 답신은 '사실상의 구속력'을 갖는다고 할 수 있다.

나. 분쟁처리와 관련한 절차

1) 전기통신사업자 간의 분쟁

가) 협의명령

(1) 의의

협의명령제도는 전기통신사업자간에 협의가 이루어지지 않거나 이루어질 수 없는 경우에 총무대신이 협의의 개시·재개를 명령하는 제도를 말한다.

총무대신의 협의명령은 ①전기통신설비의 접속에 관한 협정, ②전기통신설비의 共用에 관한 협정, ③도매전기통신역무의 제공에 관한 계약의 체결에 대하여 그 "체결을 신청하였음에도 상대방이 그 협의에 응하지 않거나" 또는 "협의를 개시하였지만 협의가 이루어지지 아니한 경우"에 신청할 수 있다(사업법 제35조 제1, 2항, 제38조 제1항, 제39조).

(2) 절차

(가) 협의명령을 신청하고자 하는 자는 신청서에 필요사항을 기재하여 총무대신에게 제출하여야 한다.

(나) 총무대신의 협의명령은 청문을 거치도록 규정되어 있다(사업법 제161조 제1항). 총무대신은 위원회가 그 위원 가운데 추천한 자를 청문주재자로 지명한다.

청문주재자는 청문 종료 후, 조서(심리의 경과를 기재하고, 당사자 및 참가인의 진술의 요지를 설명) 및 보고서(협의명령의 원인인 사실에 대한 당사자 등의 주장에 이유가 있는지 여부에 대한 의견을 기재)를 총무대신에게 제출한다. 당사자 및 참가인은 이 조서 및 보고서의 열람을 청구할 수 있다.

(다) 총무대신은 협의명령에 대하여 위원회에 자문하여야 한다(사

업법 제160조 제1호). 총무대신의 자문을 받은 위원회는 심의[9]를 한 후, 협의명령에 대하여 총무대신에게 답신을 한다.

(라) 위원회의 답신을 받은 총무대신은 청문조서의 내용 및 보고서에 기재된 청문주재자의 의견을 충분히 참작하여 협의명령을 발한다. 다만, 당사자로부터 중재신청이 있는 때에는 그러하지 아니한다. 당사자 및 참가인은 협의명령에 대하여 이의신청을 할 수 없다(행정절차법 제27조 제2항 본문).

나) 세목재정(細目裁定)

(1) 의의

세목재정은 전기통신사업자간에서의 접속 등에 관하여, 당사자가 취득하거나 부담해야 할 금액 등 기타 협정 등의 세목에 대하여 협의가 이루어지지 아니한 경우에 당사자의 일방으로부터 신청이 있었을 때에 총무대신이 이를 재정하고, 그 결정에 따라서 당사자 간에 협의가 이루어진 것으로 간주하는 제도이다.

총무대신의 세목재정은 ①전기통신설비의 접속, ②전기통신설비의 共用, ③도매전기통신역무의 제공에 대한 협정 또는 계약에 관해서 "협정 등의 세목에 대해서 협의가 이루어지지 아니한 때"에 신청할 수 있다(사업법 제35조 제3, 4항, 제38조 제2항, 제39조). 다만, 당사자가 중재신청 후에는 신청할 수 없다. 세목재정 신청에 앞서서 미리 협의명령 절차를 거쳐야 할 필요는 없다.

---

9) 위원회는 필요하다고 인정하는 경우에 이해관계자 그밖에 참고인으로부터 의견 청취를 할 수 있다.

(2) 절차

세목재정 절차의 개요

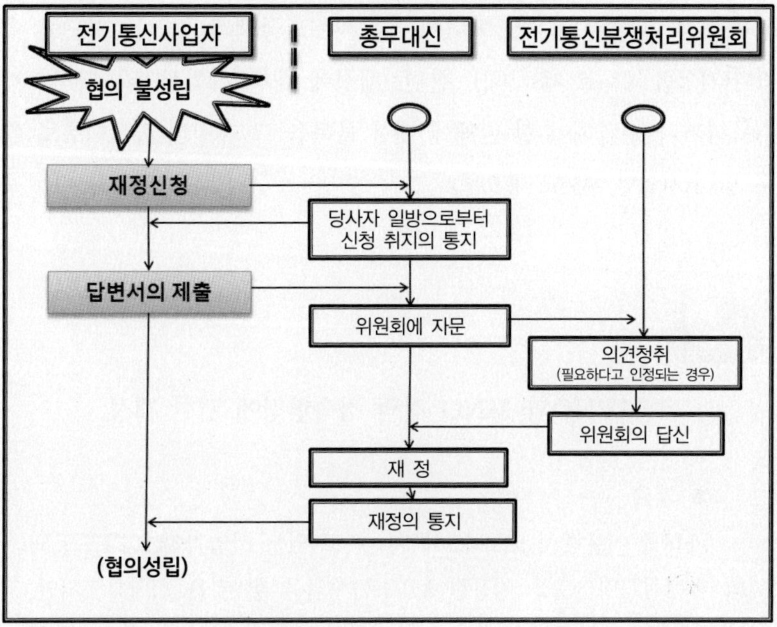

(가) 재정을 신청하려는 자는 신청서에 필요사항을 기재하고, 이를 총무대신에게 제출하여야 한다.

(나) 총무대신은 재정신청을 수리하였을 때는 타방 당사자에게 재정 신청이 있었음을 통지한다. 통지를 받은 당사자는 총무대신이 지정한 기간 내에 일방 당사자가 재정을 청구한 사항에 관한 답변서를 제출할 수 있다.

(다) 총무대신은 재정에 대해 위원회에 자문하여야 한다. 총무대신의 자문을 받은 위원회는 심의를 한 후 재정에 대하여 총무대신에게 답신을 한다.

(라) 위원회의 답신을 받은 총무대신은 재정을 한다. 총무대신은

재정을 하였을 때는 그 내용을 당사자에게 통지한다. 재정 가운데 당사자가 취득하거나 부담해야 할 금액에 대해 불복하는 자는 그 재정이 있음을 안 날로부터 6월 이내에 소로써 그 금액의 증감을 청구할 수 있다(사업법 제35조 제8, 9항). 한편, 재정에 대한 이의신청은 당사자가 취득하거나 부담해야 할 금액에 대한 불복을 그 재정의 불복이유로 할 수 없다(사업법 제35조 제10항).

다) 실제 사례

사례

MVNO와 MNO 간의 접속협정에 관한 재정

■ 개요

PHS를 이용해서 MVNO사업을 하고 있는 사업자가 NTT도코모의 휴대전화망(3G)을 이용한 MVNO사업을 할 것을 희망하였지만, NTT도코모와의 접속협의가 이루어지지 않았기 때문에, 접속협정의 세목과 관련한 재정을 총무대신에게 신청하였다(2007년 7월 9일).

■ 자문내용

본건 접속에서의 요금 설정은 「통합방식요금(エンドエンド料金)」으로 하고, MVNO사업자에게 이용자요금 설정권을 인정하는 것이 상당하다. 또한, 요금체계는 대역폭 과금으로 하는 것이 상당하다.

접속료의 금액, 개발을 요하는 기능 등은 세목협의에 이르지 않았기 때문에 재정을 하지 않는다.

■ 답신내용

자문내용은 대체로 적당하지만, 대역폭 요금에 대해서는 네트워크

폭주 대책에 대해서 협의가 이루어질 것을 조건으로 하는 것이 적당하다.

◎ **권고**

재정내용을 「MVNO와 관련된 전기통신사업법 및 전파법의 적용관계에 관한 가이드라인」에 반영하는 이외에, 접속요금의 올바른 산정방법 등 MVNO와 MNO 간의 원활한 협의에 이바지할 사항에 대하여, 적시적절하게 검토를 행하고, 소요의 조치를 강구할 것.

◎ **그 후의 진행상황**

답신에 따라서 총무대신에 의한 재정이 이루어졌다(2007년 11월 30일). 그 후, NTT도코모는 MVNO와 접속료를 대역폭 과금으로 하는 접속약관을 레이어3 접속에 대해서는 2008년 7월 28일, 레이어2 접속에 대해서는 2009년 3월 6일에 총무대신에게 신고하였다.

또한, 종합통신기반국은 권고에 입각하여 MVNO가이드라인을 2008년 5월 19일에 재개정하였다.

2) 전기통신사업자와 토지 등의 소유자 · 사용자 간의 분쟁

가) 절차의 개요

전기통신사업법에는 사업용의 선로 설치를 원활하게 실현하기 위하여 타인의 토지나 공작물의 사용에 관한 규정(제128조 내지 제143조)을 두고 있다. 이들 규정의 운용에 의해 토지 · 공작물의 소유자 · 사용자의 사권이 제한받게 되고, 인정전기통신사업자[10]와 토지 · 공작물

10) '인정전기통신사업자'란 전기통신회선설비를 설치해서 전기통신역무를 제공하는 전기통신사업을 운영하는 전기통신사업자 또는 당해 전기통신사업을 운영하고자 하는 자로서, 타인의 토지나 공작물의 사용에 관한 전기통신사업법의 규정의

의 소유자·사용자 간의 분쟁이 예상되기 때문에, 그 해결을 위해 협의인가 및 재정제도가 설치되어 있다. 이 경우에, 총무대신은 협의인가 및 재정처분을 할 때에는 위원회에 자문하여야 하도록 되어 있고, 위원회는 이를 받아서 심의·답신을 한다.

나) 협의인가

(1) 의의

타인의 토지 등의 사용과 관련한 협의인가제도는 인정전기통신사업자가 그 사업에 사용하는 선로 및 공중선 그리고 이들 부속설비의 설치를 원활하게 실현하기 위하여 토지 등의 사용권의 설정에 관한 협의 또는 그 기간을 연장하기 위한 협의를 청구하는 절차를 결정하는 것이다. 토지 등의 사용권의 내용은 토지 등의 소유자·사용자와의 협의 또는 총무대신의 재정에서 확정하게 된다.

본래 토지 등의 사용은 사법상의 계약에 의해 임차권 등을 설정함으로써 하여야 하지만, 인정전기통신사업은 소유자 등의 권리자가 서로 다른 토지를 연결해서 선로를 부설할 것이 필요불가결하고, 이를 원활하게 실현하는 것이 공공의 이익에 합치하는 점, 선로의 설치에서 일부의 전주라도 설치할 수 없다면 전체의 공사가 완성할 수 없게 되는 점, 또한 다수의 전주 등을 설치하기 위하여 다수의 권리자와의 사이에서 토지수용법의 엄격한 절차에 의하여야 한다고 할 때에는 공사의 현저한 지연을 초래할 수 있다는 점, 토지 등의 사용을 인정하더라도 전주 등의 점유면적이 작기 때문에 발생하는 부담은 토지수용법이 대상으로 하는 경우와 비교하여 대단히 경미하다는 점 등이 고려되어,

---

적용을 받기 위하여 총무대신으로부터 인정을 받은 자를 말한다(사업법 제117조 제1, 2항, 제120조 제1항).

간편한 제도가 설치된 것이다.

따라서, 사법상의 계약에 의하여 임차권 등을 설정함으로써 토지 등을 사용할 수 없는 경우에 한하여, 이 절차가 인정된다.

총무대신의 협의인가는 인정전기통신사업자가 격지자간의 통신을 위한 선로를 설치하기 위하여 토지 등[11]의 이용에 대하여 신청할 수 있다.

(2) 절차

(가) 신청하고자 하는 자는 신청서에 필요사항을 기재해서 이를 총무대신에게 제출하여야 한다.

(나) 총무대신은 인가 신청이 있었을 경우에 필요가 있다고 인정할 때에는 토지 등의 소유자·사용자, 행정재산의 관리자 등(행정재산등에 정착하는 공작물에 대해 인가 신청이 있는 경우)으로부터 의견을 청취한다.

(다) 총무대신은 협의인가에 대해 위원회에 자문하여야 한다. 총무대신의 자문을 받으면, 위원회는 심의를 한 후 협의인가에 대해 총무대신에게 답신을 한다.

(라) 위원회의 답신을 받은 총무대신은 인정전기통신사업자가 그 토지 등을 이용하는 것이 필요하고 적당하며, 인정전기통신사업자가 토지 등의 소유자·사용자에 의한 이용을 현저히 방해하지 않는 한도에서 그 토지 등을 사용할 경우에, 공익성과 토지 등의 소유자·사용자의 수인한도를 비교형량하여 인가를 한다(사업법 제128조 제1, 2항).

협의인가에 의해 설정되는 사용권은 다른 법률에 의해 토지 등을 수용하거나 사용할 수 있는 사업보다 우선된다. 사용권의 존속기간은

---

11) 그러나, 행정재산, 公共空地, 도로 및 도로예정구역, 도시공원, 하천구역 등은 제외된다.

15년 또는 50년(지하공작물이나 철강이나 콘크리트지상공작물의 경우)이지만, 협의 또는 재정에 의해 이보다 단기간을 정할 수 있다.

총무대신은 인가를 하였을 때에는 토지 등의 소유자 · 사용자에게 그 내용을 통지하고 공고한다.

(마) 인가 후, 협의가 성립하였을 때는 당사자인 인정전기통신사업자 및 토지 등의 소유자 · 사용자는 협의에서 결정된 사항을 총무대신에게 신고한다. 신고가 있었을 때는 그 신고 내용에 따라서 인정전기통신사업자는 토지 등의 사용권을 취득하거나 사용권의 존속기간이 연장된다.

다) 토지 등의 사용과 관련된 재정

(1) 의의

토지 등의 사용과 관련된 재정은 협의인가를 받아서 협의를 하더라도 협의가 이루어지지 않거나 이루어질 수 없는 경우에, 사용권의 내용을 총무대신에게 재정함으로써 신속하게 확정하게 하려는 제도이다.

인정전기통신사업자는 협의인가를 받아서 협의를 하더라도 토지 등의 소유자 · 사용자와의 사이에서 사용권에 대한 협의가 이루어지지 아니한 때 또는 협의를 할 수 없을 때에 협의인가로부터 3월 이내에 총무대신의 재정을 신청할 수 있다(사업법 제129조 제1항).

(2) 절차

(가) 재정을 신청하려는 자는 신청서 정본 1통, 부본 1통에 필요사항을 기재하고, 공사계획서 및 공사계획을 표시하는 도면을 첨부하여 총무대신에게 제출하여야 한다.

(나) 총무대신은 재정 신청을 수리한 때는 3일 이내에 토지 등의

소유자 · 사용자에게 재정신청이 있었음을 통지한다. 시정촌장(市町村長) 등은 총무대신으로부터 신청수리 후 3일 이내에 신청서의 사본의 송부를 받아서 그로부터 3일 이내에 송부를 받은 사실을 공고하고, 공고일로부터 1주간, 송부된 사본을 공중의 열람에 제공한다. 토지 등의 소유자 · 사용자, 기타 이해관계인은 공고일부터 10일 이내에 총무대신에게 의견서를 제출할 수 있다.

(다) 총무대신은 토지 등의 사용권의 대가액, 대가의 지불시기 및 방법에 대하여 도도부현수용위원회로부터 의견청취를 한다.

(라) 총무대신은 재정에 대하여 위원회에 자문하여야 한다. 총무대신의 자문을 받으면, 위원회는 심의를 한 후, 재정에 대하여 총무대신에게 답신을 한다.

(마) 위원회의 답신을 받은 총무대신은, ①사용권을 설정할 토지 등의 소재지 및 그 범위, ②선로의 종류 및 수, ③사용개시의 시기, ④사용권의 존속기간을 정하였을 때는 그 기간, ⑤대가의 금액과 그 지불시기 및 방법에 대해 재정을 하고, 지체없이 그 사실을 인정전기통신사업자 및 토지 등의 소유자 · 사용자에게 통지하고 공고한다.

라) 선로의 이전 기타 장애의 제거와 관련된 재정

(1) 의의

장애의 제거와 관련된 재정은 사용권에 근거하여 설치되어 있는 인정전기통신사업자의 선로가 토지 등의 이용에 현저하게 장애를 미치게 되었을 때에 활용되는 제도이다. 구체적으로는 그 장애의 제거를 위한 조치에 대하여 당사자 간에 협의가 이루어지지 않거나 이루어질 수 없는 경우에 장애 제거에 필요한 조치를 총무대신이 재정하고, 그에 따라서 인정전기통신사업자와 토지 등의 소유자 · 사용자와의 사이에서 협의가 이루어진 것으로 간주함으로써 신속하게 해결하려는 제도이다.

(2) 대상으로 되는 경우

인정전기통신사업자 또는 토지 등의 소유자 · 사용자는, ①협의인가를 받아서 사용권이 설정된 토지 등 또는 이것에 근접한 토지 등의 이용의 목적 또는 방법이 변경되었기 때문에 당해 사용권에 근거하여 설치되어 있는 선로가 토지 등의 이용에 현저하게 지장을 미치게 되었을 때로서, ②그 장애의 제거에 필요한 조치에 대하여 인정전기통신사업자와 토지 등의 소유자 · 사용자와의 사이의 협의가 이루어지지 아니한 때 또는 협의를 할 수 없을 때에 총무대신의 재정을 신청할 수 있다(사업법 제138조 제3항).

(3) 절차

(가) 재정을 신청하려는 자는 신청서 정본 1통, 부본 1통에 필요사항을 기재하고, 총무대신에게 제출하여야 한다.

(나) 총무대신은 재정 신청을 수리한 때는 3일 이내에 인정전기통신사업자 또는 토지 등의 소유자 · 사용자에게 재정 신청이 있었다는 사실을 통지한다.

시정촌장 등은 총무대신으로부터 신청 수리 후 3일 이내에 신청서의 사본의 송부를 받고, 그로부터 3일 이내에 송부를 받았다는 사실을 공고하고, 공고일부터 1주간, 송부된 사본을 공중의 열람에 제공한다.

토지 등의 소유자 · 사용자 기타 이해관계인은 공고일부터 10일 이내에 총무대신에게 의견서를 제출할 수 있다.

(다) 총무대신은 재정에 대하여 위원회에 자문하여야 한다. 위원회는 심의를 한 후 총무대신에게 답신을 한다.

(라) 위원회의 답신을 받은 총무대신은 인정전기통신사업자가 선로의 이전 기타 장애의 제거에 필요한 것으로서 토지 등의 소유자·사용자가 청구한 조치를 하여야 할지 여부에 대하여 재정을 한다. 이 경우, 인정전기통신사업자에게는 청구된 조치가 업무의 수행상 또는 기술상 현저하게 곤란한 경우를 제외하고, 동 조치를 하여야 한다고 하는 재정이 행하여진다.

3) 전기통신사업자와 그 사업자의 역무제공과 관련된 이해관계자 간의 분쟁

가) 개요

전기통신사업법에는 전기통신사업자의 전기통신역무에 관한 요금 그밖에 제공조건이나 전기통신사업자 및 전기통신사업자의 전기통신역무의 제공에 관한 계약의 체결의 매개, 대리를 업으로 행하는 자의 업무방법의 시정을 청구하기 위한 제도로서 '의견신청제도'가 설치되어 있다.

이 의견신청인에는 전기통신사업자 이외의 이용자도 포함되지만, 전기통신사업자도 다른 전기통신사업자의 역무제공조건 등에 관하여 의견의 신청을 할 수 있기 때문에 전기통신사업자 간에 분쟁이 발생한 경우의 분쟁해결수단으로서 이 제도를 활용하는 것이 유용할 수 있다. 따라서, 의견신청제도는 전기통신사업자 등의 서비스 등에 관하여 고충 그밖에 의견이 있는 자가 이를 총무대신에게 신청하여 처리를 청구함으로써 문제를 해결하고자 하는 제도라고 할 수 있다.

나) 대상으로 되는 사항

①전기통신사업자의 전기통신역무에 관한 요금 기타의 제공조건과 ②전기통신사업자 등의 업무방법에 대해 고충 기타의 의견이 있는 자

는 이유를 기재한 문서를 제출하여 의견 신청을 할 수 있다.

다) 절차

(1) 의견신청을 하고자 하는 자는 의견신청서에 필요사항을 기재하여 총무대신에게 제출하여야 한다.

(2) 총무대신은 의견신청이 있었을 때에는 이것을 성실하게 처리한다(사업법 제172조 제2항). 총무대신은 의견신청과 관련된 사항에 대하여 의견신청이 있었던 날부터 신속하게 처리를 종료하도록 노력한다. 처리에는 필요에 응해 전기통신사업법상의 조치[12]나 행정지도를 행하는 등의 절차를 취한다.

(3) 총무대신이 전기통신사업법상의 조치를 취하는 경우에는 위원회에 자문을 하여야 한다. 총무대신의 자문을 받으면, 위원회는 심의를 한 후 총무대신에게 답신을 한다.

(4) 의견신청과 관련된 사안에 관하여, 「사적 독점의 금지 및 공정거래의 확보에 관한 법률」상 문제가 될 가능성이 있다고 판단한 경우에, 총무성은 신청자의 희망을 참고하여 공정거래위원회에 연락한다.

(5) 총무대신은 의견신청의 처리를 종료하였을 때는 그 결과를 신청한 자에게 통지한다. 총무성은 사례로서 의의가 있는 것에 대해 기업비밀이나 개인정보 등에의 배려를 한 후, 공표한다.

다. 불이익처분과 관련된 절차

1) 절차의 개관

전기통신사업법은 총무대신에게 일정한 사항에 대한 불이익을 처

12) 이러한 조치로서는 ① 전기통신사업 등록취소, ② 계약약관변경명령, ③ 업무개선명령, ④ 금지행위 정지・변경명령, ⑤ 접속약관변경명령, ⑥ 망기능계획 변경권고, ⑦ 인정전기통신사업자에의 업무개선명령을 든다.

분을 하기 전에 위원회에 자문을 하여야 하도록 규정하고 있다. 또한, 자문을 하기 전에 행정절차법의 특례규정을 두어, 청문을 거쳐야 하도록 하고 있다. 이들 불이익처분과 관련한 절차는 전기통신사업법 등에 특별한 규정이 없는 한, 불이익처분과 관련한 행정절차법상의 일반절차에 의하게 된다.

불이익처분절차의 개요

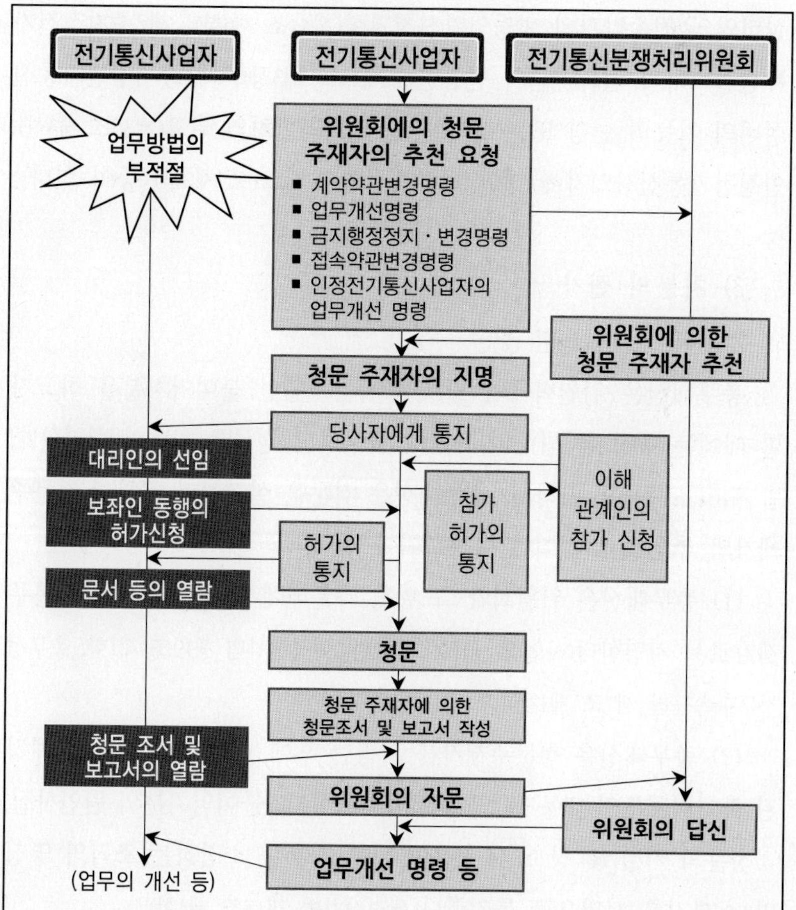

2) 필요적 자문 대상인 처분

총무대신이 처분을 하기 전에 위원회에 자문하여야 하는 처분으로서는, 기초적 전기통신역무에 관한 요금 기타 제공조건에 대한 계약약관의 변경명령(제19조 제2항), 지정전기통신역무의 보장계약약관의 변경명령(제20조 제3항), 특정전기통신역무의 요금변경명령(제21조 제4항), 전기통신사업자에 대한 업무개선명령(제29조 제1항), 금지행위 위반행위의 정지・변경명령(제30조 제4항, 제31조 제3항), 제1종지정전기통신설비와의 접속약관의 변경인가신청명령(제33조 제6항), 제2종지정전기통신설비와의 접속약관의 변경명령(제34조 제3항), 제1종지정전기통신설비의 기능의 변경 또는 추가에 관한 계획변경의 권고(제36조 제3항), 인정전기통신사업자에 대한 업무개선명령(제121조 제2항) 등이 있다.

3) 처분의 절차

가) 총무대신에 의한 청문

총무대신은 위원회에의 필요적 자문사항인 불이익처분을 하고자 할 때에는 행정절차법상의 규정에 불구하고 청문을 하여야 한다(사업법 제161조 제1항). 따라서, 총무대신은 청문을 실시하기 위하여 청문주재자의 추천을 위원회에 요청하여야 한다.

(1) 총무대신은 위원회가 그 위원 가운데에서 추천한 자를 청문주재자로서 지명한다(사업법 제161조 제2항, 행정절차법 제19조 제1항, 총무성 청문수속규칙 제7조 제1항).

(2) 총무대신은 청문주재자를 지명한 후에, 당사자에 대해 ①예정된 불이익처분의 내용 및 근거법령의 조항, ②불이익처분의 원인사실, ③청문의 기일 및 장소, ④청문에 관한 사무를 소장하는 조직의 명칭 및 소재지를 서면으로 통지한다(행정절차법 제15조 제1항).

(3) 불이익처분에 대해 이해관계를 가지는 자로 인정되는 관계인은 청문주재자의 허가를 받은 후에 청문에 참가할 수 있다(행정소속법 제17조 제1항). 관계인은 그 성명, 주소 및 당해 청문과 관련된 불이익처분에 대해 이해관계를 가진다는 소명을 기재한 서면을 청문주재자에게 제출한다. 청문주재자는 이해관계인이 당해 청문에 관한 절차에 참가할 것을 청구할 때는 이를 허가한다(사업법 제161조 제3항).

(4) 당사자 및 참가인은 청문절차에 대리인을 선임하여, 청문에 관한 일체의 행위를 시킬 수 있다. 대리인의 자격은 서면에 의해 증명할 필요가 있다(행정절차법 제16조 제1, 2, 3항, 제17조 제2항).

당사자 또는 참가인은 청문기일에 출두할 때에 청문주재자의 허가를 받아서 보좌인을 동행시킬 수 있다.

(5) 청문주재자는 필요에 응해 학식경험자를 참고인으로서 청문에 관한 절차에 참가할 것을 요청할 수 있다.

(6) 당사자 및 당해 불이익처분이 이뤄진 경우에 자기의 이익을 해치게 되는 참가인은 처분의 원인사실을 증명하는 자료의 열람을 사전 또는 청문 당일에 요청할 수 있다(행정절차법 제18조).

(7) 청문주재자는 당사자나 참가인의 일부가 출석하지 아니하여도, 청문기일에 심리를 할 수 있다(행정절차법 제20조 제5항).

최초의 청문기일의 모두(冒頭)에서 총무성직원은 불이익처분의 내용 및 근거법령의 조항과 그 원인사실 등을 설명한다(행정절차법 제20조 제1항).

당사자 또는 참가인은 청문기일에 출석하여 의견을 진술하고, 증거서류 또는 증거물을 제출하며, 청문주재자의 허가를 얻어서 총무성직원에게 질문할 수 있다(행정절차법 제20조 제2항).

청문주재자는 필요에 따라서 당사자 혹은 참가인에게 질문을 하고,

의견진술이나 증거서류 또는 증거물의 제출을 촉구하거나 충무성직원에 대해 설명을 요구할 수 있다(행정절차법 제20조 제4항). 당사자 또는 참가인은 청문기일의 출석에 대신하여 청문기일까지 진술서 및 증거서류 또는 증거물을 주재자에게 제출할 수 있다(행정절차법 제21조 제1항). 청문주재자는 청문기일의 출석자가 이를 청구한 경우에 이들 제출된 것을 당해 출석자에게 보일 수 있다(행정절차법 제21조 제2항).

(8) 청문기일에서의 심리는 총무대신이 공개하는 것이 상당하다고 인정할 때를 제외하고, 비공개로 한다(행정절차법 제20조 제6항). 공개의 경우에는 총무대신은 청문기일 및 장소를 공시하고, 당사자 및 참가인 및 참고인에 대해 그 내용을 통지한다.

(9) 청문주재자는 청문기일의 심리 후, 필요한 경우에 새로운 기일을 정하여 청문을 속행할 수 있다(행정절차법 제22조 제1항).

당사자가 청문기일에 출석하지 않고, 진술서나 증거서류 또는 증거물도 제출하지않을 때는 청문주재자는 다시 당사자에게 의견진술 등의 기회를 주지 않고 청문을 종결할 수 있다(행정절차법 제23조 제1, 2항). 참가인이 청문기일에 출석하지 않을 때에는, 청문주재자는 다시 참가인에게 의견진술 등의 기회를 주지않고, 청문을 종결할 수 있다(행정절차법 제23조 제1항).

청문주재자는 청문 종료 후, 조서 및 보고서를 총무대신에게 제출한다(행정절차법 제24조 제1, 3항). 당사자 또는 참가인은 이 조서 및 보고서의 열람을 청구할 수 있다(행정절차법 제24조 제4항).

나) 위원회의 심의와 답신

총무대신은 일정한 불이익처분을 하기 전에 위원회에 자문하여야 한다(사업법 제160조 제2호). 위원회는 심의를 한 후, 불이익처분에 대해 총무대신에게 답신을 한다.

다) 총무대신의 불이익처분(업무개선명령 등)

위원회의 답신을 받은 총무대신은 청문조서의 내용 및 보고서에 기재된 청문주재자의 의견을 충분히 참작하여, 불이익처분을 행한다.

당사자 및 참가인은 총무대신의 불이익처분에 대해서 행정불복심사법에 의한 이의신청을 할 수 없다(행정절차법 제27조 제2항 본문).

사례

NTT西日本에 대한 총무대신의 업무개선명령

■ **배경**

NTT西日本의 종업원이 접속업무에 관하여 입수한 다른 사업자에의 전화번호 이전에 관한 정보를 자회사의 종업원에게 제공하고, 자회사의 종업원이 판매대리점에 제공한 사실이 판명되었다.

■ **자문내용(2010년 1월 28일)**

NTT西日本의 당해 종업원의 행위는 전기통신사업법 제30조 제3항 제1호에 저촉한다고 인정된다.

NTT西日本으로부터는 고객정보시스템 단말로부터 다른 사업자 등에 관한 정보를 꺼낼 수 없도록 하는 조치를 강구하겠다는 보고가 이루어졌지만, 다른 사업자에 관한 정보의 열람이 당해 정보를 필요로 하는 업무 이외에서도 가능한 채로 되어 있기 때문에, 여전히 이번 사안과 동일한 사안이 발생하여 전기통신사업자 간의 공정한 경쟁이 저해되고, 전기통신의 건전한 발달에 지장을 발생할 우려가 있다고 인정된다.

이상에 의해, 전기통신사업법 제29조 제1항 제12호의 규정에 근거하여, 업무방법의 개선 그밖의 조치를 취할 것을 명령하고자 한다.

■ **답신내용(2010년 2월 4일)**

자문의 취지에 따라서 업무의 개선을 명하는 것은 적당함.

명령을 하는 경우에는 이하의 점에 유의하기를 바람.

1. NTT西日本이 다른 전기통신사업자의 전기통신설비와의 접속이 이용자 편의의 향상 및 전기통신의 종합적이고 합리적인 발달에 결여할 수 없는 전기통신설비를 설치하는 전기통신사업자인 것을 감안하여, NTT西日本이 그 입장을 충분히 인식하면서 명령을 확실하게 이행하도록 주시하여야 할 것.

2. NTT西日本 및 지역 자회사 등에서의 「법령등의 준수가 철저하게 이루지는 체제의 구축」이 강구되도록 하는 조치와 관련해서는, 다음과 같이 이루어지도록 하여야 할 것.

① 사내의 업무분장 등의 관점에서도 필요하고도 충분한 조치일 것.

② 객관적인 검증가능성에 배려하면서 강구되도록 할 것.

◎ **그 후의 진행상황**

답신을 받아서, 총무대신에 의한 업무개선명령이 내려졌다(2010년 2월 4일).

※ 「개인정보의 보호에 관한 법률」 및 「전기통신사업법에서의 개인정보 보호에 관한 가이드라인(2004년 총무성고시 제695호)」에 위반하는 행위가 있었다고 인정되기 때문에, 동사에 대하여, 종합통신기반국장으로부터 문서에 의한 엄중주의가 내려졌다.

2. 총무대신의 부의–전파감리심의회의 심의 · 의결

일본 전파법(제85조) 및 방송법(제180조)은 양 법률에 근거한 총무대신 등[13]의 처분에 대한 불복신청(이의신청, 심사청구)에 대하여 전파감리심의회의 심의 및 의결을 거쳐야 하도록 규정하고 있다. 따라서, 이하에서 전파감리심의회에서의 심결절차에 대하여 살펴보도록 한다.

가. 이의신청의 대상

1) 전파법에 근거한 총무대신의 처분

전파법에 총무대신의 권한으로 규정하고 있는 사항으로서는, 무선국 개설면허(제4조), 무선국의 호출부호 또는 호출명칭의 지정(제4조의2), 무선국의 예비면허(제8조 제1항), 공사설계 등의 변경허가(제9조 제1항), 공사의 준공검사(제10조 제1항), 무선국의 면허거부(제11조), 무선국의 목적 등의 변경허가(제17조 제1항), 변경검사(제18조 제1항), 검사사업자의 등록(제24조의2 제1항), 등록의 갱신(제24조의2의2 제1항), 적합명령 등(제24조의7), 인정의 취소 등(제27조의15 제1항), 무선국의 등록(제27조의18 제1항), 등록의 거부(제27조의20), 방해 등 방지명령(제38조의22 제1항) 등 다수에 이른다.

2) 방송법에 근거한 총무대신의 처분 등

방송법에 총무대신의 권한으로 규정하고 있는 사항으로서는, 기간방송사업자의 인정(제93조 제1항), 인정의 갱신(제96조 제1항), 방송사항

13) 여기서 총무대신 '등'이라고 표시한 것은 총무대신 이외에도 총무성령의 규정에 의해 총무대신의 권한을 위임받은 종합통신국장 또는 오키나와종합통신사무소장이 한 처분에 대한 심사청구에 대해서도 준용되기 때문이다.

등의 변경허가(제97조 제1항), 인정의 취소 등(제103조 제1항), 설비개선명령(제104조 제1항), 기간방송국제공사업자에 대한 변경명령(제120조), 기간방송국설비개선명령(제123조), 일반방송의 등록(제126조 제1항), 인정방송지주회사의 인정(제159조 제1항), 업무정지명령(제174조 제1항) 등이 있다.

총무대신의 부의-전파감리심의회의 심의 · 의결에 의한 절차

전파법 및 방송법상의 총무대신의 처분에 대한 불복 신청

전파법상의 처분 : 무선국 개설면허 등 　 방송법상의 처분 : 기간방송사업자 인정 등

↓

총무대신의 부의 ⇒ 전파감리위원회의 심리 개시

심리의 주재자 : 심리관(위원) 　 제척, 기피, 회피의 인정

↓

심리의 진행

준비서면의 제출, 의견진술, 석명 및 질문 　 불복신청인의 최후진술 기회 부여

↓

증거서류의 제출 등

증거서류의 제출, 참고인의 진술 · 감정 요구, 검증, 심문, 조서 및 의견서의 작성

↓

의결 및 결정

전파감리심의회의 의결 　 총무대신이 의결에 따라서 결정

나. 이의신청의 방식

전파법이나 방송법 또는 이들 법률에 근거한 명령규정에 근거한 총무대신의 처분에 대한 이의신청은 이의신청서 정부(正副) 2통을 제출하여야 한다. 다만, 「행정절차등에서의 정보통신기술의 이용에 관한

법률」에 의해 전자정보처리조직을 사용해서 이의신청을 한 경우에는 이의신청서 정부 2통을 제출한 것으로 간주한다.

다. 이의신청 제한의 적용제외

일본 행정절차법은 청문을 거쳐 행하여진 불이익처분에 대해서는 행정불복심사법에 의한 이의신청을 할 수 없도록 규정하고 있다(제27조 제1항). 그러나, 전파법 및 방송법에 의한 총무대신의 처분에 대해서는 행정절차법에 의한 청문을 거쳐 행하여진 경우에도 이의신청을 할 수 있도록 예외를 두고 있다.

라. 심리

1) 심리의 개시

전파감리심의회는 총무대신으로부터 부의된 사안에 대해 이의신청이 수리된 날로부터 30일 이내에 심리를 개시하여야 한다.

심리는 전파감리심의회에 부의된 사안별로 행한다. 다만, 필요가 있다고 인정할 때는 복수의 사안을 병합하거나 병합된 사안을 분리해서 행할 수 있다.

2) 심리의 주재자

심리는 전파감리심의회가 사안을 지정해서 지명하는 심리관(주임심리관)이 주재한다. 전파감리심의회는 필요하다고 인정할 때는 주임심리관을 보좌하기 위하여 별도로 심리관(보좌심리관)을 지명할 수 있다.

사안이 특히 중요한 경우에는 전파감리심의회가 심리를 주재할 위원(전파감리심의회위원)을 지명하여 심리를 주재하게 할 수 있다.

심리관은 누구로부터도 지시를 받지 않고, 양심을 따라서 법령에 근거하여 그 직무를 집행하여야 한다. 심리관에게는 제척, 기피, 회피가 인정된다.

따라서, ① 당해 사안의 이의신청인 또는 참가인, ② ①의 대리인 또는 보좌인, ③ ①의 배우자, 4촌내의 친족 또는 동거의 친족, ④ ①②③에 해당하였던 자, ⑤ ①의 후견인, 후견감독인 또는 보좌인, ⑥ 직무상 당해 사안의 처분에 관여했던 적이 있는 자, ⑦ 당해 사안에 대해서 참고인으로 된 적이 있는 자, ⑧ ①부터 ⑥까지 게시한 자 이외의 이해관계를 가지는 자는 직무집행으로부터 제척된다. 총무대신, 이의신청인 및 참가인은 지명된 심리관에게 심리의 공정을 해할 사정이 있을 때에는 기피할 수 있다. 전파감리심의회는 심리관의 제척 또는 기피의 신청이 있었을 때는 곧바로 이를 심사하여야 하고, 주임심리관은 심리를 정지하여야 한다(다만, 시급을 요하는 행위에 대해서는 그러하지 아니한다.). 전파감리심의회는 심사 결과, 신청에 대하여 정당한 이유가 있다고 인정할 때는 심리관의 지명을 취소하고, 그 자에 대신하여 새로이 심리관을 지명하여야 한다. 전파감리심의회는 신청이 심리를 지연시킬 목적만으로 행하여졌다고 인정할 때, 그밖에 정당한 이유가 없다고 인정할 때는 그 신청을 각하하여야 한다.

심리관은 지명된 사안에 관해서 심리의 공정이 확보될 수 없는 사정이 있다고 스스로 생각할 때는 전파감리심의회에 대해서 당해 사안으로부터 회피를 신청하여야 한다. 전파감리심의회는 심사 결과, 정당한 사유가 있다고 인정할 때는 심리관의 지명을 취소하고, 그 자에 대신하여 새로이 심리관을 지명하여야 한다.

3) 심리의 통지

심리의 개시는 심리기일 2주전까지 이의신청인에 대해 심리관 또는 위원의 이름으로 사안의 요지, 심리의 기일 및 장소 그리고 출두를 요구하는 내용을 기재한 심리개시통지서를 송부한다. 심리개시통지서를 발송하였을 때에는 사안의 요지와 심리의 기일 및 장소를 공고하고, 또한 알고 있는 이해관계자에게도 그 내용을 통지하여야 한다. 이 경우의 공고는 관보에 게재하여 행한다.

4) 심리의 참가인

이해관계자는 심리관의 허가를 얻어서 참가인으로서 당해 심리에 관한 절차에 참가할 수 있다. 즉, 참가인으로서 당해 심리에 관한 절차에 참가하고자하는 이해관계자는 그 이해관계의 내용을 기재한 서면을 주임심리관에게 제출해서 허가를 얻어야 한다. 주임심리관은 이해관계자의 참가를 허가하였을 때는 그 내용을 총무대신, 이의신청인 및 그밖의 참가인에게 통지하여야 한다.

심리관은 필요하다고 인정할 때는 이해관계자에 대해 참가인으로서 당해 심리에 관한 절차에 참가할 것을 요구할 수 있다.

5) 대리인 및 지정직원

이해관계자는 변호사 기타 적당하다고 인정하는 자를 대리인으로 선임할 수 있다. 총무대신, 이의신청인 및 참가인은 대리인을 선임했을 때는 서면으로 그 자의 주소, 성명 및 직업을 주임심리관에게 신고하여야 한다. 해임했을 때도 마찬가지이다.

총무대신은 소속직원으로서 그 지정하는 자(이하 '지정직원')로 하여금 심리절차에 참가시킬 수 있다. 이 경우에, 지정직원의 성명 및 관직을 주임심리관에게 통지하여야 한다. 지정을 취소하였을 때도 마찬가지이다.

대리인은 심리에 관해 이의신청인, 참가인 또는 지정직원에 대신해서 일체의 행위를 할 수 있다.

6) 심리의 진행

가) 준비서면의 제출 등

주임심리관은 심리를 능률적으로 행하기 위하여 필요하다고 인정할 때는 당해 사안의 이의신청인, 참가인 및 총무대신(이하 '이의신청인 등')에게 준비서면을 제출하게 할 수 있다. 준비서면에는 ①준비서면을 제출하는 자의 주소(법인의 경우에는 본점 또는 주사무소의 소재지) 및 성명(법인의 경우에는 명칭 및 대표자의 성명), ②대리인의 주소, 성명 및 직업, ③심리기일에 행하는 진술의 요지의 각 사항을 기재하고, 기명날인하여야 한다. 주임심리관은 제출된 준비서면을 지체없이 그밖의 이의신청인 등에게 송부하여야 한다.

준비서면을 제출한 자가 심리에 출두하지 아니한 때는, 주임심리관은 그 서면에 기재된 내용을 진술한 것으로 간주할 수 있다. 주임심리관은 준비서면에 기재된 내용을 진술한 것으로 간주한 때는 그 내용을 조서에 기재하여야 한다.

나) 심리준비회의

주임심리관은 쟁점의 정리 및 입증의 준비를 하게 하기 위하여 심리를 하기 전에 이의신청인 등에게 출두를 요구해서 심리준비회의를 개최할 수 있다. 주임심리관은 심리준비회의의 경과 및 결과를 기록하여야 한다.

다) 의견진술

이의신청인, 참가인 또는 지정직원은 심리기일에 출두해서 의견을 진술할 수 있다. 이 경우에, 이의신청인 또는 참가인은 심리관의 허가를 얻어서 보좌인과 함께 출두할 수 있다. 심리에 출두한 자의 진술은 사안의 범위를 넘어서는 안된다. 준비서면을 제출한 자는 심리시에 준비서면에 기재된 사항 이외의 진술을 할 수 없다.

심리관은 심리에 즈음하여 필요가 있다고 인정할 때는 이의신청인, 참가인 또는 지정직원에 대해 의견진술을 요구할 수 있다.

라) 석명 및 질문

주임심리관은 사안관계를 명백히 하기 위하여 이의신청인 등에 대해 질문하거나 입증을 촉구할 수 있다. 이의신청인 등은 다른 이의신청인 등의 진술의 취지가 명백하지 아니한 경우에 주임심리관에게 질문을 요청하거나 주임심리관의 허가를 얻어서 직접 질문할 수 있다.

마) 다투어지지 않는 주장

주임심리관은 이의신청인 등이 정당한 이유없이 심리에 출두하지 않았을 때나 출두하더라도 상대방이 주장한 사실에 대해 명백히 다투지 않았을 때는 심리에서 주장된 사실을 인정한 것으로 간주할 수 있다.

바) 심리의 속행

주임심리관은 심리를 속행하는 경우에는 새로운 기일을 정하여, 이의신청인 등에 대해, 미리, 다음 심리의 기일 및 장소를 서면에 의해 통지하여야 한다. 다만, 심리기일에 출두한 이의신청인 등에 대해서는 당해 심리기일에 이를 고지하면 된다.

사) 최후진술

주임심리관은 심리를 종결하기 전에 이의신청인 등에게 최후진술을 할 수 있는 기회를 주어야 한다. 이의신청인의 전부 또는 일부가 정당한 이유없이 심리기일에 출두하지 않고 준비서면을 제출하지 아니한 경우, 또는 참가인의 전부 또는 일부가 심리기일에 출두하지 아니한 경우에는 의견진술 및 준비서면을 제출할 기회를 주지 않고 심리를 종결할 수 있다.

아) 질서의 유지

주임심리관은 심리에서 질서를 유지할 의무를 진다. 주임심리관은 심리 형편상 필요가 있을 때는 심리에 출두한 자의 진술에 대해서 그 시간을 제한할 수 있다. 주임심리관은 심리질서를 유지하기 위하여, 심리를 방해하거나 그 질서를 어지럽히는 자에 대해 퇴장을 명하는 등의 적당한 조치를 취할 수 있다.

7) 증거서류 등의 제출 및 참고인 등

가) 증거서류 등의 제출

이의신청인, 참가인 또는 지정직원은 심리에서 증거서류 또는 증거물(이하 '증거서류 등')을 제출할 수 있다. 다만, 심리관이 증거서류 등을 제출하여야 할 상당한 기간을 정하였을 때는 그 기간 내에 이를 제출하여야 한다.

이의신청인 등은 주임심리관에 대해 증거서류 등을 제출할 때는 서면 또는 구두로 증명하고자 하는 사실을 명시하여야 한다. 주임심리관은 고의 또는 중대한 과실에 의하여 시기를 놓쳐서 제출된 증거서류 등에 대해 그 조사가 심리의 진행을 지연시킨다고 인정할 때는 그 증거서류 등을 각하할 수 있다.

나) 참고인의 진술 및 감정의 요구

심리관은 이의신청인, 참가인 또는 지정직원의 신청[14]에 의하거나 직권으로 적당하다고 인정하는 자에게 참고인으로서 출두를 요구하여 알고 있는 사실을 진술하게 하거나 감정[15]을 시킬 수 있다. 이 경우에는 이의신청인, 참가인 또는 지정직원도 그 참고인에게 진술을 요청할 수 있다.

주임심리관은 참고인의 출두를 요구할 때는 ①사안의 요지, ②출두해야할 일시 및 장소, ③진술 또는 감정을 구하고자 하는 사항, ④출두하지 아니한 경우의 법률상의 제재, ⑤기타 필요하다고 인정하는 사항을 기재한 호출장에 의해 하여야 한다.

참고인에 대한 심문은 우선 참고인의 심문을 신청한 자가 행하고, 그 심문이 종료한 후 다른 이의신청인이 행한다. 주임심리관은 이들 심문이 종료한 후 참고인을 심문한다. 그러나, 주임심리관은 필요가 있다고 인정할 때는 수시로 자신이 직접 심문하거나 이의신청인 등에게 심문을 허용할 수 있다.

다) 물건의 제출요구

심리관은 이의신청, 참가인 또는 지정직원의 신청에 의하거나 직권으로 서류 기타 물건의 소지인에 대해 그 물건의 제출을 요구하고, 그 제출된 물건을 유치할 수 있다.

---

14) 이러한 신청에는 ① 참고인으로서 환문을 신청하는 자의 성명, 주소 및 직업, ② 증명하고자 하는 사실 및 이것과 참고인으로서 환문을 신청하는 자와의 관계, ③ 진술을 요구하고자 하는 사항을 명시하여야 한다.

15) 이러한 감정의 신청에는 서면 또는 구두에 의해 감정을 구하고자 하는 사항을 명시하여야 한다.

물건 제출요구의 신청은 이의신청인 등이 주임심리관에 대해 서류 기타의 물건을 소지할 자에 대해서 그 제출을 요구할 것을 신청할 수 있다. 이 신청은 서면 또는 구두에 의해 ①물건의 표시, ②물건의 소재 및 소지인, ③증명하고자 하는 사실 및 이것과 물건과의 관계를 명시하여야 한다.

라) 검증

심리관은 이의신청인, 참가인 또는 지정직원의 신청에 의하거나 직권으로 필요한 장소에 대해 검증할 수 있다. 심리관은 검증을 하고자 할 때는 미리 그 일시 및 장소를 신청인에게 통지하여, 이에 입회할 기회를 주어야 한다.

마) 이의신청인 또는 참가인의 심문

심리관은 이의신청인, 참가인 또는 지정직원의 신청에 의하거나 직권으로 이의신청인 또는 참가인을 심문할 수 있다. 이 경우에는 이의신청인, 참가인 또는 지정직원도 그 참고인에게 심문을 요청할 수 있다.

바) 조서 및 의견서

심리관은 심리에 즈음하여서는 조서를 작성하여야 한다. 조서에는 ①건명, ②심리의 기일 및 장소, ③주임심리관 및 보좌심리관의 성명, ④심리의 기일에 출두한 자 및 출두하지 않은 이의신청인 등의 주소 및 성명, ⑤이의신청인 등의 진술의 요지, ⑥증거서류 등의 취조 및 참고인심문의 결과, ⑦그밖에 참고로 될 사항을 기재하고, 주임심리관 및 보좌심리관 그리고 심리사무를 관장한 직원이 서명날인하여야 한다.

심리관은 이 조서에 근거하여 의견서[16]를 작성하여, 조서와 함께 전파감리심의회에 제출하여야 한다. 전파감리심의회는 조서 및 의견서의 등본을 공중의 열람에 제공하여야 한다.

사) 증거서류 등의 반환

심리관은 의견서를 제출하였을 때는 신속히 제출된 증거서류 또는 증거물 및 제출요구에 응하여 제출된 서류 기타 물건을 그 제출인에게 반환하여야 한다.

8) 불복신청의 제한

심리관이 심리에 관한 절차에서 한 처분에 대해서는 행정불복심사법에 의한 불복신청을 할 수 없다.

마. 의결 및 결정

1) 의결

전파감리심의회는 조서 및 의견서에 근거하여 사안에 대한 결정안을 의결하여야 한다. 총무대신이 전파감리심의회에 부의한 사안과 관련한 처분에 대하여, 이의신청인의 집행정지 신청이 있었을 때에는 전파감리심의회의 의견을 들어야 한다.

2) 결정

총무대신은 전파감리심의회의 의결이 있은 때에는 그 의결일로부터 7일 이내에 그 의결에 따라서 이의신청에 대한 결정을 행한다. 결정서에는 심리를 거쳐서 전파감리심의회가 인정한 사실을 표시하여야

---

16) 의견서에는 ①의견, ②사실 및 쟁점, ③이유를 기재하고, 주임심리관 및 보좌심리관이 서명날인하여야 한다.

한다.

총무대신의 결정은 이의신청인에게 송달함으로써 그 효력을 발생한다. 결정의 송달은 송달을 받을 자에게 결정서의 등본을 송달함으로써 행한다. 다만, 송달을 받을 자의 소재를 알 수 없을 때, 그밖에 결정서의 등본을 송달할 수 없을 때에는 공시의 방법에 의하여 할 수 있다. 총무대신은 결정서의 등본을 참가인에게 송부하여야 한다.

바. 기타

1) 참고인의 여비 등

출두를 요구받은 참고인은 정령으로 정한 금액의 여비, 일당 및 숙박료를 받는다.

2) 소의 제기

총무대신의 처분에 불복이 있는 경우에, 당해 처분에 관한 이의신청에 대한 결정에 대해서만 취소소송을 제기할 수 있다. 이 취소소송은 동경고등재판소의 전속관할로 한다.

취소소송의 제기가 있었을 경우에, 재판소는 지체없이 총무대신에 대해 당해 사건의 기록의 송부를 요청하여야 한다.

3) 사실인정의 구속력

취소소송에 대해서는 전파감리심의회가 적법하게 인정한 사실은 이것을 입증하는 실질적인 증거가 있을 때는 재판소를 구속한다. 이러한 실질적인 증거의 유무는 재판소가 판단한다.

Ⅲ. 시사점

1. 규제기관의 형태

한·일 양국의 방송규제기관의 법적 지위를 단적으로 나타낸다면, 일본의 총무성은 '독임제 중앙행정기관'인데 비하여, 우리나라의 방송통신위원회는 대통령 소속하의 '합의제 중앙행정기관'이라고 할 수 있다. 일본은 의원내각제를 취하고 있기 때문에, 총무대신을 비롯하여 내각을 구성하는 중앙행정기관인 성(省)의 장(=대신〈大臣〉)은 일반적으로 여당의 국회의원이 임명된다. 정치적 당파성을 가진 총무대신이 방송의 공정성·독립성의 보장이 중요한 방송통신규제기관으로서 적합한지를 놓고, 오랫동안 많은 논란이 있었다. 그 중 유력하게 주장되어 온 것이 일본판 FCC(The Federal Communications Commission)로서의 '통신·방송위원회'의 설치라고 할 수 있다. 실제로 민주당(당시)은 2004년에 「통신·방송위원회설치법(안)」을 국회에 제출한 바 있으며, 2009년 중의원선거에서도 통신·방송행정을 총무성에서 분리하여 통신·방송에 관한 규제 등을 소관하는 독립행정위원회로서의 '통신·방송위원회'의 신설을 선거공약으로 내세운 바 있다. 또한, 정권을 창출한 이후 2009년 9월에 당시 총무대신(原口一博)이 관련법안을 2011년 통상국회에 제출하겠다는 방침을 발표하기도 하였다. 하지만, 그 후 그와 같은 주장은 크게 후퇴하였다.

한편, 방송통신행정의 통합이라는 관점에서 보면, 일본의 총무성은 방송통신행정을 전담하고 있으며, 그러한 점에서 방송통신 융합이라는 환경에 보다 잘 대응할 수 있는 조직형태를 갖추고 있다고 할 수 있다. 그에 비하여, 우리나라는 주지하다시피 이명박정권에 들어서서 정부조직의 개편에 의하여, 방송통신행정의 통합과 더불어, 정보통신행정의 분산을 가져왔다. 이로 인하여, 우리나라에서는 정보통신행정의 통합적 처리의 필요성이 주장되기도 한다. 그러나, 일본의 경우에도 현재의 총무성이 설립되게 된 2001년 정부조직 개편시에 당시의 자치성, 우정성, 총무청이 하나로 통합되어 이루어진 조직으로서, 상호관련성이 밀접해 보이지 않는 기능들, 즉 국가행정조직·국가공무원관련 행정, 선거·정치자금관련 행정, 우정행정, 지방자치행정, 방송통신행정이라는 업무를 소관하게 되었다. 이로 인하여, 통합적인 방송통신행정의 조직형태를 가지면서도 여러 다른 기능과의 혼합으로 인하여, 효율적이고 신속한 처리가 가능할지에 대해서는 여전히 의문이 있다.

2. 기능의 분담

일본 방송통신규제기관은 총무대신의 각종 불이익처분이나 재정에서 광범위하게 전기통신분쟁처리위원회에의 자문과, 위원회의 심의·답신을 규정하고 있다. 분쟁처리위원회의 위원은 중·참의원의 동의를 얻어서 임명되기 때문에, 이러한 제도를 통하여 독임제 행정관청인 총무대신의 결정이나 재정에 공정성과 중립성을 도모하고 있다. 그에 비하여, 우리나라 방송통신위원회는 그 위원의 선임에 대통령과 국회(여·야당의 배분)에 의한 정파적 균형을 취하고 있는 점에서 차이가 있다. 이러한 점 때문일까 방송통신위원회에는 일본 총무성의 전기통신분쟁처리위원회나 전파감리심의회와 같은 심결기구가 존재하지 않고, 방송통신위원회에서 직접처리하고 있다.

그러나, 일본의 심결제도에서 주목할 만한 것은 전기통신분쟁처리위원회나 전파감리심의회의 공정성이나 중립성이라는 측면뿐만 아니라 방송통신행정에서의 기능(역할)의 분담이라는 측면에 있어서다. 개별 처분의 당부나 적법 여부를 일일이 독임제 기관에게 처리하게 함으로써 과부하를 지우기보다는 전문적인 조직에 그 기능을 맡김으로써 보다 중요한 정책이나 업무에 집중할 수 있게 한다는 것이다. 이러한 점은 우리나라 방송통신행정에도 도입을 검토할 수 있을 것이다.

3. 법문화의 차이(행정지도)

일본의 방송통신규제와 관련하여, 전기통신분쟁처리위원회의 처리실적을 보면 2001년 설립된 이래 2012년 3월 31일 현재 알선 58건, 중재 3건, 심의・답신 8건, 권고 3건의 실적을 보이고 있다[17]. 위원회의 이러한 처리실적은 10 여년간의 실적으로서는 결코 활발히 활용되었다고는 할 수 없다. 특히 불이익처분 등과 관련된 심의・답신이 8건에 머물러있다는 것은 그만큼 이 제도의 활용도가 낮다고 할 것이다. 이러한 수치만으로 일본의 방송통신규제의 실제에서 별다른 문제가 없이 운영되고 있다고 할 수는 없다. 이러한 배경으로는 일본의 행정지도 또는 소프트 로[18](soft law)에 의한 비공식적인 처리에 의한 것을 들어야 할 것이다. 일본에서는 이른바 '업법(業法)'이라고 하는 것이 존재하고, 그러한 업법을 중심으로 구성되어 있는 업계의 대표기

---

17) 総務省, 平成24年版 情報通信白書, 2012, 385쪽.

18) '소프트 로'란 "국가의 법률이 아니며, 최종적으로 재판소에 의한 강제적 실행이 보증되어 있지 않음에도 불구하고, 현실사회에서 국가나 기업이 일종의 구속감을 가지며 따르는 제 규범"이라고 한다. 豊嶋基暢, "通信·放送の概念とコンテンツ規律の変容の可能性", 慶應義塾大学メディア·コミュニケーション研究所紀要 60号, 127쪽.

관(예컨대 각종 협회)을 통하여, 주무행정기관의 의사가 비공식적으로 또한 법률의 규정 여부에 관계없이 반영되어 행정규제의 실제에 그 효력을 강력히 발휘되고 있음은 공공연한 사실이다[19]. 이러한 점들을 고려하여 볼 때, 일본의 법제도를 법문(法文)만에 의존하여 파악하고자 하는 데에는 그 실제의 법현상을 이해하는 데에 한계가 있음을 지적하지 않을 수 없다.

19) 稲葉一将, "規制機関の在り方", 法律時報 83巻 2号, 2011.2, 98-99쪽.

제8장 | 한 · 일 정보통신법제 비교*

Ⅰ. 처음에

(1) 최근 십수년간의 세계의 커다란 변화의 하나는 정보통신기술의 비약적인 혁신일 것이다. 여기에 과잉된 기대를 거는 것이 아니라면, 즉 언론표현의 자유, 민주주의, 숙려토의(熟慮討議) 등의 제 개념에 관한 어떠한 상(像)을 소여의 것으로 하는 것이 아니라면, 현재는 『매트릭스』를 소재하면서 지젝이 도착의 두 측면이라고 말한 것과 같은 시대라고 생각하는 것이 솔직하지 않을까. 즉, 일면에서는 현실(reality)이 자의적인 규칙에 의하여 규제된 가상적 영역으로 해소되고 있으며, 타면에서는 가상적 영역에서 웅변적으로 말하는 여러 주체의 자유는 이

* 이 장은 저자와 이나바 카즈마사(稲葉一将) 나고야대학 교수가 공동으로 집필하여 나고야대학 대학원 법학연구과가 발간하는 「法政論集」 제242호(2011.12)에 "情報通信法制の韓日比較— 放送法制形成過程の関係構造—"로 발표한 것이다.

것이 능동성과 비슷하지만 다른 것이라기보다 오히려 규제된 가상적 영역에 변화를 가져오지 않는 웅변으로서, 즉 수동성으로 해소되고 있는 것은 아닐까[1].

정보통신기술의 혁신은 진공에서 행하여지는 것이 아니다. 그 일례로서, 방송과 통신의 융합을 들 수 있을 것이다. 방송과 통신의 융합이 세계에서 널리 인지된 후, 이미 상당한 시간이 경과하였지만, 현재 진행되고 있는 융합현상은 아직도 착지점을 찾지 못한 채 미래에서도 당분간 계속될 것이 예상된다. 방송과 통신의 융합의 일례로서 들어졌던 IPTV에 이어서 스마트 TV의 등장은 종래의 방송과 통신의 경계를 더욱 애매한 것으로 하고 있다. 융합의 최종 형태는 아직 명확하지 않지만, 관련산업의 사업전개는 그것을 예측할 수 있게 한다. 사업의 국제전개의 예로서, Google은 SONY, Logitech 및 Intel의 각 사와 Android를 베이스로 한 스마트 TV 플랫폼을 공동개발한 것으로 알려지고 있고, 일국(一國)의 자본의 예로서 한국에서는 삼성전자와 LG전자가 스마트 TV에의 진출을 선언하였다. 이러한 스마트 TV는 TV와 인터넷을 접속하는 것으로, 마치 컴퓨터처럼 사용할 수 있는 스마트 TV의 생산은 기존의 미디어시장만으로는 소규모이며, 오히려 새로운 지역에서의 시장 형성이 예측되고 있기 때문에 가능하게 되는 것이 아닐까. 소비가 생산을 낳고, 상품이 시장에서 소비된다고 하는 목숨을 건 비약을 파탄이 날 때까지 계속하지 않으면 안되기 때문에 소비되는 지역은 확대되지 않을 수 없고, 정보통신기술의 혁신과 새로운 상품개발도 가속해서 이루어지고 있는 것이다.

---

1) SLAVOJ ŽIŽEK, *ENJOY YOUR SYMPTOM! : JACQUES LACAN IN HOLLYWOOD AND OUT* 264 (2008).

(2) 그런데, 위와 같은 이종(異種)의 정보통신의 융합과 단말의 보급이 언론표현의 자유의 보장과 민주주의의 촉진과 함께 글로벌한 규모로 진행되고 있다. 예컨대, 인터넷을 검열하고, 규제하고자 하는 주체인 국가는 그 행위를 전 세계에서 볼 수 있는 객체로도 된다. 글로벌화란 용어를 사용한다면, 정보통신기술을 이용한 국경을 초월한 인적 교류가 로컬한 차원에서 교착된 제 문제를 글로벌한 차원에서 사람들에게 알리고, 이에 의해서 로컬한 여러 주체가 글로벌한 여러 가치에의 적응과 제 문제의 개선을 의식하지 않을 수 없게 된다는 과정이 그 하나일 것이다[2]. 문제는 정보통신의 융합과 단말의 보급이 어떠한 국가의 어떠한 지역에서 발단되어, 상품화되고 소비되고 있고, 또한 언론표현의 자유에 대한 억압의 존재가 어떠한 지역에서 주장되고 있는가는 지정학적인 특징이 있다는 것이다. 글로벌화로서 인지되고 있는 것은 언론표현에 대한 국가개입을 거부한다는 의미에서는 국가와 대립하지만, 그것은 국내적 제 제도와는 앰비밸런트한 관계에 있다고 할 수 있을 것이다[3]. 그렇다면, 지정학적으로는 정보통신의 글로벌화의 말하자면 발신지이며, 중심이었던 구미와는 달리 주변에 위치하였지

---

2) 일례로서, Global Network Initiative는 Google이나 Yahoo와 같은 사업자뿐만 아니라 국제인권단체나 Harvard와 같은 대학의 하나의 부국(部局)도 구성주체로 되고 있는 집단이다. 미국의 사업자 등이 중심이라는 의미에서는 로컬한 성격을 가지는 것이지만, 그 목적은 국제적으로 승인된 언론표현의 자유나 프라이버시의 보장과 저촉될 수 있는 국내적 규제를 감시하고, 국제적으로 비판하는 것이다. 중국에서의 인터넷의 검열은 기억에 새롭다. 이러한 국제적인 비정부주체의 공동적 활동은 Implementation Guidelines이 일종의 행위규범으로 되어서 행하여지고 있다. (http://www.globalnetworkinitiative.org/implementationguidelines/index.php)

3) 글로벌시민사회의 특징을 명확히 하면서 그 한계를 기술한 것으로서, Gunter Frankenberg, *"National, Supernational, and Global: Ambivalence in the Practice of Civil Society"*, 19 LAW & CRITIQUE, pp. 275, 292-93 (2008).

만, 글로벌한 시장이 형성되어, 소비인구가 증가하고 있을 뿐만 아니라, 새로운 시장을 정비하고, 여기에 진입하고자 하는 아시아에 위치하는 여러 나라는 어떠한 법제도를 정비해오고 있고, 그것은 어떠한 아시아적 특징을 가지는 것일까[4].

일본과 한국은 함께 정보통신분야에서 법제도에 대한 커다란 변화를 경험하였다. 일본에서는 2001년의 중앙성청 재편에 의해, 당시의 총무청, 우정성 및 자치성을 통합하여 설치된 총무성이 정보통신분야를 소관하게 되었다. 또한, 2010년 12월에는 '60년만의 대개정'이라고 말하여진 「방송법」의 개정(2010년 12월 3일 법률 제65호)을 포함하여, 방송통신관련법제의 커다란 변화가 있었다. 한국에서도 2008년 3월에 당시의 '방송위원회'와 '정보통신부'를 통합하여 '방송통신위원회'(이하 '방통위'라고 약칭한다.)가 새롭게 설치되었다. 또한, 2009년부터 2010년에 걸쳐서 방송통신관련법령의 중요한 개정이 이루어졌다. 이처럼, 일본과 한국은 거의 동 시기에 정보통신분야에서 그 법제, 특히 한국에서는 조직법제에서 개혁을 성취해 왔다. 이들 개혁을 이룸으로써, 일・한 양국은 정보통신분야에서 'IT강국'으로서 글로벌한 규모로 서로 경쟁하면서 상호 발전해오고 있다고 해도 좋을 것이다. 물론, 양국의 정보통신법제의 제 개혁에서는 차이도 있다. 그러나, 차이를 평면적인 관계에서 이해하는 것이 아니라, 형태를 바꾸면서 반복해서 나타난 것으로 이해한다면, 그것이 무엇인지는 검토할 가치가 있을 것으로 생각된다.

---

4) 본고는 함(咸)이 2010년도 한국정부재원(교육과학기술부 대학연구인력 국제교류지원 사업비)으로 한국연구재단의 지원을 얻어서(NRF-2010-013-B00038), 이나바(稲葉)가 2010년도-11년도의 일본학술진흥회의 과학연구비의 조성을 얻어서, 정보통신법제를 소재로 하여서 한국과 일본의 법제도의 비교검토를 행한 공동연구의 성과의 일부이다.

(3) 이상에서 언급한 것을 토대로 하여, 본고는 정보통신법제 가운데, 특히 정보통신기술의 혁신의 영향을 많이 받으면서 국가적 제도로서의 성격을 유지하지 않을 수 없고, 여기에 긴장관계가 발생하는 것으로 생각되는 방송법제를 소재로 하여 비교연구를 시도한 것이다. 검토를 개시하기 전에 몇 가지 점에 대해 미리 언급하고자 한다.

첫째로, 본고가 논증하고자 하는 것에 대해서이다. 이하의 서술에서 명백히 되는 바와 같이, 일본과 한국에서의 법제도 및 그 제 문제에는 각각의 특징이 있다. 이들 특징은 글로벌한 규모에서의 정보통신의 혁신과 국내법제도의 정비, 국내에서의 방송 등의 정보통신사업자에 대한 국가적 관여, 특히 규제적 목적과 내용을 가지는 것과의 각각의 사회에서의 상호의존관계에 의해 영향을 받고 있다. 그렇다면, 상호의존의 주체나 관계의 내용이 변화하면, 법적 제 문제가 해소되게 되거나 또는 새로운 법적 제 문제가 발생하지 않을까. 이 결론을 얻기 위하여, 본고에서는 사회이론을 참조하고자 한다. 이 소론에서 사회이론을 본격적으로 검토할 수는 없기 때문에, 본고는 노르벨트 엘리어스가 사용한 개념을 참조하여 항상 변동하는 관계구조(figuration)의 과정으로서 양국의 법제도와 그 제 과제를 분석하고자 한다[5].

---

5) 어떤 법제도가 시공을 초월하여 똑같이 기능하는 것이 아닌 것은 인간이 상호의존적인 존재이며, 주위의 영향이나 변화에 개방되어 있다는 것을 주장하였던 노르벨트 엘리어스의 figuration(이하에서는 '관계구조'라는 일본어역을 채용하고 있지만, 이 용어는 구도로 번역되는 경우도 있다.)의 개념을 참조하면 이해할 수 있다. 앨리어스는 '개인'과 '사회'를 개념상 구별하고, 이것들이 상호 침투한다라고 하는 것과 같은 사회이론을 비판하고, 이들 개념이 "제각각 존재하는 2개의 대상에 대해서가 아니라, 같은 인간의 다르지만 불가분의 국면에 관계하고 있는 것", 개인도 사회도 "과정이라는 성격을 가지고 있는 것"을 강조하였다. 노르벨트 · 엘리어스(赤井慧爾他 역), 文明化の過程(上)改装版(法政大学出版局, 2010년)(원저는 1969년) 11쪽. 그리고 축구 등의 선수의 반응 하나로 다른 선수의 행동도 변화하는 경기를 예로 들면서, "상호관계 가운데에서의 모든 행동에 의

둘째로, 본고에서의 비교검토는 한국의 정보통신법제를 한국의 외측인 일본에서 보고 논한다는 의미에서의 한・일 비교이지만, 이와 같이 서술되는 한국의 정보통신법제는 일본으로서는 외부의 시점으로 될 수 있는 것이다. 각자가 타국의 법제도를 거울로 삼으면서 자국의 법제도를 논하는 것이 아니라, 오히려 양국의 법제도는 외측에서 보고 논하여지는 대상으로서 본고에서는 인식되고 있다. 이처럼 양국의 법제도의 특징을 외측의 시점에서 보는 작업은 차이가 있는 것 사이에서의 평면적인 이런 저런 다음의 단계, 각각의 법제도를 그러한 것으로서 실체는 없음에도 불구하고 규정하는 것, 말하자면 커다란 타자의 존재에로 분석대상을 이동시킨다. 법학적 분석에서 이것의 특정과 해명을 하고, 이것을 명명하기에 이르기까지에는 시행과 그 반복이 필요하다고 필자들은 생각하고 있으며, 본고는 그를 위한 작업의 하나를 기록해두고자 하는 것이다.

하여 형성되는, 변화하는 인간모양"을 일컬어 '관계구조'(figuration)의 개념을 사용하였다. 同 (徳安彰訳), 社会学とは何か—関係構造・ネットワーク形成・権力(法政大学出版局, 1994년) (원저는 1970년) 156쪽. 덧붙여 말하자면 엘리어스는 국내, 국제, 인간과 자연, 자기 자신에 대한 관계라는 4차원의 사회모델을 발전시킬 필요를 말하고 있고, 그 사정(射程)은 개인과 사회의 관계 이해에 그치는 것이 아니라고 생각된다. 同 (波田節夫他訳), 参加と距離化－知識社会学論考(法政大学出版局, 1991年) (원저는 1983년) 63-64쪽. 이 사회학자가 개인과 사회 등의 이상화한 개념을 소여의 것으로 한 1930년대 당시의 유럽에서의 학문과 사회의 위기적 상황에 대하여 경구를 발하였다는 것을 생각할 때, 같은 과제가 현재에도, 특히 법률학적 사고방법에서 존재하는 것이 아닐까.

Ⅱ. 일본에서 본 한국의 정보통신법제의 특징

1. 한국의 정보통신법제

가. 개관

한국의 정보통신관련법령은 다양하지만, 종래의 정보통신부를 이은 방통위의 수권법률은 방송분야, 통신분야, 전파분야 및 융합분야로 나눌 수 있다.

첫째로, 방송분야의 법률에는 「방송법」, 「지상파 텔레비전방송의 디지털 전환 및 디지털방송의 활성화에 관한 특별법」(이하 '지상파디지털전환법'이라고 약칭한다.), 「한국교육방송공사법」 및 「방송문화진흥회법」 등이 있다. 방송에 관한 기본법인 「방송법」은 방송과 통신의 융합과 규제완화의 경향을 보이고 있지만, 그 가운데, 2009년 7월 22일의 개정이 중요한 것이다[6]. 이에 대해서는 2)에서 다소 상세히 설명하도

6) 국회에서의 「방송법」을 포함한 이른바 미디어관련법안(신문법 · 방송법 · IPTV법)의 심의에서는 여당인 한나라당에 의한 의석 점거나 재투표, 대리투표 등의 비판이 있었다. 또한, 다음날인 2009년 7월 23일, 4야당은 헌법재판소에 권한쟁의심판을 청구하였다. 그에 대하여, 헌법재판소는 일부 각하, 일부 기각, 일부 인용의 결정을 내렸다(헌재 2009.10.29, 2009헌라8 · 9 · 10(병합)). 동 결정에서는 "방송법 수정안에 대한 1차투표가 종료되어, 재적과반수의 출석에 미달되지 않은 것으로 된 것이 확인된 이상, 방송법 수정안에 대한 국회의 의사는 부결로 확정되었다고 간주할 수 있기 때문에 피청구인 그것을 무시하고 재표결하여 그 표결의 결과에 의하여 방송법안의 가결을 선포한 행위는 일사불재의의 원칙(국회법 제92조)에 위배하고, 청구인의 표결권을 침해한 것이다."라고 인용하면서도, 방송법안의 가결선포행위에 대한 무효확인청구에 대해서는 "권한쟁의심판의 결과 나타난 위헌 · 위법상태를 제거함에 있어서, 헌법재판소는 피청구인의 정치적 형성권을 가능한 한 존중하여야 하기 때문에 재량적 판단에

록 한다. 지상파디지털전환법은 아날로그방송을 디지털방송으로 전환하기 위하여 텔레비전수상기에 지상파디지털튜너의 내장을 의무지우고 있고, 또한 아날로그텔레비전방송의 종료일을 2012년 12월 31일 이전에서 대통령령으로 정하는 때로 규정하고 있다[7]. 「한국교육방송공사법」은 한국교육방송공사(EBS), 「방송문화진흥회법」은 주식회사 문화방송(MBC)의 대주주인 방송문화진흥회에 관한 각각 그 설립근거법률이다.

둘째로, 통신분야의 법률로는 「전기통신사업법」, 「정보통신망 이용촉진 및 정보보호에 관한 법률」(이하 '정보통신망법'이라고 약칭한다.), 「국가정보화기본법」, 「위치정보의 보호 및 이용 등에 관한 법률」(이하 '위치정보법'이라고 약칭한다.), 「전기통신기본법」, 「인터넷주소자원에 관한 법률」, 「통신비밀보호법」 등이 있다. 2010년 3월에 전부개정된 「전기통신사업법」은 통신분야의 실질상의 기본법으로 위치한다. 동법에는 통신과 방송의 융합이나 규제완화가 반영되어 있고, 전기통신서비스에서의 MVNO(가상이동망사업자 : mobile virtual network operation)제도의 도입 등의 중요한 개정이 이루어졌다. 이것들에 대해서는 2)에서 보다 상세히 설명하도록 한다. 정보통신망법은 정보통신망의 이용의 촉진과 정보통신서비스를 이용하는 자의 개인정보의 보호에 대하여

의한 무효확인 또는 취소에 의하여 처분의 효력을 직접 결정하는 것은 권한질서의 회복을 위하여 헌법적으로 요청되는, 예외적인 경우만으로 한정되어야 한다. 본건에서도 국회의 입법에 관한 자율권을 존중하는 의미에서 헌법재판소는 처분의 권한침해만을 확인하고, 권한침해에 의하여 초래된 위헌·위법상태의 시정은 피청구인에 맡겨두는 쪽이 바람직한 것이다."고 말하여, 국회에서의 법안심의절차의 위법을 선언하면서도 무효확인청구를 기각결정하였다.

7) 대통령령인 동법시행령은 아날로그방송의 종료일을 2012년 12월 31일 오전 4시로 규정하고 있다.

규정하고 있다. 한국에서는 개인정보의 보유주체가 공적 부문 또는 사적 부문의 어느 쪽인가에 의해서 적용법률이 달랐으며, 전자에 대해서는 「공공기관의 개인정보보호에 관한 법률」이, 후자에 대해서는 정보통신망법 등이 각각 개인정보의 보호를 위한 제 수단을 규정하였지만, 공 · 사(公私)의 양 부문을 통합하여 2011년 3월 29일에 「개인정보 보호법」이 제정되어, 동년 9월 30일부터 시행되게 되었다[8]. 「국가정보화기본법」은 현정권이 탄생한 2008년 2월에 정부조직의 개편이 이루어져, 정보화기능이 여러 부처로 분산되었지만, 세계적으로 패러다임이 크게 변화하고 있는 정보화에 한국이 통일적으로 이에 대응하기 위하여 새로운 국가정보화의 기본이념 및 원칙과 관련정책의 수립이나 추진을 위한 사항을 규정한 것이다. 위치정보법은 "위치정보의 유출 · 오용 및 남용으로부터 사생활의 비밀 등을 보호하고 위치정보의 안전한 이용환경을 조성하여 위치정보의 이용을 활성화"(제1조)하기 위한 법률이다[9]. 「전기통신기본법」은 동법 성립시의 규정이 대부분 삭제되어, 그 기능이 제한적으로 되어 있다. 「인터넷주소자원에 관한 법률」은 인터넷 프로토콜 등 인터넷주소자원의 개발, 이용 및 관리 등에 관한 법률이다. 「통신비밀보호법」은 통신(우편물 및 전기통신)의 비밀보호에 관한 법률이지만, 그와 동시에 수사기관 등에 의한 통신제한조치

---

8) 「개인정보보호법」의 제정 및 시행에 의하여, 「공공기관의 개인정보보호에 관한 법률」은 폐지되지만, 정보통신망법은 그대로 존속하게 된다. 그 때문에 「개인정보보호법」과 정보통신망법 등과의 법적용관계가 문제된다. 이에 대해서는, 함인선, "개인정보 보호법의 법적용관계과 입법적 과제-위치정보법과의 관계를 중심으로 하여-", 인권과 정의 419호(2011년), 46쪽 이하에서 검토하였다.

9) 동법은 「개인정보 보호법」과의 관계에서는 이것과는 별개로 위치정보만을 대상으로 하는 특별법이지만, 이것은 비교법적으로 보더라도 드문 경우이다. 동법을 검토한 것으로서, 함인선, "정보사회에 있어서의 개인위치정보의 보호 및 이용에 관한 법적 고찰", 인터넷법률 44권(2008.8) 1쪽 이하가 있다.

의 근거법이기도 하고, 이 점에서는 입법정책의 적부에 대한 찬반 논란이 있다.

셋째로, 전파분야의 법률에는 「전파법」이 있다. 「전파법」은 전파자원의 이용, 보호 및 진흥 등에 대하여 규정하고 있다. 동법은 방송국이나 무선국의 개설허가의 근거 등을 규정하고 있지만, 2010년 7월에는 주파수경매제를 도입하는 내용의 개정이 이루어졌다.

넷째로, 방송통신의 융합분야의 법률에는 「방송통신발전 기본법」과 「인터넷 멀티미디어 방송사업법」(이하 'IPTV법'이라고 약칭한다.)이 있다. 2010년 3월에 제정된 「방송통신발전 기본법」은 방송통신에 관한 기본적인 사항을 하나의 법률에 통합한 것으로서, 방송과 통신이 융합된 새로운 커뮤니케이션환경에 대응하기 위하여 방송통신의 기본이념, 방송통신의 진흥에 관한 사항(특히 방송통신발전기금의 설치) 및 방송통신의 재난관리 등에 관한 사항을 정한 법률이다. 특히, 동법은 기존의 '방송' 및 '통신'의 개념을 포괄하는 '방송통신'이라고 하는 개념을 신설하였다. 동법에 의하면, '방송통신'이란 "유선 · 무선 · 광선(光線) 또는 그 밖의 전자적 방식에 의하여 방송통신콘텐츠를 송신(공중에게 송신하는 것을 포함한다)하거나 수신하는 것과 이에 수반하는 일련의 활동"(제2조 제1호)이라고 정의되어 있다. 종래의 「방송법」에 의한 방송, IPTV법에 의한 인터넷멀티미디어방송과 「전기통신기본법」에 의한 전기통신을 이 '방송통신'은 포함하는 것으로 된 것이다. 한편, IPTV법은 방송통신의 융합환경에서 인터넷멀티미디어 등을 이용한 방송사업의 운영 등을 규정하기 위하여 2008년 1월에 제정된 법률이다.

종래, 한국에서는 방송과 통신에 관한 법률이 「방송법」과 「전기통신기본법」 등에 분산되어 국민이 관련법령을 이해할 때 곤란하였을 뿐만 아니라, 정부가 방송통신관련정책을 추진하는 경우에도 관계기관 간에 혼란이 자주 발생하였다. 그래서, 방송통신에 관한 기본적인 사항을 하나의 법률로 통합하여, 이러한 문제를 제거함과 아울러 방송과 통신이 융합하는 새로운 커뮤니케이션환경을 정비하는 목적을 가지는 것이 「방송통신발전 기본법」이다. 동법은 '방송통신'이라고 하는 개념의 신설 이외에 방송통신의 공익성 · 공공성(제3조), 시청자와 이용자의 권익보호(제4조), 방송통신규제의 원칙(제5조) 등을 규정하여, 방송통신을 통하여 달성하고자 하는 목적과 기본이념을 규정한 것이다.

나. 방송통신법령의 주된 개정사항

1980년대의 미국으로부터 발단된 방송통신의 융합과 규제완화는 한국에도 영향을 미치고 있다. 한국에서는 2009년부터 2010년에 걸쳐서 「방송법」 및 「전기통신사업법」에서 방송통신관련의 중요한 법개정이 이루어졌다. 이하에서 그것들에 대해서 설명하기로 한다.

1) 방송법관련

(1) 종래, 지상파방송사업자와 종합편성[10] 또는 보도에 관한 전문편성을 하는 방송채널사용사업자의 주식 또는 지분 총수의 30% 이상의 소유금지였던 것이 40%로 완화되었다[11].

---

10) '종합편성방송채널'이란 케이블텔레비전방송이나 위성방송, IPTV 등을 통하여 뉴스의 보도, 드라마, 교양 · 오락, 스포츠 등 모든 장르를 방송하는 채널을 말한다. 모든 장르를 편성한다는 점에서는 지상파방송과 공통되지만, 케이블텔레비전이나 위성방송을 통하여서만 송출할 수 있다는 점에서 그것과는 다르다.

11) 다만, ① 국가, 지방자치단체 또는 방송문화진흥회가 방송사업자의 주식 또는 지분을 소유하는 경우, ② 종교의 선교를 목적으로 하는 방송사업자에게 출자하

(2) 종래, 대기업[12)]과 그 계열회사, 일간지 또는 뉴스통신사를 경영하는 법인은 지상파방송사업자의 주식 또는 지분 총수의 10%, 종합편성 또는 보도에 관한 전문편성을 하는 방송채널사용사업자의 주식 또는 지분 총수의 30%까지 소유하는 것이 가능하게 되었다.

(3) 지방파방송사업자, 종합편성 또는 보도전문의 방송채널사용사업자의 주식 또는 지분을 소유하고자 하는 일간지를 경영하는 법인은 발행부수, 유가판매부수 등의 자료를 방통위에 제출하여 공개하여야 하고, 일간지의 구독률[13)]이 20%이상인 경우에는 지상파방송사업, 종합편성 또는 보도전문의 방송채널사용사업을 겸영한다든지 주식 또는 지분을 소유할 수 없도록 되었다. 또한, 일간지나 뉴스통신사를 경영하는 법인은 종합유선방송사업자 및 위성방송사업자의 주식 또는 지분 총수의 49%를 초과해서 소유할 수 없도록 되어, 방송사업자의 시청점유률도 30%를 초과해서는 안 되도록 되었다. 일종의 매스미디어 집중배제원칙이다. 그 반면, 대기업의 위성방송사업자에 대한 소유제한규정은 삭제되었다.

(4) 외국인에 의한 출자는 종합편성을 하는 방송채널사용사업 또는 중계유선방송사업에 대해서는 20%, 보도전문편성을 하는 방송채널사용사업에 대해서는 10%, 위성방송사업에 대해서는 49%까지 허용되게 되었다.

(5) 이상은 기본적으로는 진입규제의 완화조치이지만, 이와 동시에 방송의 여론 다양성을 보장하기 위하여 '미디어다양성위원회'가 방통

는 경우에는 그러하지 아니하다.

12) 여기서의 '대기업'이란 자산총액이 10조원 이상의 기업집단에 속하는 기업을 말한다.

13) 대통령령으로 정하는 바에 의하여, 전체 세대 가운데 일정한 기간 동안 특정한 일간지를 유료로 구독하는 세대가 차지하는 비율을 말한다.

위에 설치되었다. 동 위원회는 ①방송사업자의 시청점유율의 조사 및 산정, ②매체간 합산영향력지수의 개발[14], ③여론다양성의 증진을 위한 조사 · 연구, ④기타 여론다양성의 보장을 위하여 필요한 사항으로서 대통령령으로 정하는 것[15]을 그 직무로 하는 조직이다.

2) 전기통신법관련

(1) 2010년 3월의 전기통신사업법의 전부개정에 의하여, 기간통신사업자는 다른 전기통신사업자로부터 요청받은 경우에는 협정을 체결해서 자신의 전기통신서비스를 제공(이하 '재판매'라고 약칭한다.)하거나 또는 전기통신설비를 이용하도록 허용(이하 '도매제도'라고 약칭한다.)할 수 있도록 되었다. 따라서, 방통위는 전기통신사업의 경쟁촉진을 위하여 다른 전기통신사업자의 요청이 있는 경우에, 의무적으로 도매제공하여야 하는 기간통신사업자를 지정하고, 이를 고시할 수 있다[16]. 이에 의해서, 전기통신망이나 주파수를 가지지 않는 전기통신사업자도 전기통신서비스를 제공할 수 있도록 되어, 다양한 신규사업자가 통신시장에 진입하여, 기존사업자와 차별화된 서비스를 제공함으로써 사

---

14) 동법은 제35조의4 제4항에서 2012년 12월 31일까지 매체간 합산영향력지수의 개발을 완료하는 것으로 한다고 규정하고 있다.

15) 동법시행령은 ① 신문구독율의 시청점유율 환산기준 및 방법의 결정, ② 방송과 관련하는 미디어다양성교육계획의 수립, ③ 기타 방송의 여론다양성의 증진을 위하여 필요하다고 인정되어, 방통위 위원장이 요청한 사항을 규정하고 있다.

16) 이 지정 및 고시에 관한 본법은, 동법부칙에서 2013년 9월 22일까지 효력을 가진다고 규정되었다. 2010년 11월 23일에 제정된 「도매제공의무사업자의 도매제고의무서비스대상과 도매제공의 조건, 절차, 방법 및 대가의 산정에 관한 기준(방송통신위원회고시 제2010-42호)」에 의하면, 도매제공의무사업자로서 SKT가 지정되고, 또한 도매대가는 MVNO사업자의 설비보유에 의하여 소매요금으로부터 31%에서44%까지 할인되는 범위에서 사업자간의 협상을 통하여 결정되게 되었다.

업자간의 경쟁이 촉진될 것으로 기대된다.

(2) 전기통신사업자의 공정한 경쟁 또는 이용자의 이익을 해하는 행위(이른바 '금지행위')에 ①설비 등의 제공, 공동활용, 상호접속, 도매제공 또는 정보제공의 대가를 공급비용에 비하여 부당하게 높게 결정하여 유지하는 행위, ②주파수를 사용하는 전기통신역무를 이용해서 디지털콘텐츠를 제공하는 거래에서 적정한 수익배분을 거부한다든지 제한하는 행위가 추가되었다. 이에 의해서, 전기통신사업자간의 공정한 경쟁을 촉진하고 이용자 보호에 이바지할 것이 기대된다.

(3) 인허가제도의 개선이 이루어졌다. 즉, 종래, 기간통신역무에 대해서는 개별적으로 허가를 얻지 않으면 안되었지만, 하나로 통합해서 얻을 수 있도록 되었고, 또한, 이용약관의 인가에서도 요금의 인하의 경우에는 인가를 요하지 않고 신고로 그치도록 되었다. 이에 의하여, 전기통신사업자간의 경쟁이 활성화되고, 이용자의 편익이 증진될 것으로 기대된다.

2. 일본에서 본 한국의 정보통신법제의 특징

(1) 일본과 마찬가지로 한국의 법개정도 방송과 통신의 융합에 대응함과 더불어, 이업종(異業種)의 정보통신분야에의 진입이 용이하게 되도록 소유제한을 완화한다고 하는 내용을 가지고 있다. 그러나, 제도적인 변화의 중점이나 변화의 파악방식이 약간 다른 것으로 생각된다.

일본에서는 방송 가운데 '기간'과 '일반'이라는 구분을 설정하고, 인터넷상의 정보제공에 대해서는 이것을 방송에 포함시키지 않고, 애초부터 정보통신법제에 편입시키지도 않는다[17]. 이른바 '하드・소프트 분리'에 의해, 종래의 하드부분의 '면허'는 물론, 소프트도 총무대신에 의해 기간방송업무의 '인정'(방송법 제93조 제1항)(및 그것과 관련된 업무의 정지(제174조) 및 인정의 취소(제104조)라는 일종의 제재)이 행하여지게 되었지만, 이 법제도에 대해서는 프로그램조화원칙 등은 기간방송사업자에게만 적용되는 등(방송법 제106조) 단순한 규제강화가 아님에도 불구하고, 일본의 법제도가 방송의 개념을 확대함으로써 '행정권한'을 강화했다고 평가하는 견해도 있다[18].

한국에서는 방송의 구분을 매체별로 하여, 텔레비전방송, 라디오방송, 데이터방송, 이동멀티미디어방송으로 분류하고 있다(방송법 제2조 제1호). 인터넷사업에 대해서는 2009년 2월의「언론중재 및 피해구제 등에 관한 법률」의 개정에 의하여 인터넷뉴스서비스와 인터넷멀티미디어방송(IPTV)은 동법의 적용대상으로 된 것이 일본에서 볼 때 한국의 특징이라고 말할 수 있을 것이다[19]. 매스미디어집중배제규제에 의하여 지금까지 진입할 수 없었던 자에 대한 진입규제를 완화하고, 진

---

17) 개정된 일본 방송법의 개요에 대해서는, 鈴木秀美, "放送法改正の概要", 法律時報 83巻2号(2011年), 80쪽 이하가 논점을 망라하고 있다. 동 논문이, 법개정 후도 방송사업의 실태가 금방 커다란 변화는 발생하지 않을 것으로 보인다고 말하고 있는 것처럼, 대개정이라고 할 정도의 큰 전환이 있었던 것이 아니고, 오히려 방송의 개념 및 방송질서가 유지 된 반면, 새로운 정보기술에 대응하지 못하고 있다는 과제는 그대로 손대지 못하였다고 말해도 좋을 것이다. 塩野宏, "行政法概念の諸相－中核と周辺", 行政法概念の諸相(有斐閣, 2011年), 19-20쪽을 참조했다.

18) 宍戸常寿, "改正放送法と行政権限", 法律時報 83巻2号(2011年), 88쪽 이하는 방송법의 개정과 행정권한의 관계를 해설한 것이지만, 동 논문에서는 행정권한의 확대나 확충 등의 비판적 주장이 일본에서 존재하는 것도 소개되어 있다.

19) 동법 제2조 제18호에 의하면, ""인터넷뉴스서비스"란 언론의 기사를 인터넷을 통하여 계속적으로 제공하거나 매개하는 전자간행물을 말한다. 다만, 인터넷신문 및 인터넷 멀티미디어 방송, 그 밖에 대통령령으로 정하는 것은 제외한다."고 규정되어 있다. 동법의 개정에 의하여, 인터넷포털의 뉴스서비스는 언론이 아니지만, 이에 준하는 것으로서 동법의 적용대상으로 되었다.

입조건을 인하하는 내용의 법개정이 이루어졌지만, 실제로는 신규진입이라기 보다도 기존의 주요 신문사가 진입하고 있는 점을 고려하면, 이번 법개정은 매스미디어업계 전체로서는 보수적인 성격을 가진 것이라고 말할 수 있을 것이다[20].

한 마디로 방송과 통신의 융합이나 이업종의 진입장벽의 완화라고 하더라도, 양국의 이들 현상 또는 정확히는 제 현상 가운데 무엇이 강조되고 있는지의 파악방식이 다르고, 일본에서는 방송개념의 확대를 행정권한의 확대와 동일시하는 자가 존재한다고 하는 것은 문제파악의 특징이 나타나 있어서 흥미롭다. 이에 대해서 일본에서 보자면 한국은 정치주도에 의한 정보법제의 개혁이 반복하여 이루어짐으로써 방송과 통신의 융합을 추진함과 더불어, 첨단적인 정보기술인 인터넷 서비스의 일부에 대해서도 언론피해의 구제를 위한 법제도의 적용대상으로 하는 한에 있어서이지만, 이것을 정보통신법제에 편입하고 있는 것이 특징이다.

(2) (1)에서 설명한 것과도 관련되지만, 양국의 방송법제의 제도설계에서 유의해야 할 것은 수신자인 국민 측에 선 규정의 존부이다. 일본의 정보통신법제는 "기본적으로 송신자의 자유를 중심으로 구성되어 있다[21]"고 말하여지지만, 그것은 납득할 수 있다. 일본과 한국의

---

20) 이것은 2010년 12월 31일에 개정법에 근거하여 행하여진 이른바 종합편성방송채널사용사업자로서 조선일보, 중앙일보, 동아일보, 매일경제의 '보수적' 신문사가 선정된 것을 말한다.

21) 이러한 인식은 山本博史씨가, "日本国憲法研究座談会 通信・放送法制", ジュリスト 1373호, 95쪽에서 말한 것이지만, 좌담회의 기록을 보는 한, 수신자란 누구인가 그 법적 이익이란 어떠한 내용을 가르키는 것인가, 알권리란 무엇인가 등의 심층적인 문제를 별개로 한다면, 일본의 통신방송법제의 전문가 사이에서 수신자 이익의 실현 그 자체는 하나의 검토과제로 되고 있다.

방송법을 비교해보면, 예컨대, 제1조(목적)에서 한국의 경우는 "방송의 자유와 독립을 보장하고 방송의 공적 책임을 높임으로써 시청자의 권익보호와 민주적 여론형성 및 국민문화의 향상을 도모하고 방송의 발전과 공공복리의 증진에 이바지함"을 목적으로 규정하고 있다. 방송의 자유와 독립은 물론, 방송이 달성해야 할 공적 책임도 규정하고 있으며, 방송의 자유 그 자체가 목적이 아니라, 이것은 오히려 시청자의 권익보호와 민주적 여론의 형성이라는 목적을 실현하기 위한 수단이기도 하다. 그에 대하여, 일본의 방송법은 방송의 보급과 효용의 보장, 방송에 의한 표현의 자유의 확보, 방송의 건전한 민주주의의 발달에 이바지함으로써 "방송을 공공의 복지에 적합하도록 규율하고, 그 건전한 발달을 도모함"을 목적으로 규정하고 있다. 여기에서는 방송의 수신자(시청자)의 이익에 대한 배려는 법제도상으로는 공공의 복지에 흡수되고 있다. 이러한 방송법의 목적의 상위(相違)는 구체적인 규정내용에서의 그것을 가져오고 있다. 예컨대, 한국 방송법은 제1장 총칙에서 제3조(시청자의 권익보호)를 설치하여, "방송사업자는 시청자가 방송프로그램의 기획 · 편성 또는 제작에 관한 의사결정에 참여할 수 있도록 하여야 하고, 방송의 결과가 시청자의 이익에 합치하도록 하여야 한다."고 규정하고 있다. 나아가, 독립된 장(제6장)에서 자체심의(제88조), 시청자위원회(제87조), 시청자평가프로그램(제89조), 방송사업자의 의무(제90조) 등을 규정하고 있다. 또한, "방송통신위원회는 방송에 관한 시청자의 의견을 수렴하고 시청자불만처리 및 청원사항에 관한 심의"를 하기 위하여 '시청자불만처리위원회'를 설치할 수 있도록 되어 있다(제35조). 그에 대하여, 일본의 방송법은 시청자에 대한 한국에서와 같은 제 규정은 존재하지 않는다.

(3) 한국의 정보통신법령에는 현대에서의 일반적인 법현상인 행정에의 위임입법(이른바 행정입법)이 적지 않게 존재한다. 한국에서의 행정입법은 군사정권시대까지는 많은 중요한 사항이 대통령령이나 부령 등에 위임되었다. 그러나, 1988년 헌법재판소의 설립 이후 그러한 법률의 규정은 격감하게 되었다. 왜냐하면, 헌법재판소가 그러한 행정입법에의 위임에 대하여 헌법상의 포괄위임금지 또는 백지위임금지의 원칙에 위반한다고 위헌결정을 내렸기 때문이다. 이것은 방송에 대한 입법적 관여가 그 내용에서 정당할 것이 요청된다는 것도 의미한다. 예컨대, KBS(한국방송공사)의 수신료사건에서 "텔레비전방송수신료는 대다수 국민의 재산권 보장의 측면이나 한국방송공사에게 보장된 방송자유의 측면에서 국민의 기본권실현에 관련된 영역에 속하고, 수신료금액의 결정은 납부의무자의 범위 등과 함께 수신료에 관한 본질적인 중요한 사항이므로 국회가 스스로 행하여야 하는 사항에 속하는 것임에도 불구하고 한국방송공사법 제36조 제1항[22]에서 국회의 결정이나 관여를 배제한 채 한국방송공사로 하여금 수신료금액을 결정해서 문화관광부장관의 승인을 얻도록 한 것은 법률유보원칙에 위반된다."(헌재 1999. 5.27. 98헌바70)고 하여 헌법불합치결정을 내렸다. 이들 헌법재판소 결정의 경향으로부터 하면, 한국에서는 일반적인 위임은 허용되지 않고 구체적인 위임이 요구되고 있고, 국민의 기본권 실현과 관련되는 본질적인 중요한 사항인 경우에는 법률로 직접 규정할 것이 요구되고 있다. 실제로 일본의 내각법제국에 유사한 한국의 법제처가 행정각부의 법령안을 심사함에 있어서 엄격하게 체크하도록 되어 있다.

한국에서 보면, 일본에서는 이제 막 개정된 방송법에서조차도 "광

---

22) 구 한국방송공사법 제36조는 제1항에서 "수신료의 금액은 이사회가 심의 · 결정하고, 공사가 공보처장관의 승인을 얻어 이를 부과 · 징수한다."고 규정하였다.

범위한 성령(省令)에의 위임[23]"이 유지되어 있고, 이에 대해서는 "오히려 프로그램준칙을 법률레벨에서 규정하는 쪽이 오히려 법치주의의 정신에 따르는 것이 아닐까[24]"라는 의문도 제시되고 있지만, 현재로서는 입법실무가 크게 변화할 것으로는 생각할 수 없다.

Ⅲ. 일본에서 본 한국의 정보통신규제기관의 특징

1. 한국의 정보통신규제기관 – 방송통신위원회

한국의 정보통신행정은 주로 방통위가 소관하고 있다. 전술한 바와 같이, 방통위는 방송과 통신의 융합화에 대응하기 위하여 방송과 통신의 주된 소관이 각각 '방송위원회'와 '정보통신부'로 나뉘어 있던 것을 통합하여 설치된 행정기관이다. 이하에서는 현재의 방통위의 설치에 이르기까지의 경위와 방통위의 현황, 그리고 이 기관에 설치되어 있는 방송통신심의위원회에 대하여 설명한다.

가. 방송통신위원회의 설립경위

1) 방송위원회의 변천

(1) 한국에서 방송에 대한 최초의 법률은 1961년 12월에 제정된 「전파관리법」이었다. 동법에서는 무선국의 개설은 체신부장관(당시)의 허가사항이었기 때문에 방송국의 개설에 체신부장관의 허가를 얻어야

---

23) 山田健太, "放送概念の拡張に伴う放送法の変質", 法律時報 83巻2号, 86쪽 참조.
24) 宍戸, 前掲論文, 90쪽.

하였다. 1963년 12월에 방송에 관한 일반법인 「방송법」이 제정되었다. 동법은 방송국의 개국, 휴업 및 폐업의 신고, 자료의 제출명령 등 방송국에 대한 규제 및 감독을 공보부장관(당시)의 소관사항으로 규정하였다. 그 후, 방송의 송신수단인 전파사용권에 대해서는 체신부장관(또는 정보통신부장관)의, 또한 방송프로그램에 대해서는 공보부장관(또는 방송위원회)의 소관사항으로 되어, 방송관련사업에 관한 규제권한을 둘러싸고 양 기관 간에 관할권 다툼이 계속되었다.

(2) 1980년 12월에 당시의 전두환정권은 기존의 「방송법」과 「신문・통신등의등록에관한법률」을 통합하여, 「언론기본법」을 제정하였다. 동법은 방송운영의 심의기관으로서 처음으로 '방송위원회'(이하 '방송위'라고 약칭한다.)를 설치하였다. 방송위는 9인의 위원으로 구성되어, 그 가운데 3인은 국회의장이 추천한 자를, 3인은 대법원장이 추천한 자를 대통령이 임명하였다. 방송위의 심의사항은 ①방송의 운용・편성에 따른 기본적인 사항, ②방송종류에 따른 광고방송의 허용여부, ③방송광고수익으로 수행할 공익사업의 기본방향에 관한 사항, ④각 방송국 및 방송 종류 상호간의 관계, 공동사업 및 협조에 관한 사항, ⑤방송에 관한 조사・연구 및 발전에 관한 사항, ⑥방송심의위원회의 운영에 관한 사항, ⑦방송의 기본정책에 관한 사항으로서 문화공보부장관이 심의를 요구한 사항 등이었다[25].

또한 방송프로그램 등의 심의를 위하여 '방송심의위원회'가 그것과는 별개의 조직으로 설치되었다. 동 심의위원회는 국내 모든 방송국의

25) 그러나, 방송위는 실제에서 '장식적 기구'에 불과하였다. 예컨대, 당시, 방송위가 그 직무로서 행한 심의건수는 불과 수 건에 지나지 않았다. 박용상, "방송위원회의 법제적 고찰", 법조 40권 2호(1991), 11쪽 이하.

장을 회원으로 하는 방송심의회원총회에서 선출된 9인 이상 15인 이내의 위원으로 구성되었다. 동 심의위원회는 심의규정을 위반한 방송국에 대해 사죄, 정정, 해명 또는 취소 등을 요구할 권한이 부여되었다.

(3) 1987년 11월에 국회는 「언론기본법」을 폐지하고, 「방송법」과 「정기간행물의등록등에관한법률」을 제정하였다. 1987년 「방송법」의 방송위에 관한 주요내용은 ①심의기관으로부터 심의의결기관으로 변경된 점, ②규칙제정권을 부여한 점, ③시정명령 및 제재권을 부여한 점, ④방송심의위원회를 방송위를 보조하는 기관으로 변경한 점, ⑤방송위 위원을 9인으로부터 12인(이 중 4인은 국회의장이, 4인은 대법원장이 추천한 자를 대통령이 임명)으로 증원한 점 등을 들 수 있다.

(4) 방송기술의 급속한 발달과 방송과 통신의 융합이라는 방송환경의 변화에 대응하여, 방송의 공정성 · 공공성 및 공적 책임을 보장하기 위하여 기존의 「방송법」, 「종합유선방송법」, 「유선방송관리법」 및 「한국방송공사법」을 통합하여, 2000년 3월 이른바 통합 「방송법」이 시행되었다[26]. 동법에 의해서, 방송위는 대통령이 임명하는 9인의 위원으로 구성되었다. 그 가운데, 3인은 국회의장이 국회 각 교섭단체 대표의원과 협의하여 추천한 자를, 3인은 국회 문화관광위원회의 추천의뢰를 받아서 국회의장이 추천한 자를 임명하도록 되었다.

---

26) 동법은 종래 4개의 법률에 분산되어 규정되었던 방송관련기관의 역할을 재정립하고, 위성방송의 실시를 위한 근거규정을 설치하는 한편, 방송의 자유와 정치적 중립성 및 공익성을 보장하기 위한 방송위의 권한의 강화와 시청자의 권익보호를 그 목적으로 하는 것이었다. 김명식, “방송위원회의 구성과 권한에 관한 一考察”, 공법연구 32집 3호(2004), 256쪽.

2) 정보통신부의 변천

(1) 1990년대에 들어서, 세계는 급속히 정보화시대를 맞이하게 되었다. 당시의 김영삼 정권은 이러한 변화에 적극적으로 대응하기 위하여 1994년 12월에 「정부조직법」을 개정하여 국가행정조직을 크게 개편하였다. 이 때, 체신부의 정보통신기능을 대폭적으로 확대·강화함으로써 '정보통신부'(이하 '정통부'라고 약칭한다.)가 설치되었다. 당시의 상공자원부로부터 정보통신기기와 방송기기관련산업, 멀티미디어, 컴퓨터 및 주변기기산업에 관한 조성업무를, 과학기술처로부터는 시스템과 정보통신기술개발업무와 컴퓨터프로그램기술개발업무를, 공보처로부터는 유선방송과 관련한 업무를 각각 이관받아 정보통신관련업무를 정통부가 일원적으로 소관하게 되었다. 이러한 행정조직의 개편은 한국이 'IT강국'을 목표로 하는 당시의 정권의 목적을 위하여 이루어졌다.

(2) 그러나, 정보통신을 둘러싼 환경의 변화는 급격하여, 방송과 통신의 융합이라는 새로운 환경에 대응하기 위해서는 방송의 주무부서인 방송위와 통신의 주무부서인 정통부 간의 기구통합과 방송관련법제의 정비가 긴급한 과제였다. 이는 방송과 통신의 융합, 즉 방송적 성격을 가지는 통신서비스와 통신적 성격을 가지는 방송서비스가 새롭게 등장하였지만, 방송과 통신을 각각 소관하는 행정조직 사이에서의 관할권다툼이나 노골적인 대립까지는 아니라 할지라도 연락조정의 부족이 심각하였다[27]. 예컨대, 디지털콘텐츠진흥기능은 정통부, 방송위, 문화관광부와 산업자원부가, 디지털콘텐츠의 내용심의는 정통부에 설

27) 계경문, 방송통신통합기구의 설립에 의한 전파방송의 기능 및 역할 연구, 한국전파진흥협회 연구보고서(2008), 35쪽.

치된 '정보통신윤리위원회'와 문화관광부에 설치된 '영상물등급위원회'가, 방송영상관련기능은 문화관광부와 방송위가, 콘텐츠사업의 공정경쟁은 공정거래위원회와 정통부에 설치된 통신위원회가, 콘텐츠사업의 허가는 정통부, 방송위와 문화관광부가 각각 대립하였다. 이와 같은 행정조직간의 대립이나 연락조정의 부족은 그동안 한국이 쌓아온 'IT 강국'의 지위를 뒤흔들 수 있는 가능성이 산업계에서 우려되었고, 학계에서도 각각의 사무에 적합한 조직형태가 채용되어 있는지 여부, 상호 연락조정을 하는 기관을 설치하여야 하는 것은 아닌가하는 문제인식이 이루어지게 되었다.

3) 방송통신위원회의 설치

현재의 이명박정권은 2008년 2월 「정부조직법」의 개정에 의해서 정통부를 폐지하고, 「방송통신위원회의 설치 및 운영에 관한 법률」에 근거하여 방통위를 설치하였다. 이에 의하여, 종래의 정통부의 소관사무는 신설된 방통위, 지식경제부, 행정안전부, 문화체육관광부 등으로 분산되었다. 구체적으로 말하자면, 정보보안을 포함한 개인정보와 정보화기능은 행정안전부로, 정보통신산업과 이것과 관련된 정보통신산업기술개발, 정보통신진흥기금, 우정사업 등은 지식경제부로, 디지털 콘텐츠 등에 관한 사무는 문화체육관광부로, 인터넷을 포함한 통신정책과 통신규제에 관한 사무는 방통위로 각각 이관되었다.

나. 방송통신위원회의 현황

방통위의 현황을 동법에 근거하여 설명하기로 한다(이하에서는 특히 언급하지 않는 한, 「방송통신위원회의 설치 및 운영에 관한 법률」의 조문이다.).

1) 조직법적 위상

방통위는 단적으로 말하자면 '대통령 소속하의 합의제 중앙행정기관'이다. 동 위원회의 설치법에서 "방송과 통신에 관한 업무를 수행하기 위하여 대통령에 소속하는 방송통신위원회를 둔다."(제3조 제1항), "위원회는 정부조직법 제2조에 의한 중앙행정기관으로 간주하고"(제3조 제2항), "위원회의 회의는 재적위원 과반수의 찬성으로 의결한다."(제13조 제2항)는 제 규정으로부터 그와 같이 해석할 수 있다.

방통위의 조직법적 위상은 이것과 그 전신인 방송위를 비교하면, 방송위가 무소속의 합의제기관이었던 것에 대하여, 방통위는 대통령 밑에 두어지는 조직이다. 또한 이것은 독임제 중앙행정기관(이른바 행정각부)이었던 정통부와는 합의제라는 점에서 다르다. 그러나, 방통위가 방송위와 정통부의 통합으로 생긴 조직이라는 점에서 양자의 성격의 흔적이 강하게 남아있다고 할 수 있다. 즉, 방송위의 '합의제기관'성과 정통부의 행정각부로서의 '중앙행정기관'성이 혼재된 채로 나타나 있고, 그 때문에 위원회조직이면서 방송위와는 달리 대통령 밑에 소속하는 조직임을 명시한 것이다.

2) 위원회의 구성

방통위는 위원장 1인, 부위원장 1인을 포함한 5인의 상임위원으로 구성된다(제4조 제1항). 위원장 및 위원은 방송 및 정보통신분야의 전문성을 고려해서 법정의 자격을 가지는 자 가운데에서 대통령이 임명한다(제5조 제1항). 이 경우, 위원장은 국회의 인사청문을 거쳐야 한다. 부위원장은 위원 가운데에서 호선한다(제5조 제3항). 위원 5인 가운데, 위원장을 포함한 2인은 대통령이 지명하고, 3인은 국회의 추천을 받아서 대통령이 임명한다(제5조 제2항). 이 경우, 국회는 위원을 추천할 때 대통령이 소속하거나 소속하였던 정당의 교섭단체가 1인을 추천하고, 그 밖의 교섭단체가 2인을 추천한다.

위원의 임기는 3년이고, 1회에 한하여 재임할 수 있다(제7조 제1항). 위원은 법정사유 이외에는 그 의사에 반하여 면직되지 않는다(제8조 제1항). 위원은 직무를 수행함에 있어서 외부의 부당한 지시나 간섭을 받지 않는다고 규정함으로써, 직무수행의 독립성이 보장되고 있다. 또한, 위원은 공무 이외의 영리를 목적으로 하는 업무에 종사하는 것이나 다른 직무를 겸할 수 없고, 정치활동에도 관여할 수 없다(제9조 제1,2항). 이는 정치적 중립성을 보장하기 위한 것이다.

국회는 위원장이 그 직무수행에서 헌법이나 법률에 위배한 때에는 탄핵소추를 의결할 수 있다(제6조 제5항). 국회의 탄핵소추 대상은 헌법에 규정된 경우가 일반적이기 때문에, 법률로 탄핵소추의 근거를 규정한 것은 대단히 예외적이라고 할 수 있다.

3) 위원회의 소관사무와 운영

방통위의 소관사무는 방송에 관한 사항, 통신에 관한 사항, 전파의 연구 및 관리에 관한 사항, 기타 이 법률 또는 다른 법률에서 위원회의 사무로서 규정한 사항이다(제11조 제1항). 소관사무 가운데, 방통위의 심의의결을 거쳐야 할 사항이 열거되어 있다(제12조 제1항). 그리고, 방송 및 통신사무를 수행할 때 관련부서와의 협의 등을 규정하고 있다. 즉, 방통위는 방송이나 통신의 기본계획에 관한 사항을 심의 및 의결하는 경우, 방송영상정책과 관련한 사항에 대해서는 문화체육관광부장관과 협의하여야 하고, 방송프로그램의 유통상 공정거래질서의 확립에 관한 사항을 심의 및 의결하는 경우에는 공정거래위원회의 의견을 들어야 하며, 방송이나 통신과 관련한 남북교류 및 협력에 관한 사항을 심의·의결하는 경우에는 통일부장관의 의견을 들어야 한다고 규정하고 있다(제12조 제2항).

방통위의 회의의 소집은 2인 이상의 위원의 요구가 있는 경우이지만, 위원장은 단독으로 소집할 수 있다(제13조 제1항). 회의는 재적위원 과반수의 찬성으로 의결하고, 회의의 공개를 원칙으로 한다(제13조 제2, 4항). 위원의 직무수행에는 제척, 기피 및 회피가 규정되어 있다(제14조).

다. 방송통신심의위원회

(1) 방송통신심의위원회(이하 '방심위'라 약칭한다.)는 종래 방송위와 정보통신윤리위원회로 이원화되었던 방송 및 통신에 대한 내용면에서의 심의기능을 통합적으로 달성하기 위한 조직으로서 2008년 5월에 설치되었다[28].

방심위의 법적 위상에 대해서는 법제정의 제안에 즈음하여서는 '민간의 독립기구'로 설명되었지만, 실제 입법의 결과에 대해서는 비판이 있었다[29]. 이와 관련하여, 헌법재판소는 "방송통신심의위원회는 그 구성방법이나 임명, 업무에 있어 방송위원회와 크게 다르지 않고, 방송광고 사전심의와 관련해서도 방송위원회가 행하던 업무들을 거의 그대로 수행하고 있다. 결국 방송광고 사전심의 업무와 관련하여 방송통신심의위원회는 방송위원회와 그 성격이 다르다고 할 수 없다[30]."고

---

28) 이 조직의 현황에 대해서는 방송통신심의위원회, 2009년 방송통신심의연감, 2010, 8쪽 이하를 참조.

29) 최우정, "방송통신위원회의 설치 및 운영에 관한 법률에 대한 법리적 문제점에 관한 연구－공영방송을 중심으로 하여", 방송문화연구 20권 1호(2008), 207쪽 이하.

30) 헌재 2008.6.26. 2005헌마506 전원재판부【방송법제32조제2항등위헌확인】

하여, 행정기관으로서의 성격을 인정하고 있다.

(2) 방심위는 9인의 위원으로 구성되어 있고, 그 가운데, 위원장 1인, 부위원장 1인을 포함하여 3인의 위원을 상임으로 한다(제18조 제2항). 위원은 대통령이 위촉[31]하지만, 그 가운데, 3인은 국회의장이 국회의 각 교섭단체 대표의원과 협의하여 추천한 자를, 3인은 국회의 소관 상임위원회로부터 추천한 자를 위촉한다(제18조 제3항). 심의위원장 1인, 부위원장 1인을 포함하여 상임위원 3인은 방심위에서 호선하고, 심의위원의 임기는 3년으로 하며, 1회에 한하여 재임할 수 있다(제18조 제4,5항).

(3) 방심위는 직무상 방통위로부터의 독립성이 보장되어야 하지만, 그 소속이 불명하다는 점, 방심위의 위원 구성에서 정부 여당에 우호적인 위원으로 구성될 가능성이 크다는 점, 방송심의과정에서 방송과 통신이라는 매체의 특수성을 고려하지 않은 심의제도라는 점을 들어, 현재의 입법정책의 적부를 논하는 견해[32]가 있다.

2. 일본에서 본 한국의 정보통신규제기관의 특징

(1) 한국의 방통위는 대통령에 소속하는 합의제의 행정기관이지만, 일본의 총무성은 내각의 통할하의 국가의 행정기관이다. 양자는 국가

31) 위촉은 일반적으로 외부민간인을 비상임위원 등으로 하는 경우에 사용되지만, 방심위의 경우, 그 설치의 당초, '민간의 독립기구'라는 명분에서 '임명'이 아니라 '위촉'이라는 용어가 사용되었다고 추정된다.

32) 최우정, "현행 방송심의제도에 대한 비판적 검토-규범학적 측면을 중심으로 하여-", 언론과 법 8권 1호(2009), 25쪽 이하.

(중앙)의 행정기관인 점에서 공통하지만, 한국의 방통위가 합의제인 것에 대하여 일본의 총무성의 장은 총무대신으로 독임제이다. 방통위 위원 5인의 구성에서 대통령이 위원장을 포함해 2인을 지명하고, 남은 3인은 국회로부터 추천을 받음으로써(그 가운데 여당으로부터 1인, 야당으로부터 2인을 추천), 이러한 의미에서의 정치적 중립성을 고려하도록 되어 있는 점, 그리고 방송의 독립성과 관련된 사항에 대하여서는 국무총리에 의한 행정감독을 배제하고 있는 점에 독임제 중앙행정기관에는 없는 특징이 있다. 일본에서는 통상 여당인 국회의원 가운데에서 총무대신이 임명된다. 한국에서도 방통위가 정치성을 가지는 것이 전혀 없다고 할 수 없는 것은 당연하지만, 정도의 차이이나, 한국의 법제도는 그것의 인식을 전제로 하면서 집권 여당의 정치적 개입이 체크되는 조직구성을 시도하고 있다고 말할 수 있을 것이다. 방송이 지금도 여전히 정보의 일방적인 높은 전파성을 가지고 있다고 한다면, 방송에 대한 영향력을 유지하고자 하는 것이 정치권력이라고 생각되지만, 이에 더하여 통신과의 융합을 포함하는 IT산업의 강화를 정부가 추진하고 있는 한국에서는 방송에 대한 행정의 정보통신정책의 견지로부터의 관여도 예정되어 있기 때문에, 정치적 중립성을 확보하기 위한 제도 정비의 실험이 시도되어온 것이다.

(2) (1)과 관련하여 방송의 자유 및 독립의 보장이 양국에서 시도되고 있고, 그 방법이 다른 것은 이를 비교연구의 대상으로 보면 흥미깊은 현상이다. 일본에서는 BPO(방송윤리 · 프로그램향상기구)가 존재한다. BPO는 그 홈페이지를 보면, 방송의 자주 · 자립을 지키기 위하여 일본방송협회(NHK) 및 일본민간방송연맹(민방련)에 의하여 설치된 제3자성을 겸비한 조직이라고 한다. 현상으로서는 이것은 방송업계에 의

한 자주규제를 행하는 조직이지만, 이 자주규제를 어떻게 인식할 것인지가 하나의 과제이다. 왜냐하면, 3권에 의한 규제와 방송업계에 의한 규제를 구분하면, BPO의 활동은 국가권력이 아닌 주체에 의한, 오히려 그것과 대치하기 위한 규제이지만, 본고의 모두(冒頭)에서 기술한 바와 같이 관계구조의 형성과정에서 이를 자리매김하면, 규제규범의 내면화(internalization)의 한 과정으로서 이를 인식할 수 있을 것이다[33]. 개개의 방송사업자 또는 실무적인 말을 사용하면 방송사업자 내부에

33) 『문명화의 과정』에서 '내면화'의 개념에서 지적되고 있는 '개인에 의한 자기제어', 특히 '자율적 자동장치로서 부착되어, 타자에 의한 제어로부터 완전히 독립하고 있는 자기제어의 한층 강력한 추진'(노르벨트 · 엘리어스 (赤井慧爾他 역), 文明化の過程 (上) 改装版, 45쪽) 이 중세후기 이후의 유럽에서 생겼던 원인을 분석한 엘리어스를 참조하면서, 규제과정의 동태를 논한 개소(個所)에서 미국의 행정법학자인 Edward Rubin은 규제란 시간의 경과에 의해 규제를 받는 자가 규제규범을 내면화하기까지의 과정을 말하는 것으로서, 규제규범을 내면화함으로써 규제를 받는 자는 규제기관(regulatory agency)과의 관계에서는 오히려 기꺼이 협조적(cooperative)으로 된다고 결론짓고 있다. 물론 규제기관도 외부환경의 변화가 발생하지 않는 한, 규제를 받는 자와의 관계에서는 협조적이지만, 규제기관측으로부터 하면 이것이야 말로 가장 효과적인 규제전략이다. Edward Rubin, *"The Regulatizing Process and the Boundaries of New Public Governance"*, 2010 WIS. L. REV. pp. 535, 588 (2010). 자주규제가 그 어감에도 불구하고, 국가가 이를 이 · 활용하는 것이라는 등의 이해는 규제를 받는 자의 능동성을 경시하고 있으며, 일면적(一面的)에 지나지 않는 것으로 생각되지만, 다른 한편으로 규제를 받는 자가 그 이해를 고려해서 자주규제의 선택을 행하는 경우에 이러한 의미에서의 능동성이 오히려 규제규범의 내면화를 촉진하는 계기로 되고, 따라서, 규제기관의 규제전략으로부터 거리는 두는 것이 곤란하게 된다는 의미에서의 수동성에 대해서도 자각되어야 하는 것은 아닐까. 방송의 자주규제에 대해서 말하자면, 법률학적인 문제관심으로부터 하면, 방송사업자가 아닌 제3자인 수신자 일반의 실체적 절차적 이익실현이 과제로 되는 것은 당연한 것으로서 자주규제의 선택이 방송사업자 내부의 이른바 현장에 대해서 가져온 것은 무엇인지의 분석이 필요하지 않을까. 西土彰一郎, 放送の自由の基層, 信山社, 2011, 294쪽은 "매스미디어의 자유의 핵심은 이러한 조직체 내부에서의 공유신념 형성을 목적으로 하는 내부적 자유에 있다"고 주장한다.

서의 방송현장으로서는 종래보다도 현재가 효과적인 규제가 더하여지는지 여부의 분석이 불가결하다. 이것을 다른 표현으로 말하면, 전통적인 공법학적 사고가 전제로 하는 경향이 있는 권리의무의 주객의 분리, 즉 누가 누구의 자유를 제한하고 의무를 과하고 있는지로부터 주객의 상호의존관계에서 형성된 규제규범의 내용과 이것이 방송사업자 단체에서 내면화하기까지의 과정의 정당성에의 주시점(注視點)의 이동이 불가결하다. 일본에서 BPO의 기능을 "총무성 등의 주체에 의한 규제와는 대립적인 일면을 가지지만", "행정규제에 대항하는 견제장치라기 보다도 오히려 방송규제가 다중으로 확대하고 있는 것으로 인식"하는 시점이 중요하다고 말하는 견해[34]도 있다. 이 견해에 의하면, BPO는 방송업계의 이익을 대변한다는 면에서는 "총무성 등의 주체에 의한 규제와는 대립적인 일면을 가지지만", 타면에서는 규제규범이 내면화하고 있기 때문에 "오히려 방송규제가 다중으로 확대되고 있다"고 해석되고 있다. 만일 그렇다고 한다면, 이른바 소프트 로[35]와 법치행정의 원칙과의 관계가 논하여지고 있는 것처럼 규제규범이 내면화하기까지의 과정에서 법치주의를 벗어나는, 말하자면 눈에 보이지 않는 권력이 행정법적 관점으로부터는 인식의 대상으로 되어야 한다. 이러한 문제는 방송내용에 대한 행정지도와 유사한 것이지만, 행정지도는 행위의 주체가 명백하여서 이 의미에서는 책임추급도 가능하였던 것에

---

34) 稲葉一将, "規制機関の在り方", 法律時報 83巻2号(2011), 98-99쪽.

35) 정보통신분야에서의 '소프트 로'란 국가의 법률이 아니라 최종적으로 법원에 의한 강제적 실행이 보장되어 있지 않음에도 불구하고, 현실의 경제사회에서 국가나 기업이 어떠한 구속감을 가지면서 따르고 있는 제 규범이라고 말하여진다. 豊嶋基暢, "通信・放送の概念とコンテンツ規律の変容の可能性", 慶應義塾大学メディア・コミュニケーション研究所紀要 60号(2010), 127쪽. 문제는 그 경우의 구속감이 어떻게 해서 형성되고 있는지의 과정이다.

대하여[36], 규제규범이 내면화하는 과정은 규제의 주객이 불분명한 만큼, 이것은 일면에서는 효과적인 규제전략이지만, 그 때문에 법치주의와의 관계에서는 심각한 문제를 품고 있는 것은 아닐까.

(3) 방송통신에 관한 사무를 담당하는 양국의 행정조직은 양국 모두 각종 위원회나 심의회 등을 설치하고 있다. 일본의 총무성에는 전파감리심의회나 전기통신분쟁처리위원회 등이 설치되고 있고, 한국의 방통위에는 일본의 심의회에 해당하는 조직으로서 방송평가위원회[37], 방심위, 시청자불만처리위원회, 남북방송교류추진위원회, 방송분쟁조정위원회, 미디어다양성위원회, 방송시장경쟁상황평가위원회[38], 지역방송발전위원회, 보편적 시청권보장위원회가 있다. 일본에서는 전파감리심의회에 대해서는 전파법이 근거법이지만, 정보통신심의회와 같이 정령(총무성조직령 제121조) 설치의 심의회도 있어서, 반드시 법률설치는 아닌 반면, 한국의 방송법은 상기의 다수의 위원회의 설치근거를 규정하고 있다.

한국의 이들 위원회 가운데, 특히 방심위에 대해서 많은 논란이 있다[39]. 특히, 방심위의 심의대상이 너무나 광범위하지 않는지, 또한, 그

---

36) 일본에서의 프로그램 내용과 관련된 행정지도의 주체는 鈴木秀美他編, 『放送法を読みとく』, 商事法務, 2009, 76쪽 이하[笹田佳宏]가 정리하고 있고, 이 기술을 참조하였다.

37) 방통위는 방송사업자의 방송프로그램 내용 및 편성과 이들 운용 등에 관하여 종합적으로 평가할 수 있고, 그 평가업무를 효율적으로 수행하기 위하여 '방송평가위원회'를 설치할 수 있다고 규정되어 있다(방송법 제31조 제1, 2항).

38) 동 위원회는 2011년 7월의 방송법 개정에 의하여 방송시장의 효율적인 경쟁체제의 구축과 공정한 경쟁환경의 조성을 위하여 설치된 것이다.

39) 일본에서도 방심위에 대해서 소개하는 것으로서, 田中則広, "韓国KCC(放送通信委員会)とKCSC(放送通信審議委員会)", NHK放送研究と調査 2010年7月号, 4쪽 이하가 있다. 稲葉, 앞의 논문, 100쪽은 방송(면허)행정과는 일정 정도 분리되어

심의기준이 불명확하고 표현의 자유를 침해하는 것은 아닌지 등의 비판이 있다[40]. 또한, 방심위의 방송광고의 심의[41]에 대한 헌법소원청구사건에서 헌법재판소(2008.6.28, 2005헌마506)[42]은 "한국광고자율심의기구[43]가 행하는 방송광고사전심의는 방송위원회가 위탁이라는 방법에 의하여 그 업무의 범위를 확장한 것에 지나지 않는다고 할 수 있기 때문에 한국광고자율심의기구가 행하는 본건의 텔레비전방송광고사전심의는 행정기관에 의한 사전검열로서 헌법이 금지하고 있는 사전검열에 해당한다."고 하여, 위헌결정을 내린 것이다[44]. 이 결정 후(2009년 7월), 방심위의 관련규정이 사전검열에 해당하지 않도록 하기 위하여 방송 등의 내용에 대한 공정성과 공공성이 유지되고 있는지, 방송사업자가 공적 책임을 준수하고 있는지를 "방송 또는 유통된 후"에 심의 및 의결한다고 개정되었다. 그럼으로, 헌법재판소의 판단 및 이를 반영한

독립된 외부위원에 의한 프로그램 내용심사를 행하는 것이라는 관점에서 이것에 관심을 나타내고 있다.

40) 지성우, "현행 통신심의제도의 법적 문제점에 관한 고찰", 언론과 법 8권 2호(2009), 134쪽 이하 ; 최우정, 전게논문, 32-33쪽.

41) 구 방송법 제32조 제2항은, "위원회는 제1항의 규정에 불구하고 대통령령이 정하는 방송광고에 대하여는 방송되기 전에 그 내용을 심의하여 방송여부를 심의·의결할 수 있다."고 규정하였다. 그 후, 2008년 2월 29일의 방송법의 개정에 의하여, 방송광고의 심의에 대한 권한이 방송위로부터 방심위로 변경되었다.

42) 본건은 사업을 운영하는 청구인이 방송국에 방송광고를 청약하였지만, 방송국으로부터 방송법 및 동법시행령에 의한 사전심의를 거치지 않았다는 이유로 광고를 거부당하였다. 그래서, 청구인은 방송법 및 동법시행령의 규정에 의하여 청구인의 헌법상 보장된 기본권(표현의 자유, 사전검열의 금지)이 침해되었다고 주장하여 헌법소원심판을 청구한 사건이다.

43) 이 기구는 구 방송법 제103조 제2항에 의하여 방송광고물의 사전심의와 관련된 업무가 위탁된 민간기구이다.

44) 헌법재판소가 심의중인 2008년 2월 29일에 방송법이 개정되었고, 동법은 방송광고사전심의의 주체를 방심위로 변경하였기 때문에 개정 방송법의 당해 조항에 대해서도 위헌결정이 내려졌다.

입법실무의 현시점에서는 사전심사가 아니면 방심위가 방송프로그램 등의 내용을 심사하는 것 그 자체는 위헌이라고는 판단되고 있지 않는 것이다.

Ⅳ. 마치며

이상에서 한국에서의 정보통신법제와 규제기관에 대한 특징을 간단하게 설명하면서 한국과 일본의 양국에서의 정보통신법제가 각각 어떠한 관계구조에서 형성되고 있는지의 분석을 시도하였다.

(1) 방송과 통신의 융합현상에 대한 일본과 한국 양국의 법제도에는 물론 공통점도 있지만, 오히려 차이가 현저하다. 한국은 정치주도로 융합을 추진하기 위한 법제도를 정비하고 있고, 행정조직에 대해서도 방통위라는 기관을 대통령 밑에 두고 있고, 나아가 방송에 대한 수신자의 고충을 계기로 하는 정치적 개입의 위구에 대해서는 방통위와는 별개의 방심위라는 기관을 설치하여, 여기에 방송프로그램 등의 심의에 관한 권한을 수권하면서 한계를 설정한다고 하는 말하자면 법화(法化)를 선택하고 있다고 말할 수 있을 것이다. 이에 대해서, 일본은 하드와 소프트의 분리를 가능하게 하기 위한 방송법의 개정이 행하여졌지만, 이것은 현상(現狀)을 크게 바꾸는 것이 아니며, 특히 방송과 통신의 융합을 추진하기 위한 행정조직 개혁은 착수되지 않았다. 방송에 대한 수신자의 고충은 행정기관이 아니라 BPO가 이를 접수해서 자주규제를 행하고 있고, 한국과는 달리 비법화하고 있다고 말할 수 있다.

정치주도의 정보통신전략의 유무나 그 강약, 방송 수신자의 이익 실현을 요구하는 주체의 유무나 그 강약이 각각의 관계구조의 형성에 커다란 영향을 미치고 있는 것으로 생각된다.

(2) 위에서 법화 및 비법화라는 용어를 사용하였지만, 이들의 분기(分岐)에서 양국의 특징은 정권교체에 수반하는 입법이라는 점에서 한국은 이에 적극적이지만, 일본은 오히려 소극 또는 신중하다고 말해도 좋다. 입법도 언론표현행위인 방송에 대한 국가관여의 한 형태인 것은 말할 필요도 없지만, 한국은 정보통신산업의 국제적 경쟁력의 강화라는 점에서도 방송에 대한 방송사업자 이외의 외부로부터의 개입 가운데 정당한 내용을 가지는 행위를 전문기관을 설치하면서 이에 수권하고, 또한 이에 의해 방송에 대한 부당한 개입을 한계 설정한다는 점에서도 입법이 달성하고 있는 역할이 크다. 이러한 것이 가능하게 되고 있는 하나의 법적 조건은 법제처에 의한 법안심사와 함께 헌법재판소가 과잉입법이 이루어지지 않도록 입법을 심사하는 제도가 정비되고 있는 것이다. 양국의 입법에 대한 사고나 말하자면 법문화의 차이가 있다고 하더라도, 이러한 문화적 차원에서의 차이의 문제를 강조하기보다도 양국에서 입법을 콘트롤하는 역할이 기대되고 있는 제도나 기구의 현상분석이 필요하지 않을까.

(3) 일본에서는 방송프로그램 규제에 행정지도의 형식이 사용되고, 또한 행정이 아니라는 의미에서의 사인인 BPO에 의한 대응이 존재하는 것처럼, 입법에 의하지 않고 행정과 사업자 간에 규제규범이 형성되어 왔다고 하는 과정이 있는 것으로 생각된다. 이러한 규제규범의 형성의 과정은 법치주의의 문제를 별개로 하면, 입법행정에 의한 일방

적인 강제가 아니라 쌍방적인 성격을 가지는 것이기 때문에 유연하고 효과적이며 효율적인 규제전략이 채용되고 있다고 하는 일면이 있다. 왜냐하면, 한국으로부터 보면, 한국에서와 같이 빈번히 때로는 대립하는 입법이 끊임없이 행하여진다고 하는 것은 정보통신제도의 발전을 저해하는 경우도 있기 때문이다.

법현상이 각각의 사회의 관계구조에 의존하고 있는 것이라면, 근대화 또는 법치주의의 관철이라는 관점에서 이런저런 선악을 논하는 것이 현실차원에서 의미를 가진다는 것은 기대할 수 없을 것이다. 오히려 각각의 관계구조에서 규제규범이 규제를 받는 측에서 내면화하고, 정착하기까지의 과정을 대상으로서 인식하고, 이 과정이 정당성을 획득할 수 있도록 하는 법제도의 정비가 결국 그러한 과제의 해소에 향하여 자국의 관계구조의 특징에 어느 정도 자각적이며, 적절한 제도형성을 하고 있는가, 이들 점에 대해서 이론과 실무는 의식적인 주체일 수 있는지가 검토되어 좋지 않을까.

위에서 기술한 바와 같은 몇 가지의 차이가 있지만, 방송과 통신의 융합과 같은 새로운 정보통신기술의 법제도상의 위치매김이 양국의 공통과제로 되어 있는 것에 지금까지보다도 주의가 기울어져야 할 것으로 생각된다. 왜냐하면, 세계에서 아시아의 지정학적 위치라는 것과 같은 모두(冒頭)(Ⅰ(2))에서 기술한 것을 자각하는 것이라면, 이 지역이라는 것에 의하여 규정된 제 문제가 무엇인지를 의식적으로 추구할 필요가 있는 것으로 생각되기 때문이다.

(4) 마지막으로, 금후 필요하게 될 것으로 생각되는 검토과제를 기술하고 본고를 닫고자 한다. 정보통신의 현재진행형이며, 또한 미래형이기도 하는 것과 같은 스마트폰, 스마트패드나 스마트 TV 등의 새로

운 매체의 보급에 의하여 누구라도 일상적으로 국경에 관계없이 정보를 발신하는 주체로 될 기회는 증대하고 있고, 국내에서의 방송의 송신자와 수신자라고 하는 종래의 비교적 단순하였던 상호의존관계가 현재는 보다 복잡한 것으로 되고 있다. 그리하여 여러 주체의 관계구조가 변화하면, 새로운 법적 과제도 생기게 된다. 예컨대, 단일의 국토 안에 수용되지 않는 글로벌한 규모에서 일상적인 정보통신이 가능하게 되기 위한 중요한 조건인 상호접속이나 네트워크의 중립성의 확립과 그를 위한 규제의 주체, 내용 및 수단은 선택하여야 하는 어프로치에 대한 사고방식은 반드시는 동일하지 않지만, 유럽과 미국에서는 동시대에서의 세계 공통의 과제라고 인식되고 있다[45].

국가가 규제주체로 되고, 따라서 제 모순이 보다 잘 표현하는 것이 국가이며, 또한 행정권이기도 하다는 의미에서의 중심적인 주체라는 것은 존재하지 않는다. 오히려 제 개인이나 제 집단으로부터 형성된 조직이 불충분한 절차에서 사실상의 규제를 행하고 있고, 중심이 아니기 때문에 제 문제는 말하자면 길들여지지 않은 채(untamed) 확산되고 있는 것이다. 인터넷의 중립성이 그러한 것처럼, 즉, 네트워크의 관리자가 이에 대하여 자의적인 개입을 하고, 관리자와 이용자 사이에 불가피한 권력관계가 성립하는 것과 같이, 일방적인 정보전파를 행하는 방송사업자의 활동을 규제하는 행정권에 표현하는 제 모순을 법적 분석의 대상으로 했던 것과 같은 필요는 소멸하지 않았다. 다만, 제 문제

---

45) 유럽에서, 미국에서의 연구도 참조한 최근의 연구성과의 하나로서, CHRISTOPHER T. MARSDEN, *INTERNET CO-REGULATION : EUROPEAN LAW, REGULATORY GOVERNANCE AND LEGITIMACY IN CYBERSPACE* 60, 224 (2011). 은 권리보호가 불충분하고, 강제도 실효성을 결여하는(본서는 허식이라는 의미에서 포춈킨마을로 표현하고 있다) 자주규제조직이 실제로 다수 존재하고 있기 때문에 이들을 검토대상으로 해야 할 것을 주장하고 있다.

는 확실하게 형태를 바꾸어서 재생산되거나 또는 회귀하고 있고, 여러 주체가 서로 작용하는 관계구조에서 발생하는 권력이나 억압을 눈에 보이는 것으로 함과 아울러 권력을 정당하게 하는(legitimate) 제도의 구축이 필요하다고 이 분야의 연구자는 생각하도록 되고 있다. 여기에 행정법적 관점으로부터의 분석대상을 발견할 수 있을 것이다.

그를 위해서는 중심이 아니라 망상(網狀)이라는 인식이 결정적으로 중요하다. 왜냐하면, 행정법을 연구대상으로 하는 필자들이 정보통신법제에 접근하고자 할 때, 생성하는 미지의 대상을 인식하고자 하는 것이라면, 인식하고자 하는 주체도 질적으로 변화하지 않으면, 즉 시점을 이동시키지 않으면, 대상에 대한 시선은 생기지 않는다고 생각되기 때문이다.

情報通信法制の韓日比較
―放送法制形成過程の関係構造―

咸　仁善
稲葉一将

一　はじめに

（1）　この十数年の世界における大きな変化の一つは、情報通信技術の飛躍的な革新であろう。これに過剰な期待を寄せるのでなければ、つまり言論表現の自由、民主主義、熟慮討議などの諸概念に関するある像を所与のものとするのでなければ、現在は、『マトリックス』を素材としつつジジェクが倒錯の二側面と述べたような時代であると考えるのが素直ではなかろうか。つまり、一面では、現実（reality）が恣意的な規則によって規制された仮想的領域に解消されており、他面では、仮想的領域において雄弁に語る諸主体の自由は、これは能動性とは似て非なるものどころかむしろ規制された仮想的領域に変化をもたらさない雄弁さであって、つまり受動性に解消されているのではなかろうか。[(1)]

情報通信技術の革新は、真空において行われたものではない。その一例として、放送と通信との融合を挙げることとしよう。放送と通信との融合が世界中で広く認知されてのち、すでに相当な時間が経過したが、現在進行している融合現象は、いまだ着地点を捉えておらず未来においても当分の間継続することが予想される。放送と通信との融合の一例として挙げられていたIPTVに続き、Smart TVの登場は、従来の放送と通信との境界をより一層曖昧なものとしている。融合の最終形はまだ明らかではないが、関連産業の事業展開は、それを予測させるものである。事業の国際展開の例として、Googleは、SONY、Logitech およびIntelの各社と、Androidをベースにした Smart TVプラットフォームを共同開発したことが知られているし、一国の資本の例として韓国では三星電子とＬＧ電子とがSmart TVへの進出を宣言した。このようなＴＶとインターネットとを接続することであたかもコンピュータのように使用できるSmart TVの生産は、既存のメディア市場だけでは小規模であり、むしろ新たな地域における市場形成が予測されているからこそ可能となっているのではなかろうか。消費が生産を生み、商品が市場において消費されるという命がけの飛躍を破綻するまでし続けなければならないために、消費される地域は拡大せざるをえず、情報通信技術の革新と新たな商品開発も加速して行われているのである。

（2）ところで、右のような異種の情報通信の融合と端末の普及は、言論表現の自由の保障と民主主義の促進とともにグローバルな規模で進行している。例えばインターネットを検閲し、規制しようとする主体である国家は、その行為を全世界においてみられる客体ともなる。グローバル化という語を用いるのであれば、情報通信技術を利用した国境を越えた人的交流が、ローカルな次元において膠着した諸問題をグローバルな次元で人々に知らしめ、このことによってローカルな諸主体がグローバルな諸価値への適応と諸問題の改善とを意識せざるをえなくなるという過程がその一つであろう。[2] 問題は、情報通信の融合と端末の普及が、どの国のどの地域において端を発し、商品と化し消費されており、また言論表現の自由に対する抑圧の存在がどの地域において主張されているのかには、地政学的な特徴がある、ということである。グローバル化として認知されているものは、言論表現に対する国家介入を拒否するという意味では国家と対立するが、それは国内的諸制度を欠いては成立しないし、国際的な経済社会にも依存するという意味では、グローバルなものと国内的諸制度とはアンビバレントな関係にあるといえよう。[3] それでは、地政学的には、情報通信のグローバル化のいわば発信地であり中心であった欧米とは異なり周辺に位置していたが、グローバルな市場が形成され、消費人口が増加してきているのみならず、新たな市場を整備し、ここに参入しようともしているアジアに位置する諸国は、どのような法制度を整備してきており、それはどのようなアジア的特徴を有するのであろうか。[4]

日本と韓国とはともに、情報通信分野において、法制度についての大きな変化を経験してきた。日本では、二〇〇一年の中央省庁再編により、当時の総務庁、郵政省および自治省を統合して設置された総務省が、情報通信分野を所管することになった。また、二〇一〇年一二月には、六〇年ぶりの大改正といわれた放送法の改正（二〇一〇年一二月三日法律第六五号）を含め、放送通信関連法制の大きな変化があった。韓国でも、二〇〇八年三月に、当時の放送委員会と情報通信部とを統合して放送通信委員会（以下、「放通委」と略す。）が新たに設置された。また、二〇〇九年から二〇一〇年にかけて、放送通信関連法令の重要な改正がなされた。このように、日本と韓国は、ほぼ同時期に、情報通信分野において、その法制とりわけ韓国では組織法制において改革を成し遂げてきた。これらの改革をなすことで、日韓両国は、情報通信分野において、「ＩＴ強国」としてグローバルな規模で競い合いながら、相互発展してきているといってもよいであろう。もちろん、両国の情報通信法制の諸改革には差異もある。しかしながら、差異をあれかこれかの平面的関係で理解するのではなく、形を変えつつ反復して現れ出たものと理解すると、それが何か、は検討に値することであろうと思われる。

（3） 以上に述べたことを踏まえて、本稿は、情報通信法制のうちとりわけ情報通信技術の革新の影響を多く受けながら国家的制度としての性格を維持そして強化せざるをえず、ここに緊張関係が生ずるものと考えられる放送法制を素材としつつ比較研究の一つを試みるものである。検討を開始する前に、いくつか述べておきたいことがある。

第一に、本稿が論証しようとすることについてである。以下の叙述において明らかになるように、日本と韓国における法制度およびその諸問題にはそれぞれの特徴がある。これらの特徴は、グローバルな規模での情報通信技術の革新と国内法制度の整備、国内における放送等の情報通信事業者に対する国家的関与とりわけ規制的目的と内容を有するもの、との、それぞれの社会における相互依存関係によって影響を受けている。そうであれば、相互依存の主体や関係の内容が変化すれば、法的諸問題が解消に向かい、あるいは新たな法的諸問題が生ずるのではなかろうか。この結論を得るために、本稿では社会理論を参照しようとしている。この小論で社会理論を本格的に検討することはできないので、本稿は、ノルベルト・エリアスが用いていた概念を参照しつつ、常に変動

する関係構造（figuration）の過程として、両国の法制度とその諸課題を分析しようとしている。(5)

第二に、本稿における比較検討は、韓国の情報通信法制を韓国の外側の日本からみて論ずるという意味での韓日比較であるが、このようにして叙述される韓国の情報通信法制は、日本にとっての外部の視点となりうるものである。それぞれが、他国の法制度を鏡像としつつ自国の法制度を論ずるのではなく、むしろ両国の法制度は外側からみて論じられる対象として、本稿では認識されている。このようにして両国の法制度の特徴を外側の視点からみる作業は、差異があるものの間での平面的なあれかこれかの次の階梯、それぞれの法制度をそのようなものとして実体はないにもかかわらず規定するもの、いわば大きな他者の存在へと分析対象を移動させる。法学的分析においてこれの特定と解明をなし、これを名付けるに至るまでには試行とその反復とが必要であると筆者らは考えており、本稿はそのための作業の一つを記録しておこうとするものである。

二　日本からみた韓国における情報通信法制の特徴

（1）韓国における情報通信法制

1）概観

韓国の情報通信関連法令は多岐にわたるが、従来の情報通信部を引き継いだ放通委の授権法律は、放送分野、通信分野、電波分野および融合分野にこれを分けることができる。

第一に、放送分野の法律には、「放送法」、「地上波テレビジョン放送のデジタル転換及びデジタル放送の活性化に関する特別法」（以下、「地上波デジタル転換法」と略す。）、「韓国教育放送公社法」および「放送文化振興会法」などがある。放送に関する基本法である放送法は、放送と通信との融合と規制緩和の傾向を示してきているが、それらのうち二〇〇九年七月二二日の改正が重要なものである。[6] これについては、2)でやや詳しく述べる。地上波デジタル転換法は、アナログ放送をデジタル放送へと転換するためにテレビ受像機に地上波デジタルチューナーの内蔵を義務づけており、また、アナログテレビ放送の終了日を二〇一二年一二月三一日以前において大統領令で定める時と規定している。[7] 韓国教育放送公社法は韓国教育放送公社（ＥＢＳ）、放送文化振興会法は株式会社文化放送（ＭＢＣ）の大株主である放送文化振興会に関する、それぞれの設立根拠法律である。

第二に、通信分野の法律には、「電気通信事業法」、「情報通信網利用促進及び情報保護等に関する法律」（以下、「情報通信網法」と略す。）、「国家情報化基本法」、「位置情報の保護及び利用等に関する法律」（以下、「位置情報法」と略す。）、「電気通信基本法」、「インターネット住所資源に関する法律」、「通信秘密保護法」などがある。二〇一〇年三月に全部改正された電気通信事業法は通信分野の実質上の基本法として位置づけられている。同法には、通信と放送との融合や規制緩和が反映されており、電気通信サービスにおけるＭＶＮＯ（仮想移動網事業者、mobile virtual network operators）制度の導入などの重要な改正がなされた。これらについては、2)で、より詳しく述べる。情報通信網法は、情報通信網の利用の促進と情報通信サービスを利用する者の個人情報の保護について規定している。韓国では、個人情報の保有主体が公的部門または私的部門のどちらであるのかによって適用法律が異なり、前者については「公共機関の個人情報保護に関する法律」が、後者については情報通信網法等が、各々、個人情報の保護のための諸手段を規定していたが、公私の両部門を統合して、二〇一一年三月二九日に「個人情報保護法」が制定され、同年九月三〇日から施行されることとなった。[8] 国家情報化基本法は、現政権が誕生した二〇〇八年二月に政府組織の改編がなされ情報化機能がいくつかの部處へ分散したが、世界的にパラダイムが大きく変化している情報化に、韓国として統一的に対応するために、新たな国家情報化の基本理念および原則と、関連政策の樹立や推進のための事項を規定したものである。位置情報法は、「位置情報の流出、誤用及び乱用から私生活の秘密などを保護し、位置情報の安全な利用環境を造成し、位置情報の利用を活性化」（同法一条）するための法律である。[9] 電気通信基本法は、本法成立時の規定がほとんど削除されており、その機能は制限的になっている。インターネット住所資源に関する法律は、インターネットプロトコルなどインターネット住所資源の開発、利用および管理などに関する法律である。通信秘密保護法は、通信（郵便物および電気通信）の秘密保護に関する法律であるが、と同時に、捜査機関などによる通信制限措置の根拠法でもあり、この点では立法政策の適否が論じられている。

第三に、電波分野の法律には、「電波法」がある。電波法は、電波資源の利用、保護および振興などについて規定している。同法は、放送局や無線局の開設許可の根拠などを定めているが、二〇一〇年七月には、周波数競売制を導入する内容の改正がなされた。

第四に、放送通信の融合分野の法律には、「放送通信発展基本法」と「インターネットマルチメディア放送事業法」（以下、「ＩＰＴＶ法」と略す。）がある。二〇一〇年三月に制定された、放送通信発展基本法は、放送通信に関する基本的な事項を一つの法律に統合したものであって、放送と通信とが融合された新しいコミュニケーション環境に対応するために放送通信の基本理念、放送通信の振興に関する事項（とりわけ、放送通信発展基金の設置）および放送通信の災難管理などに関する事項を定めた法律である。特に、同法は、既存の「放送」および「通信」の概念を包括する「放送通信」という概念を新たに設けた。すなわち同法によれば、「放送通信」とは、「有線、無線、光線又はその他の電子的方式によって、放送通信コンテンツを送信し、又は受信することと、これに伴う一連の活動」と定義されている（二条一号）。従来の、放送法による放送、IPTV法によるインターネットマルチメディア放送と電気通信基本法による電気通信を、この「放送通信」は包含することになったのである。なお、IPTV法は、放送通信の融合環境においてインターネットマルチメディアなどを利用した放送事業の運営などを定めるために二〇〇八年一月に制定された法律である。

従来、韓国では、放送と通信に関する法律が、放送法と電気通信基本法等に分散され、国民が関連法令を理解するにおいて困難であっただけでなく、政府が放送通信関連政策を推進するにおいても関係機関の間に混乱がたびたび生じていた。そこで、放送通信に関する基本的な事項を一つの法律に統合して、それらの諸問題を除去するとともに、放送と通信とが融合する新しいコミュニケーション環境を整備するという目的を有するのが放送通信発展基本法である。同法は、「放送通信」という概念の新設のほか、放送通信の公益性、公共性（三条）、視聴者と利用者の権益保護（四条）、放送通信規制の原則（五条）などを規定し、放送通信を通じて達成しようとする目的とその基本理念を規定したものである。

2) 放送通信法令の主な改正事項

一九九〇年代のアメリカから端を発した放送通信の融合と規制緩和という考え方は、韓国にも影響を及ぼしている。韓国では、二〇〇九年から二〇一〇年にかけて、放送法および電気通信事業法において、放送通信関連の重要な法改正が行われた。以下で、それらについて述べることとする。

① 放送法関連

(a) 従来、地上波放送事業者と総合編成[10]または報道に関する専門編成を行う放送チャンネル使用事業者の株式または持分総数の三〇%以上の所有禁止であったのが、四〇%へと緩和された[11]。

(b) 従来、大企業[12]とその系列会社、日刊紙またはニュース通信社を経営する法人は、地上波放送事業者の株式または持分を所有することが禁止されていたが、法改正により、地上波放送事業者の株式または持分総数の一〇%、総合編成または報道に関する専門編成を行う放送チャンネル使用事業者の株式または持分総数の三〇%までは所有することが可能となった。

(c) 地上波放送事業者、総合編成または報道専門の放送チャンネル使用事業者の株式または持分を所有しようとする日刊紙を経営する法人は、発行部数、有価販売部数などの資料を放通委に提出し公開しなければならず、日刊紙の購読率[13]が二〇%以上の場合には地上波放送事業、総合編成または報道専門の放送チャンネル使用事業を兼営し、株式または持分を所有することができないようになった。また、日刊紙やニュース通信社を経営する法人は総合有線放送事業者および衛星放送事業者の株式または持分総数の四九%を超えて所有することができないようになり、放送事業者の視聴占有率も三〇%を超えてはならないようになった。一種のマスメディア集中排除規制である。その反面、大企業の衛星放送事業者に対する所有制限規定は削除された。

(d) 外国人による出資は、総合編成をする放送チャンネル使用事業または中継有線放送事業については二〇%、報道専門編成をする放送チャンネル使用事業については一〇%、衛星放送事業については四九%まで許容されるようになった。

(e) 以上は基本的には参入規制の緩和措置であるが、これと同時に、放送の世論多様性を保障するために「メディア多様性委員会」が、放通委に設置されることとなった。同委員会は、①放送事業者の視聴占有率の調査および算定、②媒体間合算影響力指数の開発、[14]③世論多様性の増進のための調査研究、④その他世論多様性の保障のために必要な事項として大統領令で定めるもの[15]をその職務とする組織である。

② 電気通信法関連

(a) 二〇一〇年三月の電気通信事業法の全部改正によって、基幹通信事業者は、他の電気通信事業者から要請された場合には、協定を締結して自分の電気通信サービスを提供（以下、「再販売」と略す。）し、または電気通信設備を利用するよう許容（以下、「卸売制度」と略す。）することができるようになった。そのため、放通委は電気通信事業の競争促進のために他の電気通信事業者の要請があった場合に、義務的に卸売提供しなければならない基幹通信事業者を指定し、これを告示することができる。[16]これによって、電気通信網や周波数を有しない電気通信事業者も電気通信サービスを提供できるようになり、多様な新規事業者が通信市場に参入し、既存事業者と差別化されたサービスを提供することによって事業者間の競争が促進されると期待されている。

(b) 電気通信事業者の公正な競争または利用者の利益を害する行為（いわゆる「禁止行為」）において、①設備等の提供、共同活用、相互接続、卸売提供または情報提供の対価を供給費用に比べ、不当に高く決定し、維持する行為、②周波数を使用する電気通信役務を利用してデジタルコンテンツを提供する取引において、適正な収益配分を拒否し、制限する行為が追加された。これによって、電気通信事業者間の公正な競争を促進し利用者保護に資すると期待されている。

(c) 許認可制度の改善がなされた。すなわち、従来、基幹通信役務については個別的に許可を得なくてはならなかったが一つに統合して得られるようになり、また、利用約款の認可においても料金の引下げの場合には認可を要せず届出で済むようになった。これによって、電気通信事業者間の競争が活性化し、利用者の便益が増進されると期待されている。

（2） 日本からみた韓国における情報通信法制の特徴

① 日本と同じく韓国の法改正も、放送と通信との融合に対応するとともに、異業種の情報通信分野への参入が容易になるように所有制限を緩和するという内容を有している。しかしながら、制度的な変化の重点や変化の捉えられ方は、若干異なっているようにも思われる。

日本の法制度は、放送のなかに「基幹」と「一般」という区分を設けつつ、インターネット上の情報提供については、これを放送に包含せず、そもそも情報通信法制に組み入れるということもしていない。[17] いわゆるハード・ソフト分離によって、従来のハード部分の「免許」はもちろん、ソフトも総務大臣によって基幹放送業務の「認定」（放送法九三条一項）（およびそれに関連する業務の停止（同法一七四条）および認定の取消（同法一〇四条）という一種の制裁）が行われることとなったが、この法制度に対しては、番組調和原則などは基幹放送事業者にのみ適用されるなど（同法一〇六条）単純な規制強化ではないにもかかわらず、日本の法制度が放送の概念を拡大することによって「行政権限」を強化したと評価するものがある。[18]

韓国では、放送の区分けを媒体別にして、テレビジョン放送、ラジオ放送、データ放送、移動マルチメディア放送と分類している（放送法二条一号）。インターネット事業については、二〇〇九年二月の「言論仲裁及び被害救済等に関する法律」の改正によって、インターネットニュースサービスとインターネットマルチメディア放送は、同法の適用対象となったことが、日本からみると韓国の特徴であるといえよう。[19] なお、韓国においてもマスメディア集中排除規制によってこれまで参入できなかった者にとっての参入規制を緩和し、参入条件を切り下げる内容の法改正が行われたが、実際には新規参入というよりも、既存の主要な新聞社が参入している点に鑑みると、今回の法改正は、マスメディア業界全体としては保守的な性格を有するものといえる。[20]

一口に放送と通信との融合や異業種の参入障壁の緩和といっても、両国におけるこれらの現象あるいは正確には諸現象のうち何が強調されているのかの把握のされ方は異なっており、日本では放送概念の拡大を行政権限の拡大と同視するものが存在するということには、日本における問題把握の特徴が表れている。これに対して日本からみれば韓国は、政治主導による情報法制の改革が繰り返し行われることによって放送と通信との融合を推進するとともに、先端的な情報技術であるインターネットサービスの一部についても、言論被害の救済のための法制度の適用対象とする限りにおいてではあるが、これを情報通信法制に組み入れていることが特徴である。

② ①で述べたこととも関連するが、両国の放送法制の制度設計において留意されるべきことは、受信者たる国民側に立った規定の存否である。日本の情報通信法制は、「基本的に送り手の自由を中心に組み立てられている」[21]と述べられているが、それは納得できる。日本と韓国の放送法を比較してみると、たとえば第一条（目的）において、韓国の場合は、「放送の自由と独立を保障し、放送の公的責任を高めることによって、視聴者の権益保護、民主的世論の形成及び国民文化の向上を図り、放送の発展と公共福利の増進に資すること」を目的として掲げている。放送の自由と独立はもちろんのこと、放送が果たすべき公的責任も規定されており、放送の自由の保障それ自体が目的ではなく、これはむしろ視聴者の権益保護と民主的世論の形成という目的を実現するための手段である。それに対して、日本の放送法は、放送の普及と効用の保障、放送による表現の自由の確保、放送が

健全な民主主義の発達に資するようにすることによって、「放送を公共の福祉に適合するように規律し、その健全な発達を図ること」を目的として掲げている。ここでは、放送の受け手（視聴者）の利益に対する配慮は、法制度のうえでは公共の福祉に吸収されている。

こうした放送法の目的の相違は、具体的な規定内容におけるそれをも、もたらしている。たとえば、韓国の放送法は、第一章総則において第三条（視聴者の権益保護）を設け、「放送事業者は視聴者が放送番組の企画、編成又は制作に関する意思決定に参与できるようにしなければならず、放送の結果が視聴者の利益に合致するようにしなければならない。」と規定している。さらに、独立の章立て（第六章）で、自体審議（自主審議）（八六条）、視聴者委員会（八七条）、視聴者評価番組（八九条）、放送事業者の義務（九〇条）などを定めている。また、「放送通信委員会は放送に関する視聴者の意見を収斂し、視聴者不満処理及び請願事項に関する審議」を行うために「視聴者不満処理委員会」を設けることができるようになっている（三五条）。それに対して、日本の放送法には、視聴者についての韓国におけるような諸規定はない。

③　韓国の情報通信法令には、現代における一般的な法現象である行政への委任立法（いわゆる行政立法）が少なからず存在する。韓国においては、軍事政権の時代までは、多くの重要な事項が大統領令や部令などに委任されていた。しかし、一九八八年の憲法裁判所の設立以降、そのような法律の規定は激減することとなった。なぜなら、憲法裁判所が、そのような行政立法への委任について、憲法上の包括委任禁止または白紙委任禁止の原則に違反するとの違憲決定を相次いで下したからである。このことは、放送に対する立法的関与が、その内容において正当であれば、要請されることをも意味している。たとえば、ＫＢＳ（韓国放送公社）の受信料事件において、「テレビジョン放送受信料は国民の財産権保障の側面から、または韓国放送公社に保障された放送の自

由の側面から国民の基本権実現に関連した領域に属し、受信料金額の決定は納付義務者の範囲などとともに受信料に関する本質的な重要な事項であるので、国会が自ら行わなければならない事項に属するにも関わらず、韓国放送公社法第三六条第一項[22]において国会の決定や関与を排除したまま、韓国放送公社をして受信料金額を決定して文化観光部長官の承認を得るようにしたのは法律留保原則に違反する。」(憲裁一九九九年五月二七日、九八憲バ七〇)として憲法不合致決定を下した。これらの憲法裁判所決定の傾向からすると、韓国では、一般的な委任は許容されず具体的な委任が要求されているし、国民の基本権実現に関連する本質的な重要な事項である場合には、法律で直接規定することが要求されている。実際に、日本の内閣法制局に類似する韓国の法制處が行政各部の法令案を審査するに当たって、厳しくチェックするようになっている。

韓国からみれば日本では、改正されたばかりの放送法においても「広範な省令への委任[23]」が維持されているし、「むしろ番組準則を法律レベルで規定した方が、かえって法治主義の精神に沿うのではないか[24]」との疑問も述べられているが、学説の主張のとおり立法実務が大きく変化しうるための法的諸条件が存在するのか否かについては、これは疑問であり、少なくとも韓国が経験したのと同じ経験を日本はしていない。

三　日本からみた韓国における情報通信規制機関の特徴

（1）　韓国における情報通信規制機関―放送通信委員会

韓国の情報通信行政は主として放通委が所管している。前述したように、放通委は、放送と通信との融合に対応するために、放送と通信の主な所管が、各々、放送委員会と情報通信部に分けられていたのを統合して設置された行政機関である。以下では、現在の放通委の設置に至るまでの経緯と放通委の現況、そしてこの機関に置かれている放送通信審議委員会について述べる。

1）　放送通信委員会の設立経緯

①　放送委員会の変遷

(a)　韓国では、放送に関する最初の法律は一九六一年一二月に制定された「電波管理法」であった。同法においては、無線局の開設は逓信部長官（当時）の許可事項であったため、放送局の開設においても逓信部長官の許可を得なければならなかった。一九六三年一二月に、放送に関する一般法である放送法が制定された。同法は、放送局の開局、休業および廃業の申告、資料の提出命令など放送局に対する規制および監督を公報部長官（当時）の所管事項と規定していた。その後、放送の送信手段である電波使用権については逓信部長官（または情報通信部長官）の、また、放送番組については公報部長官（または放送委員会）の所管事項になって、放送関連事業に関する規制権限をめぐって、両機関間に管轄権争いが続いていた。

(b)　一九八〇年一二月に、当時の全斗煥政権は、既存の放送法と「新聞・通信等の登録に関する法律」とを統合して、「言論基本法」を制定した。同法は、放送運営の審議機関として初めて、放送委員会（以下、「放送委」と略す。）を設置した。放送委は九人の委員からなり、そのうち、三人は国会議長が推薦した者を、三人は大法院長が推薦した者を、大統領が任命した。放送委の審議事項は、①放送の運用および編成にともなう基本的な事項、②放送の種類による広告放送の許否、③放送広告収益によって遂行する公益事業の基本方向に関する事項、④各放送局および放送種類の相互間の関係、共同事業および協力に関する事項、⑤放送に関する調査研究および発展に関する事項、⑥放送審議委員会の運営に関する事項、⑦放送の基本政策に関する事項として文化公報部長官が審議を要求した事項などであった。[25]

また、放送番組などの審議のために放送審議委員会がそれとは別の組織として設置された。同審議委員会は、国内すべての放送局の長を会員とする放送審議会総会から選ばれた、九人以上一五人以下の委員から構成された。同審議委員会は、審議規定に違反した放送局に対して、謝罪、訂正、解明または取消などを求める権限を付与された。

(c)　一九八七年一一月に、国会は言論基本法を廃止して、放送法と「定期刊行物の登録等に関する法律」を制定した。一九八七年放送法の放送委に関する主要内容は、①審議機関から審議議決機関へ変更した点、②規則制定権を付与した点、③是正命令および制裁権を付与した点、④放送審議委員会を放送委を補助する機関に変更した点、⑤放送委委員を九人から一二人（このうち、四人は国会議長が、四人は大法院長が推薦した者を大統領が任命）へと増員した点などを挙げることができる。

(d)　放送技術の急速な発達と放送と通信との融合という放送環境の変化に対応して、放送の公正性、公共性おおよび公的責任を保障するために、既存の放送法、「総合有線放送法」、「有線放送管理法」および「韓国放送公社法」を統合して、二〇〇〇年三月、いわゆる統合放送法が施行された。[26] 同法によって、放送委は、大統領が任命する九人の委員から構成された。そのうち、三人は国会議長が国会各交渉団体代表議員と協議して推薦した者を、三人は国会文化観光委員会の推薦依頼を受けて国会議長が推薦した者を任命することとなった。

② 情報通信部の変遷

(a) 一九九〇年代に入り、世界は急速に情報化時代を迎えることになった。当時の金泳三政権は、このような変化に積極的に対応するため、一九九四年一二月に「政府組織法」を改正して、国の行政組織を大きく改編した。この際、逓信部の情報通信機能を大幅に拡大強化することによって情報通信部（以下、「情通部」と略す。）が設置された。当時の商工資源部から情報通信機器と放送機器関連産業、マルチメディア、コンピュータおよび周辺機器産業に関する助成業務を、科学技術処からは情報通信技術開発業務とコンピュータプログラム技術開発業務を、公報処からは有線放送とこれに関連した業務を各々移管されて、情報通信関連業務を情通部が一元的に所管することになった。このような行政組織の改編は、韓国が「ＩＴ強国」を目指す当時の政権の目的のために行われた。

(b) しかし、情報通信をめぐる環境の変化は急激で、放送と通信との融合という新しい環境に対応するためには、放送の主務部署である放送委と通信の主務部署である情通部との間の機構統合と放送通信関連法制の整備とが喫緊の課題であった。というのは、放送と通信との融合、すなわち放送的性格を有する通信サービスと通信的性格を有する放送サービスとが新しく登場していたが、放送と通信をそれぞれ所管する行政組織の間での管轄権争いや露骨な対立でなくとも連絡調整の不足が深刻であったからである。[27] 例えば、デジタルコンテンツ振興機能は情通部、放送委、文化観光部と産業資源部が、デジタルコンテンツの内容審議は、情通部に設置された情報通信倫理委員会と文化観光部に設置された映像物等級委員会が、放送映像関連機能は、文化観光部と放送委が、コンテンツ事業の公正競争は、公正取引委員会と情通部に設置された通信委員会が、コンテンツ事業の許可は、情通部、放送委と文化観光部などが、それぞれ対立していた。このような行政組織間の対立や連絡調整不足は、それまでの間に韓国が築いてきた「IT強国」の地位を揺るがしうる可能性が産業界において憂慮されていたし、学界においてもそれぞれの事務に適した組織形態が採用されているのか否か、相互の連絡調整を行う機関を設置するべきではないか、との問題把握がなされるようになった。

③ 放送通信委員会の設置

現在の李明博政権においては、二〇〇八年二月、政府組織法の改正によって情通部が廃止され、「放送通信委員会の設置及び運営に関する法律」に基づいて放通委が設置された。これによって、従来の情通部の所管事務は、新設された放通委、知識経済部、行政安全部、文化体育観光部などに分散された。具体的に述べると、情報保安を含む個人情報と情報化機能は行政安全部へ、情報通信産業とこれに関連する情報通信産業技術開発、情報通信振興基金、郵政事業などは知識経済部へ、デジタルコンテンツなどに関する事務は文化体育観光部へ、インターネットを含む通信政策と通信規制に関する事務は放通委へと、それぞれ移管された。

2) 放送通信委員会の現況

放通委の現況を同法に即して述べることとする（以下で引用する条文は、とくに言及しない限り、「放送通信委員会の設置及び運営に関する法律」の条文である。）。

① 組織法的な位置づけ

放通委は、端的にいって「大統領所属下の合議制中央行政機関」である。同委員会の設置法において、「放送と通信に関する業務を遂行するために大統領に所属する放送通信委員会を置く。」（三条一項）、「委員会は政府組織法第二条による中央行政機関と見做し」（三条二項）、「委員会の会議は在籍委員過半数の賛成で議決する。」（一三条二項）という諸規定から、そのように解することができる。

放通委の組織法的位置づけは、これとその前身の放送委とを比べてみると、放送委が無所属の合議制機関であったのに対して、放通委は大統領の下に置かれる行政機関である。また、これは、独任制の中央行政機関（いわゆる行政各部）であった情通部とは、合議制である点で、もちろん異なる。しかし、放通委が放送委と情通部との統合からできた組織である点から鑑みれば、両者の性格の痕跡が残っているともいえる。すなわち、放送委の「合議制機関」性と情通部の行政各部としての「中央行政機関」性が混在したまま現れており、それゆえに委員会組織でありながら放送委とは違って、放通委は、大統領の下に所属する行政機関である。

② 委員会の構成

放通委は、委員長一人、副委員長一人を含む五人の常任委員から構成される（四条一項）。委員長および委員は、放送および情報通信分野の専門性を考慮して法定の資格を有する者の中から大統領が任命する（五条一項）。この場合、委員長は国会の人事聴聞を経なければならない。副委員長は、委員の中から互選される（五条三項）。委員五人のうち、委員長を含む二人は大統領が指名し、三人は国会の推薦を受けて大統領が任命する（五条二項）。この場合、国会は委員の推薦をするに当たって、大統領が所属するか所属した政党の交渉団体が一人を推薦して、その他の交渉団体が二人を推薦する。

委員の任期は三年であり、一回に限って再任することができる（七条一項）。委員は法定事由以外にはその意思に反して免職されない（八条一項）。委員は、職務を遂行するに当たって外部の不当な指示や干渉を受けないと規定されることで、職務遂行における独立性を保障されている。また、委員は公務以外の営利を目的とする業務に従事することや他の職務を兼ねることができず、政治活動にも関与してはならない（九条一項および二項）。政治的中立性を保障するためである。

国会は、委員長がその職務遂行において憲法や法律に違背したときには弾劾の訴追を議決することができる（六条五項）。国会の弾劾訴追の対象は、憲法に規定された場合が一般的であるので、法律で弾劾訴追の根拠を規定するのは、韓国の法制度としてはきわめて例外的である。

③　委員会の所管事務と運営

放通委の所管事務は、放送に関する事項、通信に関する事項、電波の研究および管理に関する事項、その他この法律または他の法律で委員会の事務として定めた事項である（一一条一項）。所管事務のうち、放通委の審議議決を経なければならない事項が列挙されている（一二条一項）。そして、放送および通信の事務を遂行するに当たって、関連部署との協議などを規定している。すなわち、放通委は、放送や通信の基本計画に関する事項を審議および議決する場合、放送映像政策と関連する事項については文化体育観光部長官と協議しなければならず、放送番組の流通上、公正取引秩序の確立に関する事項を審議および議決する場合には公正取引委員会の意見を聞かなければならず、放送や通信に関連する南北交流および協力に関する事項を審議および議決する場合には統一部長官の意見を聞かなければならないと規定している（一二条二項）。

放通委の会議の招集は二人以上の委員の要求があった場合であるが、委員長は単独で招集することができる

（一三条一項）。会議は在籍委員過半数の賛成で議決し、会議の公開を原則とする（一三条二項、四項）。委員の職務遂行においては除斥、忌避および回避が規定されている（一四条）。

3）放送通信審議委員会

① 放送通信審議委員会（以下、「放審委」と略す。）は、従来、放送委と情報通信倫理委員会とに二元化されていた放送および通信に対する内容面での審議機能を統合的に果たすための組織として、二〇〇八年五月に設置された。[28]

放審委の法的位置づけについては、法案の提出に際しては、「民間の独立機構」と説明されていたが、実際の立法の結果については批判があった。[29] それに関連して、憲法裁判所は「放送通信審議委員会はその構成方法や任命、業務において放送委員会と大きく異ならず、放送広告の事前審議に関連しても放送委員会が行った業務をほとんどそのまま遂行している。結局、放送広告の事前審議業務と関連しては、放審委は放送委員会とその性格が異なるということはできない。[30]」と述べて行政機関としての性格を認めている。

② 放審委は九人の委員から構成されており、そのうち、委員長一人、副委員長一人を含む三人の委員を常任とする（一八条二項）。委員は大統領が委嘱[31]するが、そのうち、三人は国会議長が国会の各交渉団体代表議員と協議して推薦した者を、三人は国会の所管常任委員会が推薦した者を、委嘱する（一八条三項）。審議委員長一人、副委員長一人を含む常任委員三人は放審委で互選される。審議委員の任期は三年とし、一回に限って再任することができる（一八条四項、五項）。

③ 放審委は、職務上、放通委からの独立性が保障されるべきであるが、その所属が不明であるという点、放

審委の委員構成において政府与党に友好的な委員から構成される可能性が大きいという点、放送審議過程で放送と通信という媒体の特殊性を考慮しなかった審議制度であるという点を挙げつつ、現在の立法政策の適否を論ずる学説[(32)]がある。

（2）日本からみた韓国における情報通信規制機関の特徴

① 韓国の放通委は、大統領の下に所属する合議制の行政機関であるが、日本の総務省は内閣の統轄下の国の行政機関である。両者は、国（中央）の行政機関である点において共通するものの、韓国の放通委が合議制であるのに対して、日本の総務省の長は総務大臣であり独任制である。放通委委員五人の構成において、大統領が委員長を含む二人を指名し、残りの三人は国会から推薦を受けることによって（そのうち、与党から一人、野党から二人を推薦）、このような意味での政治的中立性を考慮するようになっている点、そして放送の独立性と関連する事項については国務総理による行政監督を排除している点に、独任制中央行政機関にはない特徴がある。日本では、通常、与党の国会議員のなかから総務大臣が任命される。韓国においても放通委が政治性を有することが皆無でないのは当然であるが、程度の差であるにせよ、韓国の法制度は、そのことの認識を前提としつつ政権与党の政治的介入がチェックされるような組織構成を試みているといえよう。放送が、今なお情報の一方的な伝播性をもっているとすれば、放送に対する影響力を維持しようとするのが政治権力というものであろうと思われるが、このことにくわえて、通信との融合を含むＩＴ産業の強化を政府が推進している韓国では、放送に対する行政の情報通信政策の見地からの関与も予定されているので、政治的中立性を確保するための制度整備の実験が

試みられているのである。

② ①と関連して、放送の自由および独立の保障が両国で試みられており、かつ、その方法が異なっていることは、これを比較研究の対象としてみると興味深い現象である。日本においては、放送倫理・番組向上機構（BPO）が存在する。BPOは、そのホームページを見ると、放送の自主自立を守るために、日本放送協会（NHK）および日本民間放送連盟（民放連）によって設置された第三者性をも兼ね備えた組織であるという。これは放送業界による自主規制を行っている組織であるが、この自主規制をどのように認識するのかが一つの問題である。というのも、三権による規制と放送業界による規制とを概念的に区分すると、BPOの活動は国家権力ではない主体による、むしろそれと対峙するための規制であるが、本稿の冒頭で述べたように日本の関係構造の形成過程においてこれを位置づけると、規制規範の内面化（internalization）の一過程としてこれを認識することもできよう。[33] 個々の放送事業者あるいは実務的な語を用いれば放送事業者内部における放送現場にとっては、従来よりも現在のほうが、効果的な規制が加えられていないのか否かの分析が不可欠である。これを他の表現で述べれば、伝統的な公法学的思考が前提としがちな権利義務の主客の分離すなわち誰が誰の自由を制限し、義務を課しているのか、から主客の相互依存関係において形成された規制規範の内容とこれが放送事業者団体において内面化するまでの過程の正当性、への注視点の移動が不可欠である。日本において、BPOの機能を、「総務省等の主体による規制とは対立的な一面を有する」ものの、「行政規制に対抗する歯止めというよりも、むしろ放送規制が多重に拡大しているものと認識する」視点が重要であると述べるものもある。[34] この見解によると、BPOは、放送業界の利益を代弁するという面においては「総務省等の主体による規制とは対立的な一面を有する」ものの、他面においては、規制規範が内面化しているので「むしろ放送規制が多重に拡大している」と解

されている。もしもそうだとすると、いわゆるソフトロー[35]と法治行政の原則との関係が論じられているように、規制規範が内面化するまでの過程において法治主義を免れるいわば目に見えない権力が行政法的観点からは認識の対象とされなければならない。このような問題は、放送内容に対する行政指導と類似するものであるが、行政指導は行為の主体が明白であってこの意味では責任追及も可能であったのに対して[36]、規制規範が内面化する過程は、規制の主客が不明であるだけに、これは一面では効果的な規制戦略であるが、それゆえに法治主義との関係では深刻な問題をはらんでいるのではなかろうか。

③ 放送通信に関する事務を担当する両国の行政組織は、いずれも、各種の委員会や審議会などを設置している。日本の総務省には、電波監理審議会や電気通信紛争処理委員会などが置かれており、韓国の放通委には、日本の審議会に該当する組織として、放送評価委員会[37]、放審委、視聴者不満処理委員会、南北放送交流推進委員会、放送紛争調停委員会、メディア多様性委員会、放送市場競争状況評価委員会[38]、地域放送発展委員会、普遍的視聴権保障委員会がある。日本では電波監理審議会については電波法が根拠法であるが、情報通信審議会のように政令(総務省組織令一二一条)設置の審議会もあり、必ずしも法律設置ではない反面、韓国の放送法は、上記の多数の委員会の設置根拠を規定している。

韓国のこれらの委員会のうち、特に放審委について、多くの議論がある[39]。とりわけ、放審委の審議対象があまりにも広範ではないか、また、その審議基準が不明確であり、表現の自由を侵害しているのではないかとの批判がある[40]。また、放審委の放送広告の審議[41]に対する憲法訴願請求事件において、憲法裁判所(二〇〇八年六月二六日二〇〇五憲マ五〇六[42])は、「韓国広告自律審議機構[43]が行う放送広告事前審議は、放送委員会が委託という方法によってその業務の範囲を拡張したものに過ぎないといえるから、韓国広告自律審議機構が行う本件のテレビジョン放送広告事前審議は行政機関による事前検閲であって、憲法の禁止している事前検閲に該当する。」として、違憲決定を下した。[44] この決定の後（二〇〇九年七月）、放審委の関連規定が事前検閲に当たらないようにするために、放送等の内容についての公正性と公共性が維持されているのか、放送事業者が公的責任を遵守しているのかを、「放送または流通された後」に審議および議決すると改正された。その反面、事前審査に当たらない審査であれば、憲法裁判所の判断およびこれを反映した立法実務の現時点においては、放審委が放送番組等の内容を審査することそれ自体は違憲であるとは判断されていない。

四　おわりに

以上において、韓国における情報通信法制と規制機関についての特徴を簡単に述べつつ、韓国と日本の両国における情報通信法制が、それぞれのどのような関係構造において形成されてきているのかの分析を試みた。以下にて、これまでの叙述をまとめておこう。

（1）　放送と通信との融合現象に対する日本と韓国の両国の法制度には、共通点とともに差異がある。韓国は、政治主導で融合を推進するための法制度を整備しており、行政組織についても放通委という機関を大統領の下に置いており、さらに放送に対する受信者の苦情を契機とする政治的介入の危惧については放通委とは別の放審委という機関を設置し、これに放送番組等の審議に関する権限を授権しつつ限界づけるといういわば法化を選択しているといえよう。これに対して、日本は、ハードとソフトの分離を可能にするための放送法の改正が行われたが、これは現状を大きく変えるものではなく、とくに放送と通信との融合を推進するための行政組織改革は着手されなかった。放送に対する受信者の苦情は、行政機関ではなくＢＰＯがこれを受け付けて自主規制を行っており、韓国とは異なり非法化しているといえる。政治主導の情報通信戦略の有無やその強弱、放送受信者の利益実現を要求する主体の有無やその強弱が、それぞれの関係構造の形成に大きな影響を及ぼしているものと思われる。

（2）右において法化および非法化の語を用いたが、これらの分岐において両国の特徴は、政権交代にともなう立法という点において韓国はこれに積極的であるが、日本はむしろ消極あるいは慎重であるといってよいことである。立法も、言論表現行為たる放送に対する国家関与の一形態であることはいうまでもないが、韓国は、情報通信産業の国際的競争力の強化という点でも、放送に対する放送事業者以外の外部からの介入のうち正当な内容を有する行為を専門機関を設置しつつこれに授権し、またこれにより放送に対する不当な介入を限界づけるという点でも、立法の果たしている役割が大きい。このことが可能となっている一つの法的条件は、法制処による法案審査とともに過剰な立法がなされないように憲法裁判所が立法を審査する制度が整備されていることである。両国の立法に対する考え方やいわば法文化の違いがあるにしても、このような文化的次元での差異の問題を強調するよりも、両国において立法をコントロールする役割を期待されている制度や機構の現状分析が必要ではなかろうか。

（3）日本では、公権力主体たる行政による放送番組規制において行政指導の形式が用いられ、また行政ではないという意味での私人たるＢＰＯによる取り組みが存在するように、立法によることなく行政と事業者との間において規制規範が形成されてきたという過程があるように思われる。このような規制規範の形成の過程は、法治主義の問題を別にすると、立法行政による一方的な強制ではなく双方的な性格を有するので、柔軟で効果的かつ効率的な規制戦略が採用されているという一面がある。というのも、韓国からみれば、韓国におけるように頻繁に、ときには対立する立法が矢継ぎ早に行われるというようなことは、情報通信制度の発展を阻害する場合もあるからである。

法現象がそれぞれの社会の関係構造に依存しているのであれば、法治主義の貫徹という観点からあれかこれかの善し悪しを論じてみたところで、それが現実の次元で意味をもつことは期待できないであろう。むしろそれぞれの関係構造において規制規範が規制を受ける側において内面化し、定着するまでの過程を対象として認識し、この過程が正当性を獲得できるようにする法制度の整備が、つまりそのような課題の解消に向けて自国の関係構造の特徴にどれほど自覚的であり、適切な制度形成をなしえているのか、これらの点について理論と実務は意識的な主体たりえているのかが、検討されてよいのではなかろうか。

右で述べたようないくつかの差異があるものの、放送と通信との融合のような新たな情報通信技術の法制度上の位置付けが両国の共通課題となっていることに、これまでよりも注意が払われるべきであるように思われる。というのも、世界におけるアジアの地政学的な位置というような冒頭（一（2））で述べたことを自覚するのであれば、この地域であることによって規定された諸問題が何かを意識的に追求する必要があるように思われるからである。

（4） 最後に、今後集中的な分析が必要となるように思われる検討課題を述べて、本稿を閉じることとしたい。情報通信の現在進行形であり、また、未来形の一部でもあるようなSmartphone、SmartpadやSmartTVなどの新たな媒体の普及によって、誰でも日常的に国境に関係なく情報を発信する主体となる機会は増大しており、国内における放送の送り手と受け手というような従来の比較的単純であった相互依存関係が、現在はより複雑なものとなっている。このようにして諸主体の関係構造が変化すれば、新たな法的課題も生ずることとなる。たとえば、単一の国土のなかに収まらないグローバルな規模において日常的な情報通信が可能となるための重要な条件である相互接続やネットワークの中立性の確立とそのための規制の主体、内容および手段は、選択すべきアプローチについての考え方は必ずしも一様ではないが、欧州と米国では、同時代における世界共通の課題であると認識されている。[45]

国家が規制主体となり、したがって、諸矛盾がもっともよく表現するのが国家でありまた行政権でもあるというような意味での中心的な主体なるものは、存在しない。むしろ諸個人や諸集団から形成された組織が不十分な手続において事実上の規制を行っており、中心がないために、諸問題は、いわば飼いならされないまま（untamed）、拡散しているのである。インターネットの中立性がそうであるように、つまり、ネットワークの管理者がこれに対して恣意的な介入をし、管理者と利用者との間に不可避の権力関係が成立するように、一方的な情報伝搬を行う放送事業者の活動を規制する行政権に表現する諸矛盾を法的分析の対象としていたような必要は、消滅していない。ただし、諸問題は確実に形を変えて再生産され、あるいは回帰しており、諸主体が作用し合う関係構造において生ずる権力や抑圧を目にみえるものとするとともに、権力を正当ならしめる（legitimate）制度の構築が必要であると、この分野の研究者は考えるようになってきている。ここに行政法的観点からの分析対象を見出すこともできよう。

そのためには、中心がなく網状であるという認識が決定的に重要である。なぜなら行政法を研究対象とする筆者らが情報通信法制に接近しようとするとき、生成する未知の対象を認識しようとするのであれば、認識しようとする主体も質的に変化しなければ、つまり視点を移動させなければ、対象に対する視線は生まれないように思われるからである。

注

(1) Slavoj Žižek, Enjoy Your Symptom!: Jacques Lacan in Hollywood and Out 264 (2008).

(2) 一例として、Global Network Initiativeは、GoogleやYahooのような事業者のみならず国際人権団体やHarvardのような大学の一部局も構成主体となっている集団である。アメリカの事業者等が中心であるという意味ではなおローカルな性格を有するものであるが、その目的は、国際的に承認された言論表現の自由やプライバシーの保障と抵触しうる国内的規制を監視し、国際的に批判することである。この活動は、Implementation Guidelinesが一種の行為規範となって行われている〈http://www.globalnetworkinitiative.org/implementationguidelines/index.php〉。

(3) グローバル市民社会なるものの特徴を明らかにしつつその限界を述べたものとして、Günter Frankenberg, *National, Supranational, and Global: Ambivalence in the Practice of Civil Society*, 19 Law & Critique 275, 292–93 (2008).

(4) 本稿は、咸が二〇一〇年度韓国政府財源（教育科学技術部大学研究人力国際交流支援事業費）で韓国研究財団の支援を得て（NRF-二〇一〇-〇一三-B〇〇〇三八）、稲葉が二〇一〇年度～一一年度の日本の科学研究費補助金の助成を得て（課題番号二二一七三〇〇一八）、韓国の情報通信制度を素材として法的観点からの検討を行った共同研究の成果の一部である。

(5) ある法制度が時空を超えて同じように機能するものでないことは、人間が相互依存的な存在であり、周囲の影響や変化に開かれていることを主張していたノルベルト・エリアスの、figuration（以下では、関係構造の日本語訳を採用しているが、この語は図柄と訳出されることもある。）の概念を参照するとよりよく理解できるように思われる。エリアスは、「個人」と「社会」とを概念上区別し、これらが相互浸透するというような社会理論を批判して、これらの概念が「ばらばらに存在するふたつの対象に対してではなく、同じ人間の異なってはいるが不可分の局面に関係している」こと、個人も社会も「過程という性格を持っている」ことを強調していた。ノルベルト・エリアス（赤井慧爾他訳）『文明化の過程（上）―ヨーロッパ上流階層の風俗の変遷改装版』（法政大学出版局、二〇一〇年）（原著は一九六九年）一一頁。そしてサッカーなどのプレイヤーの反応一つで敵味方を問わず他のプレイヤーの行動も変化するゲームを例に挙げながら、「相互関係の中での全行動によって形成する、変化する人間模様」のことである「関係構造」（figuration）の概念を用いていた。同（徳安彰訳）『社会学とは何か―関係構造・ネットワーク形成・権力』（法政大学出版局、一九九四年）（原著は一九七〇年）一五六頁。ちなみにエリアスは、国内、国際、人間と自然、自分自身に対する関係という多次元の社会モデルを発展させる必要を述べており、その射程は個人と社会との関係理解にとどまるものではないと思われる。同（波田節夫他訳）『参加と距離化―知識社会学論考』（法政大学出版局、一九九一年）（原著は一九八三年）六三―六四頁。この社会学者が、個人や社会などの理想化した概念を所与のものとし、この意味では郷愁にとらわれていた一九三〇年代当時の欧州における学問と社会の危機的状況に対して警句を発していたことを考えるとき、同じ課題が現在でも、とりわけ法律学的思考方法の一部においても存在するのではなかろうか。

(6) 国会における、放送法を含むいわゆるメディア関連法案（新聞法、放送法、IPTV法）の審議においては、与党のハンナラ党による議席占拠や再投票、代理投票などの批判があった。また、翌日の二〇〇九年七月二三日、四野党は、憲法裁判所に権限争議審判を請求した。それについては、憲法裁判所は、一部却下、一部棄却、一部認容の決定をした（憲裁二〇〇九年一〇月二九日、二〇〇九憲ラ八・九・一〇併合）。同決定では、「放送法修正案に対する一次投票が終了し、在籍過半数の出席に達していなかったことが確認された以上、放送法修正案に対する国会の意思は否決と確定されたとみなし得るので、被請求人がそれを無視して再表決し、その票決の結果によって放送法案の可決を宣布した行為は一事不再議の原則（国会法第九二条）に違背し、請求人の表決権を侵害したものである。」と請求を認容したが、放送法案の可決宣布行為に対する無効確認請求については、「権限争議審判の結果、あらわれた違憲違法状態を除去するに当たって、憲法裁判所は被請求人の政治的形成権をなるべく尊重すべきであるため、裁量的判断による無効確認または取消によって処分の効力を直接決定することは権限秩序の回復のために憲法的に要請される、例外的な場合にのみ限定されるべきである。本件においても、国会の立法に関する自律権を尊重する意味で、憲法裁判所は処分の権限侵害のみを確認し、権限侵害によって招かれた違憲違法状態の是正は被請求人に任しておく方が望ましいのである。」と述べて、国会における法案審議手続の違法を宣言しつつ、無効確認請求を棄却した。

(7) 大統領令である同法施行令は、アナログテレビ放送の終了日を二〇一二年一二月三一日午前四時と定めている。

(8) 個人情報保護法の制定および施行によって、公共機関の個人情報保護に関する法律は廃止される予定であるが、情報通信網法はそのまま存続することになっている。そのため、個人情報保護法と情報通信網法等との法適用関係が問題になる。これについては、咸仁善「個人情報保護法の法適用関係と立法的課題―位置情報法との関係を中心として」人権と正義四一九号（二〇一一年）四六頁以下で検討した。

(9) 同法は、個人情報保護法との関係ではこれとは別に位置情報だけを対象とする特別法であるが、これは比較法としてみても、珍しいものである。同法を検討したものとして、咸仁善「情報社会における個人位置情報の保護と利用に関する法的考察」インターネット法律四四巻（二〇〇八年）一頁以下がある。

(10) 「総合編成放送チャンネル」とは、ケーブルテレビ放送や衛星放送、ＩＰＴＶなどを通じてニュースの報道、ドラマ、教養、娯楽、スポーツなどあらゆるジャンルを放送するチャンネルをいう。あらゆるジャンルを編成するという点では地上波放送と共通するが、ケーブルテレビや衛星放送を通じてのみ送出できる点でそれとは違う。

(11) ただし、①国、地方自治団体または放送文化振興会が放送事業者の株式または持分を所有する場合、②宗教の宣教を目的とする放送事業者に出資する場合にはその限りではない。

(12) ここでの「大企業」とは、資産総額が一〇兆ウォン以上の企業集団に属する企業をいう。

(13) 大統領令で定めるところによって、全体世帯のうち一定期間、特定の日刊紙を有料で購読する世帯が占める比率をいう。

(14) 同法は、第三五条の四第四項において、二〇一二年一二月三一日までに媒体間合算影響力指数の開発を完了することとすると規定している。

(15) 同法施行令は、大略、①新聞購読率の視聴占有率換算基準および方法の決定、②放送と関連するメディア多様性教育計画の樹立、③その他放送の世論多様性の増進のために必要と認められ、放通委委員長が要請した事項を定めている。

(16) この指定および告示に関する本法は、同法附則において、二〇一三年九月二二日に効力を失うと規定されている。二〇一〇年一一月二三日に制定された「卸売提供義務事業者の卸売提供義務サービス対象と卸売提供の条件、手続、方法及び対価の算定に関する基準（放送通信委員会告示第二〇一〇-四二号）」によると、卸売提供義務事業者としてSKTが指定され、また、卸売対価は、MVNO事業者の設備保有によって小売料金から、三一％から四四％まで割引きされる範囲で事業者間の協商を通じて決定されるようになった。

(17) 改正された放送法の概要については、鈴木秀美「放送法改正の概要」法律時報八三巻二号（二〇一一年）八〇頁以下が論点を網羅している。同論文が、法改正ののちも放送事業の実態にすぐに大きな変化は生じないとみられている、と述べるように、大改正というほどの大きな転換があったわけではなく、むしろ放送の概念および放送秩序が維持された反面、新たな情報技術に対応できていないという課題はそのまま手つかずであるといってよいだろう。塩野宏「行政法概念の諸相—中核と周辺」同『行政法概念の諸相』（有斐閣、二〇一一年）一九頁—二〇頁を参照した。

(18) 宍戸常寿「改正放送法と行政権限」法律時報八三巻二号（二〇一一年）八八頁以下は、放送法の改正と行政権限との関係を解説したものであるが、同論文では、行政権限の拡大や拡充などの認識が日本において存在することも紹介されている。

(19) 同法二条一八号によれば、「インターネットニュースサービスとは、言論の記事をインターネットを通じて継続的に提供し、媒介する電子刊行物をいう。ただし、インターネット新聞及びインターネットマルチメディア放送その他大統領令で定めるものは除く。」と規定されている。同法の改正によって、インターネットポータルのニュースサービスは、言論ではないが、これに準ずるものとして、同法の適用対象となった。

(20) これは、二〇一〇年一二月三一日に、改正法に基づいて行われたいわゆる総合編成放送チャンネル使用事業者として、朝鮮日報、中央日報、東亜日報、毎日経済の「保守的」新聞社が選定されたことを指す。

(21) このような認識は、山本博史氏が、「日本国憲法研究座談会通信・放送法制」ジュリスト一三七三号（二〇〇九年）九五頁において述べていたが、座談会の記録によれば、受信者とは誰かその法的利益とはどのような内容をさすのか、知る権利とは何かなどの立ち入った問題を別とすれば、日本の通信放送法制の専門家の間では、受信者利益の実現これ自体は、一つの検討課題とされている。

(22) 旧韓国放送公社法第三六条は、第一項において、「受信料の金額は理事会が審議・決定し、公社が広報処長官の承認を得て、これを賦課・徴収する。」と規定していた。

(23) 山田健太「放送概念の拡張に伴う放送法の変質」法律時報八三巻二号（二〇一一年）八六頁。

(24) 宍戸・前掲論文九〇頁。

(25) しかし、放送委は実際において「装飾的機構」でしかなかった。たとえば、当時、放送委がその職務として行った審議の件数はわずか数件に過ぎなかった。朴容相「放送委員会の法制的考察」法曹四〇巻二号（一九九一年）一一頁以下参照。

(26) 同法は、従来、四つの法律に分散され定められていた放送関連機関の役割を再定立し、衛星放送の実施のための根拠規定を設ける一方、放送の自由と政治的中立性および公益性を保障するための放送委の権限の強化と視聴者の権益保護をその目的とするものであった。金明植「放送委員会の構成と権限に関する一考察」公法研究三二輯三号（二〇〇四年）二五六頁を参照。

(27) ケキョンムン「放送通信統合機構の設立による電波放送の機能及び役割研究」韓国電波振興協会研究報告書（二〇〇八年）三五頁を参照。

(28) この組織の現況については、放送通信審議委員会「二〇〇九年放送通信審議年鑑」（二〇一〇年）一八頁以下を参照。

(29) チェウジョン「放送通信委員会の設置および運営に関する法律に対する法理的問題点に関する研究—公営放送を中心として」放送文化研究二〇巻一号（二〇〇八年）二〇七頁以下を参照。

(30) 憲裁二〇〇八年六月二六日（二〇〇五憲マ五〇六）放送法第三二条第二項等違憲確認。

(31) 委嘱は、通常、外部民間人を非常任委員等に当てる場合に用いられるが、放審委の場合、その設置の当初、「民間の独立機構」という建前から「任命」ではなく、「委嘱」という用語が用いられたと推測される。

(32) チェウジョン「現行放送審議制度に対する批判的検討—規範学的側面を中心として」言論と法八巻一号（二〇〇九年）二五頁以下を参照。

(33) 『文明化の過程』において、「内面化」の概念で指摘されている「個人による自己制御」、とりわけ「自律的自動装置として取り付けられ、他者による制御から全く独立している自己制御のひときわ強力な推進」（前掲注(5)書四五頁）が中世後期以降の欧州において生じていた原因を分析したエリアスを参照しながら、規制過程の動態を論じた箇所において、アメリカの行政法学者である

Edward Rubinは、規制とは、時の経過により規制を受ける者が規制規範を内面化するまでの過程のことであって、規制規範を内面化することによって規制を受ける者は、規制機関（regulatory agency）との関係ではむしろ好んで協調的（cooperative）になると結論付けている。もちろん規制機関も、外部環境の変化が生じない限り、規制を受ける者との関係では協調的であるが、規制機関の側からするとこれこそ最も効果的な規制戦略である。Edward Rubin, *The Regulatizing Process and the Boundaries of New Public Governance*, 2010 Wis. L. Rev. 535, 539–40, 554, 588 (2010). 自主規制がその語感にもかかわらず、国家がこれを利活用するものであるなどといった理解は、規制を受ける者の能動性を軽視しており一面的に過ぎるように思われるが、他方で、規制を受ける者がその利害を考慮して自主規制の選択を行う場合に、この意味での能動性がむしろ規制規範の内面化を促進する契機となり、したがって、規制機関の規制戦略から距離を置くことが困難となるという意味での受動性についても、自覚されるべきではなかろうか。放送の自主規制に関していえば、法律学的な問題関心からすると、放送事業者ではない第三者たる受信者一般の実体的手続的利益実現が課題となるのは当たり前のこととして、自主規制の選択が放送事業者内部のいわゆる現場に対してもたらしたものは何かの分析が必要ではなかろうか。西土彰一郎『放送の自由の基層』（信山社、二〇一一年）二九四頁は「マスメディアの自由の核心は、こうした組織体内部での共有信念形成を目的とする内部的自由にある」と主張する。

(34) 稲葉一将「規制機関の在り方」法律時報八三巻二号（二〇一一年）九八–九九頁を参照。

(35) 情報通信分野におけるソフトローとは、国の法律ではなく、最終的に裁判所による強制的実行が保証されていないにもかかわらず、現実の経済社会において国や企業が何らかの拘束感を持ちながら従っている諸規範のことであると述べられている。豊嶋基暢「通信・放送の概念とコンテンツ規律の変容の可能性」慶應義塾大学メディア・コミュニケーション研究所紀要六〇号（二〇一〇年）一二七頁。問題は、その場合の拘束感がどのようにして形成されているのかの過程である。

(36) 日本における番組内容に関わる行政指導の主体は、鈴木秀美他編著『放送法を読みとく』（商事法務、二〇〇九年）七六頁以下［笹田佳宏執筆」が整理しており、この記述を参照した。

(37) 放通委は、放送事業者の放送番組内容および編成とこれらの運用等に関して総合的に評価することができ、その評価業務を効率的に遂行するために放送評価委員会を置くことができる（放送法三一条一項および二項）。

(38) 同委員会は、二〇一一年七月の放送法の改正によって、放送市場の効率的な競争体制の構築と公正な競争環境の造成のために設置されたものである。

(39) 日本でも放審委について紹介するものとして、田中則広「韓国KCC（放送通信委員会）とKCSC（放送通信審議委員会）」NHK放送研究と調査二〇一〇年七月号四六頁以下がある。稲葉・前掲論文一〇〇頁は、放送（免許）行政とは一定程度分離され独立した外部委員による番組内容審査を行うものという観点から、これに関心を示している。

(40) 池成宇「現行通信審議制度の法的問題点に関する考察」言論と法八巻二号（二〇〇九年）一三四頁以下、チェウジョン前掲注(32)論文三二一―三三三頁を参照。

(41) 旧放送法第三二条二項は、「放送委員会は第一項の規定にもかかわらず、大統領令で定める放送広告については放送される前にその内容を審議し、放送するか否かを審議議決することができる。」と規定していた。その後、二〇〇八年二月二九日の放送法の改正によって放送広告の審議についての権限が放送委から放審委へと変更された。

(42) 本件は、事業を営む請求人が放送局に放送広告を請約したが、放送局から放送法および同法施行令による事前審議を経ていないとの理由で広告を拒否された。そこで、請求人は放送法および同法施行令の規定によって請求人の憲法上保障された基本権（表現の自由、事前検閲の禁止）を侵害されたと主張して、憲法訴願審判を請求した事件である。

(43) この機構は、旧放送法第一〇三条二項によって、放送広告物の事前審議にかかわる業務が委託された民間機構である。

(44) 憲法裁判所の審議中の二〇〇八年二月二九日に放送法が改正され、同法は、放送広告事前審議の主体を放審委へと変更したので、改正放送法の当該条項についても違憲の決定がなされた。

(45) 欧州において、米国における研究も参照した最近の研究成果の一つとして、Christopher T. Marsden, Internet Co-Regulation: European Law, Regulatory Governance and Legitimacy in Cyberspace 60, 224 (2011). は、権利保護が不十分であり、強制も実効性を欠く（本書は、虚飾という意味でポチョムキン村と表現している）自主規制組織が現に多数存在しているので、これらを検討対象にすべきことを主張している。

제3부

행정 정보화

제9장 | 행정의 정보화와 행정법*

Ⅰ. 처음에

김 군(법학과 3년)과 이 양(법학과 2년)이 여름방학이 거의 끝나갈 무렵 어느 오후에 내 연구실을 찾아 왔다.

---

* 이 장은 전남대학교 법과대학 개교 50주년 기념으로 발간된 『법학의 현대적 동향』(경세원, 2004)에 수록된 것이다. 동 서의 본래 취지가 법학부 학생들이 법학의 현대적 동향을 이해하기 쉽게 집필하자는 것이었다. 그러한 취지에 따라, 대화체 형식을 빌려 행정의 정보화에 관한 기본적인 내용을 설명한 것이다. 여기서는 현행법에 맞도록 그 내용을 수정하는 이외에는 원문을 가능한 한 살리고자 하였다.

김 · 이: 선생님, 여름방학도 거의 끝나가는 데 어떻게 잘 지내셨는지요?

함: 난 여름에는 약해서 현상유지가 최선이라고 입버릇처럼 말하는데, 올여름도 일에 쫓겨 간신히 현상유지는 하였다고 할 수 있지. 그런데, 두 사람은 여름방학을 어떻게 보내고 있는가?

김: 저는 공무원시험을 준비하고 있기 때문에 여름방학에도 특별한 계획 없이 학교에 나와서 공부를 하고 있습니다.

이: 저는 아직 2학년이고 해서 올 여름방학을 뜻있게 보내기 위해서 친구들과 가까운 곳에 여행도 다니면서 평소 보고 싶은 여러 분야의 책을 읽으면서 보내고 있습니다.

함: 그런데, 오늘 두 사람이 함께 나를 찾아 온 것은 무슨 이유가 있을 것 같은데…

김: 사실은 이 후배가 2학기에 행정법총론을 수강하게 되는데 행정법에 대해서 이런 저런 내용에 대해서 궁금해 하고, 제 자신도 행정법을 수강하면서 이해하기가 무척 어렵다고 생각했기에 마침 선생님이 계시는 것 같아서 용기를 내서 함께 찾아뵙자고 한 것입니다.

함: 그래, 마침 시간이 비어 있기 때문에 행정법에 관한 이해를 돕기 위하여 두 사람이 자주 사용하고 있으리라고 생각하는 인터넷 등의 보급이 행정법적 문제에 어떠한 영향을 미치는지에 대해서 간단히 얘기해 볼까?

Ⅱ. 행정의 정보화현상

오늘날 인터넷 등이 널리 사용되고 생활 곳곳에 디지털화가 이루어지고 있는데, 이러한 경향은 행정부문에도 어김없이 밀어닥쳐 종래에는 생각할 수 없었던 많은 변화가 행정에도 일어나고 있지. 이러한 경향을 행정의 정보화(전자화)현상이라고 일응 부를 수 있지만, 이러한 새로운 현상이 종래의 행정법적 이론 및 법체계에 어떠한 변화를 가져왔으며, 또한 가져올 것인지에 대해서 말해 보도록 하지.

이: 종래의 행정법학에 대하여 21세기의 새로운 행정법적 현상에 대해서 말씀해 주신다는 것이군요?

함: 음, 이 양의 이해력이 빠르군. 21세기는 지식정보화시대로서 "정보혁명" 또는 "제3의 물결"이라고 일컬어질 정도로 정보의 중요성이 강조되고 있지. 컴퓨터 등 IT산업의 발달과 초고속통신망의 폭넓은 보급으로 인하여 인터넷의 사용이 널리 일반화되고, 새로운 정보매체의 발생에 의해서 정보가 널리 그리고 동시적으로 배포되어 공유할 수 있는 환경이 조성이 된 것이지. 이러한 환경의 변화에서 행정이라고 하여 예외가 될 수 없고, 이에 대응하여 정부는 '전자정부의 구현'이라는 정책을 내걸고 이러한 변화를 행정의 실제에 반영하기 위하여 관련 법들을 제정 또는 개정하고 있지.

김: 저도 선생님의 행정법총론 강의를 처음 수강하였을 때, 행정법학습에도 컴퓨터 등을 사용한 학습의 중요성을 강조하시면서, 정부의 전자정부 사이트를 들어가면 행정법의 학습에 크게 도움이 되는 많은 유익한 행정정보가 있다는 말씀을 듣고, 몇 번 들어가 본 적이 있습니다.

Ⅲ. 전자정부법의 제정

함: 음, 김 군은 행정법을 열심히 수강한 것 같군. 정부가 전자정부 정책을 구현하기 위하여 제정한 법률로서 중요한 것이 「전자정부법」이라고 할 수 있지. 동 법은 2001년 3월 28일에 제정·공포된 「전자정부구현을위한행정업무등의전자화촉진에관한법률」을 그 모태로 하는 것으로서, 2007년 1월에 「전자정부법」으로 개정된 것이지. 동법은 행정의 정보화에 관한 일반법적 구실을 하는 것이라고 할 수 있지. 이러한 점은, "행정업무의 전자적 처리를 위한 기본원칙, 절차 및 추진방법 등을 규정함으로써 전자정부를 효율적으로 구현하고, 행정의 생산성, 투명성 및 민주성을 높여 국민의 삶의 질을 향상시키는 것"이라고 하는 동 법의 목적조항으로부터도 엿볼 수 있지. 따라서, 오늘 얘기는 주로 전자정부법과 관련한 것이 될 것이네.

김: 21세기의 새로운 흐름을 담은 중요한 법률임에도 불구하고 전자정부법에 관한 설명이 교과서에서는 별로 찾아 볼 수 없어요.

함: 음, 그 점은 나도 인정을 하네. 법학을 전공하는 학자들이 시대의 흐름에 조금 뒤떨어지는지도 모르지. 행정을 둘러싼 급변하는 환경변화를 기존의 행정법적 이론체계로 끌어들이거나 기존의 행정법적 이론체계에서는 설명하기 어려운 경우에는 새로운 이론의 정립에 부단히 노력하여야 한다고 행정법학자의 한 사람으로 나도 깊이 반성하고 있네.

그런데, 이러한 행정의 정보화를 행정의 실제에 실천하기 위하여서는 크게 두 개의 루트를 상정하여 볼 수 있지. 행정이라고 하는 서비스를 공급하는 공급자로서의 행정주체와 수요자로서의 국민이 그것이지. 전자의 경우는 다시 행정주체가 국민에 대해서 하는 행정활동을 정보화하는 것과 평소 행정기관 내에서 행하는 행정관리를 정보화하는 것으로 나누어 볼 수 있지. 또한 후자도 국민이 행정주체에 대해서 하는 활동을 정보화하는 것과 국민 자신들의 관계에서 정보화하는 것으로 나누어 볼 수 있겠지. 그러나 국민 자신들의 관계에서의 정보화의 문제는 행정법적 문제와는 직접적인 관계는 없다고 할 수 있기 때문에 나머지 경우가 주로 문제가 된다고 할 수 있지.

따라서, 행정정보화는 크게 행정기관이 행정기관 내부의 행정관리를 정보화하는 것과 행정기관이 국민에 대한 행정작용을 정보화하는 것, 그리고 국민이 행정기관에 대한 활동을 정보화하는 것 이렇게 3개로 나누어 살펴볼 수 있지.

이: 행정의 정보화란 그런 것이군요. 선생님의 설명을 듣고 어렴풋이 그 윤곽을 알 수 있을 것 같은 느낌이 드네요. 선생님, 그런데 앞에서 말씀하신 전자정부법의 목적조항에서는 국민이 행정기관에 대한 활동을 정보화하는 것에 대해서는 빠져있는 느낌이 드는데요.

함: 음, 역시 이 양의 이해력은 빠르군. 앞으로 법학공부에 더욱 더 정진하여 사회에 유익한 일을 할 수 있기를 바라네.

전자정부법은 전자정부의 구현을 위한 행정업무의 전자적 처리에 관한 것이기 때문에 어쩔 수 없는 측면이 있지. 그러나, 행정의 정보화 현상을 제대로 이해하기 위해서는 행정 서비스의 궁극적 수혜자인 국민을 도외시할 수 없지. 그런 의미에서 국민의 행정기관에 대한 활동의 정보화도 중요한 측면이라고 할 수 있지.

어쨌든, 이들 여러 측면에서 행정의 정보화 현상을 살펴보고 그것의 행정법적 관련문제를 말하겠는데, 그 전에 이러한 행정의 정보화와 관련한 원칙을 한 번 살펴보겠네. 법학에서는 새로운 법현상에 대해서 그것에 공통으로 적용할 수 있는 법원칙이라고 하는 것을 중시하지. 이는 법학이 규범에 관한 학문이라는 특성에 기인하는 면이 있네.

Ⅳ. 전자정부법상의 원칙

행정기관 등이 전자정부의 구현·운영 및 발전을 추진할 때 우선적으로 고려하여야 할 사항으로서는, ①대민서비스의 전자화 및 국민편익의 증진, ②행정업무의 혁신 및 생산성·효율성의 향상, ③정보시스템의 안전성·신뢰성의 확보, ④개인정보 및 사생활의 보호, ⑤행정정보의 공개 및 공동이용의 확대, ⑥중복투자의 방지 및 상호운용성 증진을 들고 있지. 이들 여러 사항 가운데에서 ②,③,⑥이 주로 행정기관 내부의 행정관리와 관련된 것이라고 한다면, ①,④,⑤는 행정기관 내부의 행정관리의 정보화는 물론, 행정기관이 국민에 대한 행정활동을 정보화하는 경우에 관련되는 중요한 사항이라고 할 수 있지. 이것들에 대한 보다 자세한 설명은 시간 관계상 생략하도록 하지.

이: 역시 원칙이란 것이 서있으면 편리하지요.

함: 그럼, 원칙은 일을 처리하거나 판단을 하는 경우에 가장 중요한 기준을 제공하여 주지. 또한 관계당사자들이 어떤 일을 하고자 할 때에 예측가능성과 객관적인 판단기준을 제공한다는 점에서 빠뜨릴 수 없는 존재지. 하지만, 경우에 따라서는 예외를 인정하지 않을 수 없는 경우가 존재하는 것도 사실이야. 그래서 “예외없는 원칙없다”라는 말도 있잖아. 일을 결정하고 처리할 때 원칙만으로 일관할 수 없고, 예외를 인정하는 경우에는 예외를 인정하는 구체적 기준을 결정한다는 것

이 어려운 점이지. 어쨌든 화제를 다시 행정의 정보화로 돌려서 말해보도록 하지.

지금까지 행정기관은 행정업무를 종이문서 중심으로 수행하여 왔고 대국민 행정서비스를 제공하는 경우에도 대면(對面)행정을 중심으로 하여 왔지. 말하자면 '오프라인(Off-line) 중심의 행정'이라고 할 수 있지. 이와 같은 Off-line 중심의 행정으로부터 디지털시대에 걸맞는 'On-line 중심의 행정'으로 행정의 새로운 패러다임을 형성하기 위하여서는 여러 가지 제도의 변화를 필요로 한다고 할 수 있지. 이러한 변화를 행정관리의 전자화와 대국민 행정서비스의 전자화로 나누어서 살펴보도록 하지.

이: 선생님, 그 전에 한 가지 여쭤보고 싶은 것이 있는데요. 앞에서 종이문서 중심에서 전자문서 중심으로 바뀐다고 하셨는데, 그렇다면 종이문서에 의한 행정은 없어지게 되나요?

함: 아니, 그것이 아니라 종이문서와 더불어 전자문서도 사용한다고 할 수 있지. 모든 사람들이 변화에 빠르게 적응한다고 할 수 없고, 갑자기 그렇게 바뀌었다가는 대혼란이 생기겠지. 따라서, 앞으로도 상당기간 종이문서와 전자문서의 병존시대를 거치지 않을까 예상된다고 할 수 있지. 그러나, 행정의 정보화와 더불어 사회 전반의 정보화가 진전되면, 장래 어느 시점엔가는 종이문서의 소멸도 예상 못할 바 아니라고 보네.

이: 현재는 말하자면 과도기적 단계로군요.

함: 음. 과도기의 초입이라고도 할 수 있겠지. 다시 얘기를 이어서 계속하자면, 먼저, 행정관리의 전자화(정보화)에 대하여 살펴보도록 하지.

V. 행정관리의 정보화(전자화)

행정기관의 문서는 원칙적으로 전자문서를 기본으로 하여 작성, 발송, 접수, 보관, 보존 및 활용되어야 하도록 되어 있기 때문에, 그를 위하여서는 우선 종래의 종이문서 위주의 행정에서 전자문서로 행정기관의 문서를 전환할 필요가 있지. 그에 따라서, 종래의 종이문서 위주의 서식과 더불어 전자문서에 적합한 서식을 마련할 필요가 생기겠지. 이와 같은 전자문서는 언제 성립된다고 보아야 할 것인지가 문제이지만, 이에 대해서는 일반 행정문서와 마찬가지로 결재가 있으면 성립하는 걸로 되어 있지. 행정기관의 보조기관이나 보좌기관이 위임전결하거나 대결한 전자문서도 역시 마찬가지로 해석되지. 또한 전자문서는 일단 작성되면 그에 대한 결재도 전자적인 수단에 의하여야 의미가 있기 때문에 전자결재에 대한 대응이 이루어져야 하고, 전자문서의 진정성을 확보하기 위한 수단을 마련하여야 할 필요성이 생기는데, 그에 대하여 일반 인터넷거래에서와 마찬가지로 전자서명의 일종이라고 할 수 있는 행정전자서명에 의하여 그러한 문제를 해결하고 있지. 이 경우에는 위에서 말한 위임전결이나 대결 등의 경우에 누구의 행정전자서명에 의하여야 할 것인지가 문제되나, 정보화의 특성에 비추어 위임전결이나 대결을 한 당해 보조기관이나 보좌기관의 행정전자서명으로써 할 수 있도록 하였지.

김: 선생님, 그런데, 행정전자서명과 공인전자서명은 어떻게 다른가요?

함: 음, 그런 의문을 가질 줄 알았지. 행정전자서명이나 공인전자서명 모두 문서나 거래에서 상대방의 확인을 위한 신분증과 같은 역

할을 한다는 점에서 같다고 할 수 있지. 다만, 행정전자서명은 행정기관이 작성하는 전자문서에 사용되는데 반하여, 공인전자서명은 일반기업이나 사인간의 거래나 전자문서의 진정성을 확보하기 위한 수단으로 사용된다는 점에서 차이가 있지. 따라서, 행정청이 작성한 전자문서에는 행정전자서명을 사용함이 원칙이지만, 전자거래를 효율적으로 운영하기 위하여 경우에 따라서는 공인전자서명을 사용할 수도 있도록 되어 있지. 전자정부법은 공인전자서명과의 호환성을 높이기 위하여 행정전자서명에 대한 기술표준을 마련하고, 행정전자서명과 공인전자서명이 서로 연계될 수 있는 방안을 마련하여야 하도록 규정하고 있지.

여기서 검토하여 볼 사항은 행정기관의 권력적 작용에 기한 전자거래의 경우에도 행정전자서명이 아닌 공인전자서명을 사용할 수 있는지가 문제되지. 예컨대 토지수용, 채권의 강제매각 등 행정기관의 권력적 작용에 기한 것 중 상거래와 동일한 효과를 발생시키는 것은 행정전자서명과 공인전자서명 중 어떠한 것이 우선적으로 사용되어야 할 것인가의 문제이지. 이에 대해서는 상거래와 동일한 효력을 가져온다고 하더라도 행정기관의 권력적 작용이 개입되는 것은 행정전자서명을 사용하여야 한다는 견해와 일반 상거래와 마찬가지로 공인전자서명을 사용하여야 한다는 견해가 있지. 앞으로 전자화의 진전에 따라 결정되어야 할 사항이지만 국민의 편의를 위해서는 궁극적으로 양자가 통합이 될 수 있다면 가장 좋은 해결책이 되겠지.

김: 아, 그렇군요. 이제 확실히 이해하게 되었습니다.

Ⅵ. 전자문서의 발송 및 도달시기

함: 그런데, 이러한 전자문서에 의한 행정을 함에 있어서는 민사법 관계에서와 마찬가지로 이러한 전자문서가 언제 발송 또는 도달된 것으로 볼 것인지가 중요한 문제로 되는 경우가 적지 않지. 이것은 특히 전자문서가 초고속통신망 등을 이용하여 신속하게 전달된다는 특성과 함께 그 존재의 유무를 파악하기가 쉽지 않다는 점 등에 기인하지.

의사표시의 발신 및 도달시기와 관련하여 일반법적 역할을 하는 현행 민법의 규정에서는 상대방 있는 의사표시는 일반적으로 표의자가 의사를 표시하고, 이어 우체통의 투입 등으로 발신하며, 상대방이 이를 수령하여 요지(了知)하는 순서 내지 단계를 거치게 되지. 그에 대하여, 전자문서는 통상 작성자(송신자)의 컴퓨터 등에의 입력・저장・전송, 수신자(상대방)의 컴퓨터 등에의 입력・저장 및 전자문서의 확인이라는 다단계의 전자적인 과정을 통하여 이루어지는데 정보의 처리방식, 정보통신망의 종류 등에 따라 그 전달의 양상이 달라질 수 있지.

이러한 문제와 관련하여 전자정부법은 국민이 행정기관에 송신한 전자문서는 그 전자문서의 송신시점이 정보시스템에 의하여 전자적으로 기록된 때에 그 송신자가 발송한 것으로 본다고 하고, 행정기관이 송신한 전자문서는 수신자가 지정한 정보시스템 등에 입력된 때에 그 수신자에게 도달된 것으로 본다고 규정하고 있지.

그러나, 컴퓨터 등이 장애를 일으킨 경우나 전자적 형태로 작성한 문서가 기술적인 이유로 판독하기 어렵게 된 경우에 어떻게 처리할 것인지가 문제되는데, 이에 대해서는 다음과 같이 해결하고 있지. 즉, 특정한 기한까지 도달되어야 할 문서 등을 송신자가 기한 전에 전자적 방법에 의하여 전자문서로 발송하였으나 당해 수신자의 정보시스템 또는 관련 장치의 장애로 인하여 기한 내에 도달되지 아니한 경우에는 당해 송신자에 한하여 장애가 제거된 날의 다음 날에 기한이 도래한 것으로 보도록 하고, 행정기관에 도달된 전자문서가 판독할 수 없는 상태로 수신된 경우에는 당해 행정기관은 이를 흠이 있는 문서로 보고 보완에 필요한 상당한 기간을 정하여 보완을 요구하여야 하며, 행정기관이 발송한 전자문서가 판독할 수 없는 상태로 수신자에게 도달된 경우에는 이를 적법하게 도달된 문서로 보지 아니하도록 하고 있지.

이: 행정의 정보화(전자화)는 편리한 점도 있지만, 종래의 종이문서 위주의 방식과는 달리 새롭게 규정하거나 해석하여야 하는 점도 많군요.

함: 음, 그렇다고 할 수 있지. 그러나, 행정정보화가 우리 사회의 새로운 현상으로 널리 이용되고 있는 이상, 법학이 그것을 무시할 수 없지. 따라서, 적극적으로 그와 같은 새로운 법현상이 올바른 방향으로 운용이 되도록 노력하여야겠지.

Ⅶ. 행정지식의 관리와 행정정보의 공동이용

그럼, 다음으로 행정지식의 관리와 행정정보의 공동이용에 관하여 알아보도록 할까.

먼저, 행정지식의 관리란 각 행정기관은 당해 업무와 관련하여 오랜 노하우의 축적과 전문적인 지식을 가지고 있는데, 그와 같은 행정지식을 정책결정에 최대한 활용할 수 있도록 잘 관리하자는 것이지.

좀 더 구체적으로 말하자면, 행정기관은 해당 기관의 업무와 관련된 행정정보, 개인의 경험, 해당 기관 안에서 생산·유통되는 업무지식 및 기술 중에서 정책결정 등의 주요 판단자료로서의 가치가 크다고 인정되는 사항에 대하여는 이를 정책결정에 활용될 수 있도록 전자적 시스템을 구축·운영할 수 있도록 한 것이지.

다음으로, 행정정보의 공동이용이란 서로 다른 행정기관 간에 필요로 하는 행정정보를 각 행정기관이 중복적으로 마련한다면 많은 시간과 노력과 비용이 소요되겠지. 또한 국민들에게도 중복하여 관련서류 등을 요구함으로써 불편과 불필요한 비용을 발생시키게 되지. 그와 같은 점을 고려하여, 민원사항 등의 처리를 위하여 필요한 행정정보나 통계정보·문헌정보·정책정보 등 행정업무의 수행에 참고가 되는 행정정보 등을 공동이용하여야 하도록 하고 있지(다만, 국가의 안전보장과 관련된 행정정보와 법령에 의해 비밀로 지정된 행정정보 또는 이에 준하는 행정정보는 공동이용의 대상정보에서 제외할 수 있다.). 물론 행정기관간 공동이용되는 행정정보의 제공기관은 당해 행정정보의 정확성을 유지하도록 관리하여야 되겠지.

그러면, 행정기관이 이와 같은 행정정보를 공동이용하기 위한 절차를 약간 구체적으로 살펴보도록 할까. 먼저, 행정안전부장관은 행정기관이 전자적으로 생산·유통·저장하고 있는 행정정보 목록을 조사·작성하여 각 행정기관에 배포하고, 행정기관이 공동이용을 필요로 하는 정보에 대한 수요를 조사할 수 있도록 하고 있지. 또한 행정정보의 원활한 공동이용을 위하여 행정정보 공동이용센터를 둘 수 있도록 하고, 행정정보를 공동으로 이용하는 기관은 정당한 사유가 없으면 공동이용센터를 통하여 행정정보를 공동이용하여야 하도록 하고 있지. 그래서, 공동이용센터를 통하여 행정정보를 이용하려는 기관은 공동이용 대상 행정정보와 그 범위, 공동이용의 목적·방식, 행정정보보유기관 등을 특정하여 행정안전부장관에게 공동이용을 신청하고, 행정안전부장관은 공동이용의 조건 등을 정하여 행정정보 공동이용을 승인할 수 있도록 되어 있지. 또한, 행정안전부장관은 이용기관 또는 그 소속 직원이 공동이용의 조건을 위반하거나 일정한 사유에 해당하는 경우에는 해당 이용기관에 대한 공동이용의 승인을 철회하거나 일시 정지시킬 수 있도록 되어 있지.

그런데, 이러한 행정정보의 공동이용제도는 행정정보의 이용에 의하여 행정업무의 효율적이고 정확한 수행을 가능하게 하지만, 반면에 개인정보의 보호와 관련하여 심각한 문제를 일으킬 우려도 내포하고 있다고 할 수 있지. 이에 따라, 전자정부법은 이용기관이 공동이용센터를 통하여 개인정보가 포함된 행정정보를 공동이용할 때에는 공동이용의 목적, 공동이용 대상 행정정보 및 이용범위, 공동이용 대상 이용기관의 명칭을 알 수 있도록 정보주체의 사전동의를 받아야 하도록 하고 있지. 또한, 정보주체는 공동이용센터를 통하여 공동이용한 행정정보 중 본인에 관한 행정정보에 대하여 이용기관, 공동이용의 목적, 공동이용한 행정정보의 종류, 공동이용한 시기, 해당 행정정보를 공동이용할 수 있는 법적 근거에 대한 열람을 행정안전부장관 또는 해당 이용기관의 장에게 신청할 수 있도록 하여 개인정보의 보호를 위한 장치를 설정하고 있지.

행정정보의 공동이용에 관하여는 이상으로 그치고, 다음에는 이와 같은 행정의 정보화가 행정업무에도 큰 변화를 가져올 것인데 이러한 변화에 대응하기 위하여 어떻게 하고 있는지 알아보도록 하지. 그에 대하여, 행정기관의 장은 소관업무에 대하여 정보통신기술을 도입하는 경우에는 기존의 조직구성, 인력배치 및 업무절차 등을 정보통신기술의 도입에 적합하도록 재설계하고 이를 시행하여야 하도록 하고, 이러한 업무재설계의 범위가 2 이상의 행정기관의 업무와 연계되어 있는 경우에 해당 행정기관의 장은 관계 행정기관의 장에게 협조를 요청할 수 있으며, 그 요청을 받은 행정기관의 장은 특별한 사유가 없으면 이에 협조하여야 하도록 하고 있지. 즉, 행정이 전자화되고 있는데 행정조직이나 행정업무절차가 종래와 마찬가지로 종이문서 중심의 행정이거나 행정조직이어서는 행정의 전자화라는 새로운 현상에 제대로 대응할 수 없기 때문에 이에 대해서 행정조직과 행정업무를 재설계하도록 하고 있는 것이지.

이: 행정정보화는 행정업무의 전자화에만 그치는 것이 아니라 행정조직의 재편이나 그밖의 부문에 까지 광범위하게 영향을 미치는군요.

함: 음, 그렇다고 할 수 있지.

그럼, 이어서 행정의 정보화가 대국민서비스와 어떻게 관련을 갖는지 살펴보도록 할까.

Ⅷ. 행정의 정보화와 대국민서비스

행정기관 등의 장은 해당 기관에서 처리할 민원사항 등에 대하여 관계 법령(지방자치단체의 조례 및 규칙을 포함한다.)에서 문서·서면·서류 등의 종이문서로 신청, 신고 또는 제출 등을 하도록 규정하고 있는 경우에도 이에 대하여 전자문서로 신청, 신고 또는 제출 등을 하게 할 수 있고, 행정기관도 민원사항 등을 처리할 때 그 처리결과를 관계 법령에서 문서·서면·서류 등의 종이문서로 통지, 통보 또는 고지 등을 하도록 규정하고 있는 경우에도 본인이 원하거나 민원사항 등을 전자문서로 신청 등 또는 통지 등을 하는 경우 전자문서에 첨부되는 서류는 전자화문서로도 할 수 있도록 하고 있지. 그리고, 이러한 전자문서로 신청 등 또는 통지 등을 하는 경우에는 해당 법령에서 정한 절차에 따라 신청 등 또는 통지 등을 한 것으로 보도록 하고 있지.

그러나, 이와 같은 전자화로 인하여 국민의 혼란을 야기하지 않도록 행정기관 등의 장은 민원사항 등을 전자문서 또는 전자화문서로 신청 등을 하게 하거나 통지 등을 하는 경우에는 인터넷을 통하여 미리 그 민원사항 등의 신청 등 또는 통지 등의 종류와 처리절차를 국민에게 공표하여야 하도록 하고 있지.

한편, 행정기관 등의 장은 민원인이 첨부 · 제출하여야 하는 증명서류 등 구비서류가 행정기관 등이 전자문서로 발급할 수 있는 문서인 경우에는 직접 그 구비서류를 발급하는 기관으로부터 발급받아 업무를 처리하고, 행정정보의 공동이용을 통하여 구비서류에 대한 정보를 확인할 수 있을 때에는 그 확인으로 구비서류의 발급을 갈음하여야 하도록 되어 있지.

나아가, 행정기관 등의 장은 민원인이 해당 기관을 직접 방문하지 아니하고도 민원사항 등을 처리할 수 있도록 관계 법령의 개선, 필요한 시설 및 시스템의 구축 등 제반 여건을 마련하여야 하고, 그를 위하여 인터넷에 전자민원창구를 설치 · 운영할 수 있으며, 중앙사무관장기관의 장은 행정기관 등의 전자민원창구의 설치 · 운영을 지원하고 이를 연계하여 통합전자민원창구를 설치 · 운영 할 수 있도록 되어 있지.

Ⅸ. 행정정보의 온라인상의 공개

한편, 국민의 권익보호를 위해서는 행정정보를 국민에게 공개해서 행정기관이 올바로 임무를 수행하고 있는지를 알게 하는 것이 중요한데 그를 위하여 행정정보의 공개가 중요한 것으로 인식되고 있지. 따라서, 행정기관 등의 장은 민원 관련 법령, 민원사무 관련 편람, 민원사무의 처리기준 등 민원과 관련된 정보와 그 밖에 국민생활과 관련된 행정정보 등을 별도로 인터넷을 통하여 국민에게 제공하여야 하도록 하고 있지. 이처럼 중요한 행정정보뿐만 아니라 관보 · 신문 · 게시판 등에 게재하는 사항에 대해서도 인터넷에 게시하는 방법으로 국민에게 제공하여야 하도록 하고 있지.

김: 선생님, 그런데 일반 상업적 사이트에서도 행정기관 홈페이지 등에 링크를 시켜놓은 경우가 있던데, 이런 경우는 아무런 법적 문제가 없나요.

함: 음, 좋은 지적을 해주었네. 그에 대해서는 다음과 같이 규정하고 있지. 즉, 인터넷을 통하여 제공하는 행정정보로 인하여 특별한 이익을 얻는 자가 있는 경우에는 당해 행정정보를 이용하는 자에게 수수료를 받을 수 있도록 하고 있지.

한편, 행정기관의 장은 다른 법령에서 세금 · 수수료 · 과태료 · 과징금 · 범칙금 · 벌금 · 과료 등을 현금 · 수입인지 · 수입증지 등의 형태로 납부하도록 규정하고 있는 경우에도 정보통신망을 이용하여 전자화폐 · 전자결제 등의 방법으로 이를 납부하게 할 수 있도록 하고 있지. 또한, 행정기관은 법령의 규정에 의하여 국민에게 일정한 급부 등을 제공하는 경우에는 이를 정보통신망을 통하여 제공할 수 있도록 하고 있지.

X. 맺으며

이상으로 간략하나마 현재의 정보화경향이 행정 및 종래의 행정법 이론에 어떠한 영향을 미치고 있는지를 살펴보았는데 두 사람이 잘 이해를 하는 것 같아서 안심이군. 아마 컴퓨터 관련내용이라서 더 쉽게 이해가 되었는지도 모르지. 하여튼 이러한 행정의 정보화현상은 완료형이 아니라 현재진행형이며 미래형이라고도 할 수 있네. 먼 장래에 이러한 정보화 현상이 행정 및 행정법이론에 어떠한 형태로 변모시킬지는 현재로서는 예측하기가 어렵다고 할 수 있지. 그러나, 현재를 살아가는 우리들은 새로운 환경의 변화에 적응하기 위하여 사고의 전환이 필요하다고 생각해. 다시 말하면, 종래의 '아날로그적 사고'에서 '디지털적 사고'로의 전환이라고도 할 수 있지. 이러한 기민한 사고의 전환과 행동력으로 새 시대의 리더가 되기를 바라는 마음일세.

김 · 이: 선생님, 오랜 시간 알기 쉽게 말씀해 주셔서 감사드립니다.

함: 자네들이 잘 이해하고 관심을 가져주어서 도리어 내가 감사하네. 2학기 개강이 되면 건강한 모습으로 다시 보세.

김 · 이: 선생님, 안녕히 계세요.

함: 잘 가게.

제10장 | 일본의 행정절차 온라인화법제

Ⅰ. 처음에

정보통신기술(IT)의 발달은 사회전반과 우리 생활 곳곳에 깊은 영향을 미치고 있다. 혹자는 이를 'IT혁명'이라고 부르기도 하지만, 이러한 IT혁명의 대표적인 것 중의 하나가 정보의 온라인화, 디지털화라고 할 수 있을 것이다. 초고속통신망의 확장에 의한 인터넷의 폭발적인 보급은 이러한 현상을 더욱 촉진하고 있다. 전자상거래의 활발하고 폭넓은 이용은 이러한 IT혁명이 우리 생활 깊숙이 스며들고 있음을 나타내는 대표적인 현상의 일례이다.

이처럼, 사회 각 분야에서 진행되고 있는 IT혁명의 파급은 행정분야라고 해서 예외일 수 없다. 특히 국민과 직접적인 관련을 갖는 행정영역에서는 국민에 대한 행정서비스의 질을 향상시키기 위한 수단의 하나로서 행정의 온라인화·디지털화의 추진이 요청된다. 이러한 요청을 수용하여, 행정의 정보화를 추진하기 위한 정부의 노력이 이른바 전자정부의 구현이라고 할 수 있다. 전자정부의 구현을 위하여 여러 가지의 정책이 추진되고 있지만, 그 가운데 하나가 국민의 일상생활과 밀접한 관련을 가지는 행정절차의 온라인화라고 할 수 있다.

한국과 일본 양국은 일정한 행정작용의 절차에 관한 일반법으로서 행정절차법을 제정하여 시행하고 있으나, 이들 행정절차법은 주로 이른바 오프라인상의 행정절차를 상정하여 규정된 것으로서, 행정절차의 온라인화를 위한 법제도로서는 필요충분한 것이라고는 할 수 없다. 따라서, 행정절차의 온라인화를 위해서는 새로운 입법의 필요성이 대두되었고, 이와 관련하여 한·일 양국은 관련법제도를 일응 정비한 바 있다. 즉, 우리나라에서는 2001년 3월 28일에 「전자정부구현을위한행정업무등의전자화촉진에관한법률」(이하 '전자화촉진법'이라 한다)이 제정되어 동년 7월 1일부터 시행되었으며, 동법은 2007년 1월에 「전자정부법」으로 개정되었다. 일본에서는 「행정절차등에서의정보통신기술의이용에관한법률」(이하 '행정절차온라인화법' 또는 '온라인화법'이라 한다)이 2002년 12월 13일에 제정되어 2003년 2월 3일부터 시행되고 있다. 한·일 양국의 행정절차법이 상호 긴밀한 영향을 미쳤음을 감안할 때, 그 법제도의 구체적인 내용이 무엇인지 우리의 관심을 끌기에 충분하다고 할 것이다.

따라서, 이하에서는 일본의 행정절차온라인화법의 입법경위와 주요내용을 소개하고, 우리나라 법제도와 비교함으로써 행정절차의 온라인화를 향한 한·일 양국의 법제도의 상호이해를 도모하도록 한다.

Ⅱ. 행정절차 온라인화법제의 입법경위

(1) 일본정부가 행정개혁의 추진을 위하여 설치한 '임시행정개혁추진심의회'는 행정의 정보화를 강력히 추진할 것을 제언하였고, 이를 받아 「고도정보통신사회추진본부」의 설치가 각의결정되었다(1994.8). 행정 정보화의 일환으로서 행정절차의 전자화 · 온라인화의 추진이 표방되었는바, 행정절차―특히 신청 · 신고 등 절차―의 온라인화를 추진함에 있어서 중요한 계기는 「행정정보화추진기본계획」(1994.12 각의결정)이다. 동 계획은 "모든 행정분야에서 정보통신기술의 성과를 보편적으로 활용하여 행정의 질과 대국민서비스를 향상시킬 것"을 목적으로 하여 책정된 것으로, 각종 인 · 허가 등의 행정사무를 처리할 때 정보통신기술을 활용하여 신청 · 신고 등을 할 수 있도록 법령 등을 개정할 것을 그 추진방침의 하나로 내세웠다. 동 계획에 기하여, 「전자화에대응한신청 · 신고등절차의개정지침(電子化に對応した申請・届出等手續の見直し指針)[1]」(1996.9)의 작성과, 「신청부담경감대책」(1997.2)의 각의결정이 이루어졌다. 또한, 1997년 12월에는 「행정정보화추진기본계획」을 개정하고, 이의 실현을 위하여 「행정코스트삭감에관한추진방침」(1999.4)이 각의결정되었다.

(2) 또한 2000년 5월에는 「신청 · 신고등절차의전자화의추진을위한기본적틀(申請・届出等手續の電子化推進のための基本的枠組み)」이 고도정보통신사회추진본부에 보고되었던바, 여기서는 국민과 행정기관 간

1) 동 지침은, ①신청서의 기재사항의 간소화, ②신청 · 신고 등 절차의 전자화, ③그에 필요한 법령 등의 개정을 기본 방침으로 하고, 1998년말 까지는 온라인에 의한 전자화를 추진할 것을 목표로 한 것이다.

에 지금까지 서면으로 주고받던 신청 · 신고 등 절차를 2003년도 까지는 서면에 의한 절차에 더하여, 인터넷 등을 이용한 절차의 온라인화를 추진하도록 하였고, 각 성청별로 구체적 액션플랜을 책정하도록 하였다. 이에 따라서 「신청 · 신고등절차의온라인화에관한액션플랜」(2000.9)이 작성되었다.

한편, 2000년 12월에는 IT발전을 반영한 중요한 입법이 이루어졌다. 「고도정보통신네트워크사회형성기본법」(이하 'IT기본법'이라 한다.)이 그것인 바, 동법은 "국민들이 저렴한 요금으로 이용할 수 있는 세계최고수준의 고도정보통신네트워크사회의 형성"과, "행정운영의 간소화, 효율화, 투명성의 향상"을 위하여 행정의 정보화를 적극적으로 추진할 것을 명시하고, 고도정보통신네트워크사회의 형성에 관한 시책을 신속하고 중점적으로 추진하기 위하여 「고도정보통신네트워크사회추진전략본부」(이하 'IT전략본부'라 한다.)를 내각에 설치하도록 규정하였다.

IT기본법에 근거하여 설치된 IT전략본부는 그 구체적 성과의 하나로서 2001년 1월에 「e-Japan 전략」을 발표하여, 5년 이내에 세계최첨단의 IT국가로 되는 것을 목표의 하나로 내걸고, 2003년도까지 중앙정부의 모든 행정절차를 온라인상에서 가능하도록 하기 위하여 서면의 제출 등을 요구하는 법령을 개정하도록 하였다. 이어서, IT전략본부는 IT기본법의 규정에 의하여, 2001년 3월에 「e-Japan 중점계획」을 책정하였다. 동 중점계획은 고도정보통신네트워크사회의 형성을 위하여 중점적으로 추진해야 할 5분야로서, ①세계 최고수준의 고도정보통신네트워크사회의 형성, ②교육 및 학습의 진흥과 인재의 양성, ③전자상거래 등의 촉진, ④행정의 정보화 및 공공분야에서의 정보통신기술의 활용의 추진, ⑤고도정보통신네트워크의 안전성 및 신뢰성의 확보를 내걸었다. 여기서는 특히 본 테마와 관련하여, ④행정의 정보화 및 공공분야에서의 정보통신기술의 활용의 추진이 중요한 바, 그 구체적 추진시책으로서 행정정보의 전자적 제공, 신청·신고 등 절차의 전자화, 세입·세출의 전자화, 조달절차의 전자화, 행정업무의 paperless화(전자화)를 들고 있다.

(3) 2001년 12월에 총무성이 IT전략본부에 보고한「행정절차의온라인화를위한법정비의입안방침(골자안)」(行政手續のオンライン化のための法整備の立案方針(骨子案))에서는, 법령에 근거한 행정기관 등의 절차에 대하여 원칙적으로 모든 서면에 의한 절차에 더하여, 온라인에 의한 절차도 가능하도록 필요한 법정비를 행한다는 방침이 제시되었다.

또한 법정비의 구체적인 기본방향으로서 다음의 4가지가 제시되었다. ①서면을 의미하는 용어가 있는 법령에 대하여는 서면에 의한 절차에 더하여 온라인에 의한 절차도 가능하도록 규정을 정비한다. ②신청·신고 등 절차에 한하지 않고, 원칙적으로 모든 행정기관 등의 절차를 대상으로 하여, 서면에 의한 절차에 더하여 온라인에 의한 절차가 가능하도록 새로운 법률을 제정한다. ③또한 온라인화를 가능하도록 하기 위한 규정 이외에, 서면간주규정, 도달시기에 관한 규정 등 행정절차의 온라인화를 실시함에 있어서 필요한 사항들을 규정하도록 한다. ④본법만으로는 조치가 충분하지 않는 것에 대하여는 각 개별법을 개정하도록 한다.

그리고, 법정비의 대상범위에 대하여는 행정기관 등이 법령에 기하여 정보를 수취하는 절차, 행정기관 등이 법령에 기하여 정보를 발출하는 절차(신청·신고 등에 더하여, 불복신청, 준사법적 절차, 행정기관간의 절차, 불이익처분, 행정지도, 공시·열람, 정부조달, 세입·세출의 전자화,

서류의 보존의무에 관한 것)를 법정비의 검토대상으로 하고, 법정비의 시점에서 행정절차의 성질 등에 의해 온라인화가 친하지 않은 절차에 대해서는 적용제외규정을 두거나 각 개별법에서 본법을 적용하지 아니한다는 규정을 두도록 하였다.

「e-Japan 중점계획」(2001.3)은 신청・신고 등 절차의 온라인화만이 그 대상으로 상정되었음에 반하여, 동 입안지침은 행정청이 국민・사업자에 대하여 행하는 처분, 행정지도, 국민・사업자가 행정기관 등에 대하여 행하는 불복신청, 기타 행정기관 등과 국민・사업자 간의 법령에 기한 정보의 교환, 행정기관간의 절차 모두를 그 대상으로 한 통칙법의 제정을 지향하여, 그 대상이 되는 행정절차의 범위가 대단히 광범위하게 된 점이 그 특색이라고 할 수 있다[2].

(4) 위의 「입안지침」에 따라서, 행정절차온라인화관련 3법안이 작성되었다. 즉, 「행정절차등에서의정보통신기술의이용에관한법률안」, 「행정절차등에서의정보통신기술의이용에관한법률의시행에수반하는관계법률의정비에관한법률안」, 「전자서명에관한지방공공단체의인증업무에관한법률안」이 그것들이다. 이들 법안은 2002년 6월에 각의 결정되어, 제154회 통상국회(2002.1.21-7.31)에 제출되었다. 그러나, 제154회 국회에서는 심의되지 못하고, 제155회 임시국회(2002.10.18-12.13)에서 심의한 결과, 동년 12월 6일에 성립되고, 12월 13일에 공포되어, 2003년 2월 3일부터 시행되고 있다.

---

2) 宇賀克也, 行政手續オンライン化3法, 第一法規, 2003, 20쪽.

행정절차온라인화법제 관련 연표

1993	11	「행정절차법」 제정
1994	8	고도정보통신사회추진본부 설치(각의결정)
	12	「행정정보화추진기본계획」 수립(각의결정)
1996	9	「전자화에대응한신청・신고등절차의개정지침」 작성(총무성)
1997	2	「신청부담경감대책」(각의결정)
	12	「행정정보화추진기본계획의개정」(각의결정)
1999	4	「행정코스트삭감에관한추진방침」(각의결정)
2000	5	「신청・신고등절차의전자화의추진을위한기본적틀」 보고
	5	「전자서명및인증업무에관한법률」(전자서명법) 제정
	9	「신청・신고등절차의온라인화에관한액션플랜」 작성
	12	「고도정보통신네트워크사회형성기본법」(IT기본법), 「서면의교부등에관한정보통신기술의이용을위한관계법률의정비에관한법률」(서면일괄법) 제정
2001	1	고도정보통신네트워크사회추진전략본부(IT전략본부) 설치(내각)
	1	「e-Japan전략」 결정(IT전략본부)
	3	「e-Japan 중점계획」 결정(IT전략본부)
	4	전자정부(e-Gov) 종합창구시스템의 운용개시
	6	「신청・신고등절차의온라인화에수반하는법령의개정등에관한기본방침」
	6	「e-Japan 2002 프로그램」 결정
	12	「행정절차의온라인화를위한법정비의입안지침(골자안)」 보고
2002	6	「e-Japan 중점계획-2002」
	12	행정절차온라인화관계3법 제정
2003	2	행정절차온라인화법 시행
	7	「e-Japan 전략 II」 결정
	7	「전자정부구축계획」(각부성정보화통괄책임자(CIO)연락회의결정)
	8	「e-Japan 중점계획-2003」

Ⅲ. 행정절차온라인화법의 주요내용

행정절차온라인화관련법률 가운데 특히 중요한 것은 행정절차의 온라인화와 관련한 통칙법이라 할 수 있는 「행정절차등에서의정보통신기술의이용에관한법률」이라 할 수 있다. 동법은 12개조와 부칙으로 이루어진 비교적 간단한 구성을 취하고 있으나, 행정절차의 온라인화에 관한 기본적인 원칙과 방식을 담고 있는 것이다. 이하에서는 행정절차온라인화법을 중심으로 하여, 일본의 행정절차온라인화를 위한 법제도의 개요를 고찰하여 보기로 한다[3](이하에서 특별히 적시하는 이외에는 법조항은 행정절차온라인화법의 것을 말한다.).

1. 목적

행정절차온라인화법은 "행정기관 등과 관련된 신청, 신고 기타의 절차 등에 관하여, 전자정보처리조직을 사용하는 방법 기타의 정보통신의 기술을 이용하는 방법에 의하여 행할 수 있도록 하기 위한 공통된 사항을 정함으로써 국민의 편의성의 향상을 도모함과 아울러, 행정운영의 간소화 및 효율화에 이바지할 것을 목적으로 한다."(제1조)고 선언하고 있다. 즉, 국민의 편의 도모와 행정의 간소화·효율화 추구가 동법의 제정목적이라 할 수 있다.

행정절차를 온라인화함으로써 시간적·지리적인 제약을 받지 않고

---

3) 이하의 내용은 宇賀克也, 앞의 책 ; 藤井雅文, "行政手續等における情報通信の技術の利用に關する法律等", ジュリスト2003.4.1; 일본 총무성의 자료 (http://www.soumu.go.jp/menu_seisaku/gyoumukanri_sonota/jouhouka/online.html)를 주로 참조하였다.

집이나 직장에서도 인터넷 등을 이용하여 행정절차가 가능하게 되어 국민의 편의가 크게 향상되고, 또한 행정기관 등의 업무도 개선되어 행정운영의 간소화·효율화를 도모할 수 있게 됨을 기대하고 있는 것이다.

2. 적용대상

행정절차온라인화법의 적용대상은 “법령에 근거한 행정기관 등과 관련된 절차 등”이다. 이들 개념들에 대해서 구체적으로 살펴보도록 한다.

첫째로, 여기서 ‘법령’이란 법률 및 법률에 근거한 명령을 말한다(제2조 제1호). ‘명령’이란 행정기관이 제정하는 법적 구속력을 가진 규정으로서, 내각이 제정하는 정령(政令), 내각총리대신이 제정하는 내각부령, 각 성(省) 대신(大臣)이 제정하는 성령(省令), 외국(外局)인 위원회(예컨대, 공정거래위원회 등)의 규칙, 청(廳)의 장관이 발하는 규칙 등을 말한다. 행정절차법상의 ‘법령’에는 지방공공단체의 조례나 규칙이 포함되는데 반하여, 행정절차온라인화법상의 ‘법령’에는 포함되지 않는 점에 차이가 있다.

둘째로, ‘행정기관 등’이란, 내각, 법률의 규정에 의하여 내각에 설치되는 기관(내각관방, 내각법제국, 안전보장회의, 인사원 등), 궁내청, 내각부설치법 제49조 제1항 또는 제2항에서 규정하는 기관(국가공안위원회, 방위청, 금융청, 방위시설청 등), 국가행정조직법 제3조 제2항에서 규정하는 기관(성, 위원회, 청), 지방공공단체 또는 그 기관(지방의회를 제외한다), 독립행정법인[4], 지방독립행정법인 등을 말한다.

셋째로, '절차 등'이란 신청 등, 처분통지 등, 종람 등 또는 작성 등을 말한다. '신청 등'은 신청, 신고 그밖에 법령의 규정에 기하여 행정기관 등에 대하여 하는 통지(재판절차등에서 행하는 것을 제외한다)를 말한다. '처분통지 등'이란 처분의 통지 그밖에 법령의 규정에 기하여 행정기관 등이 행하는 통지(불특정인에 대한 것 및 재판절차 등에서 행하는 것을 제외한다)를 말한다. '종람 등'이란 법령의 규정에 기하여 행정기관 등이 서면 등 또는 전자적 기록에 기록되어 있는 사항을 종람 또는 열람[5]에 제공하는 것을 말하며, '작성 등'이란 법령의 규정에 기하여 행정기관 등이 서면 등 또는 전자적 기록을 작성하거나 보존하는 것을 말한다(다만, 재판절차 등에서 행하는 것을 제외한다). 행정절차법이 대상으로 하는 절차는 신청에 대한 처분, 불이익처분, 행정지도, 신고에 한정되는데 비하여, 행정절차온라인법상의 절차는 그 보다 훨씬 광범위하다는 것을 알 수 있다.

---

4) 독립행정법인이란, "국민생활 및 사회경제의 안정 등 공공상의 견지에서 확실하게 실시될 것이 필요한 사무 및 사업으로서, 국가가 스스로 주체가 되어 직접 실시할 필요가 없는 것 가운데, 민간의 주체에 맡기는 경우에는 실시되지 아니할 우려가 있는 것이거나 또는 하나의 주체에게 독점시켜 행하게 하는 것이 필요한 것을 효율적이고 효과적으로 행하게 할 목적으로 설립된 법인"(독립행정법인통칙법 제2조 제1항)을 말한다.

5) 일본 실정법상에서 '종람(縱覽)'과 '열람(閱覽)'은 구별되어 사용되고 있다. 즉, '종람'이란 일반에게 자유롭게 볼 수 있도록 하는 것인데 반하여, '열람'은 이해관계인의 청구에 의하여 보이는 것을 말한다. 內閣法制局 法令用語研究會編, 法律用語辭典, 有斐閣, 1993.

3. 전자정보처리조직에 의한 신청 등

가. 온라인화가능규정

행정기관 등은 다른 법령의 규정에 의해 서면 등으로 하도록 되어 있는 신청 등에 대하여, 당해 규정에 불구하고 주무성령(主務省令)이 정하는 바에 의하여 전자정보처리조직을 사용해서 행하게 할 수 있다(제3조 제1항). 이에 의하여, 행정절차에 관한 각 개별법의 규정을 개정함이 없이 당해 행정절차의 온라인화가 가능하게 된 것이다.

1) 「다른 법령의 규정에 의하여 서면 등으로 하도록 되어 있는」

'법령'이란 법률 및 법률에 기한 명령을 의미하므로, 지방공공단체 또는 그 기관과 관련된 절차라도 법률 및 법률에 기한 명령에 근거를 가지는 것이라면 행정절차온라인화법이 적용되게 되지만, 조례나 집행기관의 규칙에 근거한 절차에 대해서는 동법은 적용되지 않게 된다. 이처럼 동법은 지방공공단체 또는 그 기관의 절차에 대해서도 근거법규가 법률 및 법률에 기한 명령이라면 적용대상으로 되지만, 조례나 지방공공단체의 집행기관의 규칙은 그 적용대상에서 제외하였다. 이는 지방공공단체의 행정절차의 온라인화 여부를 각 지방자치단체의 자율적인 판단에 맡기는 방식을 취하고 있는 셈이다.

2) 「당해 규정에 불구하고」

행정절차에 관한 근거법령에서 서면을 의미하는 용어를 사용하는 경우(예컨대, "서면", "○○증" 등)에는 전자적 기록에 의하는 것을 배제하고 있고, 따라서 이들 근거법령에 의하여서는 당해 절차 등을 온라인으로 행할 수 없는 것으로 해석된다[6]. 따라서, 온라인화법 제3조 제1

항은 이처럼 종래에 서면 등에 의하여 행하도록 되어 있는 행정절차 등에 대해서 전자정보처리조직을 사용해서 행할 수 있도록 한다는 취지이다.

3) 「주무성령이 정하는 바에 의해」

행정절차온라인화의 구체적 방법[7]은 각 개별법 소관의 행정기관의 판단에 맡기고 있다. 이는 온라인에서 신청 등을 하는 경우의 구체적 내용은 각 절차 등에 따라서 다르기 때문에 일률적으로 법률에서 규정하는 것은 타당하지 않고, 각 절차 등의 소관 주무대신이 당해 절차 등의 성질에 비추어 적당하다고 생각되는 방식을 주무성령으로 규정하도록 한 것이다[8].

여기서 '주무성령'이란 당해 절차 등에 대해서 규정하는 법령을 소관하는 내각부 또는 각 성(省)의 내각부령 또는 성령을 의미하며[9], 직권의 행사에서 내각이나 부·성(府·省)의 주임대신에 대하여 독립성을 가지는 회계검사원(내각으로부터 조직상 독립), 인사원(내각의 소할), 국가공안위원회(내각부의 외국(外局)인 위원회), 공정거래위원회·공해등조정위원회·중앙노동위원회·사법시험관리위원회·공안심사위원

---

6) 藤井雅文, 앞의 논문, 20쪽.

7) 주무성령에 위임하는 구체적 내용으로는, ① 온라인화의 대상으로 되는 절차 등, ② 사용하는 전자정보처리조직의 내용, ③ 신청 등에서의 전자서명의 요부와 그 조치내용, ④ 신청 등의 온라인화에서 서류의 첨부에 대신하여 전자적 기록을 첨부하는 경우의 취급, ⑤ 처분통지 등의 상대방의 승낙 또는 동의의 요부 등을 상정하여 볼 수 있다.

8) 藤井雅文, 앞의 논문, 21쪽.

9) 일본국 헌법 제74조는 "법률 및 정령에는 모두 주임인 국무대신이 서명하고, 내각총리대신이 연서할 것을 필요로 한다"고 규정하고 있어서, 모든 법령은 적어도 어느 하나의 부·성(府·省)의 소관에 속하게 되어 있다.

회(성의 외국인 위원회) 등에 대해서는 예외적으로 각 행정기관의 당해 규칙(회계검사원규칙, 인사원규칙, 국가공안위원회규칙, 공정거래위원회규칙 등)도 여기의 주무성령에 포함된다고 본다.

4) 「전자정보처리조직」

'전자정보처리조직'이란 행정기관 등이 사용하는 컴퓨터(입출력장치를 포함한다. 이하 같음)와 국민이 사용하는 컴퓨터 및 양자를 접속하는 전기통신회선의 네트워크 전체를 지칭하는 것으로, 온라인시스템을 의미한다. 종래의 「전자정보처리조직에의한세관절차의특례등에관한법률」(電子情報處理組織による稅關手續の特例等に關する法律[10])에서 실정법상의 용어로 채택된 이래 다른 법률에서도 같은 의미로 사용되고 있는바, 온라인화법도 이를 따르고 있다. 사용하는 '전자정보처리조직'의 구체적 내용은 각 주무성령에서 규정하도록 되어 있다.

나. 서면간주규정

온라인화법 제3조 제1항에 의한 신청 등에 대해서는 당해 신청 등을 서면 등에 의하도록 규정한 법령에서 규정하는 서면 등에 의하여 행하여진 것으로 간주하여, 당해 신청 등에 관한 법령의 규정을 적용하도록 하였다(제3조 제2항).

예컨대, 고령자는 도도부현지사의 등록을 받아서 임대주택에 우선 입주할 수 있는데(「고령자의거주의안정확보에관한법률(高齢者の居住の安定確保に關する法律)」 제5조 제1항), 이러한 등록을 받고자 하는 자는 신청

---

10) 동법은 2008년 5월에 「電子情報処理組織による輸出入等関連業務の処理等に関する法律」로 제명(題名)을 개정하였다.

서를 도도부현지사에게 제출하여야 하도록 되어 있다. 여기서 '신청서'는 행정절차온라인화법상의 '서면 등'에 해당되고 원래 온라인화를 상정했던 것은 아니지만, 동법 제3조 제1항에 의하여 온라인화가 가능하게 되고, 온라인신청을 하는 경우에는 동법 제3조 제2항에 의하여 서면에 의한 신청을 전제로 해서 설정된 「고령자의거주의안정확보에관한법률」상의 신청서의 기재나 등록신청이 행하여진 것으로 본다는 것이다[11].

다. 도달시기

온라인화법 제3조 제1항의 규정에 의해서 행하여진 신청 등은 행정기관 등이 사용하는 컴퓨터에 준비된 파일에 기록된 때에 당해 행정기관 등에 도달된 것으로 간주한다(제3조 제3항).

「전자정보처리조직에의한수출입등관련업무의처리등에관한법률」을 비롯하여 온라인에 의한 신청 등을 인정했던 기존의 법률과 마찬가지로, 행정절차온라인화법도 이른바 도달주의 원칙을 채용하였음을 명확히 한 것이다. 일반적으로 도달시기에 대하여는, 상대방이 요지(了知)할 수 있는 상태에 놓인 시점으로 해석하고 있고, 이러한 원칙은 온라인에 의한 신청 등의 경우에도 적용되므로, 이에 의하면 행정기관 등이 사용하는 컴퓨터에 준비된 파일에 기록되었을 때에 당해 행정기관 등이 요지(了知) 가능한 상태에 놓인다고 할 수 있다. 따라서, 행정기관 등이 사용하는 컴퓨터에 준비된 파일에 기록된 때를 도달시기로 간주하는 것은 일반적인 도달주의 원칙을 온라인상의 행정절차에도 적용한 것으로 해석된다.

---

11) 宇賀克也, 앞의 책, 44쪽.

'행정기관 등이 사용하는 전자계산기에 준비된 파일'이란, 구체적으로 무엇을 의미하는지가 문제된다. 행정절차의 온라인화에서는 각 부성(府省)별로 통합접수시스템을 마련할 것을 상정하고 있으므로, 신청 등에 관한 각 부성의 담당 부국(部局)의 전자계산기의 파일을 의미하는 것이 아니라 각 부성의 통합접수시스템의 접수파일을 의미하고, 당해 접수파일에 정보가 기록되었을 때에 당해 신청 등이 도달한 것으로 간주된다고 해석된다[12].

온라인 신청·신고를 하는 경우의 도달시기와 관련하여서는, 행정기관 측의 시스템 장해로 인하여 도달하지 아니하고 기한을 도과한 경우와 행정기관에 도달한 신청·신고가 문자가 깨어져 판독할 수 없을 경우에 어떻게 처리할 것인지의 문제가 있다. 그러나, 행정절차온라인화법은 이에 대해 명문의 규정을 두고 있지 아니하여 논란의 여지가 있다.

라. 전자서명

행정기관 등은 당해 신청 등에 관한 다른 법령의 규정에서 서명 등에 의하도록 되어 있는 것에 대해서는 당해 법령의 규정에 불구하고 성명 또는 명칭을 명백히 하기 위한 조치로서 주무성령에서 정하는 것으로 당해 서명 등에 대체시킬 수 있다(제3조 제4항).

온라인에 의한 신청 등의 경우에 '서명 등'에 대체하는 조치를 구체적으로 어떻게 결정할 것인지는 개별 절차별로 절차 등의 성질, 본인확인의 중요성, 인증제도의 기반정비상황, 기술의 발전 등을 참작하여 판단할 필요가 있기 때문에 온라인화법에서 일률적으로 정하지 않고

---

12) 藤井雅文, 앞의 논문, 22쪽.

주무성령에 위임하고 있다. 따라서, 주무성령에서는 전자서명의 요부와 그 내용을 규정하게 된다.

그런데, 여기서 전자서명이란 「전자서명및인증업무에관한법률(電子署名及び認証業務に關する法律)」 제2조 제1항에서 규정하고 있는 것과 같이, 전자적 기록에 기록할 수 있는 정보에 대하여 행하여지는 조치로서, ①당해 정보가 그 조치를 행한 자의 작성에 관련된 것임을 나타내기 위한 것일 것, ②당해 정보에 대하여 개변(改變)이 이루어진 것인지 여부를 확인할 수 있는 것일 것이라는 2가지 요건을 충족하는 것을 말한다.

4. 전자정보처리조직에 의한 처분통지 등

가. 온라인화가능규정

행정기관 등은 처분통지 등에 관한 근거법령에서 서면 등으로 하도록 되어 있는 것에 대하여, 당해 법령의 규정에 불구하고 주무성령이 정하는 바에 의하여 전자정보처리조직을 사용하여 할 수 있다(제4조 제1항).

「민간사업자등이행하는서면의보존등에있어서의정보통신의기술의이용에관한법률(民間事業者等が行う書面の保存等における情報通信の技術の利用に關する法律)」 제6조 제1항에서는 상대방의 승낙을 조건으로 하여 전자적 방법에 의한 교부 등을 허용하고 있지만, 행정절차온라인화법은 상대방의 승낙을 전제로 하고 있지는 않다. 그러나, 후일의 분쟁을 예방하기 위하여 각 부성(府省)의 개별적 판단으로 주무성령에서 상대방의 승낙 또는 동의를 요건으로 하는 것을 부정하는 것은 아니다.

나. 서면간주규정

행정기관 등이 한 처분통지 등에 대해서는, 당해 처분통지 등을 서면 등에 의해 행하도록 규정한 법령에서 규정한 서면 등에 의해 행하여진 것으로 간주하여, 당해 처분통지 등에 관한 법령의 규정을 적용한다(제4조 제2항).

다. 도달시기

행정기관 등이 한 처분통지 등은 처분통지 등을 받은 자가 사용하는 컴퓨터에 준비된 파일에 기록되었을 때에 당해 처분통지 등을 받은 자에게 도달된 것으로 간주한다(제4조 제3항). 행정절차법에는 행정청이 사인에게 행한 송달 등의 효력발생시기에 대하여 명문의 규정을 두고 있지 않지만, 온라인화법은 도달주의를 전제로 하여 도달시기에 관해 명문의 규정으로 이를 명확히 하고 있다.

행정기관 등이 한 처분통지 등의 도달시기에 대하여는 2가지 유형의 입법이 있다. 제1유형은 신청자의 신청과 관련된 컴퓨터에 준비된 파일에 기록된 후, 통상적으로 그 출력에 요하는 시간이 경과했을 때에 당해 통지의 상대방에 도달된 것으로 추정하는 것이다. 이러한 유형은 프린터 등의 장치로부터 통지의 내용이 자동적으로 출력되어서 신청자가 요지가능한 상태가 될 것을 요하므로 "통상적으로 그 출력에 요하는 시간이 경과"할 것이 그 요건으로 되어 있고, 또한 컴퓨터 고장 등으로 출력할 수 없었던 경우에는 반증을 인정하기 때문에 도달된 것으로 간주하는 것이 아니라 추정하는 것으로 한다. 제2유형은, 상대방이 사용하는 컴퓨터에 준비된 파일에 기록되었을 때 상대방에 도달된 것으로 간주하는 방식이다. 예컨대, 공업소유권의 온라인신청에서는 행정기관이 준비한 문서를 신청자 측에서 다운로드할 때에 신청자에게 통지된 것으로 하고 있고, 다운로드완료시점에서 신청자가 당해 통지내용을 요지가능하기 때문에 출력에 요하는 시간을 포함하고 있지 않다. 온라인화법은 제2유형을 채용한 것으로서 처분통지 등의 상대방의 컴퓨터에 준비된 파일에 기록되었을 때 도달한 것으로 간주하고 있다.

라. 전자서명

온라인에 의한 처분통지 등을 행하는 경우에, 행정기관 등은 당해 처분통지 등에 관한 다른 법령의 규정에 의해 서명 등을 요구하고 있는 것에 대해서는 당해 법령의 규정에 불구하고 성명 또는 명칭을 명백히 하는 조치로서 주무성령에서 정하는 것을 가지고 당해 서명 등에 대체할 수 있다(제4조 제4항).

5. 전자적 기록에 의한 종람 · 작성 등

가. 종람 등

행정기관 등은 종람 등 가운데 법령의 규정에 의해 서면 등에 의하도록 하고 있는 것(신청 등에 기한 것을 제외한다)에 대해서는, 당해 법령의 규정에 불구하고 주무성령에서 정하는 바에 의하여, 서면 등의 종람 등에 대체하여 당해 서면 등에 관련된 전자적 기록에 기록되어 있는 사항 또는 당해 사항을 기재한 서류의 종람 등을 할 수 있다(제5조 제1항).

'서면 등의 종람 등에 대체하여'라고 규정하고 있기 때문에 서면 등의 종람 등에 더하여 전자적 기록에 의한 종람 등을 하는 경우에는 여기에서의 종람 등에 해당되는 것이 아니라 행정서비스로서 행하는 것이기 때문에 주무성령으로 규정할 필요는 없다.

'당해 서면 등에 관련된 전자적 기록에 기록되어 있는 사항…의 종람 등'이란 인터넷의 이용이나 행정기관 등의 사무소의 컴퓨터화면에 표시하는 방법에 의한 종람 등을 상정한 것이며, '당해 사항을 기재한 서면의 종람 등'이란 전자적 기록에 기록된 사항을 출력한 서류의 종람 등을 상정한 것이다.

'신청 등에 근거한 것을 제외한다'고 하는 것은 종람의 신청 등을 행하게 하는 경우에는 종람 등을 인정하는 '처분통지 등'이 이루어지게 되고, 따라서 온라인화법 제4조의 문제로 되기 때문이다.

온라인화법 제5조 제1항에 의해 이루어진 종람 등에 대해서는 당해 종람 등을 서면 등에 의하도록 한 당해 종람 등에 관한 법령의 규정을 적용하도록 되어 있다(제5조 제2항). 따라서, 종람 등을 행정기관 등의 홈페이지에서 행하는 것도 가능하게 된다.

나. 작성 등

행정기관 등은 작성 등에 관한 다른 법령의 규정에서 서면 등에 의하도록 되어 있는 것에 대해서는 당해 법령의 규정에 불구하고 주무성령이 정하는 바에 의해 서면 등의 작성 등에 대체하여 당해 서면 등과 관련한 전자적 기록의 작성 등을 할 수 있다(제6조 제1항).

법령에 '서면 등'의 문언이 사용되어 있지 않는 경우, 예컨대 '자료'라는 문언이 사용되어 있는 경우에는 '자료'를 전자적 기록으로서 작성하는 것을 당해 법령이 용인하고 있다고 해석된다. '표'나 '장부'도 마찬가지로 해석된다[13]. 그러나, 법령에 '서면 등'의 문언이 사용되고 있는 경우에는 '서면 등'에 전자적 기록을 포함한다고 해석할 수 없기 때문에 '서면 등'에 대체하여 전자적 기록을 작성할 수 있다는 취지의 규정을 두고 있는 것이다.

'전자적 기록의 작성 등'으로서는 컴퓨터에 준비된 파일에 기록하는 방법, 자기디스크로 작성하는 방법 등이 상정되고 있다.

온라인화법 제6조 제1항에 의하여 이루어진 작성 등에 대하여는 당해 작성 등에 관한 법령에서 규정하는 서면 등에 의해 행하여진 것으로 간주하여, 당해 작성 등에 관한 법령의 규정을 적용한다(제6조 제2항).

이 경우에, 행정기관 등은 당해 작성 등에 관한 다른 법령의 규정에 의해 서명 등을 하도록 되어 있는 것에 대해서는 당해 법령의 규정에 불구하고 성명 또는 명칭을 명백히 하는 조치로서 주무성령에서 정하는 것으로 당해 서명 등에 대체할 수 있다(제6조 제3항).

'작성 등'에는 보존도 포함되기 때문에 보존의무가 과하여진 기록에 대해서도 전자보존이 가능하게 되어, 문서관리업무의 효율화를 도모할 수 있게 되었다.

6. 적용제외

온라인화법은 원칙적으로 모든 행정절차 등을 온라인화하고자 하는 것이지만, 행정절차 등의 성질에 따라서는 온라인화에 친하지 아니한 것도 있기 때문에[14] 적용제외를 인정하여 이를 동법의 별표에서

13) 宇賀克也, 앞의 책, 49쪽.

14) 이러한 것으로서는 크게 나누어 현물을 요하는 것과 대면을 요하는 것이 있다.

열거하고 있다(제7조). 이처럼 온라인화할 수 없는 것을 동법에서 명시적으로 열거하는 네거티브방식을 취하고 있는 것은 장래에 이러한 적용제외를 가능한 한 감소시키는 노력을 정부에 촉구하는 의미가 있다고 할 수 있다[15].

온라인화법에서 적용제외로 된 것은 34개 법률의 222개 절차이다. 행정기관 등에 관련된 신청 · 신고절차 등과 행정기관간 및 행정기관 내의 절차의 합계가 51,524개이므로 적용제외로 된 절차는 극히 일부라고 할 수 있다.

가. 제3조의 적용제외

온라인화법 제3조의 적용이 제외되는 것으로 열거되어 있는 것으로서 주요한 것을 들어보면 다음과 같다.

1) 직접청구

지방자치법[16] 및 개별법[17]에서는 주민의 직접청구제도를 규정하고 있는바, 이들 가운데에는 서명의 진정성이 중요하기 때문에 본인이 자서(自署)한 서명부를 현물로서 제출하게 하여 서명의 진정성 유무를 심사할 것이 필요하다. 따라서, 이러한 경우에는 행정절차의 온라인화에 친하지 아니하므로 온라인화법 제3조의 적용이 제외되었다.

---

15) 宇賀克也, 앞의 책, 50쪽.

16) 지방자치법이 규정하고 있는 직접청구제도로서는 조례의 제정 · 개폐청구제도, 사무감사청구제도, 지방의회해산청구제도, 지방의회의원해직청구제도, 지방자치단체장해직청구제도, 주요공무원해직청구제도 등이 있다.

17) 개별법에 규정하고 있는 직접청구제도로서는, 지방교육위원회위원해직청구(「지방교육행정의조직및운영에관한법률」), 주민투표청구제도(「시정촌의합병의특례에관한법률」) 등이 있다.

2) 선거

공직선거법 및 개별법이 규정하고 있는 선거와 관련된 일정한 신청이나 신고 등[18]에 대해서도 신청 · 신고 등의 진정성이 중요하기 때문에 대면으로 행하도록 되어 있어서, 온라인화에 적당하지 않다고 판단되어 제3조의 적용이 제외되었다.

3) 여권

여권은 국민의 신분을 공증하는 중요한 증서이므로 위조 등이 이루어지지 아니하도록 엄격한 본인확인을 요하기 때문에 대면주의를 취하여, 여권의 신청 등에는 제3조의 적용이 제외되었다.

4) 운전면허증

도로교통법상의 운전면허신청서의 제출이나 재시험신청서의 제출에 대해서는 공안위원회에서 실시하는 시험을 치러야 하고, 운전면허갱신신청서의 제출에 대해서는 공안위원회에서 실시하는 적성검사를 직접 받아야 하기 때문에, 자동차운전면허증의 신청 등에는 제3조의 적용이 제외되었다.

나. 제4조의 적용제외

1) 선거

공직선거법상의 재외선거인증의 교부와 당선증서의 부여에 대해서는 온라인화법 제4조의 적용이 제외되었다. 재외선거인증의 교부는

---

18) 구체적인 예를 들면, 재외선거인명부의 등록의 신청, 국회의원선거 후보자의 신고, 정치단체의 신고 등이 있다.

재외선거인이 투표하고자 하는 경우에 엄격한 본인확인을 위하여 직접 재외공관장이 관리하는 투표장소에 가서 재외선거인증이라는 증서를 현물로써 제시할 것이 필요하기 때문이고, 당선증서의 부여는 중앙선거관리위원회의 결정에 의해 대면으로 행하도록 되어 있기 때문이다.

2) 여권

여권법상의 여권의 교부, 도항서의 교부에 대해서는 해외여행 등을 하고자 할 때에 여권이라는 증서를 현물로써 휴대하여야 하기 때문에 적용제외가 되었다.

3) 운전면허증

도로교통법상의 고장차량의 운전허가증의 교부, 통행지시서의 교부, 보관증의 교부, 도로사용허가증의 교부 등도 그 성질상 제4조의 적용이 제외되었다.

4) 외국인등록

외국인은 입국심사관이 외국인등록증명서 등을 요구할 때에는 이를 제시할 의무를 지고 있어서 외국인등록증명서 등이라는 현물의 교부가 필요하다. 따라서, 재일외국인의 거주관계 등의 공증에 관한 일정한 처분통지절차 등도 온라인화에 친하지 아니하다고 판단하여 제4조의 적용이 제외되었다.

5) 출입국관리 및 난민인정

「출입국관리및난민인정법(出入國管理及び難民認定法)」상의 재류자격인정증명서의 교부, 임시상륙허가증의 교부, 승무원상륙허가증의 교부, 조난에 의한 상륙허가증의 교부, 일시비호허가증의 교부, 취로자격증명서의 교부 등에 대해서도 그 성질상 온라인화에 친하지 아니하므로 제4조의 적용이 제외되었다.

다. 제5조의 적용제외

지방자치법 및 개별법이 정하는 직접청구에서의 서명부의 종람 등에 대해서는 관계인에게 이의를 신청할 기회를 부여하기 위하여 자서(自署)한 서명부를 현물로써 종람시킬 필요가 있기 때문에 온라인화에 친하지 않다고 판단하여 제5조의 적용이 제외되었다.

라. 제6조의 적용제외

1) 출입국관리 및 난민인정

「출입국관리및난민인정법」상의 용의자 및 증인의 공술조서의 작성, 임검・수색・압수조서의 작성, 입국심사관의 심사조서의 작성 등은 대면하여 행할 것이 필요하기 때문에 온라인화에 친하지 아니하다고 판단하여서 제6조의 적용이 제외되었다.

2) 日・美지위협정의 실시에 의한 토지 등의 사용

「일본국에있어서의합중국군대의지위에관한협정의실시에수반하는토지 등의사용등에관한특별조치법」상의 인도조서의 작성 등에 대해서는 작성에 토지소유자 등의 입회가 필요하기 때문에 온라인화에 친하지 아니하다고 판단하여 제6조의 적용이 제외되었다.

3) 국세징수

국세징수법상의 수색조서의 작성, 국세통칙법상의 진술녹취서의 작성 등에서는 대면하여 행할 것이 필요하기 때문에 온라인화에 친하지 아니하다고 판단하여 제6조의 적용이 제외되었다.

7. 국가, 지방공공단체 등의 노력의무

가. 정보시스템의 정비 등

국가는 행정절차 등에서의 정보통신기술의 이용의 추진을 도모하기 위하여 정보시스템의 정비 기타 필요한 조치를 강구하도록 노력하여야 한다(제8조 제1항). 국가는, 이러한 조치를 강구할 때 정보통신기술 이용의 안전성 및 신뢰성을 확보하도록 노력하여야 한다(법 제8조 제2항).

이러한 노력의무의 구체적 실행으로서 각 부성별로 종합온라인접수창구의 운영, 온라인에 의한 국세의 신고 및 납세의 실시, 정부조달의 전자입찰·개찰의 실시, 정부인증기반을 위한 브릿지 인증기관의 운영 등을 행하고 있다.

나. 절차의 간소화 또는 합리화

국가는 행정기관 등에 관련된 절차 등에서의 정보통신기술의 이용을 추진할 때 당해 절차 등의 간소화 또는 합리화를 도모하도록 노력하여야 한다(제8조 제3항).

2003년 7월에 성립된 「전자정부구축계획」에 의하면, 행정운영의 간소화, 업무효율의 향상을 전자정부구축의 원칙의 하나로서 채택하고, ①필요성이 적은 절차의 원칙적 폐지, ②신청・신고 등의 빈도 경감, ③첨부서류의 생략・폐지, ④처리기간의 단축, ⑤변경절차의 간소화 등을 추진하도록 하였다.

다. 지방공공단체의 노력의무

지방공공단체는 지방공공단체와 관련된 신청, 신고 그밖의 절차에서의 정보통신기술의 이용의 추진을 도모하기 위하여 행정절차온라인화법에 따라서 당해 절차에 관련된 정보시스템의 정비 및 조례 또는 규칙에 근거한 절차에 대하여 필요한 조치등을 강구하도록 노력하여야 한다(제9조 제1항).

'조례 또는 규칙에 근거한 절차'에 대해서는 온라인화법의 적용대상에서 제외되기 때문에 지방공공단체에 대해서도 동법의 취지에 따라 행정절차의 온라인화를 위한 노력의무를 부과하고 있는 것이다. 실제로 지방공공단체의 레벨에서도 전자신청시스템, 공적 개인인증서비스, 전자조달 등이 각 지방공공단체별로 또는 지방공공단체 공동으로 이루어지고 있다.

국가는 지방공공단체가 실시하는 시책을 지원하기 위하여 정보의 제공 기타 필요한 조치를 강구하도록 노력하여야 한다(제9조 제2항). 전자정부 뿐만 아니라 전자지방자치의 실현을 위하여 지방공공단체의 정보화의 추진에서 정보제공을 중심으로 한 국가의 적극적 지원이 불가결하기 때문에 지방공공단체의 지원에 대해서 국가의 노력의무를 명시한 것이라고 할 수 있다.

8. 행정절차온라인화의 진행상황의 공표

행정기관 등은 적어도 매년 1회, 당해 행정기관 등이 전자정보처리조직을 사용해서 행하게 하거나 행할 수 있는 신청 등 및 처분통지 등에 관한 상황에 대하여 인터넷의 이용 기타의 방법에 의하여 공표하도록 한다(제10조 제1항).

이러한 규정의 취지는 행정절차 등에서의 정보통신기술의 이용을 촉진하기 위하여 당해 행정기관 등이 정보처리조직을 사용해서 행하게 하거나 행할 수 있는 절차 등이 무엇인지를 국민에게 명확히 해둘 필요가 있고, 또한 어떤 행정절차에서 전자정보처리조직의 사용이 법제도상 가능함에도 불구하고 거의 이용되지 않는 상황에 있는 것으로 판명되면, 그 원인을 조사함으로써 정보통신기술의 이용을 저해하는 원인을 제거할 수 있게 하기 위한 것이다.

그런데, 2010년 8월의 총무성의 발표[19]에 의하면, 국가의 각 행정기관의 전 신청·신고 등 절차의 온라인이용률은 2009년도에 39.5%(4억5,716만8,585건 중 1억8,067만085건)이며, 지방공공단체는 36.1%(2억9,101만건 중 1억495만건)으로 나타났다.

Ⅳ. 우리나라 법제와의 비교

1. 법률의 체계

전자정부와 관련한 입법방식은 크게 3가지로 나누어 볼 수 있다.

19) 総務省報道資料, 平成21年度における行政手続オンライン化等の状況, 2010.8.27.

첫째는, 개별법령을 제정·개정하는 방식이고(개별법방식), 둘째는, 개정대상인 법률들을 일괄하여 개정하기 위하여 법률을 제정하는 방식이고(일괄법방식), 셋째로는, 통칙법을 제정하는 방식이다(통칙법방식)[20]. 우리나라나 일본의 경우 모두 통칙법방식을 채용한 것으로 평가된다. 즉, 일본의 행정절차온라인화법은 일정한 행정절차에 대하여 온라인상에서 행할 수 있도록 하기 위한 조건정비의 일환으로서 법제상의 정비를 한 것으로, 동법은 각 절차 등에 관한 개별법령의 규정에 대하여 통칙적으로 적용되는 통칙법의 지위를 가지므로 개별법령의 개정을 요하지 않고 행정절차의 온라인화가 가능하도록 하였다. 그리고, 우리나라「전자정부법」도 행정기관업무의 전자적 처리에 관한 일반법으로서 다른 법률에 특별한 규정[21]이 있는 외에는 동법이 적용됨이 원칙이다. 통칙법방식은 행정작용에 관한 기존의 다수의 법령의 개폐를 하지 않고도 신속하고 효율적으로 전자화의 실행이 가능하다는 점에서 다른 방식에 비하여 장점으로 꼽을 수 있어서, 이러한 입법방식은 바람직한 것으로 보인다.

그러나, 위와 같은 행정절차 등의 온라인화 추진을 위한 입법방식의 유사성에도 불구하고, 우리나라「전자정부법」의 경우 초기에는 법규정의 임의성과 행정기관의 보수적인 업무처리행태가 결합되어, 시행상의 곤란에 직면하여 있다고 지적하는 견해도 있었다[22]. 즉, 개별

---

20) 김진호, "우리나라의 전자정부법에 관한 고찰", 한국법제연구원 워크샵자료집, 2001.4, 11-12쪽.

21) 다른 법률의 특별한 규정의 예로서는,「전자무역 촉진에 관한 법률」 제15조(전자무역문서의 효력),「물류정책기본법」 제32조(전자문서의 이용·개발),「관세법」 제327조의5(전자문서의 표준),「특허법」 제28조의5(정보통신망을 이용한 통지 등의 수행),「민사소송 등에서의 전자문서 이용 등에 관한 법률」 제11조(전자적 송달 또는 통지),「독촉절차에서의 전자문서 이용 등에 관한 법률」 제8조(전자적 송달) 등을 들 수 있다.

법에서 전자문서의 사용에 관한 명문의 규정이 없는 경우에 개별적으로 관련규정을 개정하여야 하나, 그것만을 위한 법개정이 사실상 곤란하기 때문에 행정실제에서 전자정부법이 충분히 실효성을 발휘하는데 한계가 있다는 점이다. 이에 반하여, 일본의 경우에는 행정실제에서 빈번히 사용되는 국민들의 행정기관에 대한 신청・신고 등과 행정기관의 국민들에 대한 처분통지 등에 대해 온라인화가 가능한 것과 그 성질상 온라인화에 친하지 아니한 것으로 나누어 통칙법 형식으로 제정함으로써, 효율적이고 용이하게 행정절차의 온라인화를 가능하게 하는 측면이 있다고 생각된다.

2. 적용대상기관

우리나라 「전자정부법」에서의 '행정기관'이라 함은 "국회・법원・헌법재판소・중앙선거관리위원회의 행정사무를 처리하는 기관, 중앙행정기관(대통령 소속기관 및 국무총리 소속기관을 포함한다. 이하 같다) 및 그 소속기관, 지방자치단체"가 모두 포함되는데 반하여, 일본의 행정절차온라인화법에서의 '행정기관 등'이란 내각, 법률의 규정에 의하여 내각에 설치되는 기관(내각관방, 내각법제국, 안전보장회의 등), 궁내청, 내각부설치법 제49조 제1항 또는 제2항에서 규정하는 기관(국가공안위원회, 방위청, 금융청, 방위시설청 등), 국가행정조직법 제3조 제2항에서 규정하는 기관(성, 위원회, 청), 지방공공단체 또는 그 기관(지방의회를 제외한다), 독립행정법인 등을 말한다.

위의 개념규정에서 알 수 있듯이, 우리나라의 경우에는 행정부는

22) 황상철, "행정절차의 전산화를 위한 일본의 입법동향-행정절차등에있어서의정보통신기술의이용에관한법률을 중심으로-", 법제 2003.9, 56쪽.

물론, 국회사무처 · 법원행정처 · 헌법재판소사무처 등 국회 · 법원 · 헌법재판소 · 중앙선거관리위원회의 행정사무를 처리하는 기관도 그 적용대상으로 하고 있는데 반하여[23], 일본의 경우에는 행정부소속 기관 등에 한정하고 있는 점에서 차이가 있다. 그러나, 양자 모두 지방자치단체를 그 대상기관으로 규정하고 있는 점은 유사하다고 하겠다.

3. 도달시기

일본 행정절차온라인화법은 국민이 행정기관 등에 대하여 한 신청 등은 행정기관 등의 컴퓨터에 기록된 때에, 또한 행정기관 등이 국민에게 행한 처분통지 등은 상대방의 컴퓨터에 기록되었을 때에 각각 도달된 것으로 보고 있고(제3조 제3항, 제4조 제3항), 우리나라 「전자정부법」도 국민이 행정기관에 송신한 전자문서는 정보시스템에 의하여 전자적으로 기록된 때에, 행정기관 등이 국민에게 송신한 전자문서는 수신자가 지정한 정보시스템 등에 입력된 때에 각각 도달된 것으로 본다(제28조 제1, 2항).

전자문서의 도달시기와 관련하여, 양국은 모두 이른바 도달주의를 취하고 있는 것으로 간주된다. 그런데, 전자적 신청 · 신고를 하는 경우의 도달시기와 관련하여서는 행정기관 측의 컴퓨터시스템의 고장 등으로 인하여 도달하지 아니하고 기한을 도과한 경우와, 행정기관에 도달한 신청 · 신고가 문자가 깨어져 판독할 수 없을 경우에 어떻게 처

23) 그러나, 국회 · 법원 · 헌법재판소 · 중앙선거관리위원회는 각각 규칙을 제정해 운영하도록 함으로써 독립성과 자율성을 보장하고 있을 뿐만 아니라, 국회와 법원 등의 순수입법기관과 사법기관을 제외함으로써 3권의 견제와 균형을 이루어 이들 기관이 행정부의 직 · 간접적인 개입으로부터 자유롭도록 하였다. 김진호, 앞의 논문, 16쪽.

리할 것인지가 문제된다. 이에 대해서 일본의 행정절차온라인화법은 명문의 규정을 두고 있지 아니하여 논란의 여지가 있다. 그에 반하여, 우리나라 「전자정부법」은 수신자의 정보시스템 또는 관련 장치의 장애로 인하여 기한 내에 도달되지 아니한 경우에는 해당 송신자에 대하여 장애가 제거된 날의 다음 날에 기한이 도래한 것으로 보도록 하고, 행정기관 등에 도달된 전자문서가 판독할 수 없는 상태로 수신된 경우에는 해당 행정기관 등은 이를 흠이 있는 문서로 보고 보완에 필요한 상당한 기간을 정하여 보완을 요구하여야 하며, 행정기관 등이 발송한 전자문서가 판독할 수 없는 상태로 수신자에게 도달된 경우에는 이를 적법하게 도달된 문서로 보지 아니한다(제19조 제3항, 4항)고 규정하여 입법적으로 해결하고 있다. 또한 동법시행령에서는 행정기관 등의 장은 전자문서가 도달되었는지를 자동열람사실통보장치 또는 정보시스템 기록이나 그밖의 가능한 방법을 통하여 확인하는 등 그 전자문서의 도달이 지연되거나 도달되지 아니할 경우에 대비하여야 하고(제21조 제4항), 국민으로부터 전자문서를 수신한 행정기관 등의 장은 그 수신사실을 인터넷 등에 게시하거나 전자우편을 통하여 전자문서를 송신한 자가 확인할 수 있도록 하여야 한다(제22조 제2항)고 규정하고 있다.

이와 같이 도달시기와 관련하여서는, 우리나라의 상세한 법규정이 일본의 경우에도 참고가 된다고 주장하는 일본학자[24]도 있는 것처럼, 이 부분에 대한 우리나라의 법제도는 일본의 그것에 앞서 있다고 평가할 수 있을 것이다.

---

24) 宇賀克也, 앞의 책, 45쪽.

4. 국민의 편익 우선

일본 행정절차온라인화법은 정보시스템의 정비, 정보통신기술의 이용에서의 안전성과 신뢰성의 확보, 행정절차의 간소화·합리화에 대한 국가의 노력의무(제8조)만을 규정하고 있다.

그에 반하여, 우리나라 「전자정부법」은 "공무원 및 공공기관의 소속 직원은 담당업무의 전자적 처리에 필요한 정보기술 활용능력을 갖추어야 하며, 담당업무를 전자적으로 처리할 때 해당 기관의 편익보다 국민의 편익을 우선적으로 고려하여야 한다."(제3조 제2항)고 하여 국민편익 우선책무를 선언하고, 이의 구체화를 위한 여러 관련규정을 두고 있다. 즉, 민원인이 해당 기관을 직접 방문하지 아니하고도 민원사항 등을 처리할 수 있도록 관계 법령의 개선, 필요한 시설 및 시스템의 구축 등 제반 여건을 마련하여야 하고(제9조 제1항), 민원 관련 법령, 민원사무 관련 편람, 민원사무의 처리기준 등 민원과 관련된 정보와 그 밖에 국민생활과 관련된 행정정보 등을 별도로 인터넷을 통하여 국민에게 제공하여야 하며(제12조 제1항), 국민의 복지향상 및 편익증진, 국민생활의 안전보장, 창업 및 공장설립 등 기업활동의 촉진 등을 위한 전자정부서비스를 개발하여 제공하고 이를 지속적으로 보완·발전시키기 위한 대책을 마련하여야 하며(제16조 제1항), 이용자가 참여하여 토론, 건의, 정책제안 등 다양한 의사를 표현할 수 있는 기회를 보장하고, 이를 통한 건의 및 정책제안 등을 법령 및 제도의 정비, 전자정부서비스의 개선 등에 적극 반영하도록 하고 있는 것(제17조) 등을 들 수 있다.

이처럼, 행정의 정보화를 통하여 얻을 수 있는 또는 행정의 정보화를 위하여 행하여야 하는 국민의 편익에 대한 배려가 법제도상으로는 우리나라 「전자정부법」이 상당히 선행하고 있다고 평가할 수 있을 것이다.

5. 전자서명

행정의 정보화를 추진할 때 수신되는 전자문서가 진정한 것인지, 즉 권한있는 행정기관 또는 정당한 사인에 의하여 작성된 것인지, 그리고 중간에 전자문서의 원본이 훼손되거나 변조되지는 않았는지가 문제된다. 이를 위한 것이 전자서명제도라고 할 수 있다.

일본의 행정절차온라인화법은 행정기관 등에 대한 신청·신고 등을 함에 있어서 서명 등을 하도록 되어 있는 경우에는 주무성령에서 정하는 것으로 당해 서명 등에 대체시킬 수 있다고 규정하여(제3조 제4항), 온라인에 의한 신청 등의 경우에 '서명 등'에 대체하는 조치를 구체적으로 어떻게 결정할 것인지는 온라인화법에서 일률적으로 정하는 것이 아니라 주무성령에 위임하고 있다(그러나, 주무성령에서 전자서명의 요부 및 내용 등에 대한 규정이 이루어지지 않고 있다.). 그런데, 전자서명에 관하여는 「전자서명및인증업무에관한법률」이 "전자적 기록으로서 정보를 나타내기 위하여 작성된 것(공무원이 직무상 작성한 것을 제외한다.)은 당해 전자적 기록에 기록된 정보에 대하여 본인에 의한 전자서명이 행하여질 때는 진정하게 성립한 것으로 추정한다."(제3조)고 추정력을 부여하고 있다.

한편, 우리나라 「전자정부법」은 행정기관이 작성한 전자문서에는 행정전자서명을 사용하도록 하고, 다만 일정한 경우에는 공인전자서명을 사용할 수 있다고 규정하고 있다(제29조 제1항). 이러한 행정전자서명이 있는 경우에는 그 행정전자서명을 전자문서에 표시된 행정기관 및 공공기관의 관인·공인 또는 해당 기관에서 직접 업무를 담당하는 사람의 서명이 있는 것으로 보며, 그 전자문서는 행정전자서명이 된 후에 그 내용이 변경되지 아니하였다고 추정한다(제29조 제4항).

또한, 행정전자서명제도와 관련하여서는 종래의 관인제도와는 달리 전결 등에서 문제가 된다. 즉, 종래의 관인은 보조기관 등의 담당공무원이 보관하여 결재서류에 날인하는 물리적 도장인 경우가 일반적이지만, 전자관인의 경우에는 행정청(소속기관장)만이 사용할 수 있는 행정전자서명으로서 타인에게 맡길 수 없는 전자적 정보이기 때문에, 종래의 관인제도를 행정전자서명에도 적용한다면 보조기관 등이 전결한 전자문서에 대해서도 행정청(소속기관장)이 다시 행정전자서명을 하여야 한다는 상황이 발생한다. 이는 행정능률의 저하를 초래하고, 전결 등 제도의 취지에 반하는 것이 된다. 따라서, 이러한 문제점을 해결하기 위하여 「전자정부법」은 행정기관 등의 보조기관 또는 보좌기관이 위임전결하거나 대결(代決)한 전자문서는 그 보조기관 또는 보좌기관의 행정전자서명으로 발송할 수 있다(제26조 제2항)는 특별규정을 두어서 입법적으로 해결하고 있다[25].

Ⅴ. 결어

일본의 행정절차온라인화법은 모든 행정절차를 그 대상으로 하는 것이 아니라, 행정기관에 대한 신청・신고절차, 행정기관의 처분통지절차, 문서의 종람・열람 및 작성・보존절차와 관련한 통칙법으로 설

25) 따라서, 전자정부시대에는 종래의 전결제도가 권한위임제도와 유사한 법적 효력을 가지게 되는 결과가 될 것이라는 견해도 있다. 김진호, 앞의 논문, 19쪽.

정되어 있음을 살펴보았다. 동법의 규정내용은 비교적 단순한 것으로서, 구체적 적용과 관련하여서는 앞으로 학설 · 판례의 해석을 기다리는 부분도 적지 아니하다. 예컨대, 도달시기와 관련하여, 행정기관 측의 시스템 장애로 인하여 도달하지 아니하고 기한을 도과한 경우와 행정기관에 도달한 신청 · 신고가 문자가 깨어져 판독할 수 없을 경우에 어떻게 처리할 것인지에 대한 규정을 두고 있지 아니한 것이 그 일례라 할 것이다. 이러한 점에서, 우리나라 관련법제도가 보다 잘 정비되어 있다고 할 수 있다.

그러나, 일본의 행정절차온라인화법의 입법경위에서 살핀 바와 같이, 일본은 행정의 정보화와 그 일환으로서 행정절차의 온라인화를 정책과제로 설정하여, 관련법제도의 정비를 위한 연구 · 조사와 그 실행을 위한 구체적인 액션플랜을 책정하여 그 실행을 점검하면서, 단계적 · 체계적으로 준비하여왔음을 알 수 있다. 다시 말하면, 실정법제도에 담겨져 있는 내용 이상으로, 행정과정에서 행정절차의 온라인화를 위한 구체적인 정책설정 및 그 실행이 이루어져왔다는 점이 주목된다.

그에 반하여, 우리나라 「전자정부법」의 경우 초기에는 법규정의 임의성과 행정기관의 보수적인 업무처리행태 등으로 인하여 시행상의 곤란에 직면하여 있다고 지적하는 견해[26]도 있었다. 그러한 상황을 감안하면, 법제도의 정비가 반드시 그 실효성 있는 시행을 담보하여 주는 것은 아님을 알 수 있다. 따라서, 실정법제도의 규정이 실효성 있게 시행되고 있는지 조사 · 점검하고, 이에 기한 피드백이 이루어져서 법제도의 정비를 낳고, 나아가서 제도의 실효성 있는 시행을 도모하도록 하여야 할 것이다.

---

26) 황상철, 앞의 논문, 56쪽.

제11장 | 한 · 일 전자투표제도 비교

Ⅰ. 처음에

(1) 오늘날 IT는 현대산업에서 선도적 위치를 점하고 있다. 특히 한국과 일본은 IT강국으로서 세계IT산업의 리더그룹에 속해 있다고 해도 과언이 아닐 것이다. IT는 그 활용범위를 산업에 한하지 아니하고, 오늘날 정치 · 행정 · 경제 · 사회 · 문화 등 거의 모든 분야에 활용되고 있는 것이 현실이다. 행정의 정보화가 행정에서의 IT의 활용을 단적으로 표현하는 용어라고 한다면, 전자정부의 구현이라는 캐치프레이즈는 그 구체적 정책의 표현이라고 할 수 있을 것이다. 인터넷 등을 활용한 다양한 행정서비스의 제공은 오늘날 폭넓게 이루어지고 있다. 인터넷 등을 활용한 정보공개와 민원사무의 처리 등은 오늘날 일반적인 행정수단의 하나가 되었고, 또한 인터넷이나 모바일통신에 의한 의사소통도 과거에 비할 바 없이 활발히 이루어지고 있다.

(2) 한편, 오늘날 복지행정의 다수가 지방자치단체를 통하여 이루어지고 있고, 국가사무의 상당부문도 지방자치단체가 수행하고 있는 현실에서 지방자치단체의 사무집행에서 주민의 참여는 매우 중요한 의미를 지닌다. 그러나, 지방자치단체의 집행기관(장) 및 의결기관(지방의회)의 구성도 오늘날 대의제에 의하고 있다. 이러한 지방자치의 현실에서 주민참여에 의한 통제의 중요성이 강조되게 되었고, 이를 반영하여 우리 지방자치법은 주민참여를 위한 여러 가지 수단들을 근래 도입하고 있다. 그런데 이러한 주민참여에서도 IT의 발전이라는 현상을 수용하여 주민참여의 폭과 정도를 향상시키는데 IT를 잘 활용할 수 있다면, 이는 주민의 복리증진과 민주주의의 발전이라는 양대 과제를 동시에 달성할 수도 있는 셈이 되는 것이다. 이러한 주민참여수단에서 IT의 활용이 가장 극명하게 나타나는 제도의 하나가 전자투표라고 할 수 있다. 전자투표제도는 오늘날 IT의 발달을 국민참여 또는 주민참여의 제도에 가장 잘 접목시키면서도, IT의 한계 내지는 문제점을 또한 가장 잘 드러내주기도 한다[1].

(3) 따라서, 이하에서는 세계에서 IT강국으로 인정받는 한국과 일본이 IT산업이 아니라, 행정 또는 정치라는 전통적인 영역에서 IT가 어떻게 활용되고, 기능할 수 있는지를 비교함으로써 한 · 일 양국의 법제도 및 법문화의 상호이해를 심화시킬 수 있을 뿐만 아니라 상호 법제도의 수용에 보탬이 되고, 전자투표를 도입하여 실시할 때 양국의 시행착오를 통하여 상호 반면교사가 될 수 있기를 기대한다.

---

1) 정재황, 우리나라에서의 전자투표제도와 관련한 현행법제 연구, 한국법제연구원, 2002, 25쪽 이하.

Ⅱ. 전자투표의 추진상황 비교

1. 일본에서의 전자투표의 추진경위 및 현황

(1) 일본의 공직선거법에 의하면, 선거에서의 투표는 선거인이 선거 당일, 투표소에서 후보자의 氏名(또는 정당명)을 자서(自書)하는 것이 원칙이다(제46조). 예외적으로 미리 인쇄된 후보자명의 리스트에 일정한 기호를 기입하는 기호식 투표(지방선거에만 적용, 제46조의2), 신체의 고장이나 문맹으로 인하여 선거인 스스로 후보자명을 기재할 수 없는 경우에 인정되는 대리투표, 용무나 질병 등으로 선거 당일 투표할 수 없는 경우에 미리 하는 부재자투표 등이 인정된다. 이러한 종래의 투표제도에는 이전부터 문제점이 지적되어 왔다. 즉, 선거인이 직접 자신이 선택한 후보자나 정당명을 자서하여야 하기 때문에 표의 유효 여부를 놓고 많은 분쟁이 발생한다는 점, 많은 인력이 동원이 되므로 고비용 저효율의 제도라는 점, 시각장애자의 경우에 점자투표가 인정되지만 점자를 사용할 수 없는 중도실명자(中度失明者)는 대리투표를 이용할 수밖에 없다든지 또는 우편투표도 일부의 중증신체장애자만에 한정되고, 그밖에 다수의 신체장애자나 거동이 불편한 고령자는 이용할 수 없다는 점 등이 그것이다.

(2) 이러한 문제점들을 해소하고, 투·개표의 효율성, 신속성 및 정확성 등을 추구하기 위하여 IT기술의 진보를 수용하여 전자투표를 실시하고자 하는 노력이 계속되었다. 1989년 4월 민간부문에서 「전자투표연구회」가 발족하여 그 연구성과를 1992년 3월에 자치성(당시)에 전

자투표의 도입을 제안하였고, 동년 9월에는 시범적으로 터치스크린식 전자투표기가 공개되었다. 그 후, 이에 의한 모의투표와 체험회 등이 일본 곳곳에서 실시되었고 시스템의 개선이 이루어졌다. 1994년에는 장애자의 접근성에 대한 배려가 본격화되어, 동년 4월에 사이타마현(埼玉縣) 가와구치(川口)시에서의 현의회의원선거에 병설된 중의원총선거 모의투표에 시각장애자가 참가하였고, 그 후 개발자 측에 음성표시나 보턴조작 등에 대한 제안을 하였다[2].

한편, 자치성(당시)은 1999년 7월에 유권자의 편의와 개표의 신속화를 도모하기 위하여 고도정보화의 진전 · 과학기술의 진보 등을 기반으로 하여, 전자기기를 이용한 투 · 개표 등의 선거시스템에 대하여 연구를 수행하기 위하여 「전자기기이용에의한선거시스템연구회」를 설치하였다. 동 연구회는 2000년 8월에 중간보고서를, 2002년 2월 1일에 최종보고서를 발표하였다. 동 연구회의 보고서에는 전자투표의 실시단계를 3단계로 나누고 있는바, 제1단계는 선거인이 지정된 투표소에서 전자투표기를 사용해서 투표하는 단계이며, 제2단계는 지정된 투표소 이외의 투표소에서도 투표할 수 있는 단계이며, 제3단계는 투표소에서의 투표에 한하지 않고 개인이 소유하는 컴퓨터단말을 사용해

2) 이러한 모의투표 등을 통해 개량된 투표기가 2000년 3월에 국회의원회관 내에서 전시회가 열렸는데, 제품에 대한 평가가 "실용에는 아직 이르다"는 것이 주류였다. 즉, 터치판넬위에 붙여진 점자 실(seal)을 의지하여 입력하는 방법으로 촉각에만 의지하는 전맹자에게는 오조작의 위험이 높고, 투표기가 후보자명을 발성하지만 그 속도를 선거인이 콘트롤하지 못하고, 그 속도에 맞춰 판넬을 누르는 것이었다. 따라서, 누르는 타이밍을 잘못하면 본인이 원하지 않은 후보자에게 투표를 할 우려가 있었다. 2000년 9월에는 국회의원연맹 『電子式投開票システム研究会』가 '투표에서의 장애의 철폐 실현'과 '지방선거에 실험도입'을 결의하였고, 이를 계기로 하여, 장애의 철폐(barrier-free)를 중시한 투표기 개발이 이루어졌다.

서 투표하는 단계이다.

(3) 지방선거에의 전자투표제도의 도입을 놓고서, 정치권의 논란[3]이 있었으나 코이즈미(小泉) 내각(당시)은 2001년 11월 9일에 「지방공공단체의의회의의원및장의선거와관련한전자적기록식투표기를사용하여행한투표방법등의특례에관한법률(안)」(이하 '지방전자투표법'이라 약칭한다.)을 각의결정하여 제153국회에 제출하였고, 동년 11월 30일 참의원에서 만장일치로 통과됨으로써 성립하여, 2002년 2월 1일부터 시행하게 되었다[4].

지방전자투표법의 시행에 의하여 동년 6월 23일에 오까야마현(岡山縣) 니이미시(新見市)의 시장 및 시의회의원의 선거에서 일본 최초의 전자투표가 실시되었다[5]. 이후, 여러 지방자치단체에서 전자투표가 실시되어 2012년 2월 현재 지방자치단체에서 22회의 전자투표가 실시되었다[6]. 그 과정에서 수많은 트러블이 발생하여, 그 가운데 일부 선거에서는 나중에 살펴보는 바와 같이 선거무효소송이 제기되어 선거가 무효로 결정된 경우도 있다.

한편, 총무성은 전자투표에서 자주 발생하는 트러블에 대응하여 기

---

3) 전자투표제도의 도입이 투표율 상승을 가져올 가능성이 많고, 이는 당시 여당인 자민당으로서는 유리하지 않다는 판단에서 전자투표제도의 도입에 자민당 내에서 신중론이 강하였기 때문에 당초 예정보다 뒤늦게 법안이 성립되었다고 한다(読売新聞 2001.4.17). 그러나, 코이즈미 수상(당시)의 인기가 높은 점이 이러한 신중론을 완화시켜 결국 법안을 성립시키게 되었다고 보는 견해가 우세하다.

4) 東京都電子投票制度検討研究会 報告書, 2002.3.

5) Infocom Newsletter レポート(電子投票のすべて), "新見市の電子投票のレポート", 2002.8 ; 고선규, "일본의 지역 전자투표 추진현황", 중앙선관위 주최 국제컨퍼런스회의(전자투표의 현재와 미래), 2005.3.17.

6) 総務省, 電子投票の実施状況, (http://www.soumu.go.jp/senkyo/senkyo_s/news/touhyou/denjiteki/denjiteki03.html) 2013.1.2 방문.

술적인 신뢰성을 향상시키기 위하여 2005년 11월에 「전자투표시스템 조사검토회」를 발족시켰다. 동 검토회는 지금까지 발생한 트러블과 실시상황 등을 조사·분석하여 기술적 조건을 검증하고, 제3자에 의한 새로운 기술적 인증제도의 도입 등을 검토하여 2006년 4월에 보고서(「電子投票システムの信頼性向上に向けた方策の基本的方向」)를 공표하였다.

일본의 전자투표 추진관련 연표

연 월 일	내 용
1989. 4.	電子投票研究会(民間) 発足
1992. 3.	電子投票導入을 自治省에 提案
1992. 9.	터치스크린式 電子投票機의 最初의 試作機를 公開
1999. 4.	모의투표에 시각장애자 최초 참가
1999. 9.	電子機器利用에의한선거시스템연구회 자치성에 설치
2000. 9.	国会議員連盟이 「投票barrier-free의 실현」을 決議
2001. 11. 30.	지방전자투표법 可決
2002. 2. 1.	지방전자투표법 施行
2002. 6. 23.	일본 최초의 電子投票 실시 (니이미시〈新見市〉)
2003. 7. 20.	기후현(岐阜県) 가니시(可児市) 의회의원 선거
2005. 3. 9.	가니시의회의원선거 무효판결(나고야고등재판소)
2005. 7. 8.	최고재판소 상고기각, 확정
2005. 11. 11.	電子投票시스템調査検討会 발족
2006. 4. 26.	電子投票시스템調査検討会 보고서 공표

2. 한국에서의 전자투표의 추진경위 및 현황

(1) 우리나라 국회는 1997년 5월부터 본회의장에 전자투표 시스템이 설치되어 전자투표에 의한 표결을 실시하여 오고 있다. 공직선거에서의 전자투표의 추진과 관련하여서는, 선거주무 국가기관인 중앙선

거관리위원회에 의하여 1990년대부터 꾸준히 전자투표시스템을 연구하여 이미 1998년에 버튼식 전자투표기를, 2001년에는 터치스크린방식의 전자투표기를 개발하였으나, 정치적으로나 사회적인 합의에 이르지 못하여 이를 도입하지 못하였다[7]. 그러나, 2002년 대통령선거를 앞두고 2002년 3월 9일부터 시작된 민주당(당시) 대통령후보선출 당내경선과 4월 13일부터 실시된 한나라당(당시) 대통령후보 선출을 위한 당내경선에서 전자투표가 실시되었다. 정당 당내 경선에서는 선거인단은 투표장 입구에서 본인여부를 확인한 후 전자투표권으로 전자투표를 실시하였다. 또한 2004년 6월에 실시된 민주노동당(당시) 대표 및 2004년 7월 한나라당 대표선거에서 휴대전화의 텍스트메시지(SMS) 기능을 통하여 인증서를 발급한 후 인터넷에서 투표하는 방식의 원격 전자투표를 실시하였다[8].

근래의 예로서는, 우선, 정당경선과 관련하여 2010년의 10월 3일 민주당 전당대회에서의 당대표와 최고위원 선거(인천문학경기장, 선거인수 10,145명), 동년 9월 14일 한나라당 중앙위원회 의장선거(고양시 킨텍스, 선거인수 913명), 동년 7월 14일 한나라당 전당대회에서 당대표와 최고위원 선거(잠실실내체육관, 선거인수 7,819명), 동년 3월 17일 자유선진당 전당대회에서 당 대표와 최고위원 선거(올림픽공원 펜싱경기장, 선거인수 913명)가 있었다. 또한 2010년 6월 2일 실시된 지방선거를 위한 당내 후보자경선에서도, 예컨대, 광역자치단체장과 관련하여서는, 한나라당의 경우 서울시장, 제주도지사 후보경선, 민주당의 경우 광주, 인천, 부산광역시장의 후보경선이 시행되었고, 기초자치단체장과 관련하여서는 민주당의 경우만 15군데에서 이루어졌다[9]. 그리고, 2012

7) 중앙선거관리위원회, "e-선거정보", 2005-1호(2005.1.21).

8) 고선규, "전자투표제도의 효과와 문제점", 제3차NCA포럼, 2005.3.24.

년 1월 15일 실시된 민주통합당 전당대회에서는 종래의 전자투표방식을 뛰어 넘는 모바일투표 방식을 도입하여 많은 국민들의 참여를 이끌어냈다.

(2) 중앙선거관리위원회는 2005년 2월에 발표한 「2005년 전자투표 사업추진 현황 및 계획」에서 투표의 편의증진을 통하여 투표율의 증대를 촉진하고 잦은 선거로 소요되는 물질적 · 시간적인 막대한 투표비용을 절감하며, 최근 우리나라를 비롯하여 많은 선진국에서 활황을 보이는 IT를 정치분야에서도 활용하고자 하는 시도로서, 대외적으로는 전자투표시스템이라는 첨단 전자정치시스템을 구체화하고, 이를 통해서 'IT정치강국으로서의 한국'이라는 국가위상을 확립하고자 전자투표를 도입할 필요성이 있다고 기술하였다.

이를 위하여서는 "분산방식을 채택한 중앙처리시스템"을 전자투표시스템으로 구축할 것을 지향한다. 즉, 선거인명부는 전국망을 공유하여 선거인이 전국 어디에서든 편리하게 투표할 수 있도록 하기 위하여 중앙처리시스템을 취하나, 이러한 선거인명부확인 시스템과 터치스크린방식의 전자투표기는 온라인으로 연결되지 아니하고 상호독립적으로 운영한다. 또한 투표소별로 설치되는 전자투표기 상호간 또는 중앙집계시스템과도 온라인으로 연결되지 아니하고 독립적으로 운영한다. 이는 종래에 미리 정하여진 투표소에서만 투표가 가능한 것에서 벗어

9) 그리고, 총장선거와 관련하여서는 2010년 6월 18일 경북대학교 총장후보자 추천 선거에서 전자투표가 실시된 바 있다. 조합장선거와 관련하여서는 2010년 10월 15일 울산시 산림조합장, 10월 5일 고창군 부안면 농협조합장선거가 전자투표로 실시되었으며, 그 이외에도 기타 중 · 고 · 대학(교) 학생회선거나 민간단체 선거에도 이용되고 있다. 이상해, "憲法上 公開性原則과 인터넷選擧의 可能性", 공법학연구 11권 4호, 313쪽.

나 기존의 투표소 외의 선거인이 편리한 장소에 설치된 투표소에서 통합선거인명부확인시스템을 통하여 본인의 확인을 거쳐 투표하게 함으로써 중복투표를 방지하고, 분산방식을 통하여 해킹 등으로부터 보호되어 투표의 안전성과 신뢰성을 높힐 수 있다고 보기 때문이다.

3. 한 · 일 양국의 추진상황 비교

위에서 살펴본 전자투표와 관련한 한 · 일 양국의 추진상황으로부터 다음과 같은 점을 지적할 수 있을 것이다.

(1) 한 · 일 양국이 전자투표제도를 현행 선거제도가 가지고 있는 문제점을 해결하고 IT시대의 전자민주주의를 구현할 유력한 수단이라는 점을 인식하고 이를 추진하고 있는 점은 유사하다고 할 것이다. 그러나, 양국의 전자투표 추진상황은 다음과 같은 차이점을 가지고 있다.

(2) 전자투표의 추진주체와 관련하여, 한국은 중앙선거관리위원회가 그 주체가 되어 있는 반면, 일본의 경우에는 총무성(이전은 자치성)과 각 지방자치단체가 주체가 되어 추진하고 있다는 점에서 차이가 있다. 이는 일본의 경우 우리나라의 중앙선거관리위원회와 같은 선거전담의 국가기관이 없고, 각 지방자치단체별로 선거관리위원회가 설치되어 있는 것과 관계가 있다고 볼 수 있다.

(3) 한국의 경우에는 공직선거 등에 실제로 전자투표를 실시한 적이 없으나, 일본의 경우에는 지방선거에서 전자투표를 실제로 실시한 상당한 경험을 축적하고 있다. 일본의 전자투표의 실시에서 적지 아니

한 시행착오가 일어나고 있으나, 이는 새로운 제도의 도입에 따른 초기 비용이라고 생각할 수 있을 것이다. 우리나라로서는 이웃 일본의 이러한 시행착오로부터 적은 기회비용을 지불하고 새로운 제도를 정착시킬 수 있는 많은 시사점을 얻을 수 있을 것이다.

(4) 한국이 현재 상정하고 있는 전자투표는 지방자치단체의 장 및 지방의회의원의 선거, 대통령 및 국회의원의 선거는 물론, 각종 공·사(公·私)단체의 선거도 그 대상으로 삼고 있는데 반하여, 일본의 경우에는 현재는 지방선거와 이후에는 중의원 및 참의원의 의원선거에 도입할 것을 상정하고 있다는 점에서 차이가 있다. 이와 관련하여서는, 독립된 선거전담의 국가기관인 중앙선거관리위원회가 공사단체(公私團體)의 선거에 관여한다는 것이 바람직한지는 논란의 여지가 있을 것이다.

Ⅲ. 전자투표에 관한 법제도 비교

1. 일본의 전자투표에 관한 법제도

(1) 국민 또는 주민의 참정제도의 공적 투표와 관련된 일본국헌법상의 규정으로는 중의원·참의원의 선거(제43조 제1항), 최고재판소 재판관의 임명에 대한 국민심사로서의 투표(제79조 제2항), 지방공공단체의 장, 의회의원 및 법률이 정하는 지방공무원에 대한 선거(제93조 제2항), 하나의 지방공공단체에만 적용되는 특별법에 대한 주민투표(제95조), 헌법개정에서의 국민투표(제96조) 등을 규정하고 있다.

법률 차원에서 국민 또는 주민의 참정제도의 공적 투표와 관련된 일본의 법제도는 우선, 선거제도에 관한 일반법으로서 「공직선거법」이 있다. 동법은 중의원의원, 참의원의원과 지방의회의원 및 지방자치단체 장의 선거에 대하여 적용되는 것으로(제2조), 선거는 투표에 의하여 행하도록 하고 있기 때문에(제35조) 동법상의 선거들은 국민 또는 주민에 의한 투표로써 행하여지게 된다. 또한 「지방자치법」도 주민참여제도로써 주민의 의회해산청구제도(제13조 제1항, 제76조)와 지방의회의원 · 지방자치단체장 등의 해직청구제도(제13조 제2항, 제80조, 제81조)를 규정하고 있는바, 이들 경우는 결국 주민의 투표에 의하여 결정하도록 되어 있다.

(2) 「공직선거법」에는 투표에 관한 원칙으로서 '단기자서식(單記自書式) 투표주의'를 취하고, 선거인은 원칙적으로 투표용지에 스스로 후보자 1인의 성명 등을 '기재'하도록 되어 있다. 그러나, IT시대의 도래를 맞이하여 사회 각 분야가 전자화 내지는 디지털화가 급속하게 진행되는 가운데 투표에도 예외가 아니어서 전자투표가 법제도로서 도입되게 되었다[10]. 즉, 2001년 12월 7일에 제정되어 2002년 2월 1일부터 시행된 지방전자투표법이 바로 그것이다. 동법 제1조가 명시하고 있는 바와 같이, "정보화사회의 진전을 고려하여, 선거의 공정하고 적정한 집행을 확보하면서 개표사무 등의 효율화 및 신속화를 도모하기 위하여, 당분간의 조치로서 지방공공단체의 의회의원 및 장의 선거에 관련된 전자적 기록식 투표기를 사용해서 행하는 투표방법 등에 대해서, 공직선거법의 특례를 정하는 것"이 그 입법취지라고 할 수 있다.

---

10) 村田拓司 · 坂尻正次 · 矢田礼人, "日本における電子投票のユニバーサル · デザイン", 国際ユニバーサル · デザイン会議2002(2002.12.3).

이하에서는 지방전자투표법의 내용에 대하여 살펴보도록 한다[11].

(3) 지방전자투표법의 적용대상이 되는 선거는 지방공공단체의 의회의원 및 장의 선거에 한한다. 공직선거법의 특례의 대상으로 되는 투표는 투표소 및 기일전투표소에서의 투표에 한한다. 따라서, 점자투표, 부재자투표, 우편투표 및 가(假)투표[12]는 제외된다.

전자적 기록식 투표기란 당해 기계를 조작함으로써 당해 기계에 기록되어 있는 공직후보자를 선택하여, 당해 공직후보자를 선택한 사실을 전자적 기록으로써 전자적 기록매체에 기록할 수 있는 기계를 말하는바(제2조 제2호), 지방전자투표법의 적용대상이 되는 선거의 투표에 사용할 전자적 기록식 투표기는 시정촌 선거관리위원회가 이를 지정하도록 되어 있다(제6조 제1항). 이 경우에 시정촌 선거관리위원회는 전자적 기록식 투표기의 형식(型式), 구조, 기능 및 조작방법을 고시하여야 한다(제6조 제2항).

(4) 전자투표에 사용될 전자적 기록식 투표기가 구비하여야 할 조건으로서는 다음과 같은 것을 들고 있다(제4조 제1항).

① 선거인이 하나의 선거에서 둘 이상의 투표(즉 이중투표)를 하는 것을 방지할 수 있을 것.

② 투표의 비밀이 침해되지 않을 것.

③ 전자적 기록식 투표기의 조작에 의하여 어떤 공직 후보자를

11) 일본의 지방전자투표법을 소개한 문헌으로는, 김재광, 전자투표의 도입에 따른 관련법제의 정비방안, 한국법제연구원, 2002.

12) 가투표란 선거인이 투표를 함에 있어서 투표관리자가 투표거부의 결정을 할 때에, 그러한 거부결정에 불복하는 경우나 또는 투표입회인이 이에 대하여 이의가 있는 경우에, 그 선거인에게 임시로 하게 하는 투표를 말한다.

선택했는지를 전자적 기록매체에 기록하기 전에, 당해 선택에 관련된 공직 후보자의 성명을 전자적 기록식 투표기의 표시에 의하여 선거인이 확인할 수 있을 것.

④ 전자적 기록식 투표기의 조작에 의하여 어떤 공직 후보자를 선택했는지를 전자적 기록매체에 확실하게 기록할 수 있을 것.

⑤ 예상되는 사고에 대하여 전자적 기록식 투표기의 조작에 의하여 어떤 공직 후보자를 선택했는지를 기록한 전자적 기록매체(이하 '투표의 전자적 기록매체'라 한다.)의 기록을 보호하기 위하여 필요한 조치가 강구되어져 있을 것.

⑥ 투표의 전자적 기록매체를 전자적 기록식 투표기로부터 꺼낼 수 있을 것.

⑦ 권한을 갖지 않는 자가 전자적 기록식 투표기의 관리와 관련한 조작을 하는 것을 방지할 수 있을 것.

⑧ 전 각호의 사항 이외에 선거의 공정하고 적정한 집행을 침해하지 않을 것.

(5) 지방전자투표법이 규정하고 있는 전자투표제도에서의 투표 및 개표절차의 개략을 살펴보면 다음과 같다.

① 지정된 투표소 또는 기일전 투표소에서 선거인명부와 대조를 한다.

② 전자적 기록식 투표기를 사용하여 투표를 한다.

③ 전자적 기록식 투표기로부터 투표를 기록한 전자적 기록매체를 꺼내어 개표소로 송부한다.

④ 개표소에서 컴퓨터를 사용하여 후보자별로 득표수를 집계한다.

⑤ 부재자투표 등 종이에 의한 투표의 결과와 함께 임기중 시정촌선거관리위원회에서 보존한다.

(6) 지방전자투표법은 전자적 기록식 투표기에 의한 대리투표제도 및 조작보조제도를 창설하였다. 먼저, 대리투표제도란 전자투표할 때 신체의 고장이나 문맹으로 인하여 스스로 할 수 없는 선거인에 대해서는 투표관리자에게 신청하여 타인으로 하여금 대신하여 당해 전자적 기록식 투표기를 사용한 투표를 하게 할 수 있는 제도를 말한다. 이 경우 선거인의 대리투표 신청에 대해서는 투표관리자는 투표입회인의 의견을 들어서 당해 선거인의 투표를 보조할 2인을 선거인의 승낙을 얻어서 지정하고, 보조인 중 1인은 당해 선거인이 지시하는 공직후보자에 대하여 전자투표를 행하고, 다른 1인은 이를 입회하여야 하도록 규정하고 있다(제7조 제1항, 2항). 다음으로, 조작보조제도란 스스로 전자투표를 하기가 곤란한 선거인은 투표관리자에게 신청하여 당해 전자적 기록식 투표기의 조작에 대한 보조를 받을 수 있는 제도를 말한다(제7조 제3항). 선거인의 신청이 있는 경우에 투표관리자는 투표입회인의 의견을 들어서 당해 선거인을 위하여 전자적 기록식 투표기의 조작을 보조할 2인을 선거인의 승낙을 얻어서 지정하고, 보조인 중 1인은 전자적 기록식 투표기의 조작에 대한 조언 등의 필요한 조치(전자적 기록식 투표기의 조작에 의하여 어떤 공직후보자를 선택했는지를 전자적 기록 매체에 기록하는 것을 제외한다.)를 하도록 하고, 다른 1인은 이에 입회하도록 하여야 한다.

2. 한국의 전자투표에 관한 법제도

(1) 우리나라 「헌법」에서 규정하고 있는 공적 투표와 관련된 규정으로는 국회의원의 선거(제41조 제1항), 대통령의 선거(제67조 제1항), 대통령이 실시하는 국민투표(제72조), 헌법개정안에 대한 국민투표(제130조 제2항) 등이 있다.

법률 차원에서 국민 또는 주민의 참정제도의 공적 투표와 관련된 우리나라의 법제도는 우선, 선거제도에 관한 일반법으로서 일본과 마찬가지로 「공직선거법」이 있다. 공직선거법은 대통령선거, 국회의원선거, 지방의회의원선거 및 지방자치단체 장의 선거에 대하여 적용되는 것이다(제2조). 또한 「지방자치법」은 주민참여제도로써 주민투표제도(제14조)와 주민소환제도(제20조)를 규정하고 있고, 이에 관하여는 별도의 개별법으로써 「주민투표법」이 2004년 1월에 제정되어 동년 7월부터 시행되고 있고, 또한 「주민소환에 관한 법률」이 2006년 5월에 제정되어 2007년 5월부터 시행되고 있다.

(2) 우리나라는 일본과 달리 전자투표에 관한 개별법률은 아직 제정되어 있지 않다. 다만, 개별법에서 전자투표를 상정한 개별규정은 두고 있다. 즉, 2000년 2월의 공직선거법 개정시에 신설된 제278조는 "전산조직에 의한 투표 · 개표"라는 조문표제 하에 전자투표에 관한 규정을 두었고, 2005년 8월의 동법 개정에서는 전자투표의 실시등과 관련하여서 국회에 교섭단체를 구성한 정당이 참여하는 전자선거추진협의회[13]를 설치 · 운영할 수 있도록 하고(제278조 제5항), "투표 및 개표

---

13) 중앙선거관리위원회는 2005년 3월 3일 정당, 행정부, 학계 등의 인사 13명으로 구성된 「전자선거추진협의회」를 공식 발족시켰다.

기타 선거사무관리의 전산화에 있어서 투표 및 개표절차와 방법, 전산전문가의 투표 및 개표사무원 위촉과 전산조직운영프로그램의 작성 · 검증 및 보관, 전자선거추진협의회의 구성 · 기능 및 운영 그 밖에 필요한 사항은 중앙선거관리위원회규칙으로 정하도록"(제278조 제6항) 규정하였다. 또한 중앙선거관리위원회규칙인 「공직선거관리규칙」은 제16장의2에 '전자투표 및 개표에 관한 특례'라는 타이틀로 제148조에서 제159조까지 규정하고 있다. 동 규칙은 전자투표에 관하여 매우 상세히 규정을 하고 있기 때문에 이하에서 그 내용을 살펴보도록 한다.

한편, 각급 선거관리위원회는 ①국가 및 지방자치단체의 선거에 관한 사무, ②국민투표에 관한 사무, ③정당에 관한 사무, ④①에 규정된 선거 이외에 법령의 규정에 따라 선거관리위원회가 관리하는 공공단체의 선거(이하 "위탁선거"라 한다)에 관한 사무, ⑤기타 법령으로 정하는 사무를 행하도록 되어 있다(「선거관리위원회법」 제3조 제1항). 이 가운데에서 특히 ④ 및 ⑤의 선거와 관련하여, 전산조직에 의한 투표 및 개표관리에 관하여 필요한 사항을 규정하기 위하여 중앙선거관리위원회규칙으로 「전산조직에 의한 투표 및 개표에 관한 규칙」을 2006년 12월 1일에 제정 · 시행하고 있다. 동 규칙은 ④,⑤에 따른 선거, 주민투표 및 주민소환투표, 각급선거관리위원회가 지원 또는 관리하기로 결정한 정당 및 단체 등의 선거에 적용하도록 규정하고 있고(제2조 제1항), 전자투표와 관련한 비교적 상세한 규정(4개장 31개조)을 두고 있으며, 전자투 · 개표의 실시에 관하여 동 규칙에 규정된 것을 제외하고는 그 성질에 반하지 아니하는 범위 안에서 「공직선거관리규칙」을 준용하도록 하고 있다(제30조).

(3) 「공직선거관리규칙」의 주요내용

① '전자투표 및 개표'라 함은 전산조직에 의하여 투표(거소투표를 제외함) · 개표를 실시하는 것을 말하며, 구 · 시 · 군위원회가 전자투표 및 개표를 하고자 하는 때에는 그 취지를 당해 선거의 선거인명부 작성기준일 전일까지 이를 공고하여야 한다(제148조 제1항, 3항).

② 「공직선거법」은 "선거는 기표방법에 의한 투표"(제146조 제1항)로 하도록 하고, 기표방법과 관련하여서는 "선거인이 투표용지에 기표를 하는 때에는 "(㉡)" 표가 각인된 기표용구를 사용하여야" 하고, "다만, 거소투표자가 거소투표를 하는 경우에는 "○"표를 할 수 있다."(제159조)고 규정하고 있다. 그러나, 동 규칙은 전자투표의 투표방법에 대해서는 동법 제159조 본문의 규정에 불구하고 전자투표기에 장치된 기표방법에 의하여야 한다고 규정하고 있다(제153조).

③ 투표관리관은 투표가 끝난 후 지체없이 전자투표기와 투표집계저장디스켓 및 기록지보관함을 관할구 · 시 · 군위원회에 송부하여야 한다(제155조). 전산조직에 의한 개표에 있어서 기록지보관함을 개함하고 일반투표소 투표집계저장디스켓을 개봉할 때에는 구 · 시 · 군위원회위원장은 그 뜻을 선포하고, 출석한 위원 전원과 함께 전자투표기 및 투표집계저장디스켓과 기록지보관함의 봉쇄와 봉인을 검사한 후 이를 열어야 한다(제156조 제1항). 또한 구 · 시 · 군위원회위원장은 전산조직에 의하여 투표구별 투표집계저장디스켓에 저장된 투표수를 전산출력하여 투표록에 기재된 투표용지교부수와 대조하여야 한다(제156조 제2항).

④ 전자투표의 개표와 관련하여서는, 전산조직에 의한 개표에서 투표집계저장디스켓의 불량으로 판독이 불가능할 경우에는 전자투표기에 저장된 자료에 의하고, 전자투표기의 불량으로 판독이 불가능할 경우에는 기록지보관함에 보관된 투표기록지에 의하여 개표하도록 하고(제157조), 전산조직에 의한 개표에서 개표가 끝난 때에는 투표구별 투표집계저장디스켓은 별도 포장하여 구 · 시 · 군위원회위원장과 출석한 위원 전원이 봉인하여야 하도록 규정하고 있다(제158조).

(4) 한편, 「주민투표법」은 "투표 및 개표사무의 관리는 전산화하여 실시할 수 있다. 이 경우 전산화에 의한 투표 · 개표의 절차 · 방법 등에 관하여 필요한 사항은 중앙선거관리위원회규칙으로 정한다."(제18조 제3항)고 규정하여, 전자투표의 실시가능성을 열어두고 있다. 또한 중앙선거관리위원회규칙인 「주민투표관리규칙」은 "주민투표사무 중 전산조직에 의한 투표 및 개표에 관한 사무는 「전산조직에 의한 투표 및 개표에 관한 규칙」에 의한다."(제10조 제2항)고 규정하고 있고, 「주민소환에 관한 법률」은 「주민투표법」 제18조를 준용하도록 하고 있고(제27조 제1항), 중앙선거관리위원회규칙인 「주민소환관리규칙」은 제33조(전자투표 및 개표에 관한 특례)에서 "전산조직에 의한 투표 및 개표에 관하여는 「전산조직에 의한 투표 및 개표에 관한 규칙」에 따른다."고 규정하고 있다.

3. 한 · 일 양국의 법제도 비교

(1) 양국은 IT강국으로서 전자투표의 도입에 적극적인 자세를 보이

고 있으나, 정치권의 이해득실의 착종과 기술적인 신뢰성 미흡으로 인하여 그 진척이 더디다는 점에서 공통점을 보인다. 그러나, 양국의 전자투표관련 법제도의 면에서는 다음과 같은 차이점을 찾아볼 수 있다.

(2) 일본은 공직선거법에서 전자투표관련 규정을 신설하였을 뿐 아니라, 개별법으로 지방전자투표법을 제정하여 시행하고 있는 반면에, 우리나라는 공직선거법에 관련규정(제278조)을 신설하였으나, 개별법률로는 성립되어 있지 않다는 점에서 차이가 있다고 할 수 있다. 또한 일본의 경우에는 지방선거에 한하여 전자투표를 실시하고 있는바, 전자투표관련규정을 당해 지방자치단체의 조례로서 정하도록 하고 있는데 반하여, 우리나라는 아직 지방자치단체 차원의 자치입법으로는 전자투표관련 입법은 이루어지지 않은 것으로 알려진다. 다만, 위에서 살펴본 바와 같이, 「주민투표법」·「주민투표관리규칙」과 「주민소환에 관한 법률」·「주민소환관리규칙」에서 전자투표와 관련한 규정을 두고 있다.

(3) 일본의 경우에는 선거를 관리하는 독립의 국가기관이 존재하지 않고 각 지방자치단체에 선거관리위원회라는 독립행정위원회가 존재하여 선거나 투표관련사무를 처리하고 있는데 반하여[14], 우리나라는 중앙선거관리위원회와 각급선거관리위원회라는 선거나 투표관련사무를 전담하는 독립의 국가기관이 존재하여, 지방선거나 주민투표 등에서도 중앙선거관리위원회가 관리하고 있다는 점에서 차이가 있다. 양 제도는 선거(투표)관리의 효율성과 민주성·자율성이라는 측면에

14) 後藤光男, 地方自治法と自治行政, 成文堂, 2005.12, 60쪽.

서 각각 장·단점이 있을 것이다.

Ⅳ. 전자투표에 관한 실제사례의 검토

일본에서는 2002년 2월부터 지방전자투표법이 시행된 이래, 동년 6월 23일 오까야마(岡山縣) 현 니이미(新見)시의 시장 및 시의회의원의 선거에서 일본 최초의 전자투표가 실시되었다. 이후 여러 곳의 지방선거에서 전자투표가 실시되었지만, 크고 작은 트러블이 발생하였다. 그 가운데, 특히 2003년 7월 20일에 실시된 기후(岐阜)현 가니(可児)시의 시의회의원선거의 전자투표에서는 심각한 트러블이 발생하여, 낙선한 후보자와 15인의 유권자가 선거무효소송을 제기하였다. 이 사건은 2005년 3월 9일 나고야(名古屋)고등재판소에서 원고의 청구를 인용하여 선고무효판결을 내리고, 동년 7월 8일 최고재판소가 상고기각을 함으로써 확정되었다[15]. 따라서, 이하에서, 전자투표에 대한 최초의 사법적 판단을 내린 나고야고등재판소의 판결을 검토함으로써 전자투표가 안고 있는 문제점을 명확히 하고자 한다.

1. 사건의 개요

(1) 2005년 7월 20일에 실시된 기후(岐阜)현 가니(可児)시의 시의회의원선거가 지방전자투표법에 근거한 전자적 기록식 투표기를 사용하

15) 동 판결의 확정으로 인하여 전자투표로 당선된 시의회의원들은 동 일자로 전원이 실직하고, 결정서가 가니시에 도착한 다음날부터 50일 이내에 재선거가 실시되게 되었다. 요미우리(読売)신문 2005.7.9 참조.

여 행하여졌다(단, 부재자투표와 가투표는 공직선거법에 의한 종래의 투표용지에 의한 투표로 실시되었다.).

(2) 전자투표시스템의 구성은 투표단말(클라이언트기)과 시스템을 제어하는 주장치(투표서버기)에 의한 클라이언트 · 서버 방식이 채용되었다.

(3) 투표는 투표서버기 내에 격납된 전자적 기록매체에 기록된다. 기록매체에는 광자기디스크(이하 'MO'라 한다.)로 불리는 제품이 사용되었고, 원본과 복사본의 2매로 되어 있다. 투표는 매 투표시 원본용의 MO에 기록됨과 동시에 원본용의 MO에 기록된 투표가 복사용의 MO에 복사 · 기록된다. 하나의 투표에 대해서 하나의 파일이 작성이 된다.

(4) 본건 선거는 전부 29개의 투표소에서 투표서버 58대(예비용 29대를 포함한다.), 투표단말기 189대(예비용 29대를 포함한다.)를 사용해서 투표가 행하여졌다.

(5) 본건 선거는, 오전 7시부터 투표가 개시되어 오전 8시 반 경부터 오전 9시 반 경에 걸쳐서 각 투표소에서 전자투표기에 투표의 기록의 실패와 투표의 기록의 지연 등의 이상이 발생하였다. 그 때문에, 투표단말은 이른바 '타임오버'로 화면상에 이상발생의 표시가 되고, 또한 삽입된 투표카드에 투표가 완료되었다라는 정보를 기록할 수 없었다. 한편, 본건 투표기에 이상이 발생한 원인은 용역회사가 투표서버의 방열팬의 위치를 변경함으로써 투표서버 내부의 방열이 제대로 되지 않게 되어 투표의 기록의 지연을 초래하고, 투표단말의 타이머 내의 투표서버가 응답할 수 없는 상태로 된 때문이었다.

(6) 본건 투표기에 이상이 발생한 투표소에서는 투표기의 전원을

끊고 재기동시킨다든지, 제2서버로 교체한다든지, 또는 본체의 뚜껑을 열고서 부채로 열을 식히는 등의 조치가 취해졌다. 각 투표소에서 본건 투표기가 이상상태로 있었던 시간은 최단시간의 투표소가 9분간, 최장시간의 투표소가 1시간 23분간으로, 29개 전투표소의 합계시간은 15시간 33분간이었다. 본건 투표기의 이상이 발생하였을 때, 투표행위 중의 자는 214인, 투표카드를 받은 자는 18인, 접수를 마친 자는 33인이었다. 이 중에는 투표를 하지 않고 귀가한 자가 발생하였다.

(7) 29개 투표소에서 異常 발생 중, 최후까지 투표할 수 없었던 투표카드가 13매 발생했고, 또한 투표의 기록의 실패와 지연에 의해 적어도 697회의 투표실패가 발생하였다. 또한, 투표기의 이상으로 실제로는 MO에 투표의 기록이 되었음에도 불구하고, 투표단말이 그 정보를 수신할 수 없었기 때문에 선거인, 투표관리자, 투표입회인 및 투표종사자 전원이 투표의 기록이 가능하였다는 것을 인식하지 못하고 불량카드로 처리된 것이 25매였다.

(8) 투표의 기록의 지연의 경우에는 투표서버가 투표완료의 상태임에도 불구하고, 투표단말이 투표실패의 상태이기 때문에 MO에 투표의 기록이 되었음에도, 투표카드는 투표미완료의 상태로 되어서 재투표를 할 수 있는 사태가 발생하였다. 즉, MO에 투표가 가능한 상태이기 때문에 선거인은 투표가 실패하였다고 인식하고, 다시 당해 투표카드로 투표하는 사태가 발생하였다. 이로 인해, MO에 복수회 투표의 기록을 한 투표카드는 투표서버의 로그상에서 투표완료로 된 투표카드 41,835매 중 404매였다.

(9) 본건 투표기의 이상이 원인으로 최후까지 투표할 수 있었던 것을 인식하지 못한 투표카드가 발생하였기 때문에, 당해 투표카드의 교

부를 받은 선거인에 대해 별도의 투표카드를 교부해서 재차 투표시킨 경우가 26건 있었다. 또한 어떤 투표소에서는 투표단말의 화면의 터치감도가 느려서 투표사무종사자가 터치감도를 조정하던 중 오조작으로 '종료'를 건드리므로 선거인의 의사에 따른 투표를 하지 못한 경우가 발생하였다.

(10) 가니시 선거관리위원회가 발표한 본건 선거의 결과는,

① 총투표수 46,594표(그 가운데 유효투표 46,526표, 무효투표 68표), 전자적 기록식 투표기의 조작을 도중에서 종료한 자의 수는 262표이다.

② 유효투표의 내역은 전자적 기록식 투표기를 사용한 투표가 40,954표, 부재자투표 · 점자투표 · 가투표가 5,572표이다. 또한 무효투표 68표의 내역은 전자적 기록식 투표기를 사용한 투표에서 0표, 부재자투표 · 점자투표 · 가투표에서 68표이다.

③ 최하위 당선자의 총득표수는 1,361표(그 가운데 전자적 기록식 투표기를 사용한 투표에 의한 득표수는 1,253표, 기타의 투표에 의한 득표수는 108표), 차점자의 총득표수는 1,326표(그 가운데 전자적 기록식 투표기를 사용한 투표에 의한 득표수는 1,163표, 기타의 투표에 의한 득표수는 163표)였다.

(11) 원고들은 본건 선거의 선거결과에 불복이 있다고 해서, 2003년 8월 4일 가니시 선거관리위원회에 이의신청을 하였고, 이에 대해서 가니시 선관위는 동월 28일에 이의신청이 이유없다고 하여 기각결정을 내렸다. 이에 원고들은 2003년 9월 18일 기후현 선거관리위원회에 대하여 심사청구를 하였으나, 기후현 선관위는 2004년 9월 3일에 선거결과에 변동을 미칠 가능성이 없었다고 하여 기각재결을 하였다. 원고들

은 2004년 9월 4일 기후현 선관위의 재결서를 수령하고, 동월 30일에 본건 소송을 제기하였다.

2. 원고들의 주장

가. 위법한 전자투표기에 의한 선거의 실시 여부

원고들은 본건 선거에서 사용된 전자투표기는 지방전자투표법 제4조 제1항에서 요구한 조건을 구비하지 못하였고, 법정요건을 구비하지 못한 투표기로 행하여진 본건 선거는 따라서 무효라고 주장한다. 구체적으로 살펴보면, 다음과 같다.

(1) 전자투표기는 선거인의 이중투표를 방지할 수 있는 것일 것이 요구되나(동법 4조 1항 1호 참조), 본건 투표기는 선거인의 이중투표를 방지하지 못하였다.

(2) 전자투표기는 투표의 비밀이 침해되지 아니하는 것일 것이 요구되나[16], 본건 투표기는 MO의 투표데이터에 투표시각 및 투표카드번호가 기록되어 있어서, 카드번호로 추적해서 투표데이터를 특정할 수 있다. 그리고 패스워드까지 드러났기 때문에 누구라도 간단히 조작이나 확인을 할 수 있고, 카드번호를 이용해서 투표데이터의 검색이

---

16) 전자투표기가 이처럼 투표의 비밀을 침해하지 않기 위해서는 다음의 요건을 충족하여야 한다고 한다. 즉, ① 투표데이터에는 선거인에 관한 정보, 시각정보 및 투표카드에 관한 정보를 포함하지 않을 것, ② 개별 투표데이터를 각각의 파일로서 관리하는 경우 실제의 기록시간을 남기지 않을 것, ③ MO에 기록된 투표데이터는 투표소 내의 전자투표기 등의 전자기기로부터 열람, 변경, 소거될 수 없는 기구로 할 것 등이다.

가능하다. 따라서, 본건 투표기는 투표의 비밀이 침해되는 것이다.

(3) 전자투표기는 전자투표기의 조작에 의해 후보자의 선택이 확실하게 MO에 기록되지 않으면 안된다(제4조 제1항 제4호). 그러나, 본건 투표기는 선택된 후보자의 기록이 MO에 기록되지 않는 현상이 있었다.

(4) 전자투표기는 MO에 기록된 기록을 보호하기 위하여 필요한 조치가 강구되어 있을 것을 요한다(제4조 제1항 제5호). 그러나, 본건 투표기는 기록을 삭제하는 기능을 가지고 있다.

(5) 전자투표기는 투표소의 관계자에 의한 투표의 증감등의 변조를 방지하기 위하여 권한을 가지지 아니한 자가 관리・조작을 하는 것을 방지할 수 있을 것을 요한다(제4조 제1항 제7호). 그러나, 본건 투표기에는 관리・조작하는 기능을 가지고 있다. 실제로 본건 투표기 제공의 계약 상대방인 회사의 종업원이 가니시 선관위의 입회도 없이 단독으로 투표기의 내부의 조작을 행하였던 바, 투표결과가 변조되었을 가능성이 있다.

(6) 전자투표기는 선거의 공정하고 적정한 집행을 해치지 않을 것을 요한다(제4조 제1항 제8호). 그러나, 투표가 행하여져 MO에 투표가 기록되더라도 그 투표기록을 삭제할 수 있는 기능이 갖춰져 있어서 기록의 삭제가 실제로 이루어졌다.

나. 가니시 선관위의 선거관리 집행의 위법성 여부

(1) 전자투표기에 의한 투표는 투표용지에 대신하여 투표카드를 사용해서 행하여진다. 기본인 투표카드에 대하여, 투표관리자와 가니시

선관위 사이에서 인수인계부 등의 기록 및 투표소에서의 취급기록을 작성하지 않은 것은 관련규정을 위반한 것이다.

(2) 선거인수를 151인이나 상회하는 41,361개의 투표카드가 발행되었다. 가니시 선관위는 전자투표에 의한 총투표자수를 41,216인(도중에 작동중지로 된 262인을 포함)으로 발표하였지만, 상기 카드발행수와 145의 차이가 있다.

(3) 선거인에게 투표카드를 교부해서 투표기에 삽입해서 작동한 후에 반응이 느리다는 이유로 다시 투표카드를 교부해서, 결과적으로 이중투표를 행하게 하였다. 그밖에도 전자투표기의 기능정지의 복구작업을 하고 있던 관계회사의 직원이 시험적으로 투표기의 화면을 작동한 결과, MO에 기록되었다.

(4) 전자투표기의 기능정지에 의해 투표하더라도 투표결과가 MO에 올바로 기록되지 않는 상태였음에도 불구하고, 선거인 749인에게 투표를 하도록 하였다.

(5) 투표소로부터 개표소에 투표의 MO를 송부할 때에 MO에 봉인을 하지 않았다. 따라서, 비봉인의 MO는 송부중에 변조되었을 가능성이 있기 때문에 여기에 기록되어 있는 투표는 무효이다.

(6) 본건 선거에서는 MO로부터 516표의 투표기록이 삭제되었다는 점, 개표서버에서 MO로부터 103표의 투표기록을 무시해서 집계하지 않았다는 점, 개표시에 13표를 MO의 투표기록을 무시해서 집계로부터 제외한 점 등은 지방전자투표법이 "투표의 기록매체에 기록된 투표를 전자계산기를 사용해서 집계한다"(9조 4항)는 규정에 위반한다.

다. 전자투표기의 기능정지에 의해 투표를 단념한 선거인의 존재 여부

(1) 본건 선거에서는 전 투표소에서 전자투표기에 기능장애가 발생했지만, 각 투표소 총 17시간 13분이라는 장시간의 장애가 선거인의 기권율을 높였다. 본건 투표기의 기능장애에 의해 투표를 기권한 선거인의 수는 원고의 조사와 신문·잡지 등에 의하면 2,200인이나 되었다. 이것은 본건 선거가 전회(1999년)의 선거에 비하여 선거인이 3,908인 증가하였음에도 불구하고, 투표소에서의 투표자가 892인 감소하고 투표율이 저하하고 있는 사실로부터도 명백하다.

(2) 본건 투표기의 기능정지로 인한 혼란으로 선거인 2,200인이 투표를 단념하지 않을 수 없었지만, 이것은 선거인의 의사가 아니라 가니시 선관위의 전자투표기 등의 선정, 서버의 가동정지 등의 기기의 불비, 운영의 하자 및 투표소의 관리의 과실에 의한 것이다. 투표를 종료할 때까지 장시간을 요하게 되어, 기권율을 높인 원인을 초래한 것은 가니시 선관위의 책임에 귀착하므로 선거의 무효원인으로 된다.

3. 재판소의 판단

가. 위법한 전자투표기에 의한 선거의 실시 여부에 대하여

(1) 전자투표기는 “선거인이 하나의 선거에서 둘 이상의 투표를 할 것을 방지할 수 있는 것일 것”(법 4조 1항 1호)이라는 조건을 구비할 것을 요한다. 전자투표기는 선거인이 2중투표를 할 수 없도록 하는 기능을 가질 것을 규정한 것으로 해석된다. 본건 투표기는 기계 내지는 시스템에서는 정상적으로 작동하는 상태라면 그 기능을 구비한 것으로

인정되지만, 투표서버의 MO유니트의 온도상승 등의 트러블이 발생함으로 인해 투표기록의 지연이 일어나서, 결과적으로 이중투표가 일어나게 하였다. 따라서, 본건 투표기는 일시적이라고는 하지만 지방전자투표법 4조 1항 1호가 규정한 조건을 구비하지 않은 상태였다고 인정된다.

(2) 투표기는 "투표의 비밀이 침해되지 않는 것일 것"(법 4조 1항 2호)이라는 조건을 구비하고 있을 것을 요한다. 전자적 기록식 투표의 경우에는 투표기록 자체가 기계에서 눈에 보이지 않는 형태로 처리되었기 때문에 선거인이 알지 못하는 형태로 투표내용이 기록되어 투표의 비밀이 침해되는 것은 아닐까 하고 걱정하는 선거인도 있기 때문에, 그와 같은 일이 허용되지 않는다는 것을 규정한 것으로 해석된다. 본건 투표기는 투표기의 기동으로부터 종료에 이르기까지의 작동상황을 시각, 작동내용 등으로 원본만에 기록되어, 투표기 본체에는 투표에 관한 기록은 일체 보존되지 않는 것, 원본에는 선거인에게 관련된 고유정보를 기록하지 않도록 되어 있는 것이 인정된다. 그러나, 관련증거에 의하면, 투표결과는 투표카드 발행시에 무작위로 붙여지는 카드번호로 되고 있지만, 카드번호로 추적하면 투표카드 발행시간, 투표시간 및 투표데이터를 특정가능한 점이 인정된다. 따라서, 이 부분에 대해서는 여전히 개선할 여지가 있지만 카드번호를 추적하더라도 곧바로 투표한 후보자가 알 수 있는 것은 아니기 때문에 법 4조 1항 2호가 규정하는 조건을 구비하고 있지 않다고 말할 수 없다.

(3) 전자투표기는 "전자적 기록식 투표기의 작동에 의해 어떤 공직후보자를 선택했는지를 전자적 기록매체에 확실하게 기록할 수 있는 것일 것"(제4조 제1항 제4호)이라는 조건을 구비할 것을 요한다. 본건 투

표기는 기계 내지 그 시스템에서는 정상적으로 작동하는 상태라면 그 기능을 구비했었던 것으로 인정되지만, 투표서버의 MO유니트의 온도 상승 등의 트러블이 원인으로 투표기에 이상이 발생해서 결과적으로 29개 전투표소에서 최후까지 투표할 수 없었던 투표카드가 13매 발생했고, 투표기록의 실패가 97건이 발생했다. 또한 본건 투표기는 일시적이라고는 하지만 MO에 기록된 516개의 투표기록을 삭제하였다. 따라서, 본건 투표기는 일시적이라고 하더라도 제4조 제1항 제4호가 규정하는 조건을 구비하지 못한 상태에 있었다고 인정된다.

(4) 투표기는 "예상되는 사고에 대하여, 전자적 기록식 투표기의 조작에 의하여 어떠한 공직 후보자를 선택했는지를 기록한 전자적 기록매체의 기록을 보호하기 위하여 필요한 조치가 강구되어져 있을 것"(제4조 제1항 제5호)이라는 조건을 구비할 것을 요한다. 본건 투표기는 투표서버의 MO유니트의 온도상승 등의 트러블이 원인으로 투표기에 이상이 발생하여 일시적이라고는 하지만 MO에 기록된 516개의 투표기록을 삭제했다. 따라서, 본건 투표기는 일시적이라고 하지만 법 4조 1항 5호가 규정한 조건을 구비하지 못한 상태에 있었다고 인정된다.

(5) 투표기는 "권한을 가지지 아니한 자가 전자적 기록식 투표기의 관리에 관련한 조작을 하는 것을 방지할 수 있을 것"(제4조 제1항 제7호)라는 조건을 구비할 것을 요한다. 본건 투표기는 전원에 대해서는 자물쇠가 설치된 개폐식 도어 내부에 배치되어, 열쇠가 없으면 도어를 열어서 조작할 수 없도록 되어 있고, MO는 자물쇠가 설치된 개폐식 도어 내부에 배치되어, 열쇠가 없으면 도어를 열어서 꺼낼 수 없도록 되어 있다는 점, 본건 투표기의 조작은 투표관리자가 관리하는 식별번

호 및 암증번호에 의한 인증절차가 필요하였다는 점이 인정된다. 따라서, 본건 투표기는 제4조 제1항 제7호가 규정하는 조건을 구비하였다고 인정된다.

(6) 투표기는 "선거의 공정하고 적정한 집행을 침해하지 아니한 것일 것"(제4조 제1항 제8호)이라는 조건을 구비할 것을 요한다. 본건 투표기에 이상이 발생했기 때문에 실제로는 MO에 투표가 기록되어서 투표가 완료했었음에도 불구하고, 투표단말이 그 정보를 수신할 수 없었기 때문에 선거인이 투표가 완료했다는 것의 인식이 없다는 사례가 15개 투표소에서 25건 발생했다. 또한 본건 선거는 투표서버에서 516개의 투표기록이 MO로부터 삭제되었고, 개표서버에서는 103개의 투표기록이 채용되지 않은 사태가 발생했던 것이 인정된다. 따라서, 본건 투표기는 일시적이라고는 하더라도 제4조 제1항 제8호가 규정하는 조건을 구비하지 않은 상태에 있었다고 인정된다.

나. 가니시 선관위의 선거관리 집행의 위법성 여부에 대하여

(1) 본건 선거에서는 가니시 선관위와 투표관리자 사이에서 투표카드의 인수 · 인계 등에 관한 기록이 작성되지 않았다는 점이 인정된다. 전자적 기록식 투표에서는 투표카드는 투표용지에 대신하는 것이기 때문에 그 관리 및 송부에 대해서는 특별히 신중하게 취급될 것이 요구된다고 할 것으로, 투표카드의 부정사용, 분실 등의 사고가 발생하지 않도록 가니시 선관위로부터 각 투표관리자에게 송부한 투표카드의 수 및 각 투표관리자로부터 가니시 선관위에 송부한 투표카드의 수를 기재한 서류를 작성하는 것이 상당하였다고 할 것이다. 따라서, 가니시 선관위가 투표카드의 인수 · 인계 등에 관한 기록을 작성하지 않

았던 것은 선거관리상의 과오에 해당한다고 하여야 할 것이다.

(2) 투표카드 발권기의 로그에 기재된 투표카드수는 41,244매로서 투표자수 41,210인을 상회하고 있는 점, 그 차 34매는 투표기의 이상 발생에 의해 최후까지 투표할 수 없었던 투표카드와 최후까지 투표할 수 있었던 것을 인식할 수 없었던 투표카드가 발생했기 때문에 2중발행한 것이 그 원인이라고 인정된다. 따라서, 선거관리상의 과오가 있다고 하여야 할 것이다.

(3) 본건 투표기의 이상이 원인으로 되어 최후까지 투표할 수 있었던 것을 인식할 수 없었던 투표카드가 발생했기 때문에 당해 투표카드의 교부를 받았던 선거인에 대해 별도의 투표카드를 교부해서 재차 투표시킨 투표소가 26개소 있었다는 점이 인정된다. 또한 본건 투표기에 이상이 발생했기 때문에 MO에 투표기록이 되어도 투표단말의 화면상은 이상 발생의 표시가 되어, 투표카드는 여전히 투표가 가능한 상태이기 때문에, 선거인은 투표가 실패했다고 인식해서 재차 당해 투표카드에 의해 투표하고자 하는 사태가 발생하고, 결과적으로, 404매의 투표카드에 의해 619회 과잉하게 투표했다는 점이 인정된다. 따라서, 선거관리상의 과오가 인정된다.

(4) 본건 투표기에 이상이 발생한 시간 중의 투표기의 상태는 불안정하고 투표기록의 성공도 있는 한편, 투표기록의 실패 또는 지연도 발생하였고, 이것들이 혼재한 상태에 있었다고 인정된다. 투표관리자는 선거인이 그 의사에 기하여 확실하게 투표를 종료하거나 투표의 기권을 할 수 있도록 배려해야 하기 때문에 투표기에 이상이 발생하고, 투표의 기록이 확실하게 행하여진다는 것이 확인되기 까지는 선거인에게 투표를 시켜서는 안된다고 하여야 할 것이다. 그러므로, 본건 투

표기에 이상이 발생해서 투표의 기록이 확실하게 이루어지는 것이 보장되지 않은 상황 하에서 선거인에 대하여 투표를 행하게 하는 것은 부적절하였다고 하지 않을 수 없다. 따라서, 투표관리자들이 적절한 조치를 해태한 것은 관리상의 과오에 해당한다고 하여야 할 것이다.

(5) 투표기의 조작을 도중에 종료했던 자의 숫자는 262표이고, 이것은 사실상 백표(白票)로 취급되었다는 점이 인정된다. 백표는 공직선거법이 제도로서 인정하고 있는 것은 아니지만, 투표용지를 사용해서 행하여지는 선거에서 부차적으로 발생하는 현상으로 전자적 기록식 투표에서도 선거인이 투표기의 조작을 개시한 이상, 반드시 어떤 후보자를 선택하지 않으면 안되는 이유도 없기 때문에 투표기의 조작을 도중에 종료할 수 있다. 따라서, 본건 선거에서도 투표기의 조작을 도중에 종료한다고 하는 사실상의 백표을 던지는 것과 똑같은 선택을 한 선거인이 있었다고 하더라도 그 자체는 특별히 이상한 일은 아니다. 따라서, 선거인이 그 의사로 후보자를 선택하지 않고 투표를 종료했기 때문에 사실상의 백표에 해당한다고 인정하는 것이 상당하다.

(6) 본건 선거에서는 오후 8시에 투표가 마감되어 투표종료 후 각 투표소에서는 투표관리자가 MO송부상자 등을 개표소인 가니시 종합회관에 보냈는데, 그 중 일부에 대해서 봉인이 이루어지지 않았던 것이 인정된다. 그러므로, MO에 봉인이 없었던 것은, 투표관리자는 "투표의 전자적 기록매체 및 당해 투표의 전자적 기록매체에 관련된 투표를 복사한 전자적 기록매체에 봉인을 하여야 한다"고 규정한 법시행령 제2조 제5항에 반한다.

(7) 본건 선거에서는 투표서버에서 516개의 투표기록이 MO로부터 삭제되고, 개표서버에서 103개의 투표기록이 채용되지 않은 사태가

발생한 점, 최후까지 투표할 수 없었던 카드 13매는 집계가 이루어지지 않은 점이 인정된다. 그러나, 개표소에 송부된 MO에 이미 삭제된 516개의 투표기록이 존재하지 않은 것 자체는 "투표의 기록매체에 기록된 투표를 전자계산기를 사용해서 집계한다"(제9조 제4항)고 하는 규정에 저촉되는 것은 아니다.

다. 전자투표기의 기능정지에 의해 투표를 단념한 선거인의 존재 여부에 대하여

(1) 본건 투표기에 이상이 발생했을 때, 29개 전투표소에서 투표행위 중의 자가 265명 있었지만, 그 가운데 15명은 투표를 하지 않고 귀가한 사실이 인정된다.

(2) 접수대 앞에서 대기했던 선거인의 수를 구체적으로 확정하기에 충분한 증거는 없지만, 여러 증거에 의할 때, 1,000인을 상당히 상회하는 많은 대기자가 있었다는 점을 인정할 수 있다.

이상에서 살펴본 바와 같이, 본건 투표기가 법 제4조 제1항 제1호, 제4호, 제5호 및 제8호의 조건을 일시적으로 구비하지 않은 상태에 있었다는 점, 가니시 선관위의 선거관리상의 과오에 의하여 최하위당선자의 총득표수와 차점자의 총득표수가 역전할 우려가 있어서 본건 선거의 결과에 변동을 초래할 가능성이 있었다는 점이 인정된다. 따라서, 본건 선거는 무효이기 때문에 이것과 다른 본건재결을 취소하고, 본건 선거를 무효로 한다.

4. 소결

본 판결은 최고재판소의 지지를 얻음으로써 확정이 되었음은 위에서 언급한 바와 같다. 본 판결의 의미는 전자투표제도라는 새로운 투표제도를 이해관계가 첨예한 선거제도에 도입하는 경우 그에 대한 재판소의 입장을 명확히 하였다는 점에 있다. 즉, 개별법으로 제정된 지방전자투표법에서 규정된 전자투표기가 구비하여야 하는 조건 등에 대하여 엄격한 심사기준을 적용하고 있다는 점이다. 이러한 재판소의 태도는 구체적 사실관계를 조목조목 조사하여 판단을 내리고 있는 데에서도 엿볼 수 있다.

이번 무효판결이 앞으로의 전자투표소송에서 중대한 영향을 미칠 것은 어렵지 않게 예측하여 볼 수 있지만, 지방선거는 물론 앞으로 도입이 예정된 국정선거에서도 전자투표의 도입의 장 · 단점 및 도입시의 유의사항을 보다 신중하게 분석, 검토하여 볼 수 있는 계기를 제공하였다는 점도 무시할 수 없다.

V. 맺으며

IT의 발달이 가져온 행정의 정보화와 그러한 현상의 하나로서 전자투표제도에 대하여 한국과 일본 양국의 추진현황과 법제도 및 관련 사례를 중심으로 하여 고찰하였다. 한 · 일 양국은 전자투표의 추진단계를 3단계로 나누어 전자투표제도를 추진하고 있음을 보았다. 일본은 지방선거에서 전자투표제도를 실제로 시행하고 있는 데, 그것은 제1단계의 지정된 투표소에서 종래의 투표용지에 대신하여 투표카드에 의한 전자투표의 단계이다. 제1단계의 전자투표제도는 IT기술의 발달을 충분히 반영한 것이라고는 할 수 없지만, 선거(투표)제도가 이해관계가 첨예하게 대립하고, 민주주의의 구현에 대단히 중요한 분야인 만큼 모든 사람들의 신뢰와 기술적 안정성을 획득할 때까지는 그 추진에 신중을 기하여야 할 것이다. IT의 충분한 활용은 민주주의의 실천에 편리한 수단을 제공하여 줄 수도 있지만, 그 반면에 그 악용 또는 남용으로 인한 폐해도 충분히 상정하여 볼 수 있기 때문이다.

제4부

온라인상의 법정보 검색

제12장 | 인터넷상에서의 일본법정보 검색

Ⅰ. 처음에

현대정보화사회에서는 인터넷이나 모바일통신 등을 통하여 자신의 사무실이나 서재에서 자기가 원하는 정보를 구할 수 있는 경우가 많다. 이러한 상황의 변화는 그다지 오래된 것은 아니어서, 이에 잘 적응하여 정보의 바다에서 자기가 원하는 정보를 적시에 잘 수집하는 경우가 있는가 하면, 이와 같은 상황의 변화에 둔감하여 종래의 방식으로 정보를 수집하느라 불필요한 시간과 에너지를 낭비하고도 충분한 정보를 얻지 못하는 경우가 있다. 정보의 양과 질이 그 사람의 성취도를 결정하는 현대정보화사회에서 정보수집의 중요성은 아무리 강조하여도 지나침이 없다고 하여야 할 것이다.

비교적 사회의 변화에 뒤쳐진다는 법학에서도 이러한 정보화의 물결은 어김없이 닥쳐와서 곳곳에서 이러한 현상을 목도할 수 있다. 법령정보, 논문이나 단행본 등의 목차정보는 물론 본문내용 까지도 온라인상에서 무료로 또는 유료로 손쉽게 구할 수 있는 시대가 된 것이다.

이와 같은 현상은 우리나라를 비롯하여 세계 각국에서 시행되고 있는 정보공개제도에 의하여 더욱 촉진되는 경향이 있다. 종래에는 국가기관 등이 독점했던 정보도 가능한 한 홈페이지 등을 통하여 공개하고 있는 것이 일반적이다. 따라서, 인터넷이나 모바일앱 등을 통하여 공개되어 있는 이러한 정보들을 유효적절하게 활용하는 것이야 말로 현대정보화사회의 중요한 필수과목이 되고 있는 것이다.

이하에서는 이러한 점에 비추어, 특히 인터넷을 이용하여 일본법정보를 얻고자하는 경우에 어떻게 하면 자기가 원하는 정보를 구할 수 있는지에 대하여 일반적으로 널리 사용되는 경우를 몇 가지로 분류하여, 그 정보의 검색을 위한 자료를 제공하고자 하는데 목적을 두고 있다. 따라서, 일정한 테마를 설정하여 그에 대한 법이론적, 법실제적 분석·검토를 목적으로 하는 학술논문으로서의 성격을 가지는 것이 아니라, 기술적으로 인터넷이나 모바일통신을 이용하여 일본법 정보검색을 위한 자료의 제공이라는 목적에 충실하여, 독자들이 알기 쉽게 직접 인터넷 사이트를 방문할 수 있도록 하는데 중점을 두어서, 필요한 정보를 일목요연하게 알 수 있도록 정리하는데 노력하였다[1].

---

1) 이하의 인터넷 사이트의 방문은 특별한 기술이 없는 한 2013년 1월 2일을 기준으로 한 것이다.

Ⅱ. 법령 등의 검색

여기서는 일본의 헌법, 법률, 정령 등의 법령을 검색하고자 하는 경우에 그와 관련된 정보를 제공하는 사이트를 중심으로 살펴보도록 한다.

1. 종합적 법령정보의 입수 · 검색

일본의 현행법령정보 및 과거의 법령 등과 관련하여 종합적 · 포괄적으로 정보를 제공하여주는 사이트로서는 다음의 두 곳이 유용하다.

일본 국회도서관의 「일본법령색인(日本法令索引)」

_http://hourei.ndl.go.jp/SearchSys/index.jsp

일본 국회도서관이 운영하는 사이트로서, 현행법령, 폐지법령, 제정법령과 법률안, 조약승인안건 등을 검색할 수 있다. 또한 현행법령 · 폐지법령 또는 현행법령 · 폐지법령 · 법률안을 동시에 검색(횡단검색)가능하다. 특히 동 사이트는 메이지 19년(1907년) 2월 공문식시행 이후의 성령 이상의 법령에 대하여 제정 · 개폐 경과 등의 정보를 검색할 수 있고, 또한, 제국의회 및 국회에 제출된 법률안이나 국회에 제출된 조약승인안건 등의 심의경과 등에 대해서도 검색할 수 있다.

法源 _http://www.hogen.org

츠쿠바대학(筑波大學)의 신보 후미오(新保史生) 교수가 운영하는 사이트로서, 법령정보는 물론 그밖에 이론과 실무의 양면에 걸쳐서 필요한 법정보를 많이 담고 있다.

●「법령·고시·판례·예규 등의 검색(法令·告示·判例·例規等の検索)」

_http://www.lawdata.org/files/law.html

이 사이트는 법령 등과 판례 등에 관한 일본내 유명검색사이트를 망라하여 링크시켜놓은 것으로서, 이와 관련된 정보에 접근하는데 있어서 편리하게 되어 있다.

2. 현행법령의 검색

● 전자정부의 종합창구(電子政府の総合窓口) e-Gov의「법령데이터제공시스템」

_http://law.e-gov.go.jp/cgi-bin/idxsearch.cgi

이곳은 2001년 4월 1일부터 일본 총무성의 행정관리국이 운용하고 있는 일본 정부의 공식사이트로서 일본의 현행법령(헌법, 법률, 정령, 칙령, 부령, 성령, 규칙)의 내용을 알 수 있는 가장 신뢰할 수 있고, 정확한 정보를 제공한다.

또한 이곳에서는 법령용어검색과 함께 법령색인검색을 법령명의 용어색인, 50음색인, 사항별색인, 법령번호색인도 가능하기 때문에, 일본 문자를 컴퓨터에 입력하기 곤란한 경우에도 찾고자 하는 법령의 첫 문자의 독음을 알거나 그 법령이 어느 분야에 속하는지를 알면 클릭만에 의해서도 검색할 수 있기 때문에 편리하다 하겠다.

● 중의원 홈페이지

_http://www.shugiin.go.jp/index.nsf/html/index_housei.htm

1947년 제1회 국회이후 제정된 법률들을 참조하고 싶을 때에는 중의원의 홈페이지에서 회기별 · 제정순으로 검색할 수 있다.

전 부성(府省)의 소관법령의 검색

_http://www.e-gov.go.jp/link/ordinance.html

총무성 행정관리국이 운영하는 전자정부 홈페이지(http://www.e-gov.go.jp)의 『소관의 법령 · 고시 · 통달(所管の法令 · 告示 · 通達等)』에서 각 부성의 소관법령 및 국회제출법안의 내용을 알 수 있다.

法庫

_http://www.houko.com/

이곳에서는 현행법령(법률, 정령, 조약, 성령, 규칙, 일부의 고시)을 검색할 수 있지만, 본문내용까지 알 수 있는 것은 현행 법률, 정령, 조약만으로 1997년 이후에 공포된 법률, 정령, 조약과, 1996년 이전의 모든 성령, 규칙, 고시에 대해서는 유료제로 운영되고 있다.

이 사이트는 개인이 운영하는 것으로서, 총무성의 「법령데이터제공시스템」이 개설되기 전에는 상당히 많은 사람들이 이용하였던 무료의 법령검색사이트였지만, 현재는 총무성의 「법령데이터제공시스템」의 개설로 인하여, 예전과 같지 않는 듯하다. 이는 개인이 운영하는 관계로 본문내용의 정확성이나 신뢰성에서 떨어질 뿐만 아니라 현행법령의 망라성에서도 뒤떨어지는 데다 유료제를 취하는 것 등이 그 이유라고 할 수 있다. 그러나, 고시(일부이기는 하지만)도 검색할 수 있는 점은 타 법령검색사이트보다 뛰어나다 하겠다.

「RONの六法全書 on LINE」

_http://www.ron.gr.jp/law/

이곳은 개인이 운영하는 무료의 사이트로서, 6법(헌법, 민법, 형법,

상법, 민사소송법, 형사소송법)을 중심으로 한 현행 법률과 일부이기는 하지만 정령, 부령, 성령, 조례, 규칙 등의 조문내용의 검색을 주로 한다. 그밖에도 법령약칭의 일람, 폐지법령의 일람, 제목변경(改題)법령명의 일람, 법령용어의 읽는 법 등 유용한 법령정보를 검색할 수 있다.

「법 내비 법령검색(法なび法令検索)」 _http://hourei.hounavi.jp/

본 사이트는 법령검색정보를 제공하는 것으로서, 법령 일발표시, 현행법령색인, 법령명사용용어검색, 공포년・법령번호(법률・정령) 검색, 조문중 사용용어 검색, 사이트내 검색 등의 서비스를 제공하고 있다.

3. 최근 제정・공포된 법령의 검색

전자정부의 종합창구 e-Gov의 「법령데이터제공시스템」은 약 1개월 반 전까지에 제정・공포된 법령을 검색할 수 있지만, 그 이후에 제정・공포된 법령을 검색할 수 있는 사이트로서는 국립인쇄국의 인터넷판 관보(http://kanpou.npb.go.jp/)가 있다. 다만, 최근 30일간의 관보는 무료로 제공되지만, 그 이외에 대해서는 유료의 회원제 서비스로 운영되고 있다. 또한 수상관저사이트에 있는 「관보다이제스트(官報ダイジェスト)」(http://www.kantei.go.jp/jp/kanpo/digest.html)에서 최근 1년 반 전부터 약 1 주간 전까지에 공포된 법령을 확인할 수 있다. 다만, 이 사이트에서는 법령의 내용을 제공하고 있지는 않다.

4. 기타 법령의 검색

◉ 조약데이터검색

_http://www3.mofa.go.jp/mofaj/gaiko/treaty/index.php

외무성이 제공하는 검색서비스로서 관보 및 외무성이 발행하고 있는 조약집에 근거하여, 현행 국회승인조약등을 검색가능하다.

검색방법은 조약명의 용어검색, 조약의 사항별 분류에 의한 검색, 조약체결의 상대방국명이나 지역에 의한 검색이 가능하다.

◉ 폐지 · 실효된 법령의 검색

2001년 4월 1일 이후에 폐지되거나 실효된 법령 등에 대한 검색은 전자정부의 종합창구 e-Gov의 「법령데이터제공시스템」(http://law.e-gov.go.jp/haishi.html)에서 가능하다.

◉ 제목 변경(改題)된 법령명의 조사

제목 변경(改題)된 법령명을 조사하고자 할 때에는 「RON의 六法」(http://www.ron.gr.jp/law/old_name.htm)이라는 사이트에서 구 제명과 신 제명의 대응관계를 일람할 수 있다.

◉ 약칭에 의한 법령의 검색

법령의 약칭만을 알고 있기 때문에 이에 의해서 당해 법령의 본문정보를 구하고자 할 때에는 전자정부의 종합창구 e-Gov의 「법령데이터제공시스템」(http://law.e-gov.go.jp/cgi-bin/idxsearch.cgi?H_RYAKU_SUBMIT=ON)에서 이용 가능하다.

● 메이지(明治)시대 이후의 법령자료의 검색

나까노문고법령집(中野文庫法令集)(http://www.geocities.jp/nakanolib/hourei.htm)이 메이지 이후의 근대일본의 법령자료, 특히 현재에는 좀처럼 조사하기 어려운 1945년 이전에 공포된 조칙(詔勅) 및 법령을 중심으로 그 전문내용의 정보를 제공하고 있다.

● 영역본(英訳本) 일본법령의 검색

_http://www.japaneselawtranslation.go.jp/?re=02

일본 법무성이 제공하고 있는 영역본 일본법령 검색서비스이다. 법령명, 법률용어, 키워드 검색이 가능하도록 되어 있어서 상당히 유용하다.

● 미즈호증권의 영어판 일본법정보

_http://www.mizuho-sc.com/english/ebond/law.html

이 사이트는 미즈호증권이 제공하는 영문판 일본법 정보제공사이트이다.

5. 지방자치단체의 조례 · 규칙 등의 검색

● 자치체Web예규집(自治体Web例規集)

_http://www.hi-ho.ne.jp/tomita/reikidb/reikilink.htm

전국 광역 및 기초자치단체별로 정리되어 있어서 자기가 찾고자 하는 자치단체의 이름에 클릭하면 해당 자치단체의 조례 등의 본문내용이 검색할 수 있도록 링크되어 있다. 컴퓨터에 일본어의 입력이 부자유스러운 경우에 일본 지방자치단체의 조례 등을 찾고자 할 때에 편리할 수 있다. 그밖에도 일본 지방자치단체의 법무와 관련한 유용한 정보가 검색가능하다.

홋카이도 정촌회(北海道町村会) 법무지원실

_http://houmu.h-chosonkai.gr.jp/

이곳에서는 홋카이도 지방의 각 지방자치단체의 예규을 검색할 수 있다. 그 이외에도 여러 가지 유용한 지방자치단체 관련 법무정보를 찾아볼 수 있다.

Ⅲ. 판례 등의 검색

1. 통합판례검색

_http://www.courts.go.jp/search/jhsp0010?action_id=first&hanreiSrchKbn=01

이 사이트는 종래 최고재판소판례집, 고등재판소판례집, 하급재판소판례집, 행정사건재판례집, 노동사건재판례집 및 지적 재산 재판례집의 판례검색이 각각 운영되었던 것을 개선하여, 이들 판례검색을 통합하여 검색할 수 있도록 한 것이다. 또한, 이들 판례집을 개별적으로 검색하는 것도 가능하다. 따라서, 일본 재판소판례를 검색하여 그 전문정보를 입수하는 데에는 가장 중요한 사이트라 할 수 있다.

또한 동 사이트에서는「최근의 판례일람(最近の判例一覧)」에서 최고재판소판례집 및 하급재판소판례집에서 과거 3개월 이내, 지적 재산 재판례집에서 과거 1개월 이내의 각 판결 등의 일람이 표시되어 있어

서 관련 최신판례의 전문을 입수할 수 있다.

2. 기타 판례의 검색

● 「LEX/DB인터넷 TKC법률정보데이터베이스」

_http://www.tkclex.ne.jp/

이곳은 TKC가 제공하는 「LEX/DB인터넷」이라는 온라인판례데이터베이스로서, 1875년(明治8년)의 대심원 판례에서부터 현재의 모든 법률분야에서 공표된 판례전문을 종합적으로 검색할 수 있는 「판례종합검색」, 그리고 「세무판례종합검색」(1891년〈明治 24년〉 이후), 「지적재산권판례검색」, 「침해소송등판례검색」(저작권, 상표권, 특허권, 실용신안권, 의장권 관계의 침해소송사건 중심), 「심결취소소송판례검색」(상표, 특허, 실용신안, 의장관계의 심결취소소송사건의 판례검색), 「교통사고판례검색」, 「의료판례검색」의 분야별 판례검색서비스를 제공하고, 또한 「행정기관등(심결 · 재결) 데이터베이스」에서 「특허청심결검색」, 「국세불복심판소재결검색」, 「공정거래위원회심결검색」을 제공하고, 또한 「요지데이터베이스」에서 「세무판례요지검색」을 제공하는 서비스로 구성되어 있는 유료사이트이다.

3. 특별행정심판 재결의 검색

특허전자도서관의 심판검색서비스(http://www.ipdl.inpit.go.jp/Shinpan/shinpan.htm), 국세불복심판소의 재결요지검색시스템(http://www.kfs.go.jp/cgi-bin/ sysrch/prj/web/index.php), 공정거래위원회의 「심결등데이터베이스시스템」(http://snk.jftc.go.jp/)에서 각각 검색하여 그 본문내용을

입수할 수 있다.

Ⅳ. 법률문헌의 검색

1. 법학도서 · 논문의 검색

「CiNii」(http://ci.nii.ac.jp/)

일본 국립정보학연구소가 제공하는 전국의 대학도서관 등이 소장하고 있는 도서 · 잡지와 일본의 논문 등을 검색할 수 있다.

「국립국회도서관(国立国会図書館サーチ)」(NDL Search)

_http://iss.ndl.go.jp/

국립 국회도서관이 2012년 1월부터 제공하기 시작한 새로운 검색 서비스로서 국립 국회도서관을 비롯하여, 전국의 공공도서관, 공문서관, 미술관이나 학술연구기관과의 연계에 의한 풍부한 검색기능을 제공을 목표로 스타트하였다.

「동경대학 OPAC」

_https://opac.dl.itc.u-tokyo.ac.jp/opac/opac_search.cgi

이곳은 동경대학이 소장하는 모든 잡지와 1986년 이후에 수집된 도서, 전자저널, 전자책의 목차나 내용(요지 등)을 검색할 수 있는 사이트이다. 이곳에서는 동경대학 OPAC 이외의 외부의 데이터베이스(CiNii, Amazon, Worldcat)의 검색도 가능하다.

2. 법학잡지의 검색

국립국회도서관 NDL-OPAC의 잡지기사색인의 검색서비스

_https://ndlopac.ndl.go.jp/F/T84871MYQ4KV11VFC3Y2SU2PP1LAQ6CJULUKL6XH6N6XSL2AFF-52074?func=find-a-0&local_base=gu_zk)

이곳은 법률문헌에 한하지 않고 전분야의 잡지논문을 검색할 수 있지만, 법학잡지도 수록되어 있으므로 법학잡지의 검색에는 대단히 유용하다. 그러나, 이용을 하기 위해서는 등록을 하여야 한다.

월간지 등

일본에서 일반적으로 널리 시판·구독되는 주요 월간 법률잡지에 대해서는 각 출판사의 홈페이지에서 최신호 및 과월호의 게재목차에 대한 정보를 제공하고 있기 때문에 이를 잘 활용하면 필요한 정보를 입수하는데 유용하다. 이하에서 이들 주요 법률잡지를 소개한다.

- 「ジュリスト」(http://www.yuhikaku.co.jp/jurist)
- 「法律時報」(http://www.nippyo.co.jp/magazine/maga_houjiho.html)
- 「判例タイムズ」(http://www.hanta.co.jp)
- 「判例地方自治」(http://www.gyosei.co.jp)
- 「法學教室」(http://www.yuhikaku.co.jp/magazines)
- 「法學セミナー」
  (http://www.nippyo.co.jp/magazine/maga_housemi.html)
- 「法律のひろば」(http://www.gyosei.co.jp)
- 「自由と正義」(일본변호사연합회 간행)
  (http://www.nichibenren.or.jp/jfba_info/publication/booklet.html)
- 「NBL」(http://www.shojihomu.co.jp/nbl.html)

대학의 Law Review

- 『法學協會雜誌』
  (http://www.j.u-tokyo.ac.jp/about/hokyo/index.html)
  - 도쿄대학 법학부
- 『法學論叢』 (http://ci.nii.ac.jp/vol_issue/nels/AN0022472X_jp.html)
  - 교토대학 법학부
- (*) 『北大法學論集』
  (http://eprints.lib.hokudai.ac.jp/journals/index.php?jname=170)
  - 홋카이도(北海島)대학 법학부
- (*) 『立命館法學』
  (http://www.ritsumei.ac.jp/acd/cg/law/lex/ritsumeikanhogakuindex.htm)
  - 릿쯔메이칸(立命館)대학 법학부
- 『早稻田法學』
  (http://dspace.wul.waseda.ac.jp/dspace/handle/2065/845)
  - 와세다(早稻田)대학 법학부
- 『法政研究』
  (http://www.law.kyushu-u.ac.jp/%7Eq_hosei/soumokuji.htm)
  - 큐슈(九州)대학 법학부
- (*) 『立教法學』
  (http://www.rikkyo.ac.jp/law/output/index_rituhou.html)
  - 릿쿄(立教)대학 법학부
- 『一橋法學』
  (http://www.law.hit-u.ac.jp/home/research/publication.html)
  - 히토츠바시(一橋)대학 법학부
- (*) 『上智法學論集』
  (http://www.sophialaw.jp/faculty/paper/index.html)
  - 죠치(上智)대학 법학부

- 『法學雜誌』
  (http://www.law.osaka-cu.ac.jp/hogakkai_zashindx.htm)
  ■ 오사카(大阪)시립대학 법학부
- 『同志社法學』
  (http://law.doshisha.ac.jp/lawsociety/backnumber/)
  ■ 도시샤(同志社)대학 법학부
- (*) 『亞細亞法學』
  (http://www.asia-u.ac.jp/hogaku/journal.html)
  ■ 아시아(亜細亜)대학 법학부
- 『創価法學』
  (http://hou.soka.ac.jp/kiyou.html)
  ■ 소카(創価)대학 법학부

※ (*)는 목차정보 뿐만 아니라 전문정보도 제공하고 있다.

V. 국가기관 및 지방자치단체의 검색

1. 전자정부의 종합창구 e-Gov (http://www.e-gov.go.jp/index.html)

총무성 행정관리국이 관리・운영하고 전자정부의 종합창구시스템에서는 각 부성(府省)이 제공하고 있는 행정정보를 종합적이고 편리하게 검색할 수 있다. 이곳에서는 각 부성이나 독립행정법인 등의 홈페이지를 검색할 수 있다. 법률정보와 관련하여 밀접한 관련이 있는 행정기관 등의 홈페이지를 소개한다.

- 법무성 (http://www.moj.go.jp/)
- 총무성 (http://www.soumu.go.jp/)
- 내각법제국 (http://www.clb.go.jp)

2. 재판소의 검색

- 재판소 (http://www.courts.go.jp/)

재판소 통합 홈페이지에서 최고재판소와 각지의 재판소에 접근할 수 있도록 되어 있다. 최고재판소(http://www.courts.go.jp/saikosai/) 홈페이지에는 최고재판소에 대한 간략한 소개와 재판절차, 견학·방청 안내, 사법연수소, 최고재판소도서관 등에 대하여 비교적 간단히 소개되어 있다. 또한 전국 각지의 재판소 웹사이트에 접근할 수 있도록 되어 있으나 역시 간단히 소개되어 있을 뿐이다.

3. 입법기관의 검색

- 중의원 (http://www.shugiin.go.jp/index.nsf/html/index.htm)

제1회 국회부터의 제정법률을 검색할 수 있을 뿐만 아니라, 메일주소와 패스워드만으로 등록을 하면 외국인이라도 간단히 중의원에 관한 최신의 정보를 수신하여 볼 수 있다.

또한 회기 중에는 중의원의 심의장면을 인터넷으로 생중계를 볼 수 있거나 과거의 심의장면을 녹화비디오에 의하여 볼 수 있도록 하고 있다(http://www.shugiintv.go.jp/jp/index.php).

● 참의원 (http://www.sangiin.go.jp/index.htm)

참의원의 심의의 개요나 활동상황, 회의록 등의 정보를 제공하고, 이곳에서도 중의원의 경우와 마찬가지로 회기 중에는 심의과정을 생중계하고 있다(http://www.webtv.sangiin.go.jp/webtv/index.php).

● 참의원법제국 (http://houseikyoku.sangiin.go.jp)

참의원법제국은 참의원의원들의 입법활동을 보좌하는 기관으로서, 이 사이트에서는 참의원의원제출법률안의 검색이 가능하며, 또한 참의원의원이 제출하여 최근 성립한 법률에 대하여 그 성립배경이나 조문내용에 대한 정보를 제공하고 있다.

● 참의원헌법심사회
(http://www.kenpoushinsa.sangiin.go.jp/)
중의원헌법심사회
(http://www.shugiin.go.jp/index.nsf/html/index_kenpou.htm)

제147회 국회(2000년 1월 20일 소집)에서 일본헌법에 대하여 광범하고 종합적인 조사를 위하여 중·참의원에 각각 설치된 기관으로서, 일본헌법관련자료들이 잘 소개되어 있다.

● 국회회의록 검색시스템 (http://kokkai.ndl.go.jp)

중의원, 참의원 및 양원합동의 회의록을 제1회 국회부터 현재까지의 것을 그 내용을 상세하게 검색할 수 있다.

● 국립국회도서관 (http://www.ndl.go.jp)

이곳에서는 국회도서관소장의 도서의 검색은 물론, 중·참 양의원의 국회회의록의 검색도 가능하다.

4. 지방자치단체의 검색

「NIPPON-Net」 (http://www.nippon-net.ne.jp/)

이곳은 지방자치정보센터에서 운영하는 사이트로서 일본 전국 지방자치단체의 공식 홈페이지에의 링크 일람인 〈전국자치체맵검색(全國自治体マップ檢索)〉을 제공하고 있다.

Ⅵ. 주요대학의 법학부 등 및 개인 연구자 등의 검색

1. 주요대학의 법학부 등의 검색

이하에서 일본의 주요대학의 법학부등의 홈페이지를 소개한다. 법학부 홈페이지에는 대학원 법학연구과와 함께 로스쿨(법과대학원) 홈페이지의 링크도 하고 있으므로 함께 검색할 수 있다.

- 東京大學 法學部 (http://www.j.u-tokyo.ac.jp/)
- 京都大學 法學部 (http://kyodai.jp/l-index.htm)
- 早稲田大學 法學部 (http://www.waseda.jp/hougakubu/main/index.html)
- 慶應義塾大學 法學部 (http://www.law.keio.ac.jp/)
- 中央大學 法學部 (http://www.chuo-u.ac.jp/chuo-u/law/index_j.html)
- 神戸大學 法學部 (http://www.law.kobe-u.ac.jp/index.html)
- 東北大學 法學部 (http://www.law.tohoku.ac.jp/)
- 北海道大學 法學部 (http://www.juris.hokudai.ac.jp/)
- 大阪大學 法學部 (http://www.law.osaka-u.ac.jp)

- 九州大學 法學部 (http://www.law.kyushu-u.ac.jp)
- 名古屋大學 法學部 (http://www.nomolog.nagoya-u.ac.jp)
- 廣島大學 法學部 (http://www.hiroshima-u.ac.jp/law/index.html)
- 首都大學東京 法學部 (http://www.law.tmu.ac.jp/)
- 立教大學 法學部 (http://www.rikkyo.ac.jp/law/index.html)
- 一橋大學 法學部 (http://www.law.hit-u.ac.jp)
- 學習院大學 法學部 (http://www.gakushuin.ac.jp/univ/law)
- 上智大學 法學部 (http://www.sophialaw.jp/faculty/)
- 明治大學 法學部 (http://www.meiji.ac.jp/hogaku)
- 立命館大學 法學部 (http://www.ritsumei.jp/law/index_j.html)
- 同志社大學 法學部 (http://law.doshisha.ac.jp/index.html)

2. 개인 연구자의 홈페이지

〈헌법〉

水島 朝穗 (http://www.asaho.com/jpn/index.html) 早稻田大學 교수

南野 森 (http://spminamino.web.fc2.com/) 九州大學法學部 교수

齊藤正彰 (http://www.ipc.hokusei.ac.jp/~z00199/) 北星學園大學 교수

木村草太 (http://blog.goo.ne.jp/kimkimlr) 首都大學東京 교수

大日方信春 (http://www.obinatanobuharu.com/) 熊本大學法學部 교수

赤坂幸一 (http://www015.upp.so-net.ne.jp/Hesiode/) 九州大學 교수

〈행정법〉

阿部泰隆 (http://www.ne.jp/asahi/aduma/bigdragon/index.html) 中央大學 교수

藤田宙靖 (http://www.law.tohoku.ac.jp/~fujita/) 전 東北大學 교수

山本隆司 (http://www.yamamoto.j.u-tokyo.ac.jp/) 東京大學 교수

平岡久 (http://www.hiraoka.rose.ne.jp/) 大阪市立大學 교수

正木宏長 (http://www.ops.dti.ne.jp/~andm/index.html) 立命館大學 교수
石井 昇 (http://www.konan-u.ac.jp/~ishii/) 전 甲南大學 교수
宇賀克也 (http://www.j.u-tokyo.ac.jp/about/professors/profile/uga_k.html) 東京大學 교수
木佐茂男 (http://tabushi.cafe.coocan.jp/) 九州大學 교수
齋藤 誠(http://www.j.u-tokyo.ac.jp/about/professors/profile/saito_m.html) 東京大學 교수
曾和 俊文 (http://www.kwansei.info/html/333.html) 關西學院大學 교수
畠山武道 (http://hatake.genv.sophia.ac.jp/) 上智大學 교수
前田 雅子 (http://www.kwansei.info/html/381.html) 關西學院大學 교수
南 眞二 (http://homepage2.nifty.com/minami-s/) 新潟大學 교수
室井敬司 (http://www2.asia-u.ac.jp/~muroi/) 亞細亞大學 교수

〈민법〉

山田誠一 (http://www2.kobe-u.ac.jp/~yamada/) 神戶大學 교수
水野紀子 (http://www.law.tohoku.ac.jp/~parenoir/) 東北大學 교수
松岡久和 (http://www.matsuoka.law.kyoto-u.ac.jp) 京都大學 교수
平田健治 (http://www.law.osaka-u.ac.jp/~hirata/index-j.htm) 大阪大學 교수

〈형사법〉

高山佳奈子 (http://www.kt.rim.or.jp/~k-taka/) 京都大學 교수
安富潔 (http://www.law.keio.ac.jp/~yasutomi/) 慶應義塾大學 교수
荒木伸怡 (http://www.rikkyo.ne.jp/%7Earaki/) 전 立教大學 교수
指宿信 (http://imak.exblog.jp) 成城大學 교수

〈상법〉

藤田友敬 (http://www.tfujita.j.u-tokyo.ac.jp/) 東京大學 교수
森田果 (http://www.law.tohoku.ac.jp/~hatsuru/) 東北大學 교수
伊藤靖史 (http://www1.doshisha.ac.jp/~yaito/) 同志社大學 교수
黑田清彦 (http://www.nanzan-u.ac.jp/%7Ekuroda) 南山大學 교수

淸河雅孝 (http://www.cc.kyoto-su.ac.jp/~kyomark/) 京都産業大學 교수

道野眞弘 (http://www.geocities.jp/michino_labo/) 近畿大學 교수

砂田太士 (http://www.law.fukuoka-u.ac.jp/user/sunada/index.html)
福岡大學 교수

鈴木隆元 (http://www.law.okayama-u.ac.jp/~ryusuzu/) 岡山大學 교수

山田剛志 (http://www.jura.niigata-u.ac.jp/~yamada/) 新潟大學 교수

〈민사소송법〉

栗田隆 (http://civilpro.law.kansai-u.ac.jp/kurita/) 關西大學 교수

勅使川原和彦 (http://www.f.waseda.jp/teshi/index.html) 早稻田大學 교수

〈외국법〉

會澤恒 (http://www.juris.hokudai.ac.jp/~aizawa/) 北海道大學 교수

芹澤英明 (http://www.law.tohoku.ac.jp/~serizawa/index-j.html) 東北大學 교수

淺香吉幹 (http://www.kichi.j.u-tokyo.ac.jp/) 東京大學 교수

〈세법〉

增井良啓 (http://www.masui.j.u-tokyo.ac.jp/) 東京大學 교수

岡村忠生 (http://www4.ocn.ne.jp/~tadao) 京都大學 교수

〈국제사법〉

中西 康 (http://www.asahi-net.or.jp/~pb6y-nkns/dip/index.htm) 京都大學 교수

早川吉尙 (http://law.rikkyo.ac.jp/haya.htm) 立教大學 교수

〈경제법〉

舟田正之 (http://www.pluto.dti.ne.jp/~funada/) 立教大學 교수

〈노동법 · 사회보장법〉

脇田 滋 (http://www.asahi-net.or.jp/~RB1S-WKT/index.htm) 龍谷大學 교수

〈지적재산권법〉

田村善之 (http://www.juris.hokudai.ac.jp/~ytamura/) 北海道大學 교수

島並良 (http://www2.kobe-u.ac.jp/~ryo) 神戸大學 교수

〈법사회학 · 법과경제학 · 법철학〉

飯田高 (http://www.law.seikei.ac.jp/~iida-t/)

成蹊大學 교수(법사회학, 법과경제학)

〈법정보학 · 통신법〉

夏井高人先生 (http://www.isc.meiji.ac.jp/~sumwel_h/) 明治大學 교수

門 昇 (http://www.law.osaka-u.ac.jp/~kado/) 大阪大學 강사

田中規久雄 (http://www.law.osaka-u.ac.jp/~kikuo/) 大阪大學 교수

3. 변호사단체 및 변호사의 홈페이지

변호사단체의 홈페이지

日本弁護士連合會 (http://www.nichibenren.or.jp)

東京弁護士會 (http://www.toben.or.jp)

第一東京弁護士會 (http://www.ichiben.or.jp)

第二東京弁護士會 (http://www.niben.jp)

大阪弁護士會 (http://www.osakaben.or.jp/main/index.php)

横浜弁護士會 (http://www.yokoben.or.jp)

愛知縣弁護士會 (http://www.aiben.jp/)

仙台弁護士會 (http://www.senben.org)

● 변호사의 홈페이지

鳥飼總合法律事務所 (http://www.torikai.gr.jp)

古賀克重法律事務所 (http://www.lawyer-koga.jp)

伊豆隆義法律事務所 (http://izu.way-nifty.com)

奧村 徹 변호사 (http://d.hatena.ne.jp/okumuraosaka)

鶴巻法律事務所 (http://www.ktlaw.jp/at/index.html)

藤田康幸 변호사 (http://www.yfujita.jp)

秋山法律事務所 (http://www.lawfirm.gr.jp)

近藤總合法律事務所 (http://www.kondolaw.jp)

速水 幹由 변호사 (http://www.asahi-net.or.jp/~nf5m-hym)

前田尙一法律事務所 (http://www.smaedalaw.com)

牧野總合法律事務所 (http://www.makino-law.jp/)

Ⅶ. 맺는말

이상에서 인터넷에 의한 일본법정보를 검색하는데 있어서 유용하리라고 생각되어지는 것들을 저자 나름대로 정리하여 보았다. 국가기관 등 공적 기관이 운영하는 사이트는 지속적으로 운영되고 업그레이드되는 경향이 크지만, 개인이 운영하는 사이트는 업그레이드가 늦거나 갑자기 폐쇄되는 경우, 또는 새롭게 생겨나는 경우도 적지 아니 하다. 그리고 중요한 사이트임에도 불구하고 저자의 부주의나 과문의 탓으로 누락된 경우도 없지 아니할 것이다. 또한 모바일시대를 맞이하여 정보의 접근루트는 다양하게 발전하고 있다. 그럼에도 불구하고, 위에서 소개한 정보는 일본법정보 검색에서 하나의 지표를 제공할 수 있을 것으로 생각한다. 따라서, 위의 정보를 이용하여 직접 인터넷서핑에 동참하여 일본법정보의 바다를 향해하여 보도록 하자.

부록

개인정보 보호법

개인정보 보호법

[시행 2012. 3.30] [법률 제10465호, 2011. 3.29, 제정]

제1장 총 칙

제1조(목적) 이 법은 개인정보의 수집·유출·오용·남용으로부터 사생활의 비밀 등을 보호함으로써 국민의 권리와 이익을 증진하고, 나아가 개인의 존엄과 가치를 구현하기 위하여 개인정보 처리에 관한 사항을 규정함을 목적으로 한다.

제2조(정의) 이 법에서 사용하는 용어의 뜻은 다음과 같다.

1. "개인정보"란 살아 있는 개인에 관한 정보로서 성명, 주민등록번호 및 영상 등을 통하여 개인을 알아볼 수 있는 정보(해당 정보만으로는 특정 개인을 알아볼 수 없더라도 다른 정보와 쉽게 결합하여 알아볼 수 있는 것을 포함한다)를 말한다.
2. "처리"란 개인정보의 수집, 생성, 기록, 저장, 보유, 가공, 편집, 검색, 출력, 정정(訂正), 복구, 이용, 제공, 공개, 파기(破棄), 그 밖에 이와 유사한 행위를 말한다.
3. "정보주체"란 처리되는 정보에 의하여 알아볼 수 있는 사람으로서 그 정보의 주체가 되는 사람을 말한다.
4. "개인정보파일"이란 개인정보를 쉽게 검색할 수 있도록 일정한 규칙에 따라 체계적으로 배열하거나 구성한 개인정보의 집합물(集合物)을 말한다.
5. "개인정보처리자"란 업무를 목적으로 개인정보파일을 운용하기 위하여 스스로 또는 다른 사람을 통하여 개인정보를 처리하는 공공기관, 법인, 단체 및 개인 등을 말한다.
6. "공공기관"이란 다음 각 목의 기관을 말한다.
   가. 국회, 법원, 헌법재판소, 중앙선거관리위원회의 행정사무를 처리하는 기관, 중앙행정기관(대통령 소속 기관과 국무총리 소속 기관을 포함한

다) 및 그 소속 기관, 지방자치단체

나. 그 밖의 국가기관 및 공공단체 중 대통령령으로 정하는 기관

7. "영상정보처리기기"란 일정한 공간에 지속적으로 설치되어 사람 또는 사물의 영상 등을 촬영하거나 이를 유·무선망을 통하여 전송하는 장치로서 대통령령으로 정하는 장치를 말한다.

제3조(개인정보 보호 원칙) ① 개인정보처리자는 개인정보의 처리 목적을 명확하게 하여야 하고 그 목적에 필요한 범위에서 최소한의 개인정보만을 적법하고 정당하게 수집하여야 한다.

② 개인정보처리자는 개인정보의 처리 목적에 필요한 범위에서 적합하게 개인정보를 처리하여야 하며, 그 목적 외의 용도로 활용하여서는 아니 된다.

③ 개인정보처리자는 개인정보의 처리 목적에 필요한 범위에서 개인정보의 정확성, 완전성 및 최신성이 보장되도록 하여야 한다.

④ 개인정보처리자는 개인정보의 처리 방법 및 종류 등에 따라 정보주체의 권리가 침해받을 가능성과 그 위험 정도를 고려하여 개인정보를 안전하게 관리하여야 한다.

⑤ 개인정보처리자는 개인정보 처리방침 등 개인정보의 처리에 관한 사항을 공개하여야 하며, 열람청구권 등 정보주체의 권리를 보장하여야 한다.

⑥ 개인정보처리자는 정보주체의 사생활 침해를 최소화하는 방법으로 개인정보를 처리하여야 한다.

⑦ 개인정보처리자는 개인정보의 익명처리가 가능한 경우에는 익명에 의하여 처리될 수 있도록 하여야 한다.

⑧ 개인정보처리자는 이 법 및 관계 법령에서 규정하고 있는 책임과 의무를 준수하고 실천함으로써 정보주체의 신뢰를 얻기 위하여 노력하여야 한다.

제4조(정보주체의 권리) 정보주체는 자신의 개인정보 처리와 관련하여 다음 각 호의 권리를 가진다.

1. 개인정보의 처리에 관한 정보를 제공받을 권리
2. 개인정보의 처리에 관한 동의 여부, 동의 범위 등을 선택하고 결정할 권리
3. 개인정보의 처리 여부를 확인하고 개인정보에 대하여 열람(사본의 발급을 포함한다. 이하 같다)을 요구할 권리

4. 개인정보의 처리 정지, 정정·삭제 및 파기를 요구할 권리
5. 개인정보의 처리로 인하여 발생한 피해를 신속하고 공정한 절차에 따라 구제받을 권리

제5조(국가 등의 책무) ① 국가와 지방자치단체는 개인정보의 목적 외 수집, 오용·남용 및 무분별한 감시·추적 등에 따른 폐해를 방지하여 인간의 존엄과 개인의 사생활 보호를 도모하기 위한 시책을 강구하여야 한다.

② 국가와 지방자치단체는 제4조에 따른 정보주체의 권리를 보호하기 위하여 법령의 개선 등 필요한 시책을 마련하여야 한다.

③ 국가와 지방자치단체는 개인정보의 처리에 관한 불합리한 사회적 관행을 개선하기 위하여 개인정보처리자의 자율적인 개인정보 보호활동을 존중하고 촉진·지원하여야 한다.

④ 국가와 지방자치단체는 개인정보의 처리에 관한 법령 또는 조례를 제정하거나 개정하는 경우에는 이 법의 목적에 부합되도록 하여야 한다.

제6조(다른 법률과의 관계) 개인정보 보호에 관하여는 「정보통신망 이용촉진 및 정보보호 등에 관한 법률」, 「신용정보의 이용 및 보호에 관한 법률」 등 다른 법률에 특별한 규정이 있는 경우를 제외하고는 이 법에서 정하는 바에 따른다.

제2장 개인정보 보호정책의 수립 등

제7조(개인정보 보호위원회) ① 개인정보 보호에 관한 사항을 심의·의결하기 위하여 대통령 소속으로 개인정보 보호위원회(이하 "보호위원회"라 한다)를 둔다. 보호위원회는 그 권한에 속하는 업무를 독립하여 수행한다.

② 보호위원회는 위원장 1명, 상임위원 1명을 포함한 15명 이내의 위원으로 구성하되, 상임위원은 정무직 공무원으로 임명한다.

③ 위원장은 위원 중에서 공무원이 아닌 사람으로 대통령이 위촉한다.

④ 위원은 다음 각 호의 어느 하나에 해당하는 사람을 대통령이 임명하거나 위촉한다. 이 경우 위원 중 5명은 국회가 선출하는 자를, 5명은 대법원장이 지명하는 자를 각각 임명하거나 위촉한다.

1. 개인정보 보호와 관련된 시민사회단체 또는 소비자단체로부터 추천을 받은 사람
2. 개인정보처리자로 구성된 사업자단체로부터 추천을 받은 사람
3. 그 밖에 개인정보에 관한 학식과 경험이 풍부한 사람

⑤ 위원장과 위원의 임기는 3년으로 하되, 1차에 한하여 연임할 수 있다.

⑥ 보호위원회의 회의는 위원장이 필요하다고 인정하거나 재적위원 4분의 1 이상의 요구가 있는 경우에 위원장이 소집한다.

⑦ 보호위원회는 재적위원 과반수의 출석과 출석위원 과반수의 찬성으로 의결한다.

⑧ 보호위원회의 사무를 지원하기 위하여 보호위원회에 사무국을 둔다.

⑨ 제1항부터 제8항까지에서 규정한 사항 외에 보호위원회의 조직과 운영에 필요한 사항은 대통령령으로 정한다.

제8조(보호위원회의 기능 등) ① 보호위원회는 다음 각 호의 사항을 심의·의결한다.

1. 제9조에 따른 기본계획 및 제10조에 따른 시행계획
2. 개인정보 보호와 관련된 정책, 제도 및 법령의 개선에 관한 사항
3. 개인정보의 처리에 관한 공공기관 간의 의견조정에 관한 사항
4. 개인정보 보호에 관한 법령의 해석·운용에 관한 사항
5. 제18조제2항제5호에 따른 개인정보의 이용·제공에 관한 사항
6. 제33조제3항에 따른 영향평가 결과에 관한 사항
7. 제61조제1항에 따른 의견제시에 관한 사항
8. 제64조제4항에 따른 조치의 권고에 관한 사항
9. 제66조에 따른 처리 결과의 공표에 관한 사항
10. 제67조제1항에 따른 연차보고서의 작성·제출에 관한 사항
11. 개인정보 보호와 관련하여 대통령, 보호위원회의 위원장 또는 위원 2명 이상이 회의에 부치는 사항
12. 그 밖에 이 법 또는 다른 법령에 따라 보호위원회가 심의·의결하는 사항

② 보호위원회는 제1항 각 호의 사항을 심의·의결하기 위하여 필요하면 관

계 공무원, 개인정보 보호에 관한 전문 지식이 있는 사람이나 시민사회단체 및 관련 사업자로부터 의견을 들을 수 있고, 관계 기관 등에 대하여 자료 등의 제출을 요구할 수 있다.

제9조(기본계획) ① 개인정보의 보호와 정보주체의 권익 보장을 위하여 행정안전부장관은 3년마다 개인정보 보호 기본계획(이하 "기본계획"이라 한다)을 관계 중앙행정기관의 장과 협의 하에 작성하여 보호위원회에 제출하고, 보호위원회의 심의·의결을 거쳐 시행하여야 한다.

② 기본계획에는 다음 각 호의 사항이 포함되어야 한다.

1. 개인정보 보호의 기본목표와 추진방향
2. 개인정보 보호와 관련된 제도 및 법령의 개선
3. 개인정보 침해 방지를 위한 대책
4. 개인정보 보호 자율규제의 활성화
5. 개인정보 보호 교육·홍보의 활성화
6. 개인정보 보호를 위한 전문인력의 양성
7. 그 밖에 개인정보 보호를 위하여 필요한 사항

③ 국회, 법원, 헌법재판소, 중앙선거관리위원회는 해당 기관(그 소속 기관을 포함한다)의 개인정보 보호를 위한 기본계획을 수립·시행할 수 있다.

제10조(시행계획) ① 중앙행정기관의 장은 기본계획에 따라 매년 개인정보 보호를 위한 시행계획을 작성하여 보호위원회에 제출하고, 보호위원회의 심의·의결을 거쳐 시행하여야 한다.

② 시행계획의 수립·시행에 필요한 사항은 대통령령으로 정한다.

제11조(자료제출 요구 등) ① 행정안전부장관은 기본계획을 효율적으로 수립·추진하기 위하여 개인정보처리자, 관계 중앙행정기관의 장, 지방자치단체의 장 및 관계 단체 등에 개인정보처리자의 법규 준수 현황과 개인정보 관리 실태 등에 관한 자료의 제출이나 의견의 진술 등을 요구할 수 있다.

② 중앙행정기관의 장은 시행계획을 효율적으로 수립·추진하기 위하여 소관 분야의 개인정보처리자에게 제1항에 따른 자료제출 등을 요구할 수 있다.

③ 제1항 및 제2항에 따른 자료제출 등을 요구받은 자는 특별한 사정이 없으

면 이에 따라야 한다.

④ 제1항 및 제2항에 따른 자료제출 등의 범위와 방법 등 필요한 사항은 대통령령으로 정한다.

제12조(개인정보 보호지침) ① 행정안전부장관은 개인정보의 처리에 관한 기준, 개인정보 침해의 유형 및 예방조치 등에 관한 표준 개인정보 보호지침(이하 “표준지침”이라 한다)을 정하여 개인정보처리자에게 그 준수를 권장할 수 있다.

② 중앙행정기관의 장은 표준지침에 따라 소관 분야의 개인정보 처리와 관련한 개인정보 보호지침을 정하여 개인정보처리자에게 그 준수를 권장할 수 있다.

③ 국회, 법원, 헌법재판소 및 중앙선거관리위원회는 해당 기관(그 소속 기관을 포함한다)의 개인정보 보호지침을 정하여 시행할 수 있다.

제13조(자율규제의 촉진 및 지원) 행정안전부장관은 개인정보처리자의 자율적인 개인정보 보호활동을 촉진하고 지원하기 위하여 다음 각 호의 필요한 시책을 마련하여야 한다.

1. 개인정보 보호에 관한 교육 · 홍보
2. 개인정보 보호와 관련된 기관 · 단체의 육성 및 지원
3. 개인정보 보호 인증마크의 도입 · 시행 지원
4. 개인정보처리자의 자율적인 규약의 제정 · 시행 지원
5. 그 밖에 개인정보처리자의 자율적 개인정보 보호활동을 지원하기 위하여 필요한 사항

제14조(국제협력) ① 정부는 국제적 환경에서의 개인정보 보호 수준을 향상시키기 위하여 필요한 시책을 마련하여야 한다.

② 정부는 개인정보 국외 이전으로 인하여 정보주체의 권리가 침해되지 아니하도록 관련 시책을 마련하여야 한다.

제3장 개인정보의 처리

제1절 개인정보의 수집, 이용, 제공 등

제15조(개인정보의 수집 · 이용) ① 개인정보처리자는 다음 각 호의 어느 하나에 해당하는 경우에는 개인정보를 수집할 수 있으며 그 수집 목적의 범위에서 이용할 수 있다.

1. 정보주체의 동의를 받은 경우
2. 법률에 특별한 규정이 있거나 법령상 의무를 준수하기 위하여 불가피한 경우
3. 공공기관이 법령 등에서 정하는 소관 업무의 수행을 위하여 불가피한 경우
4. 정보주체와의 계약의 체결 및 이행을 위하여 불가피하게 필요한 경우
5. 정보주체 또는 그 법정대리인이 의사표시를 할 수 없는 상태에 있거나 주소불명 등으로 사전 동의를 받을 수 없는 경우로서 명백히 정보주체 또는 제3자의 급박한 생명, 신체, 재산의 이익을 위하여 필요하다고 인정되는 경우
6. 개인정보처리자의 정당한 이익을 달성하기 위하여 필요한 경우로서 명백하게 정보주체의 권리보다 우선하는 경우. 이 경우 개인정보처리자의 정당한 이익과 상당한 관련이 있고 합리적인 범위를 초과하지 아니하는 경우에 한한다.

② 개인정보처리자는 제1항제1호에 따른 동의를 받을 때에는 다음 각 호의 사항을 정보주체에게 알려야 한다. 다음 각 호의 어느 하나의 사항을 변경하는 경우에도 이를 알리고 동의를 받아야 한다.

1. 개인정보의 수집 · 이용 목적
2. 수집하려는 개인정보의 항목
3. 개인정보의 보유 및 이용 기간
4. 동의를 거부할 권리가 있다는 사실 및 동의 거부에 따른 불이익이 있는 경우에는 그 불이익의 내용

제16조(개인정보의 수집 제한) ① 개인정보처리자는 제15조제1항 각 호의 어느 하

나에 해당하여 개인정보를 수집하는 경우에는 그 목적에 필요한 최소한의 개인정보를 수집하여야 한다. 이 경우 최소한의 개인정보 수집이라는 입증책임은 개인정보처리자가 부담한다.

② 개인정보처리자는 정보주체가 필요한 최소한의 정보 외의 개인정보 수집에 동의하지 아니한다는 이유로 정보주체에게 재화 또는 서비스의 제공을 거부하여서는 아니 된다.

제17조(개인정보의 제공) ① 개인정보처리자는 다음 각 호의 어느 하나에 해당되는 경우에는 정보주체의 개인정보를 제3자에게 제공(공유를 포함한다. 이하 같다)할 수 있다.

1. 정보주체의 동의를 받은 경우
2. 제15조제1항제2호 · 제3호 및 제5호에 따라 개인정보를 수집한 목적 범위에서 개인정보를 제공하는 경우

② 개인정보처리자는 제1항제1호에 따른 동의를 받을 때에는 다음 각 호의 사항을 정보주체에게 알려야 한다. 다음 각 호의 어느 하나의 사항을 변경하는 경우에도 이를 알리고 동의를 받아야 한다.

1. 개인정보를 제공받는 자
2. 개인정보를 제공받는 자의 개인정보 이용 목적
3. 제공하는 개인정보의 항목
4. 개인정보를 제공받는 자의 개인정보 보유 및 이용 기간
5. 동의를 거부할 권리가 있다는 사실 및 동의 거부에 따른 불이익이 있는 경우에는 그 불이익의 내용

③ 개인정보처리자가 개인정보를 국외의 제3자에게 제공할 때에는 제2항 각 호에 따른 사항을 정보주체에게 알리고 동의를 받아야 하며, 이 법을 위반하는 내용으로 개인정보의 국외 이전에 관한 계약을 체결하여서는 아니 된다.

제18조(개인정보의 이용 · 제공 제한) ① 개인정보처리자는 개인정보를 제15조제1항에 따른 범위를 초과하여 이용하거나 제17조제1항 및 제3항에 따른 범위를 초과하여 제3자에게 제공하여서는 아니 된다.

② 제1항에도 불구하고 개인정보처리자는 다음 각 호의 어느 하나에 해당하

는 경우에는 정보주체 또는 제3자의 이익을 부당하게 침해할 우려가 있을 때를 제외하고는 개인정보를 목적 외의 용도로 이용하거나 이를 제3자에게 제공할 수 있다. 다만, 제5호부터 제9호까지의 경우는 공공기관의 경우로 한정한다.

1. 정보주체로부터 별도의 동의를 받은 경우
2. 다른 법률에 특별한 규정이 있는 경우
3. 정보주체 또는 그 법정대리인이 의사표시를 할 수 없는 상태에 있거나 주소불명 등으로 사전 동의를 받을 수 없는 경우로서 명백히 정보주체 또는 제3자의 급박한 생명, 신체, 재산의 이익을 위하여 필요하다고 인정되는 경우
4. 통계작성 및 학술연구 등의 목적을 위하여 필요한 경우로서 특정 개인을 알아볼 수 없는 형태로 개인정보를 제공하는 경우
5. 개인정보를 목적 외의 용도로 이용하거나 이를 제3자에게 제공하지 아니하면 다른 법률에서 정하는 소관 업무를 수행할 수 없는 경우로서 보호위원회의 심의·의결을 거친 경우
6. 조약, 그 밖의 국제협정의 이행을 위하여 외국정부 또는 국제기구에 제공하기 위하여 필요한 경우
7. 범죄의 수사와 공소의 제기 및 유지를 위하여 필요한 경우
8. 법원의 재판업무 수행을 위하여 필요한 경우
9. 형(刑) 및 감호, 보호처분의 집행을 위하여 필요한 경우

③ 개인정보처리자는 제2항제1호에 따른 동의를 받을 때에는 다음 각 호의 사항을 정보주체에게 알려야 한다. 다음 각 호의 어느 하나의 사항을 변경하는 경우에도 이를 알리고 동의를 받아야 한다.

1. 개인정보를 제공받는 자
2. 개인정보의 이용 목적(제공 시에는 제공받는 자의 이용 목적을 말한다)
3. 이용 또는 제공하는 개인정보의 항목
4. 개인정보의 보유 및 이용 기간(제공 시에는 제공받는 자의 보유 및 이용 기간을 말한다)
5. 동의를 거부할 권리가 있다는 사실 및 동의 거부에 따른 불이익이 있는 경우에는 그 불이익의 내용

④ 공공기관은 제2항제2호부터 제6호까지, 제8호 및 제9호에 따라 개인정보를 목적 외의 용도로 이용하거나 이를 제3자에게 제공하는 경우에는 그 이용 또는 제공의 법적 근거, 목적 및 범위 등에 관하여 필요한 사항을 행정안전부령으로 정하는 바에 따라 관보 또는 인터넷 홈페이지 등에 게재하여야 한다.

⑤ 개인정보처리자는 제2항 각 호의 어느 하나의 경우에 해당하여 개인정보를 목적 외의 용도로 제3자에게 제공하는 경우에는 개인정보를 제공받는 자에게 이용 목적, 이용 방법, 그 밖에 필요한 사항에 대하여 제한을 하거나, 개인정보의 안전성 확보를 위하여 필요한 조치를 마련하도록 요청하여야 한다. 이 경우 요청을 받은 자는 개인정보의 안전성 확보를 위하여 필요한 조치를 하여야 한다.

제19조(개인정보를 제공받은 자의 이용 · 제공 제한) 개인정보처리자로부터 개인정보를 제공받은 자는 다음 각 호의 어느 하나에 해당하는 경우를 제외하고는 개인정보를 제공받은 목적 외의 용도로 이용하거나 이를 제3자에게 제공하여서는 아니 된다.

1. 정보주체로부터 별도의 동의를 받은 경우
2. 다른 법률에 특별한 규정이 있는 경우

제20조(정보주체 이외로부터 수집한 개인정보의 수집 출처 등 고지) ① 개인정보처리자가 정보주체 이외로부터 수집한 개인정보를 처리하는 때에는 정보주체의 요구가 있으면 즉시 다음 각 호의 모든 사항을 정보주체에게 알려야 한다.

1. 개인정보의 수집 출처
2. 개인정보의 처리 목적
3. 제37조에 따른 개인정보 처리의 정지를 요구할 권리가 있다는 사실

② 제1항은 다음 각 호의 어느 하나에 해당하는 경우에는 적용하지 아니한다. 다만, 이 법에 따른 정보주체의 권리보다 명백히 우선하는 경우에 한한다.

1. 고지를 요구하는 대상이 되는 개인정보가 제32조제2항 각 호의 어느 하나에 해당하는 개인정보파일에 포함되어 있는 경우
2. 고지로 인하여 다른 사람의 생명 · 신체를 해할 우려가 있거나 다른 사

람의 재산과 그 밖의 이익을 부당하게 침해할 우려가 있는 경우

제21조(개인정보의 파기) ① 개인정보처리자는 보유기간의 경과, 개인정보의 처리 목적 달성 등 그 개인정보가 불필요하게 되었을 때에는 지체 없이 그 개인정보를 파기하여야 한다. 다만, 다른 법령에 따라 보존하여야 하는 경우에는 그러하지 아니하다.

② 개인정보처리자가 제1항에 따라 개인정보를 파기할 때에는 복구 또는 재생되지 아니하도록 조치하여야 한다.

③ 개인정보처리자가 제1항 단서에 따라 개인정보를 파기하지 아니하고 보존하여야 하는 경우에는 해당 개인정보 또는 개인정보파일을 다른 개인정보와 분리하여서 저장·관리하여야 한다.

④ 개인정보의 파기방법 및 절차 등에 필요한 사항은 대통령령으로 정한다.

제22조(동의를 받는 방법) ① 개인정보처리자는 이 법에 따른 개인정보의 처리에 대하여 정보주체(제5항에 따른 법정대리인을 포함한다. 이하 이 조에서 같다)의 동의를 받을 때에는 각각의 동의 사항을 구분하여 정보주체가 이를 명확하게 인지할 수 있도록 알리고 각각 동의를 받아야 한다.

② 개인정보처리자는 제15조제1항제1호, 제17조제1항제1호, 제23조제1호 및 제24조제1항제1호에 따라 개인정보의 처리에 대하여 정보주체의 동의를 받을 때에는 정보주체와의 계약 체결 등을 위하여 정보주체의 동의 없이 처리할 수 있는 개인정보와 정보주체의 동의가 필요한 개인정보를 구분하여야 한다. 이 경우 동의 없이 처리할 수 있는 개인정보라는 입증책임은 개인정보처리자가 부담한다.

③ 개인정보처리자는 정보주체에게 재화나 서비스를 홍보하거나 판매를 권유하기 위하여 개인정보의 처리에 대한 동의를 받으려는 때에는 정보주체가 이를 명확하게 인지할 수 있도록 알리고 동의를 받아야 한다.

④ 개인정보처리자는 정보주체가 제2항에 따라 선택적으로 동의할 수 있는 사항을 동의하지 아니하거나 제3항 및 제18조제2항제1호에 따른 동의를 하지 아니한다는 이유로 정보주체에게 재화 또는 서비스의 제공을 거부하여서는 아니 된다.

⑤ 개인정보처리자는 만 14세 미만 아동의 개인정보를 처리하기 위하여 이

법에 따른 동의를 받아야 할 때에는 그 법정대리인의 동의를 받아야 한다. 이 경우 법정대리인의 동의를 받기 위하여 필요한 최소한의 정보는 법정대리인의 동의 없이 해당 아동으로부터 직접 수집할 수 있다.

⑥ 제1항부터 제5항까지에서 규정한 사항 외에 정보주체의 동의를 받는 세부적인 방법 및 제5항에 따른 최소한의 정보의 내용에 관하여 필요한 사항은 개인정보의 수집매체 등을 고려하여 대통령령으로 정한다.

제2절 개인정보의 처리 제한

제23조(민감정보의 처리 제한) 개인정보처리자는 사상·신념, 노동조합·정당의 가입·탈퇴, 정치적 견해, 건강, 성생활 등에 관한 정보, 그 밖에 정보주체의 사생활을 현저히 침해할 우려가 있는 개인정보로서 대통령령으로 정하는 정보(이하 "민감정보"라 한다)를 처리하여서는 아니 된다. 다만, 다음 각 호의 어느 하나에 해당하는 경우에는 그러하지 아니하다.

1. 정보주체에게 제15조제2항 각 호 또는 제17조제2항 각 호의 사항을 알리고 다른 개인정보의 처리에 대한 동의와 별도로 동의를 받은 경우
2. 법령에서 민감정보의 처리를 요구하거나 허용하는 경우

제24조(고유식별정보의 처리 제한) ① 개인정보처리자는 다음 각 호의 경우를 제외하고는 법령에 따라 개인을 고유하게 구별하기 위하여 부여된 식별정보로서 대통령령으로 정하는 정보(이하 "고유식별정보"라 한다)를 처리할 수 없다.

1. 정보주체에게 제15조제2항 각 호 또는 제17조제2항 각 호의 사항을 알리고 다른 개인정보의 처리에 대한 동의와 별도로 동의를 받은 경우
2. 법령에서 구체적으로 고유식별정보의 처리를 요구하거나 허용하는 경우

② 대통령령으로 정하는 기준에 해당하는 개인정보처리자는 정보주체가 인터넷 홈페이지를 통하여 회원으로 가입할 경우 주민등록번호를 사용하지 아니하고도 회원으로 가입할 수 있는 방법을 제공하여야 한다.

③ 개인정보처리자가 제1항 각 호에 따라 고유식별정보를 처리하는 경우에는 그 고유식별정보가 분실·도난·유출·변조 또는 훼손되지 아니하도록 대

통령령으로 정하는 바에 따라 암호화 등 안전성 확보에 필요한 조치를 하여야 한다.

④ 행정안전부장관은 제2항에 따른 방법의 제공을 지원하기 위하여 관계 법령의 정비, 계획의 수립, 필요한 시설 및 시스템의 구축 등 제반 조치를 마련할 수 있다. [시행일 : 2012.3.30] 제24조제2항

제25조(영상정보처리기기의 설치 · 운영 제한) ① 누구든지 다음 각 호의 경우를 제외하고는 공개된 장소에 영상정보처리기기를 설치 · 운영하여서는 아니 된다.

1. 법령에서 구체적으로 허용하고 있는 경우
2. 범죄의 예방 및 수사를 위하여 필요한 경우
3. 시설안전 및 화재 예방을 위하여 필요한 경우
4. 교통단속을 위하여 필요한 경우
5. 교통정보의 수집 · 분석 및 제공을 위하여 필요한 경우

② 누구든지 불특정 다수가 이용하는 목욕실, 화장실, 발한실(發汗室), 탈의실 등 개인의 사생활을 현저히 침해할 우려가 있는 장소의 내부를 볼 수 있도록 영상정보처리기기를 설치 · 운영하여서는 아니 된다. 다만, 교도소, 정신보건 시설 등 법령에 근거하여 사람을 구금하거나 보호하는 시설로서 대통령령으로 정하는 시설에 대하여는 그러하지 아니하다.

③ 제1항 각 호에 따라 영상정보처리기기를 설치 · 운영하려는 공공기관의 장과 제2항 단서에 따라 영상정보처리기기를 설치 · 운영하려는 자는 공청회 · 설명회의 개최 등 대통령령으로 정하는 절차를 거쳐 관계 전문가 및 이해관계인의 의견을 수렴하여야 한다.

④ 제1항 각 호에 따라 영상정보처리기기를 설치 · 운영하는 자(이하 "영상정보처리기기운영자"라 한다)는 정보주체가 쉽게 인식할 수 있도록 대통령령으로 정하는 바에 따라 안내판 설치 등 필요한 조치를 하여야 한다. 다만, 대통령령으로 정하는 시설에 대하여는 그러하지 아니하다.

⑤ 영상정보처리기기운영자는 영상정보처리기기의 설치 목적과 다른 목적으로 영상정보처리기기를 임의로 조작하거나 다른 곳을 비춰서는 아니 되며, 녹음기능은 사용할 수 없다.

⑥ 영상정보처리기기운영자는 개인정보가 분실·도난·유출·변조 또는 훼손되지 아니하도록 제29조에 따라 안전성 확보에 필요한 조치를 하여야 한다.

⑦ 영상정보처리기기운영자는 대통령령으로 정하는 바에 따라 영상정보처리기기 운영·관리 방침을 마련하여야 한다. 이 경우 제30조에 따른 개인정보 처리방침을 정하지 아니할 수 있다.

⑧ 영상정보처리기기운영자는 영상정보처리기기의 설치·운영에 관한 사무를 위탁할 수 있다. 다만, 공공기관이 영상정보처리기기 설치·운영에 관한 사무를 위탁하는 경우에는 대통령령으로 정하는 절차 및 요건에 따라야 한다.

제26조(업무위탁에 따른 개인정보의 처리 제한) ① 개인정보처리자가 제3자에게 개인정보의 처리 업무를 위탁하는 경우에는 다음 각 호의 내용이 포함된 문서에 의하여야 한다.

1. 위탁업무 수행 목적 외 개인정보의 처리 금지에 관한 사항
2. 개인정보의 기술적·관리적 보호조치에 관한 사항
3. 그 밖에 개인정보의 안전한 관리를 위하여 대통령령으로 정한 사항

② 제1항에 따라 개인정보의 처리 업무를 위탁하는 개인정보처리자(이하 "위탁자"라 한다)는 위탁하는 업무의 내용과 개인정보 처리 업무를 위탁받아 처리하는 자(이하 "수탁자"라 한다)를 정보주체가 언제든지 쉽게 확인할 수 있도록 대통령령으로 정하는 방법에 따라 공개하여야 한다.

③ 위탁자가 재화 또는 서비스를 홍보하거나 판매를 권유하는 업무를 위탁하는 경우에는 대통령령으로 정하는 방법에 따라 위탁하는 업무의 내용과 수탁자를 정보주체에게 알려야 한다. 위탁하는 업무의 내용이나 수탁자가 변경된 경우에도 또한 같다.

④ 위탁자는 업무 위탁으로 인하여 정보주체의 개인정보가 분실·도난·유출·변조 또는 훼손되지 아니하도록 수탁자를 교육하고, 처리 현황 점검 등 대통령령으로 정하는 바에 따라 수탁자가 개인정보를 안전하게 처리하는지를 감독하여야 한다.

⑤ 수탁자는 개인정보처리자로부터 위탁받은 해당 업무 범위를 초과하여 개

인정보를 이용하거나 제3자에게 제공하여서는 아니 된다.

⑥ 수탁자가 위탁받은 업무와 관련하여 개인정보를 처리하는 과정에서 이 법을 위반하여 발생한 손해배상책임에 대하여는 수탁자를 개인정보처리자의 소속 직원으로 본다.

⑦ 수탁자에 관하여는 제15조부터 제25조까지, 제27조부터 제31조까지, 제33조부터 제38조까지 및 제59조를 준용한다.

제27조(영업양도 등에 따른 개인정보의 이전 제한) ① 개인정보처리자는 영업의 전부 또는 일부의 양도·합병 등으로 개인정보를 다른 사람에게 이전하는 경우에는 미리 다음 각 호의 사항을 대통령령으로 정하는 방법에 따라 해당 정보주체에게 알려야 한다.

1. 개인정보를 이전하려는 사실
2. 개인정보를 이전받는 자(이하 "영업양수자등"이라 한다)의 성명(법인의 경우에는 법인의 명칭을 말한다), 주소, 전화번호 및 그 밖의 연락처
3. 정보주체가 개인정보의 이전을 원하지 아니하는 경우 조치할 수 있는 방법 및 절차

② 영업양수자등은 개인정보를 이전받았을 때에는 지체 없이 그 사실을 대통령령으로 정하는 방법에 따라 정보주체에게 알려야 한다. 다만, 개인정보처리자가 제1항에 따라 그 이전 사실을 이미 알린 경우에는 그러하지 아니하다.

③ 영업양수자등은 영업의 양도·합병 등으로 개인정보를 이전받은 경우에는 이전 당시의 본래 목적으로만 개인정보를 이용하거나 제3자에게 제공할 수 있다. 이 경우 영업양수자등은 개인정보처리자로 본다.

제28조(개인정보취급자에 대한 감독) ① 개인정보처리자는 개인정보를 처리함에 있어서 개인정보가 안전하게 관리될 수 있도록 임직원, 파견근로자, 시간제근로자 등 개인정보처리자의 지휘·감독을 받아 개인정보를 처리하는 자(이하 "개인정보취급자"라 한다)에 대하여 적절한 관리·감독을 행하여야 한다.

② 개인정보처리자는 개인정보의 적정한 취급을 보장하기 위하여 개인정보취급자에게 정기적으로 필요한 교육을 실시하여야 한다.

제4장 개인정보의 안전한 관리

제29조(안전조치의무) 개인정보처리자는 개인정보가 분실·도난·유출·변조 또는 훼손되지 아니하도록 내부 관리계획 수립, 접속기록 보관 등 대통령령으로 정하는 바에 따라 안전성 확보에 필요한 기술적·관리적 및 물리적 조치를 하여야 한다.

제30조(개인정보 처리방침의 수립 및 공개) ① 개인정보처리자는 다음 각 호의 사항이 포함된 개인정보의 처리 방침(이하 "개인정보 처리방침"이라 한다)을 정하여야 한다. 이 경우 공공기관은 제32조에 따라 등록대상이 되는 개인정보파일에 대하여 개인정보 처리방침을 정한다.

1. 개인정보의 처리 목적
2. 개인정보의 처리 및 보유 기간
3. 개인정보의 제3자 제공에 관한 사항(해당되는 경우에만 정한다)
4. 개인정보처리의 위탁에 관한 사항(해당되는 경우에만 정한다)
5. 정보주체의 권리·의무 및 그 행사방법에 관한 사항
6. 그 밖에 개인정보의 처리에 관하여 대통령령으로 정한 사항

② 개인정보처리자가 개인정보 처리방침을 수립하거나 변경하는 경우에는 정보주체가 쉽게 확인할 수 있도록 대통령령으로 정하는 방법에 따라 공개하여야 한다.

③ 개인정보 처리방침의 내용과 개인정보처리자와 정보주체 간에 체결한 계약의 내용이 다른 경우에는 정보주체에게 유리한 것을 적용한다.

④ 행정안전부장관은 개인정보 처리방침의 작성지침을 정하여 개인정보처리자에게 그 준수를 권장할 수 있다.

제31조(개인정보 보호책임자의 지정) ① 개인정보처리자는 개인정보의 처리에 관한 업무를 총괄해서 책임질 개인정보 보호책임자를 지정하여야 한다.

② 개인정보 보호책임자는 다음 각 호의 업무를 수행한다.

1. 개인정보 보호 계획의 수립 및 시행
2. 개인정보 처리 실태 및 관행의 정기적인 조사 및 개선
3. 개인정보 처리와 관련한 불만의 처리 및 피해 구제

4. 개인정보 유출 및 오용·남용 방지를 위한 내부통제시스템의 구축
5. 개인정보 보호 교육 계획의 수립 및 시행
6. 개인정보파일의 보호 및 관리·감독
7. 그 밖에 개인정보의 적절한 처리를 위하여 대통령령으로 정한 업무

③ 개인정보 보호책임자는 제2항 각 호의 업무를 수행함에 있어서 필요한 경우 개인정보의 처리 현황, 처리 체계 등에 대하여 수시로 조사하거나 관계 당사자로부터 보고를 받을 수 있다.

④ 개인정보 보호책임자는 개인정보 보호와 관련하여 이 법 및 다른 관계 법령의 위반 사실을 알게 된 경우에는 즉시 개선조치를 하여야 하며, 필요하면 소속 기관 또는 단체의 장에게 개선조치를 보고하여야 한다.

⑤ 개인정보처리자는 개인정보 보호책임자가 제2항 각 호의 업무를 수행함에 있어서 정당한 이유 없이 불이익을 주거나 받게 하여서는 아니 된다.

⑥ 개인정보 보호책임자의 지정요건, 업무, 자격요건, 그 밖에 필요한 사항은 대통령령으로 정한다.

제32조(개인정보파일의 등록 및 공개) ① 공공기관의 장이 개인정보파일을 운용하는 경우에는 다음 각 호의 사항을 행정안전부장관에게 등록하여야 한다. 등록한 사항이 변경된 경우에도 또한 같다.

1. 개인정보파일의 명칭
2. 개인정보파일의 운영 근거 및 목적
3. 개인정보파일에 기록되는 개인정보의 항목
4. 개인정보의 처리방법
5. 개인정보의 보유기간
6. 개인정보를 통상적 또는 반복적으로 제공하는 경우에는 그 제공받는 자
7. 그 밖에 대통령령으로 정하는 사항

② 다음 각 호의 어느 하나에 해당하는 개인정보파일에 대하여는 제1항을 적용하지 아니한다.

1. 국가 안전, 외교상 비밀, 그 밖에 국가의 중대한 이익에 관한 사항을 기록한 개인정보파일
2. 범죄의 수사, 공소의 제기 및 유지, 형 및 감호의 집행, 교정처분, 보호

처분, 보안관찰처분과 출입국관리에 관한 사항을 기록한 개인정보파일

3. 「조세범처벌법」에 따른 범칙행위 조사 및 「관세법」에 따른 범칙행위 조사에 관한 사항을 기록한 개인정보파일

4. 공공기관의 내부적 업무처리만을 위하여 사용되는 개인정보파일

5. 다른 법령에 따라 비밀로 분류된 개인정보파일

③ 행정안전부장관은 필요하면 제1항에 따른 개인정보파일의 등록사항과 그 내용을 검토하여 해당 공공기관의 장에게 개선을 권고할 수 있다.

④ 행정안전부장관은 제1항에 따른 개인정보파일의 등록 현황을 누구든지 쉽게 열람할 수 있도록 공개하여야 한다.

⑤ 제1항에 따른 등록과 제4항에 따른 공개의 방법, 범위 및 절차에 관하여 필요한 사항은 대통령령으로 정한다.

⑥ 국회, 법원, 헌법재판소, 중앙선거관리위원회(그 소속 기관을 포함한다)의 개인정보파일 등록 및 공개에 관하여는 국회규칙, 대법원규칙, 헌법재판소규칙 및 중앙선거관리위원회규칙으로 정한다.

제33조(개인정보 영향평가) ① 공공기관의 장은 대통령령으로 정하는 기준에 해당하는 개인정보파일의 운용으로 인하여 정보주체의 개인정보 침해가 우려되는 경우에는 그 위험요인의 분석과 개선 사항 도출을 위한 평가(이하 "영향평가"라 한다)를 하고 그 결과를 행정안전부장관에게 제출하여야 한다. 이 경우 공공기관의 장은 영향평가를 행정안전부장관이 지정하는 기관(이하 "평가기관"이라 한다) 중에서 의뢰하여야 한다.

② 영향평가를 하는 경우에는 다음 각 호의 사항을 고려하여야 한다.

1. 처리하는 개인정보의 수

2. 개인정보의 제3자 제공 여부

3. 정보주체의 권리를 해할 가능성 및 그 위험 정도

4. 그 밖에 대통령령으로 정한 사항

③ 행정안전부장관은 제1항에 따라 제출받은 영향평가 결과에 대하여 보호위원회의 심의·의결을 거쳐 의견을 제시할 수 있다.

④ 공공기관의 장은 제1항에 따라 영향평가를 한 개인정보파일을 제32조제1항에 따라 등록할 때에는 영향평가 결과를 함께 첨부하여야 한다.

⑤ 행정안전부장관은 영향평가의 활성화를 위하여 관계 전문가의 육성, 영향평가 기준의 개발·보급 등 필요한 조치를 마련하여야 한다.

⑥ 제1항에 따른 평가기관의 지정기준 및 지정취소, 평가기준, 영향평가의 방법·절차 등에 관하여 필요한 사항은 대통령령으로 정한다.

⑦ 국회, 법원, 헌법재판소, 중앙선거관리위원회(그 소속 기관을 포함한다)의 영향평가에 관한 사항은 국회규칙, 대법원규칙, 헌법재판소규칙 및 중앙선거관리위원회규칙으로 정하는 바에 따른다.

⑧ 공공기관 외의 개인정보처리자는 개인정보파일 운용으로 인하여 정보주체의 개인정보 침해가 우려되는 경우에는 영향평가를 하기 위하여 적극 노력하여야 한다.

제34조(개인정보 유출 통지 등) ① 개인정보처리자는 개인정보가 유출되었음을 알게 되었을 때에는 지체 없이 해당 정보주체에게 다음 각 호의 사실을 알려야 한다.

1. 유출된 개인정보의 항목
2. 유출된 시점과 그 경위
3. 유출로 인하여 발생할 수 있는 피해를 최소화하기 위하여 정보주체가 할 수 있는 방법 등에 관한 정보
4. 개인정보처리자의 대응조치 및 피해 구제절차
5. 정보주체에게 피해가 발생한 경우 신고 등을 접수할 수 있는 담당부서 및 연락처

② 개인정보처리자는 개인정보가 유출된 경우 그 피해를 최소화하기 위한 대책을 마련하고 필요한 조치를 하여야 한다.

③ 개인정보처리자는 대통령령으로 정한 규모 이상의 개인정보가 유출된 경우에는 제1항에 따른 통지 및 제2항에 따른 조치 결과를 지체 없이 행정안전부장관 또는 대통령령으로 정하는 전문기관에 신고하여야 한다. 이 경우 행정안전부장관 또는 대통령령으로 정하는 전문기관은 피해 확산방지, 피해 복구 등을 위한 기술을 지원할 수 있다.

④ 제1항에 따른 통지의 시기, 방법 및 절차 등에 관하여 필요한 사항은 대통령령으로 정한다.

제5장 정보주체의 권리 보장

제35조(개인정보의 열람) ① 정보주체는 개인정보처리자가 처리하는 자신의 개인정보에 대한 열람을 해당 개인정보처리자에게 요구할 수 있다.

② 제1항에도 불구하고 정보주체가 자신의 개인정보에 대한 열람을 공공기관에 요구하고자 할 때에는 공공기관에 직접 열람을 요구하거나 대통령령으로 정하는 바에 따라 행정안전부장관을 통하여 열람을 요구할 수 있다.

③ 개인정보처리자는 제1항 및 제2항에 따른 열람을 요구받았을 때에는 대통령령으로 정하는 기간 내에 정보주체가 해당 개인정보를 열람할 수 있도록 하여야 한다. 이 경우 해당 기간 내에 열람할 수 없는 정당한 사유가 있을 때에는 정보주체에게 그 사유를 알리고 열람을 연기할 수 있으며, 그 사유가 소멸하면 지체 없이 열람하게 하여야 한다.

④ 개인정보처리자는 다음 각 호의 어느 하나에 해당하는 경우에는 정보주체에게 그 사유를 알리고 열람을 제한하거나 거절할 수 있다.

1. 법률에 따라 열람이 금지되거나 제한되는 경우
2. 다른 사람의 생명·신체를 해할 우려가 있거나 다른 사람의 재산과 그 밖의 이익을 부당하게 침해할 우려가 있는 경우
3. 공공기관이 다음 각 목의 어느 하나에 해당하는 업무를 수행할 때 중대한 지장을 초래하는 경우

가. 조세의 부과·징수 또는 환급에 관한 업무

나. 「초·중등교육법」 및 「고등교육법」에 따른 각급 학교, 「평생교육법」에 따른 평생교육시설, 그 밖의 다른 법률에 따라 설치된 고등교육기관에서의 성적 평가 또는 입학자 선발에 관한 업무

다. 학력·기능 및 채용에 관한 시험, 자격 심사에 관한 업무

라. 보상금·급부금 산정 등에 대하여 진행 중인 평가 또는 판단에 관한 업무

마. 다른 법률에 따라 진행 중인 감사 및 조사에 관한 업무

⑤ 제1항부터 제4항까지의 규정에 따른 열람 요구, 열람 제한, 통지 등의 방법 및 절차에 관하여 필요한 사항은 대통령령으로 정한다.

제36조(개인정보의 정정·삭제) ① 제35조에 따라 자신의 개인정보를 열람한 정보

주체는 개인정보처리자에게 그 개인정보의 정정 또는 삭제를 요구할 수 있다. 다만, 다른 법령에서 그 개인정보가 수집 대상으로 명시되어 있는 경우에는 그 삭제를 요구할 수 없다.

② 개인정보처리자는 제1항에 따른 정보주체의 요구를 받았을 때에는 개인정보의 정정 또는 삭제에 관하여 다른 법령에 특별한 절차가 규정되어 있는 경우를 제외하고는 지체 없이 그 개인정보를 조사하여 정보주체의 요구에 따라 정정·삭제 등 필요한 조치를 한 후 그 결과를 정보주체에게 알려야 한다.

③ 개인정보처리자가 제2항에 따라 개인정보를 삭제할 때에는 복구 또는 재생되지 아니하도록 조치하여야 한다.

④ 개인정보처리자는 정보주체의 요구가 제1항 단서에 해당될 때에는 지체 없이 그 내용을 정보주체에게 알려야 한다.

⑤ 개인정보처리자는 제2항에 따른 조사를 할 때 필요하면 해당 정보주체에게 정정·삭제 요구사항의 확인에 필요한 증거자료를 제출하게 할 수 있다.

⑥ 제1항·제2항 및 제4항에 따른 정정 또는 삭제 요구, 통지 방법 및 절차 등에 필요한 사항은 대통령령으로 정한다.

제37조(개인정보의 처리정지 등) ① 정보주체는 개인정보처리자에 대하여 자신의 개인정보 처리의 정지를 요구할 수 있다. 이 경우 공공기관에 대하여는 제32조에 따라 등록 대상이 되는 개인정보파일 중 자신의 개인정보에 대한 처리의 정지를 요구할 수 있다.

② 개인정보처리자는 제1항에 따른 요구를 받았을 때에는 지체 없이 정보주체의 요구에 따라 개인정보 처리의 전부를 정지하거나 일부를 정지하여야 한다. 다만, 다음 각 호의 어느 하나에 해당하는 경우에는 정보주체의 처리정지 요구를 거절할 수 있다.

1. 법률에 특별한 규정이 있거나 법령상 의무를 준수하기 위하여 불가피한 경우
2. 다른 사람의 생명·신체를 해할 우려가 있거나 다른 사람의 재산과 그 밖의 이익을 부당하게 침해할 우려가 있는 경우
3. 공공기관이 개인정보를 처리하지 아니하면 다른 법률에서 정하는 소관

업무를 수행할 수 없는 경우

4. 개인정보를 처리하지 아니하면 정보주체와 약정한 서비스를 제공하지 못하는 등 계약의 이행이 곤란한 경우로서 정보주체가 그 계약의 해지 의사를 명확하게 밝히지 아니한 경우

③ 개인정보처리자는 제2항 단서에 따라 처리정지 요구를 거절하였을 때에는 정보주체에게 지체 없이 그 사유를 알려야 한다.

④ 개인정보처리자는 정보주체의 요구에 따라 처리가 정지된 개인정보에 대하여 지체 없이 해당 개인정보의 파기 등 필요한 조치를 하여야 한다.

⑤ 제1항부터 제3항까지의 규정에 따른 처리정지의 요구, 처리정지의 거절, 통지 등의 방법 및 절차에 필요한 사항은 대통령령으로 정한다.

제38조(권리행사의 방법 및 절차) ① 정보주체는 제35조에 따른 열람, 제36조에 따른 정정 · 삭제, 제37조에 따른 처리정지 등의 요구(이하 "열람등요구"라 한다)를 문서 등 대통령령으로 정하는 방법 · 절차에 따라 대리인에게 하게 할 수 있다.

② 만 14세 미만 아동의 법정대리인은 개인정보처리자에게 그 아동의 개인정보 열람등요구를 할 수 있다.

③ 개인정보처리자는 열람등요구를 하는 자에게 대통령령으로 정하는 바에 따라 수수료와 우송료(사본의 우송을 청구하는 경우에 한한다)를 청구할 수 있다.

④ 개인정보처리자는 정보주체가 열람등요구를 할 수 있는 구체적인 방법과 절차를 마련하고, 이를 정보주체가 알 수 있도록 공개하여야 한다.

⑤ 개인정보처리자는 정보주체가 열람등요구에 대한 거절 등 조치에 대하여 불복이 있는 경우 이의를 제기할 수 있도록 필요한 절차를 마련하고 안내하여야 한다.

제39조(손해배상책임) ① 정보주체는 개인정보처리자가 이 법을 위반한 행위로 손해를 입으면 개인정보처리자에게 손해배상을 청구할 수 있다. 이 경우 그 개인정보처리자는 고의 또는 과실이 없음을 입증하지 아니하면 책임을 면할 수 없다.

② 개인정보처리자가 이 법에 따른 의무를 준수하고 상당한 주의와 감독을 게

을리하지 아니한 경우에는 개인정보의 분실·도난·유출·변조 또는 훼손으로 인한 손해배상책임을 감경받을 수 있다.

제6장 개인정보 분쟁조정위원회

제40조(설치 및 구성) ① 개인정보에 관한 분쟁의 조정(調停)을 위하여 개인정보 분쟁조정위원회(이하 "분쟁조정위원회"라 한다)를 둔다.

② 분쟁조정위원회는 위원장 1명을 포함한 20명 이내의 위원으로 구성하며, 그 중 1명은 상임위원으로 한다.

③ 위원은 다음 각 호의 어느 하나에 해당하는 사람 중에서 행정안전부장관이 임명하거나 위촉한다.

1. 개인정보 보호업무를 관장하는 중앙행정기관의 고위공무원단에 속하는 공무원 또는 이에 상당하는 공공부문 및 관련 단체의 직에 재직하고 있거나 재직하였던 사람으로서 개인정보 보호업무의 경험이 있는 사람
2. 대학이나 공인된 연구기관에서 부교수 이상 또는 이에 상당하는 직에 재직하고 있거나 재직하였던 사람
3. 판사·검사 또는 변호사로 재직하고 있거나 재직하였던 사람
4. 개인정보 보호와 관련된 시민사회단체 또는 소비자단체로부터 추천을 받은 사람
5. 개인정보처리자로 구성된 사업자단체의 임원으로 재직하고 있거나 재직하였던 사람

④ 위원장은 위원 중에서 공무원이 아닌 사람으로 행정안전부장관이 임명한다.

⑤ 위원장과 위원의 임기는 2년으로 하되, 1차에 한하여 연임할 수 있다. 다만, 제3항제1호에 따라 임명된 공무원인 위원은 그 직에 재직하는 동안 재임한다.

⑥ 분쟁조정위원회는 분쟁조정 업무를 효율적으로 수행하기 위하여 필요하면 대통령령으로 정하는 바에 따라 조정사건의 분야별로 5명 이내의 위원으로 구성되는 조정부를 둘 수 있다. 이 경우 조정부가 분쟁조정위원회에서 위임받아 의결한 사항은 분쟁조정위원회에서 의결한 것으로 본다.

⑦ 분쟁조정위원회 또는 조정부는 재적위원 과반수의 출석으로 개의하며 출석위원 과반수의 찬성으로 의결한다.

⑧ 행정안전부장관은 분쟁조정위원회 사무국 운영 등 업무를 지원하기 위하여 대통령령으로 정하는 바에 따라 전문기관을 지정할 수 있다.

⑨ 이 법에서 정한 사항 외에 분쟁조정위원회 운영에 필요한 사항은 대통령령으로 정한다.

제41조(위원의 신분보장) 위원은 자격정지 이상의 형을 선고받거나 심신상의 장애로 직무를 수행할 수 없는 경우를 제외하고는 그의 의사에 반하여 면직되거나 해촉되지 아니한다.

제42조(위원의 제척 · 기피 · 회피) ① 분쟁조정위원회의 위원은 다음 각 호의 어느 하나에 해당하는 경우에는 제43조제1항에 따라 분쟁조정위원회에 신청된 분쟁조정사건(이하 이 조에서 "사건"이라 한다)의 심의 · 의결에서 제척(除斥)된다.

1. 위원 또는 그 배우자나 배우자였던 자가 그 사건의 당사자가 되거나 그 사건에 관하여 공동의 권리자 또는 의무자의 관계에 있는 경우
2. 위원이 그 사건의 당사자와 친족이거나 친족이었던 경우
3. 위원이 그 사건에 관하여 증언, 감정, 법률자문을 한 경우
4. 위원이 그 사건에 관하여 당사자의 대리인으로서 관여하거나 관여하였던 경우

② 당사자는 위원에게 공정한 심의 · 의결을 기대하기 어려운 사정이 있으면 위원장에게 기피신청을 할 수 있다. 이 경우 위원장은 기피신청에 대하여 분쟁조정위원회의 의결을 거치지 아니하고 결정한다.

③ 위원이 제1항 또는 제2항의 사유에 해당하는 경우에는 스스로 그 사건의 심의 · 의결에서 회피할 수 있다.

제43조(조정의 신청 등) ① 개인정보와 관련한 분쟁의 조정을 원하는 자는 분쟁조정위원회에 분쟁조정을 신청할 수 있다.

② 분쟁조정위원회는 당사자 일방으로부터 분쟁조정 신청을 받았을 때에는 그 신청내용을 상대방에게 알려야 한다.

③ 공공기관이 제2항에 따른 분쟁조정의 통지를 받은 경우에는 특별한 사유가 없으면 분쟁조정에 응하여야 한다.

제44조(처리기간) ① 분쟁조정위원회는 제43조제1항에 따른 분쟁조정 신청을 받은 날부터 60일 이내에 이를 심사하여 조정안을 작성하여야 한다. 다만, 부득이한 사정이 있는 경우에는 분쟁조정위원회의 의결로 처리기간을 연장할 수 있다.

② 분쟁조정위원회는 제1항 단서에 따라 처리기간을 연장한 경우에는 기간연장의 사유와 그 밖의 기간연장에 관한 사항을 신청인에게 알려야 한다.

제45조(자료의 요청 등) ① 분쟁조정위원회는 제43조제1항에 따라 분쟁조정 신청을 받았을 때에는 해당 분쟁의 조정을 위하여 필요한 자료를 분쟁당사자에게 요청할 수 있다. 이 경우 분쟁당사자는 정당한 사유가 없으면 요청에 따라야 한다.

② 분쟁조정위원회는 필요하다고 인정하면 분쟁당사자나 참고인을 위원회에 출석하도록 하여 그 의견을 들을 수 있다.

제46조(조정 전 합의 권고) 분쟁조정위원회는 제43조제1항에 따라 분쟁조정 신청을 받았을 때에는 당사자에게 그 내용을 제시하고 조정 전 합의를 권고할 수 있다.

제47조(분쟁의 조정) ① 분쟁조정위원회는 다음 각 호의 어느 하나의 사항을 포함하여 조정안을 작성할 수 있다.

1. 조사 대상 침해행위의 중지
2. 원상회복, 손해배상, 그 밖에 필요한 구제조치
3. 같거나 비슷한 침해의 재발을 방지하기 위하여 필요한 조치

② 분쟁조정위원회는 제1항에 따라 조정안을 작성하면 지체 없이 각 당사자에게 제시하여야 한다.

③ 제1항에 따라 조정안을 제시받은 당사자가 제시받은 날부터 15일 이내에 수락 여부를 알리지 아니하면 조정을 거부한 것으로 본다.

④ 당사자가 조정내용을 수락한 경우 분쟁조정위원회는 조정서를 작성하고, 분쟁조정위원회의 위원장과 각 당사자가 기명날인하여야 한다.

⑤ 제4항에 따른 조정의 내용은 재판상 화해와 동일한 효력을 갖는다.

제48조(조정의 거부 및 중지) ① 분쟁조정위원회는 분쟁의 성질상 분쟁조정위원회에서 조정하는 것이 적합하지 아니하다고 인정하거나 부정한 목적으로 조정이 신청되었다고 인정하는 경우에는 그 조정을 거부할 수 있다. 이 경우 조정거부의 사유 등을 신청인에게 알려야 한다.

② 분쟁조정위원회는 신청된 조정사건에 대한 처리절차를 진행하던 중에 한쪽 당사자가 소를 제기하면 그 조정의 처리를 중지하고 이를 당사자에게 알려야 한다.

제49조(집단분쟁조정) ① 국가 및 지방자치단체, 개인정보 보호단체 및 기관, 정보주체, 개인정보처리자는 정보주체의 피해 또는 권리침해가 다수의 정보주체에게 같거나 비슷한 유형으로 발생하는 경우로서 대통령령으로 정하는 사건에 대하여는 분쟁조정위원회에 일괄적인 분쟁조정(이하 "집단분쟁조정"이라 한다)을 의뢰 또는 신청할 수 있다.

② 제1항에 따라 집단분쟁조정을 의뢰받거나 신청받은 분쟁조정위원회는 그 의결로써 제3항부터 제7항까지의 규정에 따른 집단분쟁조정의 절차를 개시할 수 있다. 이 경우 분쟁조정위원회는 대통령령으로 정하는 기간 동안 그 절차의 개시를 공고하여야 한다.

③ 분쟁조정위원회는 집단분쟁조정의 당사자가 아닌 정보주체 또는 개인정보처리자로부터 그 분쟁조정의 당사자에 추가로 포함될 수 있도록 하는 신청을 받을 수 있다.

④ 분쟁조정위원회는 그 의결로써 제1항 및 제3항에 따른 집단분쟁조정의 당사자 중에서 공동의 이익을 대표하기에 가장 적합한 1인 또는 수인을 대표당사자로 선임할 수 있다.

⑤ 분쟁조정위원회는 개인정보처리자가 분쟁조정위원회의 집단분쟁조정의 내용을 수락한 경우에는 집단분쟁조정의 당사자가 아닌 자로서 피해를 입은 정보주체에 대한 보상계획서를 작성하여 분쟁조정위원회에 제출하도록 권고할 수 있다.

⑥ 제48조제2항에도 불구하고 분쟁조정위원회는 집단분쟁조정의 당사자인 다수의 정보주체 중 일부의 정보주체가 법원에 소를 제기한 경우에는 그

절차를 중지하지 아니하고, 소를 제기한 일부의 정보주체를 그 절차에서 제외한다.

⑦ 집단분쟁조정의 기간은 제2항에 따른 공고가 종료된 날의 다음 날부터 60일 이내로 한다. 다만, 부득이한 사정이 있는 경우에는 분쟁조정위원회의 의결로 처리기간을 연장할 수 있다.

⑧ 집단분쟁조정의 절차 등에 관하여 필요한 사항은 대통령령으로 정한다.

제50조(조정절차 등) ① 제43조부터 제49조까지의 규정에서 정한 것 외에 분쟁의 조정방법, 조정절차 및 조정업무의 처리 등에 필요한 사항은 대통령령으로 정한다.

② 분쟁조정위원회의 운영 및 분쟁조정 절차에 관하여 이 법에서 규정하지 아니한 사항에 대하여는 「민사조정법」을 준용한다.

제7장 개인정보 단체소송

제51조(단체소송의 대상 등) 다음 각 호의 어느 하나에 해당하는 단체는 개인정보처리자가 제49조에 따른 집단분쟁조정을 거부하거나 집단분쟁조정의 결과를 수락하지 아니한 경우에는 법원에 권리침해 행위의 금지·중지를 구하는 소송(이하 "단체소송"이라 한다)을 제기할 수 있다.

1. 「소비자기본법」 제29조에 따라 공정거래위원회에 등록한 소비자단체로서 다음 각 목의 요건을 모두 갖춘 단체
   가. 정관에 따라 상시적으로 정보주체의 권익증진을 주된 목적으로 하는 단체일 것
   나. 단체의 정회원수가 1천명 이상일 것
   다. 「소비자기본법」 제29조에 따른 등록 후 3년이 경과하였을 것
2. 「비영리민간단체 지원법」 제2조에 따른 비영리민간단체로서 다음 각 목의 요건을 모두 갖춘 단체
   가. 법률상 또는 사실상 동일한 침해를 입은 100명 이상의 정보주체로부터 단체소송의 제기를 요청받을 것
   나. 정관에 개인정보 보호를 단체의 목적으로 명시한 후 최근 3년 이상 이

를 위한 활동실적이 있을 것

다. 단체의 상시 구성원수가 5천명 이상일 것

라. 중앙행정기관에 등록되어 있을 것

第52조(전속관할) ① 단체소송의 소는 피고의 주된 사무소 또는 영업소가 있는 곳, 주된 사무소나 영업소가 없는 경우에는 주된 업무담당자의 주소가 있는 곳의 지방법원 본원 합의부의 관할에 전속한다.

② 제1항을 외국사업자에 적용하는 경우 대한민국에 있는 이들의 주된 사무소·영업소 또는 업무담당자의 주소에 따라 정한다.

第53조(소송대리인의 선임) 단체소송의 원고는 변호사를 소송대리인으로 선임하여야 한다.

第54조(소송허가신청) ① 단체소송을 제기하는 단체는 소장과 함께 다음 각 호의 사항을 기재한 소송허가신청서를 법원에 제출하여야 한다.

1. 원고 및 그 소송대리인
2. 피고
3. 정보주체의 침해된 권리의 내용

② 제1항에 따른 소송허가신청서에는 다음 각 호의 자료를 첨부하여야 한다.

1. 소제기단체가 제51조 각 호의 어느 하나에 해당하는 요건을 갖추고 있음을 소명하는 자료
2. 개인정보처리자가 조정을 거부하였거나 조정결과를 수락하지 아니하였음을 증명하는 서류

第55조(소송허가요건 등) ① 법원은 다음 각 호의 요건을 모두 갖춘 경우에 한하여 결정으로 단체소송을 허가한다.

1. 개인정보처리자가 분쟁조정위원회의 조정을 거부하거나 조정결과를 수락하지 아니하였을 것
2. 제54조에 따른 소송허가신청서의 기재사항에 흠결이 없을 것

② 단체소송을 허가하거나 불허가하는 결정에 대하여는 즉시항고할 수 있다.

第56조(확정판결의 효력) 원고의 청구를 기각하는 판결이 확정된 경우 이와 동일한 사안에 관하여는 제51조에 따른 다른 단체는 단체소송을 제기할 수 없다.

다만, 다음 각 호의 어느 하나에 해당하는 경우에는 그러하지 아니하다.

1. 판결이 확정된 후 그 사안과 관련하여 국가·지방자치단체 또는 국가·지방자치단체가 설립한 기관에 의하여 새로운 증거가 나타난 경우
2. 기각판결이 원고의 고의로 인한 것임이 밝혀진 경우

제57조(「민사소송법」의 적용 등) ① 단체소송에 관하여 이 법에 특별한 규정이 없는 경우에는 「민사소송법」을 적용한다.

② 제55조에 따른 단체소송의 허가결정이 있는 경우에는 「민사집행법」 제4편에 따른 보전처분을 할 수 있다.

③ 단체소송의 절차에 관하여 필요한 사항은 대법원규칙으로 정한다.

제8장 보 칙

제58조(적용의 일부 제외) ① 다음 각 호의 어느 하나에 해당하는 개인정보에 관하여는 제3장부터 제7장까지를 적용하지 아니한다.

1. 공공기관이 처리하는 개인정보 중 「통계법」에 따라 수집되는 개인정보
2. 국가안전보장과 관련된 정보 분석을 목적으로 수집 또는 제공 요청되는 개인정보
3. 공중위생 등 공공의 안전과 안녕을 위하여 긴급히 필요한 경우로서 일시적으로 처리되는 개인정보
4. 언론, 종교단체, 정당이 각각 취재·보도, 선교, 선거 입후보자 추천 등 고유 목적을 달성하기 위하여 수집·이용하는 개인정보

② 제25조제1항 각 호에 따라 공개된 장소에 영상정보처리기기를 설치·운영하여 처리되는 개인정보에 대하여는 제15조, 제22조, 제27조제1항·제2항, 제34조 및 제37조를 적용하지 아니한다.

③ 개인정보처리자가 동창회, 동호회 등 친목 도모를 위한 단체를 운영하기 위하여 개인정보를 처리하는 경우에는 제15조, 제30조 및 제31조를 적용하지 아니한다.

④ 개인정보처리자는 제1항 각 호에 따라 개인정보를 처리하는 경우에도 그 목적을 위하여 필요한 범위에서 최소한의 기간에 최소한의 개인정보만을

처리하여야 하며, 개인정보의 안전한 관리를 위하여 필요한 기술적·관리적 및 물리적 보호조치, 개인정보의 처리에 관한 고충처리, 그 밖에 개인정보의 적절한 처리를 위하여 필요한 조치를 마련하여야 한다.

제59조(금지행위) 개인정보를 처리하거나 처리하였던 자는 다음 각 호의 어느 하나에 해당하는 행위를 하여서는 아니 된다.

1. 거짓이나 그 밖의 부정한 수단이나 방법으로 개인정보를 취득하거나 처리에 관한 동의를 받는 행위
2. 업무상 알게 된 개인정보를 누설하거나 권한 없이 다른 사람이 이용하도록 제공하는 행위
3. 정당한 권한 없이 또는 허용된 권한을 초과하여 다른 사람의 개인정보를 훼손, 멸실, 변경, 위조 또는 유출하는 행위

제60조(비밀유지 등) 다음 각 호의 업무에 종사하거나 종사하였던 자는 직무상 알게 된 비밀을 다른 사람에게 누설하거나 직무상 목적 외의 용도로 이용하여서는 아니 된다. 다만, 다른 법률에 특별한 규정이 있는 경우에는 그러하지 아니하다.

1. 제8조에 따른 보호위원회의 업무
2. 제33조에 따른 영향평가 업무
3. 제40조에 따른 분쟁조정위원회의 분쟁조정 업무

제61조(의견제시 및 개선권고) ① 행정안전부장관은 개인정보 보호에 영향을 미치는 내용이 포함된 법령이나 조례에 대하여 필요하다고 인정하면 보호위원회의 심의·의결을 거쳐 관계 기관에 의견을 제시할 수 있다.

② 행정안전부장관은 개인정보 보호를 위하여 필요하다고 인정하면 개인정보처리자에게 개인정보 처리 실태의 개선을 권고할 수 있다. 이 경우 권고를 받은 개인정보처리자는 이를 이행하기 위하여 성실하게 노력하여야 하며, 그 조치 결과를 행정안전부장관에게 알려야 한다.

③ 관계 중앙행정기관의 장은 개인정보 보호를 위하여 필요하다고 인정하면 소관 법률에 따라 개인정보처리자에게 개인정보 처리 실태의 개선을 권고할 수 있다. 이 경우 권고를 받은 개인정보처리자는 이를 이행하기 위하여

성실하게 노력하여야 하며, 그 조치 결과를 관계 중앙행정기관의 장에게 알려야 한다.

④ 중앙행정기관, 지방자치단체, 국회, 법원, 헌법재판소, 중앙선거관리위원회는 그 소속 기관 및 소관 공공기관에 대하여 개인정보 보호에 관한 의견을 제시하거나 지도·점검을 할 수 있다.

제62조(침해 사실의 신고 등) ① 개인정보처리자가 개인정보를 처리할 때 개인정보에 관한 권리 또는 이익을 침해받은 사람은 행정안전부장관에게 그 침해 사실을 신고할 수 있다.

② 행정안전부장관은 제1항에 따른 신고의 접수·처리 등에 관한 업무를 효율적으로 수행하기 위하여 대통령령으로 정하는 바에 따라 전문기관을 지정할 수 있다. 이 경우 전문기관은 개인정보침해 신고센터(이하 "신고센터"라 한다)를 설치·운영하여야 한다.

③ 신고센터는 다음 각 호의 업무를 수행한다.

1. 개인정보 처리와 관련한 신고의 접수·상담
2. 사실의 조사·확인 및 관계자의 의견 청취
3. 제1호 및 제2호에 따른 업무에 딸린 업무

④ 행정안전부장관은 제3항제2호의 사실 조사·확인 등의 업무를 효율적으로 하기 위하여 필요하면「국가공무원법」제32조의4에 따라 소속 공무원을 제2항에 따른 전문기관에 파견할 수 있다.

제63조(자료제출 요구 및 검사) ① 행정안전부장관은 다음 각 호의 어느 하나에 해당하는 경우에는 개인정보처리자에게 관계 물품·서류 등 자료를 제출하게 할 수 있다.

1. 이 법을 위반하는 사항을 발견하거나 혐의가 있음을 알게 된 경우
2. 이 법 위반에 대한 신고를 받거나 민원이 접수된 경우
3. 그 밖에 정보주체의 개인정보 보호를 위하여 필요한 경우로서 대통령령으로 정하는 경우

② 행정안전부장관은 개인정보처리자가 제1항에 따른 자료를 제출하지 아니하거나 이 법을 위반한 사실이 있다고 인정되면 소속 공무원으로 하여금 개인정보처리자의 사무소나 사업장에 출입하여 업무 상황, 장부 또는 서

류 등을 검사하게 할 수 있다. 이 경우 검사를 하는 공무원은 그 권한을 나타내는 증표를 지니고 이를 관계인에게 내보여야 한다.

③ 관계 중앙행정기관의 장은 소관 법률에 따라 개인정보처리자에게 제1항에 따른 자료제출을 요구하거나 제2항에 따른 검사를 할 수 있다.

④ 행정안전부장관과 관계 중앙행정기관의 장은 개인정보처리자로부터 제출받거나 수집한 서류·자료 등을 이 법에 따른 경우를 제외하고는 제3자에게 제공하거나 일반에게 공개하여서는 아니 된다.

⑤ 행정안전부장관과 관계 중앙행정기관의 장은 정보통신망을 통하여 자료의 제출 등을 받은 경우나 수집한 자료 등을 전자화한 경우에는 개인정보·영업비밀 등이 유출되지 아니하도록 제도적·기술적 보완조치를 하여야 한다.

제64조(시정조치 등) ① 행정안전부장관은 개인정보가 침해되었다고 판단할 상당한 근거가 있고 이를 방치할 경우 회복하기 어려운 피해가 발생할 우려가 있다고 인정되면 이 법을 위반한 자(중앙행정기관, 지방자치단체, 국회, 법원, 헌법재판소, 중앙선거관리위원회는 제외한다)에 대하여 다음 각 호에 해당하는 조치를 명할 수 있다.

1. 개인정보 침해행위의 중지
2. 개인정보 처리의 일시적인 정지
3. 그 밖에 개인정보의 보호 및 침해 방지를 위하여 필요한 조치

② 관계 중앙행정기관의 장은 개인정보가 침해되었다고 판단할 상당한 근거가 있고 이를 방치할 경우 회복하기 어려운 피해가 발생할 우려가 있다고 인정되면 소관 법률에 따라 개인정보처리자에 대하여 제1항 각 호에 해당하는 조치를 명할 수 있다.

③ 지방자치단체, 국회, 법원, 헌법재판소, 중앙선거관리위원회는 그 소속 기관 및 소관 공공기관이 이 법을 위반하였을 때에는 제1항 각 호에 해당하는 조치를 명할 수 있다.

④ 보호위원회는 중앙행정기관, 지방자치단체, 국회, 법원, 헌법재판소, 중앙선거관리위원회가 이 법을 위반하였을 때에는 해당 기관의 장에게 제1항 각 호에 해당하는 조치를 하도록 권고할 수 있다. 이 경우 권고를 받은 기

관은 특별한 사유가 없으면 이를 존중하여야 한다.

第65조(고발 및 징계권고) ① 행정안전부장관은 개인정보처리자에게 이 법 등 개인정보 보호와 관련된 법규의 위반에 따른 범죄혐의가 있다고 인정될 만한 상당한 이유가 있을 때에는 관할 수사기관에 그 내용을 고발할 수 있다.

② 행정안전부장관은 이 법 등 개인정보 보호와 관련된 법규의 위반행위가 있다고 인정될 만한 상당한 이유가 있을 때에는 책임이 있는 자를 징계할 것을 그 소속 기관·단체 등의 장에게 권고할 수 있다. 이 경우 권고를 받은 사람은 이를 존중하여야 하며 그 결과를 행정안전부장관에게 통보하여야 한다.

③ 관계 중앙행정기관의 장은 소관 법률에 따라 개인정보처리자에 대하여 제1항에 따른 고발을 하거나 소속 기관·단체 등의 장에게 제2항에 따른 징계권고를 할 수 있다. 이 경우 제2항에 따른 권고를 받은 사람은 이를 존중하여야 하며 그 결과를 관계 중앙행정기관의 장에게 통보하여야 한다.

第66조(결과의 공표) ① 행정안전부장관은 제61조에 따른 개선권고, 제64조에 따른 시정조치 명령, 제65조에 따른 고발 또는 징계권고 및 제75조에 따른 과태료 부과의 내용 및 결과에 대하여 보호위원회의 심의·의결을 거쳐 공표할 수 있다.

② 관계 중앙행정기관의 장은 소관 법률에 따라 제1항에 따른 공표를 할 수 있다.

③ 제1항 및 제2항에 따른 공표의 방법, 기준 및 절차 등은 대통령령으로 정한다.

第67조(연차보고) ① 보호위원회는 관계 기관 등으로부터 필요한 자료를 제출받아 매년 개인정보 보호시책의 수립 및 시행에 관한 보고서를 작성하여 정기국회 개회 전까지 국회에 제출(정보통신망에 의한 제출을 포함한다)하여야 한다.

② 제1항에 따른 보고서에는 다음 각 호의 내용이 포함되어야 한다.

1. 정보주체의 권리침해 및 그 구제현황
2. 개인정보 처리에 관한 실태조사 등의 결과

3. 개인정보 보호시책의 추진현황 및 실적
4. 개인정보 관련 해외의 입법 및 정책 동향
5. 그 밖에 개인정보 보호시책에 관하여 공개 또는 보고하여야 할 사항

제68조(권한의 위임 · 위탁) ① 이 법에 따른 행정안전부장관 또는 관계 중앙행정기관의 장의 권한은 그 일부를 대통령령으로 정하는 바에 따라 특별시장, 광역시장, 도지사, 특별자치도지사 또는 대통령령으로 정하는 전문기관에 위임하거나 위탁할 수 있다.

② 제1항에 따라 행정안전부장관 또는 관계 중앙행정기관의 장의 권한을 위임 또는 위탁받은 기관은 위임 또는 위탁받은 업무의 처리 결과를 행정안전부장관 또는 관계 중앙행정기관의 장에게 통보하여야 한다.

③ 행정안전부장관은 제1항에 따른 전문기관에 권한의 일부를 위임하거나 위탁하는 경우 해당 전문기관의 업무 수행을 위하여 필요한 경비를 출연할 수 있다.

제69조(벌칙 적용 시의 공무원 의제) 행정안전부장관 또는 관계 중앙행정기관의 장의 권한을 위탁한 업무에 종사하는 관계 기관의 임직원은 「형법」 제129조부터 제132조까지의 규정을 적용할 때에는 공무원으로 본다.

제9장 벌 칙

제70조(벌칙) 공공기관의 개인정보 처리업무를 방해할 목적으로 공공기관에서 처리하고 있는 개인정보를 변경하거나 말소하여 공공기관의 업무 수행의 중단 · 마비 등 심각한 지장을 초래한 자는 10년 이하의 징역 또는 1억원 이하의 벌금에 처한다.

제71조(벌칙) 다음 각 호의 어느 하나에 해당하는 자는 5년 이하의 징역 또는 5천만원 이하의 벌금에 처한다.

1. 제17조제1항제2호에 해당하지 아니함에도 같은 항 제1호를 위반하여 정보주체의 동의를 받지 아니하고 개인정보를 제3자에게 제공한 자 및 그 사정을 알고 개인정보를 제공받은 자

2. 제18조제1항 · 제2항, 제19조, 제26조제5항 또는 제27조제3항을 위반하여 개인정보를 이용하거나 제3자에게 제공한 자 및 그 사정을 알면서도 영리 또는 부정한 목적으로 개인정보를 제공받은 자
3. 제23조를 위반하여 민감정보를 처리한 자
4. 제24조제1항을 위반하여 고유식별정보를 처리한 자
5. 제59조제2호를 위반하여 업무상 알게 된 개인정보를 누설하거나 권한 없이 다른 사람이 이용하도록 제공한 자 및 그 사정을 알면서도 영리 또는 부정한 목적으로 개인정보를 제공받은 자
6. 제59조제3호를 위반하여 다른 사람의 개인정보를 훼손, 멸실, 변경, 위조 또는 유출한 자

제72조(벌칙) 다음 각 호의 어느 하나에 해당하는 자는 3년 이하의 징역 또는 3천만원 이하의 벌금에 처한다.

1. 제25조제5항을 위반하여 영상정보처리기기의 설치 목적과 다른 목적으로 영상정보처리기기를 임의로 조작하거나 다른 곳을 비추는 자 또는 녹음기능을 사용한 자
2. 제59조제1호를 위반하여 거짓이나 그 밖의 부정한 수단이나 방법으로 개인정보를 취득하거나 개인정보 처리에 관한 동의를 받는 행위를 한 자 및 그 사정을 알면서도 영리 또는 부정한 목적으로 개인정보를 제공받은 자
3. 제60조를 위반하여 직무상 알게 된 비밀을 누설하거나 직무상 목적 외에 이용한 자

제73조(벌칙) 다음 각 호의 어느 하나에 해당하는 자는 2년 이하의 징역 또는 1천만원 이하의 벌금에 처한다.

1. 제24조제3항, 제25조제6항 또는 제29조를 위반하여 안전성 확보에 필요한 조치를 하지 아니하여 개인정보를 분실 · 도난 · 유출 · 변조 또는 훼손당한 자
2. 제36조제2항을 위반하여 정정 · 삭제 등 필요한 조치를 하지 아니하고 개인정보를 계속 이용하거나 이를 제3자에게 제공한 자
3. 제37조제2항을 위반하여 개인정보의 처리를 정지하지 아니하고 계속 이용하거나 제3자에게 제공한 자

제74조(양벌규정) ① 법인의 대표자나 법인 또는 개인의 대리인, 사용인, 그 밖의 종업원이 그 법인 또는 개인의 업무에 관하여 제70조에 해당하는 위반행위를 하면 그 행위자를 벌하는 외에 그 법인 또는 개인을 7천만원 이하의 벌금에 처한다. 다만, 법인 또는 개인이 그 위반행위를 방지하기 위하여 해당 업무에 관하여 상당한 주의와 감독을 게을리하지 아니한 경우에는 그러하지 아니하다.

② 법인의 대표자나 법인 또는 개인의 대리인, 사용인, 그 밖의 종업원이 그 법인 또는 개인의 업무에 관하여 제71조부터 제73조까지의 어느 하나에 해당하는 위반행위를 하면 그 행위자를 벌하는 외에 그 법인 또는 개인에게도 해당 조문의 벌금형을 과(科)한다. 다만, 법인 또는 개인이 그 위반행위를 방지하기 위하여 해당 업무에 관하여 상당한 주의와 감독을 게을리하지 아니한 경우에는 그러하지 아니하다.

제75조(과태료) ① 다음 각 호의 어느 하나에 해당하는 자에게는 5천만원 이하의 과태료를 부과한다.

1. 제15조제1항을 위반하여 개인정보를 수집한 자
2. 제22조제5항을 위반하여 법정대리인의 동의를 받지 아니한 자
3. 제25조제2항을 위반하여 영상정보처리기기를 설치·운영한 자

② 다음 각 호의 어느 하나에 해당하는 자에게는 3천만원 이하의 과태료를 부과한다.

1. 제15조제2항, 제17조제2항, 제18조제3항 또는 제26조제3항을 위반하여 정보주체에게 알려야 할 사항을 알리지 아니한 자
2. 제16조제2항 또는 제22조제4항을 위반하여 재화 또는 서비스의 제공을 거부한 자
3. 제20조제1항을 위반하여 정보주체에게 같은 항 각 호의 사실을 알리지 아니한 자
4. 제21조제1항을 위반하여 개인정보를 파기하지 아니한 자
5. 제24조제2항을 위반하여 정보주체가 주민등록번호를 사용하지 아니할 수 있는 방법을 제공하지 아니한 자
6. 제24조제3항, 제25조제6항 또는 제29조를 위반하여 안전성 확보에 필

요한 조치를 하지 아니한 자
7. 제25조제1항을 위반하여 영상정보처리기기를 설치·운영한 자
8. 제34조제1항을 위반하여 정보주체에게 같은 항 각 호의 사실을 알리지 아니한 자
9. 제34조제3항을 위반하여 조치 결과를 신고하지 아니한 자
10. 제35조제3항을 위반하여 열람을 제한하거나 거절한 자
11. 제36조제2항을 위반하여 정정·삭제 등 필요한 조치를 하지 아니한 자
12. 제37조제4항을 위반하여 처리가 정지된 개인정보에 대하여 파기 등 필요한 조치를 하지 아니한 자
13. 제64조제1항에 따른 시정명령에 따르지 아니한 자

③ 다음 각 호의 어느 하나에 해당하는 자에게는 1천만원 이하의 과태료를 부과한다.
1. 제21조제3항을 위반하여 개인정보를 분리하여 저장·관리하지 아니한 자
2. 제22조제1항부터 제3항까지의 규정을 위반하여 동의를 받은 자
3. 제25조제4항을 위반하여 안내판 설치 등 필요한 조치를 하지 아니한 자
4. 제26조제1항을 위반하여 업무 위탁 시 같은 항 각 호의 내용이 포함된 문서에 의하지 아니한 자
5. 제26조제2항을 위반하여 위탁하는 업무의 내용과 수탁자를 공개하지 아니한 자
6. 제27조제1항 또는 제2항을 위반하여 정보주체에게 개인정보의 이전 사실을 알리지 아니한 자
7. 제30조제1항 또는 제2항을 위반하여 개인정보 처리방침을 정하지 아니하거나 이를 공개하지 아니한 자
8. 제31조제1항을 위반하여 개인정보 보호책임자를 지정하지 아니한 자
9. 제35조제3항·제4항, 제36조제2항·제4항 또는 제37조제3항을 위반하여 정보주체에게 알려야 할 사항을 알리지 아니한 자
10. 제63조제1항에 따른 관계 물품·서류 등 자료를 제출하지 아니하거나 거짓으로 제출한 자
11. 제63조제2항에 따른 출입·검사를 거부·방해 또는 기피한 자

④ 제1항부터 제3항까지의 규정에 따른 과태료는 대통령령으로 정하는 바에 따라 행정안전부장관과 관계 중앙행정기관의 장이 부과 · 징수한다. 이 경우 관계 중앙행정기관의 장은 소관 분야의 개인정보처리자에게 과태료를 부과 · 징수한다. [시행일 : 2012.3.30] 제75조제2항제5호

부칙 〈제10465호, 2011. 3.29〉

제1조(시행일) 이 법은 공포 후 6개월이 경과한 날부터 시행한다. 다만, 제24조제2항 및 제75조제2항제5호는 공포 후 1년이 경과한 날부터 시행한다.

제2조(다른 법률의 폐지) 공공기관의 개인정보보호에 관한 법률은 폐지한다.

제3조(개인정보분쟁조정위원회에 관한 경과조치) 이 법 시행 당시 종전의 「정보통신망 이용촉진 및 정보보호 등에 관한 법률」에 따른 개인정보분쟁조정위원회의 행위나 개인정보분쟁조정위원회에 대한 행위는 그에 해당하는 이 법에 따른 개인정보 분쟁조정위원회의 행위나 개인정보 분쟁조정위원회에 대한 행위로 본다.

제4조(처리 중인 개인정보에 관한 경과조치) 이 법 시행 전에 다른 법령에 따라 적법하게 처리된 개인정보는 이 법에 따라 처리된 것으로 본다.

제5조(벌칙의 적용에 관한 경과조치) ① 이 법 시행 전에 종전의 「공공기관의 개인정보보호에 관한 법률」을 위반한 행위에 대하여 벌칙을 적용할 때에는 종전의 「공공기관의 개인정보보호에 관한 법률」에 따른다.

② 이 법 시행 전에 종전의 「정보통신망 이용촉진 및 정보보호 등에 관한 법률」을 위반한 행위에 대하여 벌칙을 적용할 때에는 종전의 「정보통신망 이용촉진 및 정보보호 등에 관한 법률」에 따른다.

〈이하 생략〉

색인

ㅈ

ㅊ

ㅌ

ㅍ

ㅎ

기타

■ **저자 약력**

함인선

고려대학교 법과대학 졸업
고려대학교 대학원 법학과 졸업(법학석사)
일본 와세다(早稲田)대학 법학연구과 수료(법학박사)
일본 와세다(早稲田)대학 법학부 조수
고려대학교 법과대학 강사
헌법재판소 헌법연구원
현재 전남대학교 법학전문대학원 교수

개정판

정보사회와 법

Information Society and Law

인쇄 | 2013년 2월 08일
발행 | 2013년 2월 15일

저자 | 함인선
발행 | 지병문
발행처 | 전남대학교출판부

등록 | 1981. 5. 21. 제53호
주소 | 500-757 광주광역시 북구 용봉로 77
전화 | (062) 530-0571~3
팩스 | (062) 530-0579
홈페이지 | http://altair.chonnam.ac.kr/~cnup

값 25,000원

ISBN 978-89-97620-93-7 (93360)

이 도서의 국립중앙도서관 출판시도서목록(CIP)은 e-CIP홈페이지(http://www.nl.go.kr/ecip)와 국가자료공동목록시스템(http://www.nl.go.kr/kolisnet)에서 이용하실 수 있습니다.
(CIP제어번호 : CIP2013000487)